Goldmann Sachbuch

Walter Fiedler

HERMANN
SCHREIBER

Die Chinesen

Reich der Mitte im Morgenrot

Wilhelm Goldmann Verlag

Made in Germany · 3/80 · 1. Auflage · 1110
Genehmigte Taschenbuchausgabe

Umschlaggestaltung: Atelier Adolf & Angelika Bachmann, München
Umschlagfoto: Hans Winter/Bavaria, Gauting
Druck: Presse-Druck Augsburg
Verlagsnummer: 11257
Lektorat: Renate Richter/Ria Schulte
Herstellung: Lothar Hofmann
ISBN 3-442-11257-5

Inhalt

Jede Generation hat »ihre« Reise.
In den zwanziger und dreißiger Jahren
fuhr man nach Rußland, in den
fünfziger Jahren nach Amerika, und in
den siebziger Jahren müssen wir China
entdecken, das erst jetzt, von inneren
Kämpfen befreit, seine Originalität und
Kraft entfaltet.

Alain Peyrefitte

Ein Vorwort über das Weglassen

Ein Volk, das schon vor mehr als tausend Jahren soviel Einwohner zählte wie Europa, ein Volk, das Druckverfahren und Papier früher entdeckte als wir und das sich zudem so intensiv für seine eigene Geschichte interessierte – solch ein Volk liefert Stoff für ganze Bibliotheken. Es liefert Themen in Fülle, bespiegelt sich selbst in tausend Facetten. Wer immer sich mit China beschäftigt, ob mit dem alten oder dem neuen, wird sich nicht über den Mangel an Material zu beklagen haben, sondern in erster Linie vor der Frage stehen, welche Auswahl aus den vorhandenen Dokumenten und Informationen zu treffen sei.

Nach jahrelangem Sammeln, wenn Exzerpte und Notizen sich türmen und der Stoff wie ein Schwamm aufquillt, kommt unweigerlich der Augenblick der Fassungslosigkeit. Das sind Krisen, die jeder kennt; sie werfen einen nicht um, aber sie stellen die Grundfrage nach dem Charakter des Buches neu. Im vorliegenden Fall geschah dies dadurch, daß sich der Romancier in mir zu Wort meldete. Obwohl ich den Auftrag hatte, eine einbändige, leicht lesbare und gut zugängliche Geschichte der Chinesen zu schreiben, empfand ich plötzlich übermächtig die Versuchung, über den *ewigen Chinesen* zu schreiben wie einst Eugène Sue über den Ewigen Juden Ahasver – ein Buch zu versuchen über den immer wiederkehrenden, in allen Jahrhunderten und in vielen Landschaften und Ländern sich selbst suchenden und findenden chinesischen Menschen. Vielleicht würde man, in der

Welt herumreisend, die Chinesen von San Franzisko bis Singapur besuchend, dem ewigen China schneller auf die Spur kommen als inmitten der brodelnden Transformation jener chinesischen Volksrepublik, die sich uns als das aktuelle Erscheinungsbild, als die suggestivste Ausprägung Chinas heute anbietet.

Ich habe diesen Roman dann doch nicht geschrieben, weil mir klarwurde, daß ohnedies jedes heutige China-Buch Recht und Pflicht zu seinem eigenen Aspekt hat. Angesichts eines geradezu grotesken Mißverhältnisses zwischen Stoff und Buchumfang, zwischen der Geschichte jener achthundert Millionen und meinen vierhundert Maschinenseiten, hätte auch der Genius eines Burckhardt oder Mackaulay mich zu keiner rundum zureichenden und universell erschöpfenden Leistung beflügeln können. Hier ging es ganz einfach darum, sich einen Leser vorzustellen, der mit dem bisher vorliegenden Angebot der Geschichtsdarstellungen nicht zufrieden war, von ihnen nicht angesprochen worden ist, und immer wieder das wegzuschneiden, was für diese Zielgruppe weniger wichtig, für ein zeitgemäß gerundetes Chinabild und das Erlebnis chinesischer Geschichte darum entbehrlich erscheint.

Dabei traten naturgemäß Konflikte auf zwischen den eigenen Neigungen und dieser Sinnbestimmung des Buches; vor allem frühe Gestalten wie der gewaltige Shi-huang-ti, der Erste Kaiser, oder die einsamen Kämpfer wie der General Pan Chao mit seinen interessanten und hochbegabten Geschwistern, verlockten zu jener intensiven Beschäftigung, für die ein zusätzlicher Druckbogen wohl bewilligt worden wäre, die aber die Ausgewogenheit der Darstellung beeinträchtigt hätte.

Trotz großer Aufmerksamkeit hinsichtlich der Verteilung der Gewichte und der Materialfülle auf die vier Teile dieses Buches wird der eine oder andere neue Leser seine Vorlieben und Neigungen nicht befriedigt finden, so wie ja auch jede Anthologie angreifbar ist und jedes Lexikon unzureichend bleibt, wenn die Menge des Vorhandenen sich eben nur unzureichend bändigen ließ. Die vorliegende einbändige Darstellung des historischen Schicksals der Chinesen hat darum nicht den Ehrgeiz, mit den großen Leistungen der Fach-Sinologen in Konkurrenz zu treten – wie sollte sie auch! Keines der vielen gelehrten Bücher, die heute aus den Federn deutscher und ausländischer Spezialisten vorliegen, wird durch mein Buch entbehrlich, im Gegenteil: durch die leichtere Zugänglichkeit der vorliegenden Darstellung angelockt, unversehens in die leuchtende Fülle chinesischen Lebens von gestern und heute einbezogen, wird gewiß mancher Leser sich zumindest noch ein Weilchen mit China weiterbeschäftigen und, je nach Temperament, zu wissenschaftlichen Darstellungen greifen oder aber zu Texten aus der Literatur oder Philosophie Chinas, wie sie heute ja zum Teil sehr preisgünstig und meist gut übersetzt zu erhalten sind.

Ich habe, um diesem Ziel zu dienen, vieles von dem vermieden, was den nur allgemein interessierten Leser verwirren und damit entmutigen könnte. Die Darstellung der Lehren chinesischer Philosophen und die Schilderungen religiösen und familiären Lebens in China sind auf Kernsätze und Grundzüge beschränkt. Historische Ereignisse – Feldzüge, Schlachten, Friedensschlüsse –, die eine vorwiegend innerchinesische Bedeutung haben, sind gerafft dargestellt, wenn ihre Folgen und Fernwirkungen keine besondere Ausführlichkeit erforderten. Das gilt auch für die zahllosen Intrigen in den Palästen, zwischen chinesischen Teilreichen, zwischen den Kaiser-Familien und den Familien der Gattinnen, *in summa* ein ungeheures Geflecht von Aktionen und Gegenaktionen, die sich in ihren Wirkungen aber schon in der Vergangenheit weitgehend aufgehoben haben und für unser Jahrhundert so gut wie keine Bedeutung mehr erlangten.

Den so eingesparten Raum habe ich, soweit es in meinen Kräften stand, dem chinesischen Menschen zugute kommen lassen: dem anonymen Ackerbauern der Frühzeit mit seinen schlichten und doch sinnvollen Bräuchen, der mühsam dem Strom und der Trockenheit abgerungenen Frühexistenz eines langsam aus Invasionen zusammenschmelzenden wunderbaren Volkes, den ersten greifbaren Individuen im Guten wie im Bösen, den großen Lehrern, den großen Einigern, den Kaisern, Generalen, Dichtern und Rebellen. Ich bin Schicksalen nachgegangen und Lebensläufen, auch wenn in anderen Darstellungen vergleichbaren Umfangs nur der karge Name stand, um wenigstens in dieser Dimension aus der chinesischen Geschichte zu den Chinesen selbst vorzudringen. Ich habe der Begegnung dieser erfaßbaren Individuen aus dem Alten China mit der übrigen Welt gerne Raum gewidmet, weil es diese Begegnungen sind, die in der Brechung und Bespiegelung sowohl das frühe China als auch seine Umländer in Asien in helleres Licht rücken.

Was mir selbst dabei schnell klarwurde, war die überraschend enge und dauernde Verflechtung der politischen mit der kulturellen Entwicklung. Ebenso das permanente Bemühen zumindest der chinesischen Mittel- und Oberschicht, der eigenen und der öffentlichen Existenz die geistigen und künstlerischen Dimensionen hinzuzugewinnen. Die Chinesen werden darin von keinem anderen Volk übertroffen, ja von den großen Kulturnationen des Westens nicht immer erreicht; einzig das Judentum als das wohl eigenartigste und vorwiegend aus seinem eigenen Geist und seinen Traditionen existierende Volk kann hier den Vergleich bestehen.

Selbst geraffte Darstellungen der chinesischen Geschichte wie etwa die von Hans O.H. Stange (in dem Bruckmann-Band der *Geschichte Asiens*) vernachlässigen diesen Aspekt nicht, weil er zentral ist und es auch dort bleibt, wo scheinbar nur politisch-historisches Geschehen vorliegt. Daraus habe ich die Verpflichtung abgeleitet, zumindest die Höhepunkte chinesischen literarischen Lebens in die Darstellung miteinzubeziehen und in einigen wenigen, auch von mir als unzureichend empfundenen Andeutungen auf die Entwicklung der chinesischen Kunst aus Eigenem und Fremdem hinzuweisen.

Grundtendenz meiner Arbeit war, nicht zu kapitulieren, wo immer auch der Stoff übermächtig und allzu gewaltig erschien, ja nicht einmal zu resignieren, sondern um größere Aufgaben eben härter zu kämpfen. Wie milde lächelte Attila von seinem bescheidenen Fakten-Hügel, verglichen mit der grimmigen Reihe allzu vieler Kaiser! Wie freundlich plätscherte die Donau im Hunnenland, verglichen mit dem großen, bösen Gelben Fluß.

Und doch war es eine Reise zu Wundern, Überraschungen und Beglückungen, die in mir – wie wohl in den meisten, die Asien kennenlernen – eine tiefe Sehnsucht zurückgelassen haben.

München, im August 1977 Dr. Hermann Schreiber

I

Vor- und Frühgeschichte
(--221 v. Chr.)

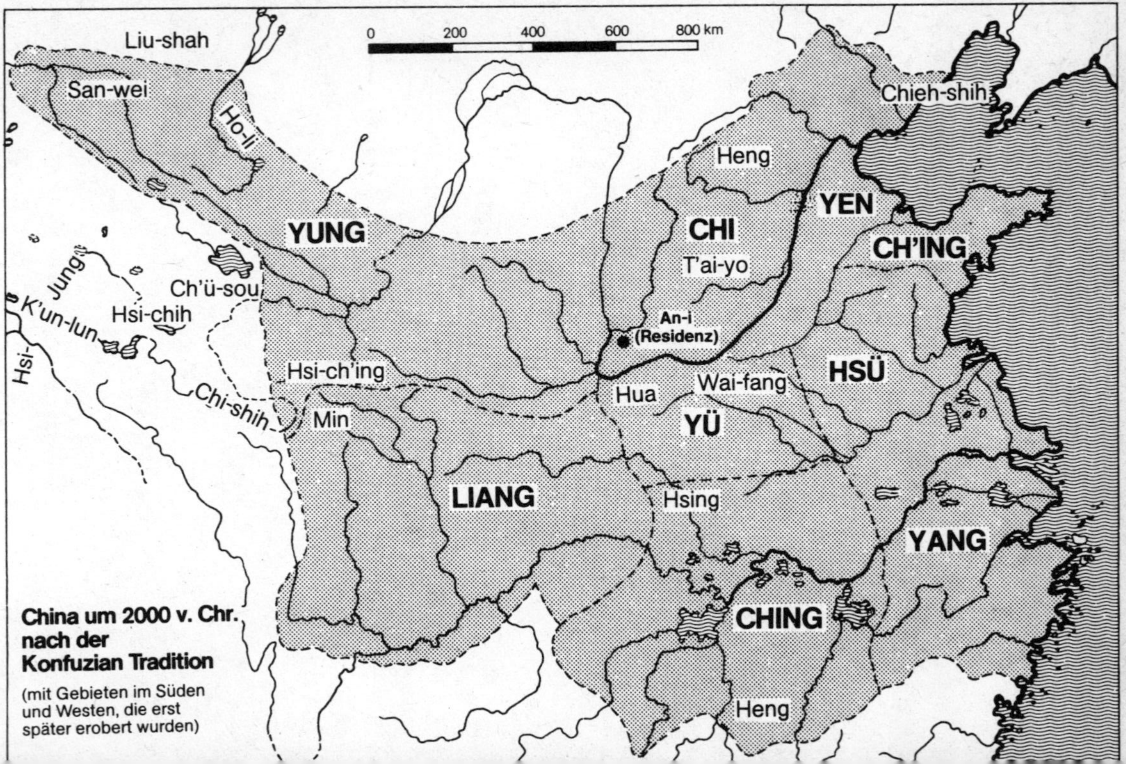

China um 2000 v. Chr. nach der Konfuzian Tradition

(mit Gebieten im Süden und Westen, die erst später erobert wurden)

Der Gelbe Fluß

Von allem Anfang an gab es einen wiederkehrenden Segen: das waren die Monsunregen, und einen gnadenlosen Zerstörer: das war der Gelbe Fluß. Während andere Flüsse sich ihr Bett graben und in ihm dahinfließen, wollte der Hwangho kein Bett, sondern eine Ebene. Er begnügte sich auch nicht damit, Wasser zum Meer zu führen, sondern schob stets soviel Schlamm vor sich her wie kein anderer Fluß der Erde, und das bei einem Gefälle von ganzen 130 Metern zwischen den Tainang-Bergen und der Mündung ins Ostchinesische Meer.

Jahrtausendelang nahm sich die Landschaft am Gelben Fluß so aus wie die Erde am zweiten Schöpfungstag. Welch unverdiente Ehre, diesen Strom mit seinen unberechenbaren Wassern, seinen Tümpeln, Schlammbarrieren, Hochfluten und häufigen Kursänderungen als den Schöpfer der chinesischen Zivilisation anzusehen, ihn mit Euphrat und Tigris oder Nil gleichzusetzen, sein Schwemmland als das allerälteste und ehrwürdigste China anzusprechen. In den riesigen Moorlandschaften, die er hervorbrachte, in dem unsicheren Bereich, in dem Land und Wasser kaum zu trennen waren und dichte Schilfgürtel den Weg versperrten und den Blick einengten, da konnten Bauern nicht säen und ernten, da konnten keine Bäume wachsen und keine Häuser gebaut werden. Da konnte nur leben, wer so unstet und unbehaust war wie der Gelbe Fluß selbst: der Räuber.

Die Existenz großer Räuberscharen jedoch setzt immer eine Bevölkerung voraus, welche die Beute produziert. Es mußte also, ehe es Räuber geben konnte, auch Bauern gegeben haben, nur sicher nicht an einem Fluß, der ihnen sehr viel oder alles wegnehmen konnte: bebaute Felder, kleine und größere Häuser, das Vieh in den Ställen, die Kinder, die in den Gärten spielten.

Das früh- und vielleicht vor-chinesische Leben entstand nicht durch den Fluß, sondern im Kampf gegen ihn. Es entwickelte sich nicht an seinen Ufern, sondern über ihnen, auf den Bergterrassen, an den Rändern der großen Ebene. An den Hängen und auf den Höhen fand sich erstaunlich spät, Generationen nach den großen Forschungserfolgen im Zweistromland, der Beweis für steinzeitliche chinesische Zivilisationen. Das ist um so überraschender, als die Welt überzeugt war, gerade China blicke auf eine fünftausendjährige Geschichte zurück, gerade China sei der eigensinnige Greis unter den Kulturvölkern, der alles schon gewußt und gekannt habe, als man am Euphrat eben erst begann, auf Tontafeln zu schreiben.

Das ewige China, so überraschend dies klingt, hat so klein anfangen müssen wie alle anderen Völker auch, und der chinesische Weg zu der Vollendung eines wohlorganisierten Machtstaates war ebensolang und reich an Schwierigkeiten wie der Weg, den Bewohner anderer Kontinente gehen mußten. Und doch gewinnt man beim näheren Hinsehen die Überzeugung, daß der Augenschein trügt:
In China war alles ganz anders...

Wir sind gewöhnt, die Sonne mit Licht und Wärme als Lebensspender anzusehen; wir sind sicher, ganz Europa würde zu Eis erstarren, die Nordpolkappe würde sich bis an die Alpen vorschieben, verlöre die Sonne nur ein Drittel ihrer Kraft. In China hingegen herrschte der Regengott, entschied der Monsun über

Not und Wohlergehen. Der Norden des heutigen China war wohl warm genug für den Reisanbau, aber die Monsunregen fielen alljährlich nur zwei Monate, also fehlte es an Feuchtigkeit. Weite Gebiete hatten während neun Monaten des Jahres beinahe ein Steppenklima, in das im Spätherbst und im Winter eiskalte sibirische Winde bliesen. Im südlichen China währten die Monsunregen bis zu vier Monaten; zur Hitze gesellte sich die Feuchtigkeit. Reis konnte in großen Flächen angebaut werden, tiefe Reisfelder umgaben schützend die Siedlungen. Berittene Nomaden konnten sich ihnen so nur schlecht nähern. Die Pferdezucht war schwierig in diesen ein Gutteil des Jahres unter Wasser stehenden Gebieten.

So schied sich der Süden vom Norden, so differenzierten sich die Entwicklungen in einem Land, das noch lange kein Reich war, sich auf geheimnisvolle Weise aber bereits als eine Einheit verstand. Die Kunde von unübersteigbaren Gebirgen auf der einen, einem weiten, stürmischen Meer auf der anderen Seite mochte diesen Menschen schon sehr früh das Bewußtsein vermittelt haben, in einer eigenen Welt zu leben, und man kann es ihnen nicht verdenken, daß die meisten von ihnen diese chinesische Welt zwischen den Gebirgen und dem Meer gleichsetzten mit der Welt schlechthin. Noch sprach niemand von einem Reich der Mitte, denn solch ein Begriff hätte die Kenntnis der Ränder vorausgesetzt; sie nannten sich vielmehr *Söhne des Himmels,* denn der Himmel wölbte sich über ihnen allen, und aus diesem Himmel fiel das Wasser auf die Felder: auf Hügelfelder, auf Terrassen und auf Felder, die von den Bauern eingedeicht worden waren gegen den Gelben Fluß, den großen Zerstörer.

Vielleicht war es dieser Wechsel zwischen Wasser und Trokkenheit, zwischen dem geregelten Leben und den plötzlich hereinbrechenden Überschwemmungen des Gelben Flusses, der sich den Menschen dieser frühen Zivilisation am deutlichsten einprägte. Es gibt ein uraltes chinesisches Märchen, Richard Wilhelm hat es aufgezeichnet und übersetzt und ihm den Titel *Das große Wasser* gegeben. Darin heißt es:

»Die Großmutter sprach: Nehmt den Topf mit euch und steigt in das Schiff! Wenn nun das große Wasser kommt, so mögt ihr die Tiere, die herangetrieben werden, retten; aber die Menschen, die Schwarzköpfe, sollt ihr nicht retten! Da stiegen sie ins Schiff, und die Großmutter war auf einmal verschwunden.

Nun begann es zu regnen, und der Regen strömte immer stärker und stärker vom Himmel herunter. Schließlich waren es nicht mehr einzelne Tropfen, sondern es war nur noch eine Wasserflut, die alles überschwemmte. Da kam ein Hund vorbeigetrieben, den retteten sie auf ihr Schiff. Bald darauf kam ein Mäusepaar mit seinen Jungen: die quiekten laut aus Angst. Die retteten sie auch. Das Wasser stieg schon bis an die Dächer der Häuser. Auf einem Dach saß eine Katze, die machte einen krummen Buckel und schrie kläglich. Sie nahmen sie auch in ihr Schiff. Aber das Wasser wurde immer größer und stieg bis an die Wipfel der Bäume. Auf einem Baume saß ein Rabe, schlug mit den Flügeln und krächzte. Auch ihn nahmen sie zu sich. Schließlich kam ein Bienenschwarm daher. Die Tierchen waren ganz naß geworden und konnten kaum mehr fliegen. Da ließen sie auch die Bienen zu sich herein. Endlich trieb ein schwarzhaariger Mensch auf den Wellen vorüber. Der Knabe sprach: Mutter, den wollen wir auch retten. Die Mutter wollte nicht: Die Großmutter hat uns doch gesagt, wir dürfen keine Schwarzköpfe retten. Der Knabe sprach: Wir wollen den Mann doch retten. Ich habe Mitleid mit ihm und kann es nicht mitansehen, wie er im Wasser dahintreibt. So retteten sie denn auch den Mann.«

Die Großmutter mit ihren weisen Ratschlägen entpuppt sich als Göttin, der Schwarzkopf als böse, lüstern und verlogen, offensichtlich Angehöriger eines anderen Stammes, der den Erzählern ihr Gut streitig macht oder ein Räuber ist. Und die Tiere kennen wir aus der Geschichte von der Arche Noah ebensogut wie aus Grimms Märchen; sie erweisen sich für die Rettung dankbar, werden treue Helfer des Menschen und stehen ihm in seinem Lebenskampf bei.

Aus Geschichten dieser Art haben die Gelehrten die Götterwelt und das Weltbild des frühen Chinesen erschlossen. Die Natur mit ihren Gewalten entschied über alles. Es gab keine Möglichkeit zur Distanz, und die einzige Flucht, die ein Bauer antreten konnte, bestand eben darin, daß er seine Felder oberhalb der Hochwassergrenze anlegte, sein Haus auf einen Hügel baute und seine Pflanzungen in mühsamer Arbeit eindeichte.

Das funktionierte, solange es noch nicht allzu viele Menschen in diesem fruchtbaren Lößgebiet am Flußdurchbruch, am Westrand der Ebene gab. Sie können sich die sicheren und ertragreichen Ländereien und Anbaugebiete ohne große Auseinandersetzungen aufteilen. Aber der Raumbedarf wächst sehr schnell. Kinder wollen ihre eigenen Höfe. Es ist eine Vermehrung wie bei der Zellteilung. Wenn der Hwangho ein paar Jahre lang friedlich dahingeflossen war, wagten sich die Jungbauern lieber in seine Nähe, auf den fruchtbaren Schlammgrund im Überschwemmungsgebiet, als daß sie hinaus in die Steppe abwanderten, wo der Hackstock nur mühsam in den harten Boden zu drücken war und der Lößboden zuviel Sand hatte.

Von dem Augenblick an, da dieses Stadium erreicht wurde, waren große Deichbauten notwendig. Tsinanfu, die alte Stadt in der Provinz Shantung, dokumentiert sie uns noch heute. Man befestigte eine Stadt nicht gegen einen menschlichen Feind, einen Angreifer, sondern stellte der Natur, dem Gelben Fluß hohe Festungsmauern entgegen. Mächtige Quader sollen den großen Zerstörer im Zaum halten. Aber auch heute noch ist hier jeder Tag, den der Monsunregen länger fällt als gewöhnlich, ein Tag der Angst, und zahllose Augen verfolgen das Steigen der gelben Fluten hinter den Dämmen.

So große Projekte wie gewaltige Eindeichungen bedingen eine gewisse Organisation. Bauern sprechen sich untereinander ab, stehen einander bei. Aber einer muß doch das Sagen haben unter ihnen, einer muß die Funktion ausüben, die wir den Deichgrafen anvertraut haben. Organisation und Obrigkeit mögen auf diese Weise entstanden sein, weil man sie brauchte. Hätte irgend jemand dagegen aufgemuckt, so wäre das gleichbedeutend mit einer Herausforderung an die Natur gewesen.

Die einmal gewonnene Ordnung erwies sich als besonders segensreich, wo nicht nur Felder eingedeicht werden mußten, sondern andere, weniger günstig gelegene Felder Wasser brauchten. Auch die Bewässerung war eine Aufgabe, die naturgemäß die Kräfte einer noch so großen Familie übersteigen mußte.

Eine dritte Aufgabe war die der Vorratshaltung für schlechte Zeiten. Denn der einzelne konnte seine Überschüsse und seine Rücklagen für schlechte Zeiten nur ungenügend schützen, seine Keller waren – soweit überhaupt vorhanden – zu feucht und gegen Räuber nicht gesichert. Der »Deichgraf« hingegen konnte mit der gesammelten Arbeitskraft der Dörfer Silos bauen und Vorratsgruben anlegen, konnte sie bewachen lassen und die Vorräte so einteilen und verteilen, daß keiner Not leiden mußte und kein Streit entstand.

Ein- bis zweimal in einem Jahrzehnt fielen die Regen aus oder erwiesen sich als zu kurz und zu dürftig. Es gab Mißernten, und es gab überreiche Ernten auf dem Schlammgrund der ausgetrockneten Tümpel. Was hätte all dies genützt, hätte der einzelne den Wechselfällen der Natur allein gegenübergestanden? Er hätte sich in der Trockenheit wie Hiob zu Boden werfen und klagen müssen, und er wäre in der Fülle ein verzweifelter Prasser geworden, unfähig, an das Morgen zu denken und etwas dafür zu tun.

Das ist eine Theorie über die Entstehung frühester Organisationsformen der Gemeinschaft, abgeleitet aus den natürlichen Gegebenheiten in jenem großen Knie des Gelben Flusses, in dem sich uralte früh-chinesische Siedlungen ermitteln ließen.

So früh sind diese Kulturen am Gelben Fluß und auf seinen Uferterrassen anzusetzen, daß manche Forscher sich weigern, sie chinesisch zu nennen und von protochinesischen Siedlungen sprechen, also von einer Bevölkerung, die wohl später in dem aufgeht, was wir heute das chinesische Volk nennen, die aber noch nicht mit vollem Recht chinesisch genannt werden kann.

Beweis und Gegenbeweis sind in diesen fernen Zeiten schwer zu führen. Der feuchte, unzählige Male überschwemmte Grund hat Skelette nicht erhalten. Die seit einigen Jahrzehnten als *ul-*

tima ratio angesehene Radiocarbon-Datierung muß sich auf einige wenige Funde stützen, die räumlich nicht sehr weit auseinanderliegen. Sie lassen uns für die ersten Ackerbaukulturen im Hwangho-Knie die Mitte des dritten Jahrtausends vor Christus annehmen. Das sind vergleichsweise späte Zeiten, wenn wir an den Vorderen Orient denken oder an Ägypten, aber in anderem ist die Übereinstimmung mit Ägypten bemerkenswert: in der Konstanz dieser Lebensweise, in der Stetigkeit, mit der sich dieser Kampf gegen den Fluß als ein Lebenselement und als eine immer wiederkehrende Herausforderung beinahe bis heute erhalten und die Menschen geformt hat.

Noch heute ist vom Hubschrauber aus und an sehr vielen Punkten auch auf dem Boden zu erkennen, daß hier eine beinahe amphibische Lebensform erstaunlich getreu durch die Jahrtausende bewahrt wurde. Der Bauer konnte auch in den frühen Organisationsformen im Zusammenschluß der dörflichen Gemeinschaften Häuser und wichtigste Felder gegen den Gelben Fluß schützen, so daß die Deiche nicht nur die Dörfer umgaben, sondern auch die Sojabohnenpflanzungen, die zuviel Nässe nicht vertragen. Hingegen konnten andere Gewächse, wie etwa die langstielige und schilfähnliche Mohrenhirse, den Überschwemmungen ausgesetzt werden, sie baute man darum in Flußnähe an; auch die gewöhnliche Hirse vermochte noch eine nicht allzu lange Überschwemmung zu überstehen, ja eine gewisse Bodenfeuchtigkeit ließ sie sogar recht gut gedeihen, und ähnlich stand es um die Baumwolle.

Wichtigste Feldfrüchte, Lebensgrundlagen der Chinesen, gediehen also seit dem dritten vorchristlichen Jahrtausend dank der regelmäßigen Monsunregen und der arbeitsamen Fürsorge des chinesischen Bauern in jener Großen Ebene, die den Menschen, die sie bewohnten, so harte Anstrengungen und Opfer abforderte. Sie ist der Kern des chinesischen Reiches geblieben, sie wird gemeinhin als die Keimzelle des chinesischen Volkes angesehen, sie ermöglichte und erzwang erste Staatsbildungen. Aber dies alles geschah nicht, weil es die Menschen dort so leicht gehabt hätten, zu Erträgen zu kommen und zu einem Regelmaß sinnvollen Daseins, sondern weil der Gelbe Fluß es ihnen so schwermachte. Er forderte Mut, Unverdrossenheit, Ausdauer und Genügsamkeit, und als er dies alles einer Reihe von Stämmen anerzogen hatte, da waren sie reif für die ersten Staatsgebilde auf chinesischem Boden. Wenn Ägypten ein Geschenk des Nils ist, wie man gesagt hat, dann ist China ein Geschöpf des Hwangho.

Niemand hat dieses früheste China so gesehen, wie wir es uns in der Hubschrauber-Perspektive vorstellen können. Trat der Fluß über seine Ufer, dann waren die Dörfer zu einem seltsamen Inseldasein verurteilt. Dann glichen die kleinen Gemeinschaften dieser protochinesischen Bauern großen, still daliegenden Schiffen. Blickte man von den Deichkronen in die Fluten des gelben Flusses, so konnte man glauben, Dörfer und Fluren strebten lautlos, von einer geheimnisvollen Kraft getrieben, stromaufwärts.

Noch seltsamer wurde das Bild, als die Dörfer beginnen mußten, sich durch engere, nur um die Häuser gezogene Ringwälle und Mauern gegen die Räuber zu schützen. Wälle dieser Art mußten besetzt und verteidigt werden; darum durften sie nicht allzulang sein. Die Wellen des Flusses plätscherten um die Deiche, und wenn sie zu hoch stiegen, waren die Bauern ohnedies machtlos. Die Räuber jedoch schlichen um die Mauern und spähten nach einer schwachen Stelle; da galt es, wachsam zu sein, sich keine Blöße zu geben, dem Feind keine Lücke aufzutun, durch die er eindringen konnte.

Doppelt umwallt, von Menschen und von den Elementen bedroht, bestand das chinesische Dorf die immerwährende, die sich in jedem Jahr erneuernde Prüfung der Zeiten und Jahreszeiten. Nur sehr langsam schob sich die Zone solchermaßen geschützter Dörfer hinaus in die Große Ebene, drang bäuerliches Leben, drangen der Ackerbau und die Bildung erster organisierter Gemeinschaften aus der Enge des großen Hwangho-Knies in das Land vor, das nicht nur einzelnen Dörfern, sondern einem ganzen Volk Raum geben sollte. Dieser Vorgang erstreckte sich über Jahrhunderte, vielleicht über mehr als ein Jahrtausend. Er liegt in einer so frühen Zeit, daß wir von ihm keine bündige historische Schilderung besitzen, sondern lediglich mythische Gemälde wie etwa das des Kulturbringers Yao in einem Buch des Meng-Tzu, den das Abendland auch Menzius genannt hat (ein Name, den in China wirkende Jesuiten für den großen Denker gewählt hatten).

Menzius stammte aus Tsow-Hien. Das ist eine Tallandschaft in jenem ältesten chinesischen Bauernland, in der man im vierten vorchristlichen Jahrhundert noch sehr genau die Entstehung eines geordneten und geschützten landwirtschaftlichen Lebens erkennen konnte. Der Weise zeichnete uns ein Bild jener Anfänge:

»Zur Zeit des Yao waren in diesem Land noch keine Terrassenfelder angelegt. Die Wasser des Monsunregens flossen überall hin, denn es gab auch keine Deichfluren, und bedeckten das Land. Bäume und Pflanzen wucherten kräftig, und das Wild vermehrte sich stark; die fünf Getreidearten jedoch konnten in dieser Zeit nicht gedeihen. Die Wildtiere schädigten immer wieder die Arbeit des Menschen und zogen ihre Fährten kreuz und quer durch das Gebiet, auf dem heute die Mittelstaaten liegen.«

In jenen Seitentälern, deren eines die Heimat des Menzius war, konnten die Bauern den großen Kampf gegen den Gelben Fluß an kleineren Wasserläufen üben. Hier gelang es früher als im Haupttal, die einzelnen Dorfdeiche miteinander zu verbinden und dadurch einen ganzen Fluß einzudämmen und zu bändigen – wenn es auch nur ein Nebenfluß war und nicht der gewaltige Hwangho. Und doch mußte man sich schließlich auch an ihn heranwagen, ja sogar in die Sumpfebene hinaus siedeln, weil zwischen den Hügeln der Raum für die Bauernwirtschaften nicht mehr ausreichte. Daran war nicht nur das natürliche Wachstum der Bevölkerung schuld, sondern auch die Verbesserung der landwirtschaftlichen Technik. Die Bauern lernten, mit ihren Gerätschaften schneller zu arbeiten und mehr Land zu bestellen; sie verbesserten ihre Geräte und vergrößerten ihre Familien; sie waren imstande, größere Felder zu bewirtschaften, und darum mußten sie sich diese Felder auch erobern – von Räubern, wilden Tieren, Sumpf und jenem riesigen Fluß. Ein Fluß, der nicht wie die Nebenflüsse ruhig auf einer Talsohle dahinfloß, sondern in der weiten Ebene selbstherrlich seinen Lauf änderte. Es konnte geschehen – und es geschah mehrmals –, daß der Gelbe Fluß nach großen Überschwemmungen nicht mehr in sein altes Bett zurückkehrte, sondern seinen Hauptstrom in eine neue Richtung lenkte, sich neue Wege brach und eigenwillige Schleifen zog, durch die er die Deicharbeit von Generationen entweder zunichte oder aber überflüssig machte.

Bis zum Jahr 1000 vor Christus hatte der Hwangho, auch kurz Ho genannt, schon drei verschiedene Wege zum Meer genommen, von denen wir wissen. Der Durchbruch zwischen den Schansi- und den Funiuschan-Bergen blieb im wesentlichen gleich, aber nach dem Eintritt in die Große Ebene, etwa im Raum der heutigen Stadt Sinsiang, hatte der Gelbe Fluß freien Raum für seine gewaltigen Seitensprünge. Ein Bett wand sich in nord-nordöstlicher Richtung zum heutigen Peking, ein zweites in nordwestlicher Richtung auf das heutige Tsinan zu und das dritte schließlich in beinahe rein westlicher Richtung südlich der Shantung-Küstenberge zum Gelben Meer. Das sind nur die größten und wichtigsten der bekannten Flußbetten. Insgesamt hat man aus alten Nachrichten und aus geologischen Forschungen für die Zeit zwischen 2278 vor und 1922 nach Christus, also für etwas mehr als viertausend Jahre chinesischer Geschichte, nicht weniger als 418 Groß-Überschwemmungen mit Deichbrüchen ermittelt, von denen mindestens zehn zu Richtungsänderungen des Flusses und zu anderen Flußmündungen ins Meer führten. Die nördlichste und die südlichste dieser Varianten sind 800 bis 1000 km voneinander entfernt. Damit ist der Gelbe Fluß wohl auch der eigenwilligste unter den großen Strömen der Welt, und kein zweiter jener Schicksalsströme hat den Menschen, die an ihm leben, so viele Rätsel aufgegeben und so viele Strapazen abgenötigt wie der Hwangho. In der Ebene, die er sich vor Urzeiten selbst schuf, bewegte er sich selbstherrlich und unberechenbar, gab Tod und Leben, Segen oder Fluch.

Die lebenswendende Bedeutung dieser Beziehung spiegelt sich

in der Sprache. Ihrer natürlichen und täglich aufs neue sichtbar werdenden Intensität entspricht eine Vielzahl von Ausdrücken für Fluß und Flußufer, die erkennen lassen, daß der Chinese hier um möglichste Präzision bemüht war und daß hier Schattierungen eine Rolle spielten, weil eben jede Einzelheit Bedeutung erlangte. Die ältesten Zeugnisse gestatten Rückschlüsse auf die Stadien der Landnahme und der Entwässerung. Etwa, wenn sich aus dem Sprachgebrauch erkennen läßt, daß es noch dichte Gebüsche in den Auen am Fluß gab – was Dämme und Deichkronen ausschließt – oder daß die Feste noch an den Berghängen oder auf Hügeln gefeiert wurden, was auf eine relativ kurze Spanne des neuen Lebens unten im Flußtal schließen läßt.

Das wichtigste Zeugnis zu diesen Fragen ist das Shi-king, eine Sammlung von Volks- und Kunstliedern, deren älteste Stücke aus dem zwölften Jahrhundert stammen und die kein Geringerer als Konfuzius selbst redigierte. Er soll der Überlieferung nach aus etwa dreitausend Liedern dreihundert ausgewählt haben, doch bezweifelt die Wissenschaft heute nicht nur jene Fülle altertümlichen Liedguts, sondern nimmt auch an, daß der große Philosoph, der die Volkslieder sehr schätzte und seinen Jüngern immer wieder ans Herz legte, bei der Redaktion der Lieder die Texte veränderte und ihnen einen moralisch-lehrhaften Charakter gab, der ihre Natur verfälschte. Dennoch läßt sich vor allem aus dem ersten Teil, in dem das Brauchtum widerspiegelnde Strophen gesammelt sind, recht deutlich erkennen, daß die Bauern jener Zeit für ihre Feste noch vielfach auf die Hügel stiegen oder die Berghänge erklommen. Im Frühling gewannen die von Gesängen und Tänzen begleiteten Zusammenkünfte in Flußnähe nicht selten den Charakter einer verschämten Orgie: Männer und Frauen, Burschen und Mädchen verstreuten sich, sobald sie sich geeinigt hatten, in den Auwäldern und Gebüschen, wofür sie ein charakteristisches kurzes Wort hatten: *pen*. Im Shi-ki, dem im zweiten vorchristlichen Jahrhundert entstandenen berühmten Geschichtswerk des Hofastrologen Ssu-ma-tan und seines Sohnes, findet sich eine Konfuzius-Biographie, in der angedeutet wird, auch der große Gelehrte und Religionsstifter sei im Rahmen solch eines Frühlingsfestes gezeugt worden. Der Sinologe Josef Thiel übersetzt: »Shu-liang Ho (der Vater) vereinigte sich in der Wildnis (ye-ho) mit einem Mädchen aus der Familie Yen (und) zeugte so den Kungtzu (Konfuzius).« Sein Kommentar zu dieser Stelle des Shi-Ki ist einleuchtend: »Manche Sinologen sahen darin eine Verhöhnung des Kungtzu, doch dürfte Ssu-ma-Chien (Mitverfasser des Shi-Ki) darin kaum etwas Anstößiges gesehen haben, nur eine pikante Einzelheit, die er so gern in sein Geschichtswerk aufnahm. Erst die späteren prüden Konfuzianer waren von dieser Stelle peinlich berührt, suchten sie züchtig zu erklären: Man rede von yeh-ho, wenn die Altersunterschiede zu groß seien. Ich kenne den traditionellen Geburtsort (des Konfuzius) aus eigenem Augenschein, er liegt etwa dreißig Kilometer nordöstlich von Tsowhsien in den Bergen südlich von Chüfow. Es ist ein Ort, so recht für Frühlingsfeste geeignet. Dort kommen zwei Flüsse in breitem Tal zusammen; noch heute eine liebliche Gegend. Nach Osten führt eine wichtige Straße über die Berge, der Vater war der Paßkommandant, besser der Hauptmann der Grenzwache. Er hat sich am Frühlingsfest beteiligt; die Mädchen werden einem gutsituierten Offizier gegenüber nicht sonderlich zimperlich gewesen sein. So außergewöhnlich ist diese Tatsache nicht.«

Aus diesen Umständen erklärt es sich auch, daß in China nicht der Heuschober, sondern der Weidenbaum zum Symbol dieser Art von Amouren geworden ist...

Niemand wird solche Berichte so verstehen, als lebten die Bauern im frühen China in einem reichlich bewässerten Paradies mit häufigen Ernten, in dem das angenehme Leben sie zu einem Übermaß erotischer Aktivitäten und ausgedehnten Festen verleitete. Eher müssen wir annehmen, daß nach einem langen und harten Winter, den die eiskalten Winde aus dem nördlichen Asien in monatelange Pein verwandelten, die wiedererwachte Lebensfreude in einem einzigen erlösenden Fest explodierte, zu dem sich nach den Ernten, im Herbst, dann ein zweites gesellte. Da wir über die religiösen Vorstellungen jener frühesten Zeit nur sehr unzureichend informiert sind, läßt sich nicht mit Bestimmtheit sagen, ob es sich bei Frühlingsfest und Erntedankfeier um Huldigungen an die Götter und an welche Götter handelte; aber es ist nur natürlich und darum bei so gut wie allen Völkern festgestellt worden, daß der Mensch das Wiedererwachen der Natur mit Freude und Erleichterung begrüßt und ebenso die eingebrachten Ernten dankbar feiert.

Wie kennzeichnend diese beiden Ereignisse für das Jahr des chinesischen Bauern und das Leben der frühen Ackerbauern in China waren, hat Marcel Granet herausgestellt, der 1940 verstorbene geniale französische Sinologe, der noch heute als einer der größten Gelehrten seines Faches gilt. In Büchern wie *Fêtes et Chansons anciennes de la Chine* oder *Danses et Légendes de la Chine ancienne* umkreist er dieses Thema eindringlicher als jeder andere. Darum ist es zweifellos ein fundamentales Ergebnis, wenn er aus seinen Studien über Bräuche, Feste und Lieder folgert:

»Die Turniere der Liebeslieder wurden auf dem freien Lande abgehalten. Sie stellten den zentralen Ritus in den Bündnisfesten dar, in dem die Bauern ihre Eintracht untereinander wieder bekräftigten. Während dieser Zusammenkünfte in den Feldern vergaßen alle Gruppierungen – ob sie nun aus geschlechtlichen oder territorialen Kategorien abgeleitet worden waren – ihre partikularistische Gesinnung und bestärkten ihr Gefühl der Zusammengehörigkeit in egalitären Gemeinschaftsfeiern. Die Wirkung der sexuellen Vereinigung wurde durch gemeinsame Schlemmereien und Trinkgelage ergänzt. Diese Feste erweckten aber auch den Eindruck von Jahrmärkten, wenn die Menschen zum Austausch von Geschenken zusammenkamen.«

Hauptfunktion dieser Begegnungen aber blieb die Partnerwahl, weil die Dörfer ein wichtiges Tabu gesetzt hatten: Innerhalb einer Dorfgemeinschaft konnte es keine Ehe geben, der Partner mußte aus einem anderen Dorf kommen. Es ist bis heute nicht ganz klar, ob damit größere Wanderungen verbunden waren; fest steht lediglich, daß ein Zusammensein, dem kein Kind entsproß, vergessen wurde und auch keine rechtlichen Folgen hatte; erst, wenn sich Kindersegen einstellte, taten die Beteiligten, die Augenblicks-Partner jener Festnacht, sich für dauernd zusammen, der Mann zog zu dem Mädchen ins Nachbardorf oder auch weiter weg, oder das Mädchen kam in die Familie des Mannes. Wenn es dafür strikte Regeln gab, so wurden sie im Lauf der Generationen immer wieder umgestoßen und nach den örtlichen Gegebenheiten abgeändert; der Ur-Brauch, bei solch einer Gelegenheit *alle* Mädchen eines Dorfes gegen jene des Nachbardorfes auszutauschen, dürfte ein Extrem ohne Dauergeltung geblieben sein.

Das Zeugnis dieser Vorgänge sind lediglich Lieder, aber sie sagen uns, was sich begab, auf eine reizend scheue und verblümte Art, womit sie jene Töne anschlagen, die uns in der chinesischen Lyrik der klassischen Epoche eineinhalb Jahrtausende später abermals begegnen:

Wenn der Dschen und der Wei
Hochwasser führen,
kommen Herren und Damen zusammen
und suchen Kräuter.
Die Damen sagen:
»Habt ihr nachgesehen?«
Die Herren sagen:
»Wir haben nachgesehen.«
»Wollen wir nochmals nachsehen?
Das Land jenseits des Wei
ist offen und lieblich.«
Dann spielen und scherzen
die Damen und Herren
und bieten einander Päonien an.

Wenn der Dschen und der Wei
klares, reines Wasser führen,
sind Herren und Damen
in großer Zahl versammelt.
Die Damen sagen:
»Habt ihr nachgesehen?«

Die Herren sagen:
»Wollen wir nochmals nachsehen?
Das Land jenseits des Wei
ist offen und lieblich.«
Dann spielen und scherzen
die Damen und Herren
und bieten einander Päonien an.

Gewiß, man muß den Sachverhalt kennen, um aus Wilhelm Michael Treichlingers behutsamer Übersetzung den alten Brauch voll verstehen zu können; aber der Refrain mit seinen Andeutungen zeigt doch, wie allgemein und eingebürgert diese Festlichkeiten waren, ja daß im Kernland der chinesischen Bauernkultur jahrhundertelang der Kindersegen seinen Ursprung nicht in ehelichen Pflichten hatte, und es wäre geradezu eine Ausnahme gewesen, wenn der aus dieser Gegend stammende Konfuzius auf eine andere Weise ins Leben getreten wäre. Naiv und sinnlich, aber auch praktisch und zweckhaft denkend, hatten die Bauern das Nützliche mit dem Angenehmen verbunden.

Unsicherer denn je ist nach diesen Tabu-Sitten und Bräuchen das ethnische Verhältnis dieser protochinesischen Bauern zu dem Volk, das wir heute das chinesische nennen. Es hat sich in den Jahrhunderten seit Konfuzius, Menzius und jenen anderen großen Denkern offensichtlich zunächst geistig gefestigt, sich einen moralisch-religiösen Rahmen gegeben. Erst danach kann von einem homogenen Volk gesprochen werden. Die exogamische Gesellschaftsordnung, die Heirats- und Jahrmärkte erinnern an Traditionen, die man heute eher im Süden Chinas, ja in Südostasien und bis in den melanesischen Bereich hinein findet. Keramikreste weisen mit ihren Schmuckmotiven sogar nach Südwestasien und ins südöstliche Europa. Wir können nur vermuten, daß sich Einwanderer aus dem Süden, nach Jahrtausenden langsamen Marsches durch das ungeheure China, an jenem großen Strom festsetzten, der ihnen als eine Grenze erscheinen mußte und an dem die scharfen Winde aus dem Norden schon deutlich zeigten, daß die wirtliche Welt hier zu Ende gehe. Und eben darum, weil ringsum so wenig bewohnbares Land in Sicht war, weil sich die Berge auftürmten und die weite Sumpfebene des Hwangho mit Tümpeln, wechselnden Flußbetten, Räuberhorden und Schilfinseln keineswegs zur Besiedlung einlud, durften die Bauern im Hwangho-Durchbruch sich mit einigem Recht als das Volk der Mitte, ja als das Volk schlechthin ansehen.

Fürsten und Lehrer

In alten chinesischen Schriften ist immer wieder von zehntausend Staaten die Rede. Auch im *Shang shu* werden sie erwähnt, dem ehrwürdigen, über zweitausend Jahre alten Urkundenbuch. Ein unbekannter Kritiker dieser Überlieferung schrieb im ersten nachchristlichen Jahrhundert: »Wenn das Shang shu von zehntausend Staaten spricht, so ist das übertrieben... zählt man alle (chinesischen) Staaten zusammen, so sind es keine dreitausend.« Andere gleichzeitige Quellen sprechen von 1800 oder von 1773 Staaten auf einem Gebiet von etwa einer halben Million Quadratkilometern, also auf einem Raum, der in der Größe zwischen dem Deutschland von 1936 und dem Frankreich von heute liegt.

Wir kennen alle aus dem historischen Atlas das in Hunderte von Kleinstaaten aufgeteilte Heilige Römische Reich nach dem Westfälischen Frieden von 1648; das alte China, das Bauernland mit seinen Deichen, Dämmen und Mooren, soll aber auf etwa gleicher Fläche zehnmal so viele Staaten gehabt haben! Das ist die Tatsache, die angesichts so deutlicher Quellenaussagen schwerlich bezweifelt werden kann. Sie zeigt uns, daß die Kampfgemeinschaften der Bauern, so, wie sie sich zu den großen

Aufgaben der Deichbauten zusammengefunden hatten, als erste staatliche Gebilde verstanden wurden. Im Lauf der Jahrhunderte wuchsen die Dorfschaften wohl zusammen, vor allem in dichter besiedelten Gebieten. Gemeinsame Eindeichungen erleichterten Errichtung und Unterhalt der Schutzbauten. Aber es waren doch noch immer Gemeinschaften, die im Durchschnitt nur hundert bis zweihundert Quadratkilometer groß waren, also etwa die Fläche einer modernen Großstadt bedeckten, ohne natürlich ihre Einwohnerzahl aufzuweisen. Die Siedlungsdichte mag sehr unterschiedlich gewesen sein, schätzt man doch, daß von jenen 500000 qkm zentralchinesischen Kulturlandes nur 100000 qkm von Bauern besiedelt waren. Der Rest war freies Land, Wildnis, Sumpf, Bergland, Räubergebiet. In den Tälern, wo solches Ödland fehlte, lagen darum die Staatswesen so nahe beisammen, daß man, wie aus jener Zeit berichtet wird, die Hunde aus dem Nachbarland bellen hörte. Die Residenzen waren nur fünf bis zehn Kilometer voneinander entfernt.

Daß uns dies als kurios erscheint, hängt mit unserem Staatsbegriff zusammen; die Chinesen gingen nach ihren alten bäuerlichen Überlieferungen von Arbeits- und Schicksalsgemeinschaften aus, die praktisch alle Kennzeichen eines Staates aufwiesen, sich jedoch hinsichtlich der Bevölkerungszahl und der Ausdehnung von dem unterschieden, was wir Europäer heute als Staat ansehen. Aber auch im alten Griechenland hat das mächtige Athen weniger Fläche bedeckt als heute die Stadt Bremen. So erweist sich das chinesische Beispiel als keineswegs grotesk. Vielleicht gab es in frühester Zeit, als tatsächlich noch jedes Dorf für sich allein stand, jene zehntausend Staaten auf chinesischem Boden, von denen das Buch der Urkunden spricht.

Menzius erwähnt einmal einen Stadtwall, der eine Gesamtlänge von drei Li gehabt habe, das wären demnach rund 1600 Meter. Das umschlossene Gemeinwesen hatte 160000 qm, Raum genug für etwa dreihundert breit gebaute, nicht in die Höhe strebende Hofstellen. An anderer Stelle lesen wir von einem Staatswesen, das nur aus etwa hundert Familien und ihrem Gefolge bestand. Aber auch das hat es schließlich noch im mittelalterlichen Europa gegeben. Und noch heute zeigen uns die toskanischen Städte in ihrer unverwelkten Schönheit, wie so ein Miniaturstaat ausgesehen hat.

Wie klein oder wie groß ein solches Gemeinwesen war, das wurde erst in dem Augenblick zum Schicksal, da es sich gegen andere zur Wehr setzen mußte. Im zweiten vorchristlichen Jahrtausend, als der Raum im allgemeinen noch ausreichte, mögen die Zeiten friedlich gewesen sein. Wahrscheinlich hatte man mit den inneren Problemen der Gemeinwesen genug zu tun: mit der Festigung der bäuerlichen Gemeinschaft, ihrem Schutz gegen die Überschwemmungen und der Abwehr der Raubscharen aus den großen Mooren. Die dörflichen Lebensgemeinschaften dieser ersten Kulturabschnitte – man nennt sie Yang-shao- und Lung-shan-Kultur – waren, wie die Ausgrabungen zeigen, tatsächlich noch sehr klein, der Raumbedarf also gering. Erst in der Chou-Zeit, deren Beginn gemeinhin um 1050 vor Christus angesetzt wird, ergab sich ein stärkerer Drang nach Neuland. Die größeren Familien pachteten Land dazu, bewirtschafteten besser, rodeten und strebten schließlich an den Talhängen hinauf, in die Große Ebene hinaus. So wird aus der Zeit zwischen 1050 und 600 vor Christus von zahlreichen, wenn auch begrenzten kriegerischen Auseinandersetzungen berichtet.

Bei kleinen Staaten mit Bevölkerungen von ein paar hundert, vielleicht ein paar tausend Menschen, mußten Armeen zu Kompaniestärke schrumpfen. Kompanien genügt ein kahler Berghang oder anderes Niemandsland, auf dem man sich mit dem Gegner messen kann. Auf diese Weise spielten sich wohl die Auseinandersetzungen zwischen den 1773 oder 1800 oder dreitausend Staaten des chinesischen Kernlandes etwa neunhundert Jahre lang, d. h. vom zwölften bis zum dritten Jahrhundert vor Christus, ab. Die Herren hatten den Vorteil, daß bei solchen Kriegen kein Volksvermögen zerstört wurde und keine Hungersnöte ausbrachen; die Bauern wiederum stellten zwar Söhne und Knechte für den Kampf, blieben im übrigen aber in Haus und Feld ungeschoren. Sinkt damit der Krieg auch auf den Rang eines blutigen Turniers herab, so verrät diese Form der

Auseinandersetzung doch auch, daß die Menschen dieser Zeit sich Kriege im eigentlichen Sinn des Wortes noch gar nicht leisten konnten. Weder gab es hinreichende Vorräte, um die auf den Feldern zerstampften Ernten ersetzen zu können, noch gab es aus industriellen Quellen Ersatz für vernichtete Nahrung. Man lebte von der Hand in den Mund, jahrhundertelang. Weil es so war, fehlte jener Übermut, der in anderen Kontinenten die Völker gegeneinander führte und unsere Geschichtsbücher mit den gewaltigen Heeresstärken und Verlustziffern eines Darius oder Kambyses oder auch Ramses füllt.

Ganz nebenbei ergab sich daraus, daß die Bauern nach und nach dem kriegerischen Adel ein gewisses Vertrauen entgegenzubringen lernten; der eine oder andere weise Landmann mochte über die schwertschwingenden Ritter gelächelt haben; aber solange sie die Fluren schonten, machte ihnen niemand ihr Treiben streitig.

Diese in gewissem Sinn idyllischen Verhältnisse änderten sich, als das Land nicht mehr ausreichte. Solange der Bauer in seinem Umkreis für Neuland hatte sorgen können, brauchte er den Staat nicht. Aber es kam der Augenblick, da auch die sorgfältigste Ausnützung der Auen und der Schilffluren nichts mehr brachte, da der Weg hinaus in die Große Ebene angetreten werden mußte, und damit war die Konfrontation mit neuen, gewaltigen Problemen gegeben – mit einem hier ungebärdigen Fluß, mit einem schwer zu bewirtschaftenden, schwer zu schützenden neuen Land. Hier war der Bauer allein zu schwach; wenn es um Neuland ging, hatte er zu allen Zeiten und bei allen Völkern der Ritter bedurft. Die großen Aufgaben erforderten eine Teilung der Verantwortung. Die Waffenträger waren mit einemmal wichtiger als die Menschen, die dem Flußtal und seinen Hängen die Nahrung abgewonnen hatten. Und über den Rittern thronten, so klein die Gemeinschaften auch noch waren, die ersten Fürsten.

Die Chinesen wären keine Orientalen, wenn sie sich mit so nüchternen Theorien über die Entstehung von Fürstenmacht und Dynastien tatsächlich zufriedengegeben hätten. Wie die alten Völker des Abend- und des nahen Morgenlandes ließen sie ihre ersten Herrscher vom Himmel herabsteigen und den Menschen das zum Leben nötige Wissen bringen. Die Wissenschaft spricht von Kulturheroen, mythischen Gestalten, die uns bei allen Völkern in der einen oder anderen (mitunter auch in Tier-) Form begegnen und deren antike Ausprägung wir in Prometheus vor uns haben. Fuh-shi, Shen-nung und Huang-ti sind jene drei Kaiser, von denen die Chinesen im Tal des Gelben Flusses alle handwerklichen Fähigkeiten und Künste gelernt zu haben meinen, und der letzte unter ihnen, Huang-ti, erscheint auch oft als erster einer neuen, schon beinahe historischen Fünf-Kaiser-Reihe.

Beinahe historisch, muß man sagen, weil sich in der chinesischen Geschichte die Periode der Unsicherheit und des Übergangs zwischen Sage und Historie, zwischen legendären und verbürgten Ereignissen über einen ungewöhnlich großen Zeitraum erstreckt. Während noch unsere Vätergenerationen über China erfuhr, daß dieses allerälteste Kulturvolk auf eine siebentausendjährige Geschichte zurückblicke und dem mittelmeerischen Kulturkreis darum außerordentlich weit voraus sei, hat die neuere Forschung auch der Chinesen selbst ergeben, daß gesicherte Daten erst im Laufe des zweiten vorchristlichen Jahrtausends auszumachen sind, daß also die verläßliche geschichtliche Reihung der Ereignisse wesentlich später einsetzt als im Zweistromland oder auch am Nil. Gestattet auch das Buch der Lieder, das erwähnte Shi-king, eine ganze Reihe wertvoller Rückschlüsse auf früheres Volksleben und Brauchtum am Gelben Fluß, so können wir als geschichtlich doch nur jene Herrscher und Geschehnisse werten, die im Shi-king konkret erwähnt werden. Auch bei diesen bleibt immer noch die Unsicherheit über die Datierung bestehen. Vor dem Shi-king liegt die Zeit der Orakelknochen, also jener mit den ältesten chinesischen Schriftzeichen bedeckten Kultknochen, die uns einerseits beweisen, daß es 2000 vor Christus in China noch keine Bücher und längere Aufzeichnungen gab, andererseits aber immerhin einige Namen von Herrschern überliefern, so daß sich zwar kein geschlossener geschichtlicher Ablauf ergibt, aber doch gewisse Bestätigungen für die religiösen mündlichen Traditionen.

Dies ist vor allem für einen frühen großen Kaiser wichtig, dessen Existenz wahrscheinlich, aber nicht voll gesichert ist und von dem in verschiedenen Quellen wahre Wunderdinge berichtet werden: für den großen Yü. Er ist ein Nachfahre jenes Huang-ti, den wir als den dritten der großen Lehr-Kaiser nannten, als ersten, der eine zumindest historisch wahrscheinliche Dynastie begründete. Die Herrschaft des großen Yü bedeutet, nach einigen farblosen Nachfolgern Huang-tis, einen neuen Ansatz und einen großen Fortschritt. Natürlich ist auch der große Yü noch von so vielen Legenden und Sagen, ja ausgesprochen märchenhaften Überlieferungen umsponnen, daß nur ein Bruchteil dessen, was von ihm erzählt wird, als historisch gelten kann. Aber wir besitzen ja auch von Alexander dem Großen, von Theoderich oder von Karl dem Großen Sagen und Legenden genug, um ganze Bände damit zu füllen, und dennoch ist an der Geschichtlichkeit dieser Herrscher und ihrer Taten nicht zu zweifeln.

Yü prägte sich dem Gedächtnis seines Volkes durch einen heroischen Kampf gegen offenbar sintflutartige Überschwemmungen ein. Folgt man der altchinesischen Chronologie der sogenannten Bambusbücher, so ist diese Katastrophenzeit in das erste Jahrhundert des zweiten vorchristlichen Jahrtausends zu setzen. Die Erinnerung an solche Ereignisse hat sich nicht nur in Asien, sondern auch zum Beispiel in Südamerika durch Jahrtausende bewahrt. Es spricht also nichts dagegen, einen verdienten Lokalfürsten, der in Überschwemmungszeiten tatkräftig für Abhilfe sorgte und die Notmaßnahmen energisch dirigierte, als geschichtliche Person zu akzeptieren – auch wenn wir nicht glauben, daß ihm – der Legende zufolge – die Beschwörung der Fluten mittels eines kultischen Tanzes gelang. Wahrscheinlicher klingt es schon, wenn wir im Shi-king lesen, Yü habe die Flüsse ausbaggern, ja habe insgesamt neun Wasserläufe von Geröll und Sand reinigen lassen, damit die Fluten ablaufen konnten. Auch habe er zahlreiche Seen trockengelegt. Die ersten großen Deichfluren, also die Eindeichung von Feldern, nicht nur von Dörfern, soll ebenfalls auf ihn zurückgehen. Die sagenhafte Angabe, er habe dreizehn Jahre nicht geruht, bis dieses Werk vollendet gewesen sei, und sich so wenig Frieden gegönnt, daß er nicht einmal zu seiner Familie heimkehrte, stimmt zu der Tatsache, daß dieser offenbar erste umsichtige Kampf gegen einen unbändigen und gewaltigen Fluß einen beinahe übermenschlichen Einsatz verlangt haben muß.

Es gibt Gelehrte wie Wolfram Eberhard, die nach eingehendem Studium aller bekanntgewordenen Yü-Sagen und Legenden zu dem Schluß gelangten, auch Kaiser Yü oder der große, durch sein Ingenieurwissen einem Kaiser ungemein wichtige Minister Yü sei noch ein Kulturheros, also eine mythische Figur im Morgenrot der Geschichte. Andere, wie Legge, nehmen an, die erstaunlich vielen Einzelheiten, die über das Leben dieses Mannes bekannt wurden, stammen aus einem vergessenen Roman, dessen Held ebensogut erfunden wie existent gewesen sein könne, und Henri Cordier, der Sinologe mit der vielleicht umfassendsten Quellenkenntnis, neigt nach eigenen Worten überhaupt zu der Annahme, daß Yü als Person niemals existiert habe. Dann freilich müßten sich in ihm Leben und Leistungen von zwei oder drei großen Persönlichkeiten der Frühzeit legendär vereinen.

Wir möchten ihm dennoch eine höhere Existenz-Wahrscheinlichkeit einräumen als etwa unserem Vater Noah, der mit seiner Arche die Sintflut zwar nicht besiegte, wie dies Yü durch seine gewaltigen Arbeiten tat, aber sie doch um ihren Triumph betrog, indem er Menschen und Tiere rettete und die Weiterexistenz des Lebens sicherte. Denn nichts liegt näher, als anzunehmen, daß eine der vielen großen Überschwemmungen auch einen besonders energischen, zu großen organisatorischen Leistungen befähigten Menschen auf den Plan rief – daß sich das Charisma eines jener frühen Volksführer gerade in der Stunde höchster Not glanzvoll bestätigte und damit ein Kaiser gleichsam aus der Katastrophe geboren wurde.

Einiges von dem, was im Shi-king von Yü zu lesen steht, hält übrigens durchaus der historischen Überprüfung stand. So etwa der Bericht über die Grenzen des Reiches, in dem der große Yü herrschte: Es sei im Westen, Süden und Osten vom Hwangho umflossen, nach Norden zu jedoch offen gewesen. Das heißt, es lag in jenem Bereich, den der Hwangho bis zur Vereinigung mit dem Wei-Fluß, danach auf dem Weg durch die Berge und hinaus zur Ebene und schließlich in der Nordwendung an drei Seiten tatsächlich umfloß. Weil der Fluß heute nach dem Eintritt in die Große Ebene keine vorwiegend nördliche, sondern eine nordöstliche Richtung nimmt, wird das nicht mehr so deutlich. Dort, in Shansi, wo die Berghänge Zuflucht vor den Wassermassen boten, hatte sich die älteste Bauernkultur entwickeln können. Nach Norden zu, in die Gebirge, gab es keine Grenzen, hier wurde noch kaum gesiedelt, und wir hören vom großen Yü, daß er Schneisen in die ausgedehnten Wälder brennen ließ, um die ersten Straßen anzulegen. Zuviel, vor allem aber zu viele Einzelheiten, um zur Gänze erfunden worden zu sein...

Im Zusammenhang mit den Taten des großen Yü wird das zweite große Flußsystem der Chinesen erwähnt, der Kiang, in Europa meist Jangtse oder auch der Blaue Fluß genannt. Cordier skizziert sogar eine mythische Rolle der beiden Flüsse, indem er sagt, Yang sei das männliche Prinzip, Yin – dem Hwangho zugeordnet – hingegen das weibliche. Yü solle damals auch bei der großen Jangtse-Überschwemmung helfend eingegriffen haben, die zugleich mit der des Hwangho aufgetreten sei (was logisch ist), sich aber vor allem in den Ebenen ungleich verheerender ausgewirkt habe als das Hochwasser des Gelben Flusses.

Der Jangtse habe damals drei Wege zum Meer genommen, eine Mitteilung, die auch noch Richthofen beschäftigte, bis ihm, dem Geologen und Geographen, der Nachweis dieser drei Flußbetten gelang. Man zeigte dem großen Gelehrten auf seiner Reise den Jangtse hinab bei Kweitschoufu eine Stelle, wo der niedrigste und der höchste Wasserstand des Flusses um nicht weniger als fünfzig Meter differierten. Bei solchen Hochfluten eines Stromes kann sich das Bild des Tales sehr wohl in einer Weise wandeln, daß seine Bewohner an den Weltuntergang und an eine Sintflut glauben.

Bei der Beurteilung der Lage zu Beginn des zweiten vorchristlichen Jahrtausends darf man also davon ausgehen, daß keineswegs nur Shansi, also die bäuerliche Zone früher Reiche am Hwangho-Durchbruch, von den Überschwemmungen betroffen gewesen sei, sondern auch die angrenzenden südlichen Teile des mittleren China. Chaotische Zustände mußten die Folge sein, Massenfluchten, ja Völkerwanderungen.

»Fremde Völkerstämme, die uns umgeben, dringen in unser großes und schönes Land ein«, sagte ein Kaiser der Hsia-Dynastie nach dem Shi-king zu seinem Justizminister, »und im Gefolge dieser Einfälle kommt es zu einem Erstarken der Räuberbanden im Land, die Verbrechen nehmen zu. Übeltäter und Mörder nehmen Überhand sowohl in der Hauptstadt als auch in den neun Provinzen. Du bist der Justizminister. Wende gegen die Verbrecher die fünf großen Strafen an, laß sie an drei verschiedenen Orten leiden. Setze die fünf Arten der Verbannung wieder in Kraft und verteile die Verbannten dieser fünf Grade auf die drei Verbannungszonen. Es wird sehr großer Weitsicht und Fürsorge bedürfen, damit man (wieder) Vertrauen in deine Rechtsprechung gewinnt.«

Die fünf großen Strafen waren Körperstrafen, Verstümmelungen, Kastration und Todesstrafe. Offensichtlich war – angesichts der großen Not – der Regierung die straffe Führung entglitten. Vor allem haben sich zweifellos bedeutende Einwanderungen ergeben, denn unter den Skeletten, die aus jener Periode gefunden wurden, können nur etwa zehn Prozent als im heutigen Sinn chinesisch angesprochen werden, die anderen gehören jenen Völkern zu, die, aus dem Süden, Westen und vielleicht auch Norden einwandernd, erst in den folgenden Jahrhunderten mit den Shansi-Bauern zum chinesischen Volk verschmelzen sollten. Man sieht, sagt Cordier, daß die Wiege der Chinesen an den nördlichen Flüssen, dem Hwangho und dem Wei, stand und daß erst die Reichsbildung die Verbindung zum Becken des Jangtsekiang herstellte.

Die Forschung nimmt heute ziemlich übereinstimmend an, daß die militärischen Aktionen, die zum Zusammenschluß der zwei großen Flußufer-Siedlungsgebiete führten, im wesentlichen vom Norden ausgingen, also von den Kleinstaaten am Hwangho. Denn wenn auch die beiden Ströme sich an manchen Stellen bis auf 370 km Luftlinie einander annähern, so mußte die faktische Ausdehnung der Nordmacht sich doch am westlichen Rand der Großen Ebene vollziehen, wo Hwangho und Jangtse sechs- bis siebenhundert Kilometer voneinander entfernt sind. Die Überlegenheit des Nordens bestand in der weiter fortgeschrittenen Staatsbildung, in der besser organisierten Machtkonzentration und in der größeren Anzahl kampftüchtiger Söldnertruppen barbarischen Ursprungs aus dem offenen Nordraum der Hwangho-Staaten. Im Jangtse-Bereich, vor allem aber am Südwestrand der Großen Ebene, war dafür die rein materielle Kultur höher entwickelt. Man kannte hier sehr wichtige chinesische Produkte wie den Lack und die Seide früher als im Norden, aber mit Lack und Seide ließen sich eben keine Kriege gewinnen.

Landnot, kriegerische Ausdehnung und die großen Erdarbeiten in den eroberten Gebieten der Großen Ebene vernichteten in der zweiten Hälfte des zweiten vorchristlichen Jahrtausends, vielleicht auch erst in seinem letzten Drittel, jenes idyllische Leben in den Flußdörfern, das uns die alten Lieder aus dem Shiking angedeutet haben. Größere Gemeinschaftsaufgaben nötigten die Fürstenmacht zu stärkerem Druck auf die Bevölkerung, so wie er sich in der einen zitierten Mahnung an den Justizminister abzeichnet, wie er aber auch aus anderen Zeugnissen klar wird. Marxistische Historiker sprechen von Sklavenhalter-Staaten unter den letzten Hsia-Kaisern. Aber auch unter der Shang-Dynastie, die nach einer blutigen Revolte gegen den letzten Hsia-Tyrannen um 1500 vor Christus an die Macht kam, war der Druck der Obrigkeit noch beträchtlich.

Angesichts der Dürftigkeit der Überlieferung waren nicht nur die zeitlichen Ansätze der sogenannten traditionellen Chronologie ins Wanken geraten, sondern auch die im allgemeinen als weniger abenteuerlich geltenden Jahreszahlen der Bambus-Annalen. Es kam zu äußerst skeptischen Ansätzen und einer Absage an präzise Ziffern überhaupt. Die frühen Kaiser wurden in die Legende verbannt, die ersten historischen Fürsten als Häuptlinge qualifiziert und die Staatsbildung zugunsten der Entstehung einiger Klans geleugnet.

Mit den Fortschritten der China-Archäologie jedoch setzte abermals ein Wandel des Bildes ein. Solange der Ahnenkult allmächtig gewesen war und jede in Chinas heiligen Boden gestoßene Grabschaufel wütende Zusammenrottungen ausgelöst hatte, weil die Dörfer für die Ruhe ihrer Ahnen fürchteten, hatten die Historiker nichts anderes an der Hand als die Schriftquellen mit ihren tatsächlich oft sehr phantastischen Aussagen. Seit den zunächst beinahe zufälligen Funden des schwedischen Geologen Gunnar Andersson im Jahr 1922, seit den Mitte der dreißiger Jahre einsetzenden größeren Ausgrabungen und den umfassenden Grabungskampagnen der kommunistischen Regierung, hat sich überraschendes Tatsachenmaterial zur Abfolge der steinzeitlichen Kulturen in China ergeben. Es zeigte sich aber auch eindeutig, daß jenes rätselhafte und umstrittene zweite vorchristliche Jahrtausend neben kunstvoller Keramik vor allem die Kunst der Bronzegewinnung und der Metallbearbeitung entwickelte. Somit gab es eine chinesische Bronzezeit, die nur um etwa vierhundert Jahre hinter der ostmittelmeerischen zurücklag. Damit bestand auch kein Grund mehr, an Schrift, Staatsbildung und Organisationsformen zu zweifeln.

Diese Bodenfunde sind es auch, die uns über die Hsia-Dynastie und über den Machtwechsel zu den Shang-Kaisern ein wenig mehr sagen, als wir aufgrund der legendenartigen schriftlichen Berichte vermuten durften. Große, gelochte Jadescheiben, die man als Sonnensymbole deutet, und Anzeichen von Menschenopfern lassen verschiedene Gelehrte auf einen blutigen Sonnenkult der Hsia-Herrscher schließen. Dazu würde auch eine schriftliche Quelle passen, die das Orakelwort Chiehs, des letzten Hsia-Tyrannen, überliefert: »Zu der Zeit, da die Sonne aufhören wird zu scheinen und stirbt, werde auch ich umkommen und ihr alle mit mir.«

Die Legenden, die über den Wechsel zu den Shang-Kaisern berichten, beschäftigen sich ebenfalls zunächst mit kultischen Motiven, mit Szenen und Konflikten, aus denen hervorzugehen scheint, daß die Shang-Leute in den Sonnenanbetern ein zurückgebliebenes Volk sahen, das zu kolonisieren und kultivieren eine edle Aufgabe sei. An Vorwänden dieser Art hat es ja auch im Bereich der abendländischen Geschichte nie gefehlt: gelang es erst einmal, ein anderes Volk als barbarisch oder heidnisch abzuqualifizieren, dann hatte der gewalttätige Erzieher meist freie Hand.

Während die Hsia-Stämme offenbar um eine Hauptstadt im südwestlichen Eckraum des Hwangho-Knies zentriert waren, gibt es Anzeichen dafür, daß zumindest der Stifter der Shang-Dynastie aus dem (nördlichen) Hochland gekommen ist. Auch dieser Vorgang ist typisch und aus Parallelen in unseren Kulturkreisen bekannt: Waren die Reiche in den Flußtälern tyrannisch erstarrt, hatten sie unter einer allzu drückenden Verwaltung den lebhaften Selbstbehauptungswillen der Staatsbildungsphase erstickt, dann kam die Zeit für die schlagkräftige Opposition, die sich meist auf eine rassisch oder religiös andersgeartete Gruppe und nicht selten auf härtere Hochlandbewohner stützen konnte.

Es konnte nicht ausbleiben, daß auch die neuen Herren bald übermütig wurden. Daß sie ihre Macht ausdehnten, scheint aus häufigen Verlegungen der Hauptstadt hervorzugehen. Fünf Zentren der Shang-Herrschaft sind bekannt geworden. Da die Annalen berichten, daß alle Herrscher aus der gleichen Familie stammten, muß man daraus wohl schließen, daß die Verlegungen nicht dynastische, sondern militärische Gründe hatten.

Zunächst aber schienen es die Götter mit den neuen Herren nicht gut zu meinen, denn die gekränkte Sonne, deren Anbeter man unterjocht hatte, ließ in sieben regenlosen Jahren eine fürchterliche Hungersnot über das Shang-Land kommen. Tang, der erste Shang-Herrscher, soll sich in einen kleinen Hain von Maulbeerbäumen begeben und sich selbst weinend der Sonne als Opfer angeboten haben. Von diesem Beweis der Verehrung erweicht, habe das unbarmherzige Gestirn einigen Regenwolken gestattet, am Horizont aufzuziehen, und die Dürre sei beendet gewesen.

Andere chinesische Legenden weisen Züge auf, die für solche mündliche Überlieferungen typisch sind. Etwa der Tod eines Kaisers auf der Jagd in den Auen zwischen Hwangho und Wei: der Blitz hatte ihn getroffen. Weitschweifige Erklärungen machen aus diesem Naturereignis eine Strafe des Himmels: Jener Kaiser habe sich eine Puppe aus Lehm geformt, mit ihr gelebt wie mit einem menschlichen Wesen, und wenn es ihn nach einem Brettspiel gelüstete, habe ein Hofbeamter für die stumme Lehmdame spielen müssen. Diese Herausforderung hätte der Himmel mit dem tödlichen Blitz quittiert. Jener in den Annalen Wu-yi genannte Kaiser wäre demnach ein Schicksalsgefährte Nimrods, von dem das Erste Buch Mose sagt, er sei »der erste (gewesen), der Macht gewann auf Erden« und der – ohne daß man ihn mit einer geschichtlichen Herrschergestalt identifizieren könnte – als frevelnder Jäger auch durch die persische und islamische Mythologie geistert.

Nach diesem wilden Jäger, von dem niemand so recht weiß, für welchen Frevel ihn der himmlische Blitzstrahl eigentlich traf, und einem Kaiser namens Yi, der bescheiden, gut und von schwachem Geist war, schließt die Dynastie Shang mit einem Donnerschlag in Gestalt des Erzbösewichts Tschu-Sin. Ihm sagt die Tradition, wie sie in das Shi-king einging, nicht nur gewaltige Körperkräfte nach, sondern auch hervorragend tüchtige Sinne. Er sah und hörte mehr als seine Umgebung, er bändigte wilde Tiere mit der bloßen Faust, und er verfügte über so ausgezeichnete Kenntnisse, daß es ihm nicht schwerfiel, seine bösen Taten als gute darzustellen. Er liebte den Wein – woraus wir also auf chinesischen Weinbau unter dem letzten Shang-Kaiser schließen dürfen –, er gab sich Ausschweifungen aller Art hin und interessierte sich sein Leben lang für die Frauen.

Bei Tung Kien Kang mu, einem anderen Historiker, lesen wir, daß Tschu-Sin auch über die Gabe der Rede in hohem Maße verfügte, daß er sehr temperamentvoll war und seine Lehren sehr gut zu erläutern verstand; besonders geschickt war er aber im Verbergen seiner Ränke. Auch dieses alte Geschichtenbuch betont die große Körperkraft Tschu-Sins, seine Grausamkeit und seinen Hang zur Libertinage.

Tschu-Sin gilt als der Erfinder eines bestialischen Marterwerkzeuges, der tödlichen Kupfersäule. Sie war innen hohl, wurde mit glühenden Kohlen gefüllt, und der an sie gebundene Verurteilte starb eines qualvoll-langen Hitzetodes. Im Li Ki ist auch zu lesen, daß Kaiser Tschu-Sin einen getöteten Gegner, den Fürsten von Kiu, in Stücke schneiden ließ und das getrocknete Fleisch an der Hoftafel vorsetzte.

Seine erste Frau Kiang, die Tochter eines Ministers, weigerte sich, an seinen Ausschweifungen teilzunehmen, und wurde ebenso getötet wie ihr Vater und ein weiterer Minister, der ihm darob Vorhaltungen machte. Bald aber fand der grausame Kaiser seinen Meister, und zwar in Gestalt eines Weibes. Seine zweite Frau hieß Tan ki und war die Tochter eines besiegten Barbarenhäuptlings, also Kriegsbeute. Tschu-Sin nahm die junge Schönheit zu sich, wurde ihr aber bald untertan, denn da sie erkannt hatte, wonach ihn gelüstete, trieb sie selbst ihn zu immer neuen und ärgeren Ausschweifungen und hatte ihn bald völlig in ihrer Gewalt. Für sie ließ der Kaiser den Lou-tai-Turm bauen, die für Unbeteiligte unzugängliche Stätte seiner Orgien, aber gelegentlich erschien ihr diese Abgeschiedenheit offensichtlich nicht als der richtige Rahmen: C. P. Fitzgerald erzählt uns im China-Band der Magnus-Kulturgeschichte, daß der Kaiser zum Ergötzen der lasterhaften Tan ki einen ganzen Teich mit Wein füllen ließ. Der umliegende Hain wurde in ein Freilicht-Buffet verwandelt, in dem an allen Ästen gebratenes Fleisch hing. Hier veranstaltete der Kaiser »ein großes Festgelage, bei dem nackte Jünglinge und Mädchen einander zwischen den fleischbehängten Bäumen jagen mußten«.

Der Untergang Tschu-Sins und damit der ganzen Dynastie Shang wurde jedoch nicht durch diese Orgien herbeigeführt, sondern durch eine Reihe besonders scheußlicher Verbrechen. Der Kaiser hatte einen weisen Onkel, den Prizen Pi Kan, der ihm wegen seiner Sünden ins Gewissen redete. Das wurde dem Kaiser so lästig, daß er eines Tages sagte: »Du kennst doch das Sprichwort, das Herz eines Weisen hätte sieben Öffnungen? Nun, wir wollen sehen, ob dahinter etwas Wahres ist!« Er tötete seinen

Onkel und schnitt ihm das Herz heraus – Mord an einem älteren Verwandten, eine der abscheulichsten Handlungen für jeden Chinesen.

Tan ki ihrerseits hatte sich in den schönen Peyi-kao verliebt, den Sohn des Würdenträgers und Gaugrafen Wen. Peyi-kao aber ging auf die Avancen nicht ein, die ihm die Kaiserin machte, sei es aus Angst vor der Grausamkeit des Kaisers, sei es aus Abscheu vor der Gier der jungen Barbarin. Tan ki ließ den Jungen, der sie verschmäht hatte, eines grausamen Todes sterben und hatte sich damit den unversöhnlichen Haß Wens, des Gaugrafen des Westens, zugezogen. Wen wurde zwar eingekerkert, aber seine Anhängerschaft war bereits so mächtig, daß sie ihn aus dem Gefängnis holen konnte. Nun kam die Stunde der Abrechnung. In offener Feldschlacht schlugen Wen und seine Verwandten die kaiserliche Armee; der Kaiser selbst flüchtete in seine Residenz und stürzte sich vom Turm seiner Ausschweifungen in einen Holzstoß. »Als Wen in die Hauptstadt einritt (eigentlich auf dem Streitwagen einfuhr), schoß er, ohne abzusteigen, drei Pfeile in den Leichnam seines Feindes. Erst dann stieg er aus dem Wagen, rannte dem Toten das Schwert in den Leib und trennte ihm mit der Streitaxt den Kopf vom Rumpf. Diesen Kopf hängte er an der weißen Fahne auf (die vom Turm wehte). Danach, als er feststellte, daß Tan ki und eine Favoritin des Kaisers sich erdrosselt hatten, um den Siegern nicht in die Hände zu fallen, schoß er seine Pfeile auch in die Leiber der toten Frauen, hieb auch ihnen die Köpfe ab und hängte sie ebenfalls an der Stange der weißen Fahne auf« (nach der Übersetzung von Cordier).

Diese und andere Geschichten aus der Shang-Dynastie galten so lange als rein legendär und lediglich illustratives Beiwerk, bis im Jahr 1899, im Lößboden unweit der Stadt Ngan Yang, Tausende von kleinen Schildkrötenschalen und Knöchelchen gefunden wurden, die sich bei näherer Prüfung als beschriftet erwiesen. Man hatte mit dem Messer Schriftzeichen in sie hineingekratzt, die den späteren chinesischen so sehr ähnlich waren, daß eine Entzifferung nach und nach möglich wurde.

Die Zeit des Fundes war besonders unruhig: es waren die

Jahre des sogenannten Boxer-Aufstands (vgl. S. 306ff.), und der wertvolle Fund wurde zunächst bedenklich zerstreut. Der reiche Sammler Wang Yi-shung in Peking erstand einen Großteil, starb aber bald darauf. Sein Sohn wagte in so unruhigen Zeiten nicht, solchen Reichtum zu besitzen – er verkaufte Tausende der Orakelplättchen an einen Gelehrten namens Lieou Ti-yun, der die Schriftzeichen abmalte und 1903 publizierte. Dreitausend weitere Bruchstücke gelangten in andere Städte und schließlich in die Hände des protestantischen Missionars F.H. Chalfant, der vierhundert gute Stücke der *Asiatischen Gesellschaft* in Shanghai überließ. Auch der britische Konsul Lionel C. Hopkins und Museen in Pittsburgh, Edinburgh und Berlin vermochten sich einige dieser unscheinbaren und doch sensationellen Funde zu sichern.

Ihr Gebrauch war nicht zweifelhaft: Man hatte sie für Vorhersagen und orakelhafte Antworten auf bestimmte Fragen benützt, so wie in Afrika noch heute Knochen in den Sand geworfen werden, aus deren Lage man etwas folgern will, so wie die Mongolenstämme Stäbe in den Staub warfen usf. Die Chinesen als Kulturvolk hatten keine Pythia, sondern ließen die Schriftzeichen auf Knöchelchen und Schildkrötenschalen sprechen, vor allem dann, wenn Fürsten oder Würdenträger ihre Ahnen um Rat zu fragen wünschten.

Die in mühsamer Kleinarbeit zusammengestellten Namen dieser Ahnen ergaben schließlich, wenn auch nicht lückenlos, daß die im Shi-king überlieferten Königslisten der Dynastie Shang keineswegs der Phantasie entstammten. Die Namen der Kaiser und ihrer Verwandten fanden sich auch auf den Orakelknochen und -plättchen. Das Ergebnis übertraf in seinem wissenschaftlichen Wert sogar noch jene Schriftrollen-Funde, die in den fünfziger Jahren in Höhlen am Toten Meer gemacht wurden. »Bis dahin hatte die Shang-Dynastie als halb legendär gelten müssen«, schrieb der große Chavannes, als er das Fazit der Funde zog, »die bei Ngan Yang gefundenen Texte lassen uns jedoch die historischen Persönlichkeiten dieser Herrscherreihe nun deutlicher erkennen... Die tatsächliche Geschichte Chinas kann fortan einige Jahrhunderte früher einsetzen.«

Das Shi-king und andere historische Texte, denen die Forschung bis dahin mit begreiflicher Zurückhaltung begegnen mußte, waren nun in wichtigsten Punkten – den Namen der Herrscher und ihrer Existenz – glänzend bestätigt, und man durfte es wagen, auch anderen Aussagen alter Schriften zu glauben. Dies ist um so bemerkenswerter, als das Shi-king erst etwa tausend Jahre nach den Orakelplättchen entstand: Dank seinem eifrigen und ehrfürchtigen Ahnenkult hatte der Chinese ein Jahrtausend mit mündlicher Überlieferung weitgehend fehlerfrei überbrückt! Man wüßte vermutlich eine ganze Menge über die Shang-Herrschaft im zweiten vorchristlichen Jahrtausend, hätten nicht spätere chinesische Herrscher und verständnislose Mönche große Bücherverbrennungen veranstaltet und unersetzliche Aufzeichnungen dabei vernichtet (vgl. S. 108f.).

Der Sieg der Chou über die Shang bedeutet, daß nun wieder ein Volk vom Rande, von außerhalb, eine bestehende Dynastie gestürzt hat. Wenn wir auch in verschiedenen Quellen lesen, daß Wen ein Würdenträger, ein Gaugraf des Westens und ein Angehöriger des Hofstaates war, daß er sieben Jahre gefangensaß und sein Sohn oder seine Verwandten seine Befreiung erkämpften und ihn zum Schöpfer einer neuen Dynastie machten – der Vorgang selbst wird durch das ganze Brimborium komplizierter Erklärungen eigentlich erst recht als das erwiesen, was er nach dem Willen der späteren Historiker nicht sein durfte, nämlich als ein abermaliger Sieg eines Einwanderervolkes über die ansässigen chinesischen Bauerngemeinschaften. Ein ungemein komplizierter Vorgang wird erdacht, um dies zu verschleiern. Wens Volk sei ursprünglich auch ein bäuerlich-seßhaftes Kulturvolk gewesen, jedoch aus Trotz zur wilden, nomadischen Lebensweise zurückgekehrt und habe erst unmittelbar vor der Revolte wieder die Lebensgewohnheiten der Völker vom Gelben Fluß angenommen.

Wen, von seinem Sohn kanonisiert und als Ahnherr einer neuen Kaiserreihe, der Chou, gleichsam in den Himmel gehoben, hatte offensichtlich ein Nomadenvolk aus dem Westen –

man liest sogar die Vermutung: aus Turkestan – herangeführt. Als Vasall neben einem starken Herrscher hatte er den künftigen Gegner kennengelernt und ihn bei erster Gelegenheit gestürzt. Das eroberte Reich wurde unter zwei Söhne in eine westliche und eine östliche Hälfte geteilt. Die Überwundenen behielten jedoch ein Stück Land als ihr eigen, wo ein Sohn des gestürzten Tyrannen Tschu-Sin ungekränkt leben durfte. Dem getöteten Kaiser-Onkel, dem Weisen mit den sieben Herzöffnungen, wurde eine Gedenkstätte errichtet, ein geweihter Hügel über seinem Grab.

Für diese Ereignisse wird meist das letzte Jahrhundert des zweiten vorchristlichen Jahrtausends genannt, die Jahre um 1050 v. Chr. Damit endet zwar die chinesische Vorgeschichte noch nicht, aber sie geht doch über in eine historisch erfaßbare Zeit. Im Lauf der nun regierenden Herrschaft, unter den Chou-Kaisern, beginnt dann, im neunten vorchristlichen Jahrhundert, die exakte Zählung der Regierungszeiten. Das Jahr 841 als Beginn einer Regentschaft wird übereinstimmend als das erste unbestrittene Datum der chinesischen Geschichte angesehen. Es ist ein frühes Jahr im Vergleich etwa mit Skandinavien oder Mitteleuropa, ein spätes Jahr im Vergleich mit dem Nilland, wo sich nach zweitausendjähriger Herrschaft die große Zeit der Pharaonen schon ihrem Ende zuneigte.

841 vor Christus hat also nichts Exorbitantes. Im Mittelmeerraum beginnt die griechische Kolonisation, die Flotten schwärmen aus, im Schwarzen Meer wird schon Getreide für die Griechenstädte angebaut, und Homer ist schon geboren. Israel wird den Assyriern tributpflichtig, und die aus Phönizien stammende Königin Athalja, die dem Baalkult huldigt, läßt den Propheten Elisa töten.

Ist das nun sehr fern oder sehr nah? Ist es fremd oder vertraut? Für die Chinesen ist es, das darf man ruhig sagen, kein fernes, fremdes Zeitalter. Sie leben ja heute noch auf dem Boden, wo all dies sich ereignete. Sie können am Ufer des Gelben Flusses nach den Spuren der frühen Tyrannen suchen und nach den Gräbern der Chou-Kaiser. Sie sind, und das ist der entscheidende Unterschied, an Ort und Stelle geblieben; es gab Wanderungen, Zuwanderungen, Fehden und Fluchtbewegungen, aber es gab nicht jene großen Verlagerungen und Verschiebungen ganzer Völker, die in dem kleinen Europa alles durcheinanderwarfen.

Die Chinesen vom Hwangho-Fluß dürfen in ihre Vergangenheit zurückblicken wie jene Griechen, die heute vor dem Löwentor in Mykene stehen. Selbst wenn diese Chinesen nicht aus Shansi stammen, wenn sie von der Küste zum Hwangho-Knie gepilgert kommen, um die Keimzelle des chinesischen Staates mit eigenen Augen zu sehen, dann dürfen sie sich immerhin dem ältesten China noch so zugehörig fühlen wie die Römer, die in den Alpen oder in Frankreich auf die Reste ihrer Straßen stoßen oder in Orange im Römischen Theater stehen.

Was die Wissenschaft so lange an diesen Tatsachen zweifeln ließ, ist einzig und allein der Umstand, daß solch ein Römertheater oder gar eine Arena, daß Tempel und Pyramiden eben unmißverständlicher vor uns stehen als das Plättchen- und Knochengemengsel der chinesischen Orakel. Aber bei diesen blieb es ja nicht. Unser Jahrhundert, das dreißigste seit dem Ende der Dynastie Shang, wurde das Säkulum ihrer Wiederauferstehung durch Bodenfunde, die zwar weder so groß noch so erhaben sind wie die Reste antiker Architektur im Mittelmeerraum, aber die in ihrer archaischen Schönheit und Eigenart doch eine nicht minder deutliche Botschaft durch die Jahrtausende tragen: die Botschaft von einer sehr alten, in vielen Fertigkeiten bestätigten Kultur, die lediglich Schwierigkeiten hatte, sich in jenen schriftlichen Zeugnissen zu artikulieren, die wir nun einmal als die Hauptdata und die entscheidenden Dokumente anzusehen gewöhnt sind. Das aber ist, um mit einem Wort des großen Foujita zu schließen, nichts anderes als so ein weißer Trick. Chinesische Ahnen hinterlassen chinesischen Nachfahren eben andere Vermächtnisse, und wir werden gut daran tun, sie nicht geringer zu achten als das Zwölftafelgesetz, den Stein von Rosette oder die Hammurabi-Stele.

Ein dreifüßiger Fund

Die Überlieferungen aus der Shang-Zeit sprachen von Türmen und Palästen, von Städten und Stadtmauern, von Großbauten also, die – wie man annehmen sollte – auch in dreitausend Jahren nicht spurlos verschwinden konnten. Gewiß, so mancher Eroberer hatte die Hauptstadt des Gegners so gründlich zerstört, daß in späteren Zeiten der Pflug über die Gegend hinging; aber selbst dort stieß die Pflugschar dann hin und wieder auf Trümmer von Bauten, auf abgelöste Reliefs, auf Waffen, Gefäße, Münzen. Das alte China jedoch schwieg beharrlich.

Es war eine große Verschwörung des Schweigens, und sie funktionierte um so besser, als die westlichen Gelehrten, die Amerikaner, Deutschen, Briten und Franzosen, eifrig mitschwiegen, um sich die Quellen nicht zu verschütten, aus denen ihre eigenen Erfolge sich speisten. Denn wenn es auch bis etwa 1920 keine systematischen Ausgrabungen in China gab, so hatten doch schon in den Jahrzehnten vorher Grabräuber und Mittelsmänner, Hehler, Händler, Apotheker und Tipgeber gemeinsam aus dem chinesischen Altertum ein so einträgliches Geschäft gemacht, daß kaum mehr daran zu denken war, es erfolgreich zu unterbinden.

Schon in den sechziger Jahren des vorigen Jahrhunderts hatten verschiedene Bauern im Umkreis der Stadt Hsiao-tun die ersten Orakelknochen auf ihren Feldern gefunden. Sie hatten gesehen, daß diese Knochen angesengt waren, daß sie Schriftzeichen trugen, aber sie brachten sie nicht etwa in ein Museum oder zu einem Lehrer in die Stadt, sondern verkauften sie dem nächsten Apotheker, der sie als Drachenknochen in seinem Mörser zerstampfte. Drachenknochenmehl, Drachenzähne und dergleichen sind neben vielen anderen Dingen, die aus der chinesischen Erde kommen, magische Heilmittel, die sich bis zu Beginn der kommunistischen Ära noch großer Beliebtheit erfreuten. Niemand weiß, wie viele beschriftete Orakelknochen auf diese Weise zu Mixturen verarbeitet wurden.

In einer dieser Apotheken wurde um die Jahrhundertwende einem deutschen Reisenden namens Haberer ein seltsamer großer Zahn als Drachenzahn verkauft. Er nahm ihn mit nach Deutschland, wo ihn der Biologe M. Schlosser 1903 in einer wissenschaftlichen Publikation beschrieb, ohne doch eindeutig sagen zu können, ob der stark abgekaute Backenzahn einem menschlichen oder tierischen Lebewesen zuzuordnen sei. Dadurch aufmerksam gemacht, gelangen dann den Gelehrten Bohlin, Black, Weidenreich, Koenigswald und anderen jene weiteren Funde, Zuschreibungen und Analysen, die schließlich zu den fundamentalen Erkenntnissen über den Peking-Menschen führten – Funde von insgesamt einem halben Hundert Individuen. Sie erzählten uns von jener auch aus Java bekannten Rasse, bei der die Männer etwa 150, die Frauen bis 144 Zentimeter groß wurden, die kannibalisch lebte und das Feuer bereits kannte. Damit wußte man nun, daß China seit mehr als 500000 Jahren von Menschen bewohnt war und daß der Raum zwischen Peking und den Bergen noch manche Fundstelle aufweisen mußte. Eine halbe Million Jahre, von der wir sehr wenig wissen, und dann, beinahe plötzlich, die Dynastien...

Für die Beurteilung der Shang-Dynastie, also für die Zeit von (grob gesprochen) 1500 – 1000 vor Christus, sind vor allem drei

Ausgrabungsstätten wichtig geworden. Die erste brachte in der Provinz Hopei die Ruinen der Shang-Hauptstadt Ao zutage, die zweite eine Gruppe von acht Fürstengräbern in Nord-Honan und die dritte und bedeutendste schließlich die Ruinen der Hauptstadt Anyang.

Ao war von Kung-ting, dem zehnten der Shang-Kaiser (oder Könige oder Fürsten), erbaut worden, im fünfzehnten vorchristlichen Jahrhundert. Zu einer Zeit also, da man sich bereits gegen fremde Feinde wehren mußte, denn die ganze Stadt war mit einem festen Wall aus gestampfter Erde umgeben. Wichtig sind die Funde von Ton-Modeln für den Bronzeguß und ein kleines Arsenal von Pfeilspitzen aus Bronze. Auch Axtblätter aus dieser Metallegierung wurden gefunden.

China besaß also Bronzewaffen und Gießereien etwa zu der Zeit, in der auch im östlichen Mittelmeerraum die Bronze auf dem Höhepunkt ihrer Geltung angelangt war. Daß es daneben noch Werkstätten gab, in denen aus Knochen allerlei kleine Gegenstände und Behelfe geschnitzt wurden, kann hingegen als eine chinesische Eigentümlichkeit gelten: in Europa gehört die Knochenschnitzerei (von einzelnen Randgebieten abgesehen, wo Walroßzähne und Fischbein ähnlich verarbeitet wurden) einer viel früheren Periode an.

Trotz der Befestigung der Stadt durch Kaiser Kung-ting erlag Ao schließlich einem Angriff, der wohl aus dem Westen kam, weil sich die neuen Shang-Zentren nordöstlich von Ao befinden. Die Stadt wurde Haus für Haus erobert, in den Straßen wurde gekämpft, die Häuser wurden geplündert. Vermutlich wurde das ganze Gebiet um den Hwangho-Durchbruch fortan als zu unsicher angesehen, und die Zentren der späteren Shang-Herrscher wanderten weiter nach Nordosten, wo die Tainang-Berge einen gewissen Schutz gegen Angreifer aus dem wilden Westen Chinas bedeuteten. Auch die späteren Shang-Zentren behielten aber zwei Charakteristika bei: sie lagen am Gelben Fluß (wenn auch nicht unmittelbar am Wasser, was zu gefährlich gewesen wäre), und sie lagen am Rand der Großen Ebene, die sich in den vorangegangenen Jahrhunderten immer deutlicher als der kommende Volks- und Wirtschaftsraum einer chinesischen Großstaatbildung abgezeichnet hatte.

Wenige Menschenalter später entstand die imposante Grabanlage vom Huan-Fluß, bestehend aus einem Monumentalgrab beim Ort Wu-kuan-tsung und einer Gruppe von acht Fürstengräbern in etwas größerer Entfernung vom Flußbogen bei einem Dorf namens Hou-chia-chuang. 1950 wurde mit der Ausgrabung begonnen. Die Anlagen haben eindrucksvolle Ausmaße und konnten nur durch beträchtliche Erdbewegungen geschaffen werden. Jedes Grab hat auch auf der tiefsten Sohle noch eine Fläche von 120 Quadratmetern. Es läßt sich erkennen, daß über diesen tiefen und geräumigen Aushebungen in früherer Zeit Hügel aufgeschüttet und Terrassen angelegt worden waren. Die ersten Zerstörungen dürften schon bei der Eroberung der Shang-Städte durch die Chou-Krieger erfolgt sein. Erstens, weil man in den Fürstengräbern mit Recht Kostbarkeiten vermutete, zweitens aber, weil es ja wichtig war, die Ahnen der Feinde ebenfalls zu bekriegen. Jene Ahnen, von denen der Gegner die Kraft zu hartnäckigem Widerstand bezogen hatte und eines Tages vielleicht für eine Rückkehr an die Macht gestärkt werden würde.

Es läßt sich jedoch erkennen, daß den Grabschändern bei ihrem Tun nicht ganz wohl war. Obwohl sie als Eroberer keine Obrigkeit zu fürchten hatten, betrugen sie sich, wie die Grabräuber späterer Zeiten, die nur noch raubten, um den fremden Forschern etwas anbieten und verkaufen zu können: größere, gewichtige Stücke waren zwar gelegentlich vom Platz gerückt, wurden aber nicht abtransportiert, so als wünschten die Räuber, den unheimlichen Ort so schnell wie möglich wieder zu verlassen. Die Gräber lagen nicht in der Stadt, sondern – ähnlich wie die Pyramiden – ein wenig außerhalb des Wohnbereichs und der Residenz so nahe, daß man die Tumuli jederzeit sehen konnte. Die Räuber befanden sich also in einer kleinen Totenstadt, sie waren allein mit den Geistern der feindlichen Ahnen, und diesem unheimlichen Umstand verdanken wir wohl die Auffindung einiger schöner Bronzegegenstände von beachtlichem Gewicht. In dem Monumentalgrab von Wu-kuang-tsun hatten einige der mitbestatteten Personen – Männer und Frauen, die dem Fürsten freiwillig in den Tod gefolgt waren – Waffen und Schmuck bei sich, Schmuckstücke aus Jade und Türkisen, aber auch aus Bronze wie die Waffen.

Carl Hentze, der sich mehr als dreißig Jahre lang mit diesen Ausgrabungen und ihren Ergebnissen beschäftigte, hat darauf hingewiesen, daß die acht Fürstengräber und das Monumentalgrab zwar nicht weit von der Residenz entfernt lagen, daß aber zwischen Stadt und Graben der Huan durchfloß. Es gab also ein Ufer der Lebendigen und eines der Toten. Wie in der griechischen Mythologie mußten die Toten, um zur ewigen Ruhe zu gelangen, einen Fluß übersetzen.

Das umfassendste Anschauungsmaterial aber hinterließ uns nicht der Gründer von Ao und nicht König Pan-Keng, unter dem nach dem Verlust von Ao ein gewisser Wiederanstieg der Shang-Macht einsetzte, sondern der angeblich so widerwärtige Tyrann Tschu-Sin, der letzte Shangherrscher, der mit seiner barbarischen Geliebten Tan ki den Gelüsten und den Verbrechen gelebt haben soll. Seinen Spuren folgt man im großen Ausgrabungsbereich von Anyang und Hsiao-tun, dem auch die schon erwähnten Fürstengräber zuzurechnen sind. Hier hat man auf ein paar Dutzend Qudratkilometern nicht nur den überreichen Beweis für die Geschichtlichkeit der Shang-Dynastie. Herrscher, die sich solche Grabbauten errichten lassen, die soviel Macht ausüben und ihre Städte befestigen lassen, sind nun einmal keine vorüberhuschenden Märchengestalten, sondern Persönlichkeiten an der Spitze geordneter Staatswesen. Nein, aus den Grabungen ergaben sich Erkenntnisse, die den Chinesen zweifellos noch viel wichtiger waren als die Aufschlüsse über die Shang-Dynastie: Als man die Funde von Anyang und dem benachbarten Hsiao-tun zusammennahm, ordnete und schließlich auch deutete, ergab sich eine Kontinuität der Besiedlung dieser Gegend von der Steinzeit an über die Übergangsphase der sogenannten Lung-Shan-Kultur bis zur Bronzezeit. Gewisse primitive Gerätschaften, wie die dreibeinigen Schemel oder die Tripoden genannten, mit drei zitzenähnlichen Füßchen versehenen Gefäße, fanden sich schon in Schichten, die weit *vor* der Shang-Zeit lagen. Sie kehrten dann aber in der kunstvollen handwerklichen Produktion unter den letzten Shang-Kaisern wieder. Diese Dreibeine finden sich sonst nirgends in Asien.

Damit war nun doch bewiesen oder zumindest sehr wahrscheinlich gemacht, daß unbeschadet aller Einfälle aus dem Westen und dem Norden, trotz allen Einsickerns barbarischer Stämme aus dem Süden, ein Kernraum chinesischer Kultur sich seine charakteristischen Eigenzüge bewahrt hatte. Bedeutende Konstanten nicht nur in der bäuerlichen Existenz, sondern auch im Kunstsinn und in den Jenseitsvorstellungen gestatteten die Annahme einer durchgehenden, aus dem Ende der Steinzeit bis zu den geschichtlichen Kaisern reichenden chinesischen Kulturentwicklung. Selbst allerfrüheste Schriftzeichen erwiesen sich mit den späteren als verwandt. Es hatte also keine einer anderen Schrift kundigen Eindringlinge gegeben.

Das ist viel, sehr viel und jedenfalls mehr, als die meisten anderen Völker von sich sagen können. Eine so konsequente Fortentwicklung gibt es natürlich auf Inseln wie Japan, wie Zypern oder Malta. Sie findet sich auch in durch Wüsten isolierten Oasenstaaten wie Ägypten oder dem Yemen, aber für ein großes Kontinentalreich wie das chinesische mußte diese Feststellung die sensationelle Bestätigung jener Eigenrolle bedeuten, die sich das historische und literarische Selbstverständnis der Chinesen bislang eher beweislos angemaßt hatte.

Weder die hochentwickelten Schriftzeichen der Orakelknochen noch die hervorragende Bronzetechnik der aufgefundenen Gefäße konnten innerhalb eines so relativ kurzen Zeitraums entstanden sein, wie ihn die Shang-Kaiser mit ihrer Aufeinanderfolge abdecken. Mindestens *eine* weitere, frühere Dynastie von kulturbewußten Herrschern muß demnach angenommen werden. Das läßt die bisher als rein legendär geltenden Hsia-Kaiser zwar nicht zu geschichtlich erfaßbaren Persönlichkeiten werden, ist aber ein zusätzlicher Beweis für ihre Existenz.

Wenn auch die Kenntnis der Bronze vermutlich von Westen,

also von Syrien her über Persien und Afghanistan nach China gelangte, so ist doch zweifellos die Schrift nicht von außen nach China gekommen. Die dreitausend verschiedenen Zeichen, die schon vor dreieinhalbtausend Jahren oder noch früher einer Priester- und Schreiberkaste bekannt waren, konnten nicht auf einmal erfunden worden sein, etwa in einem einzigen Arbeitsleben wie dem des Bischofs Ulfila, der für seine Goten ein einfaches Alphabet aus anderen Alphabeten zurechtzimmerte. Die Schriftzeichen der altchinesischen Orakelknochen und der Bambus-Dokumente verraten ihre Herkunft aus Bildern und Symbolen; die Entwicklung vom Bild zur Bilderschrift setzt aber Generationen von Schrift-Benutzern voraus, einen jahrhundertelangen Umgang mit den Zeichen, die sich dabei langsam wandeln, bis sie immer weniger Abbild, dafür aber immer mehr Symbol sind. Sobald das reine Symbol als taugliches Zeichen weitere Bedeutungen an sich zieht, ist die Phase beendet, in der das noch erkennbare Bild ein Hindernis für die Bedeutungserweiterung war.

Solche Entwicklungen sind bekannt, dafür besitzen wir Parallelen in Ägypten und Mittelamerika, und wir besitzen mehr als vierzigtausend Orakelknochen, die uns beweisen, daß die Schrift und die Schriftkundigen schon im zweiten vorchristlichen Jahrtausend im chinesischen Leben eine heute kaum mehr vorstellbare Bedeutung gehabt haben müssen. Ohne daß wir die hinter den Orakelbräuchen stehende Religion näher kennen, darf man annehmen, daß es die Priester dieser Religion waren, die als ihr fruchtbarstes und eindrucksvollstes Geheimnis die Kenntnis der Schriftzeichen und des Kalenders zu einer Herrschaft der Intellektuellen nützten – eine Tradition, die sich in China bekanntlich viertausend Jahre lang erhalten hat.

Ähnlich wie die Schrift brauchten auch die Gegenstände, mit denen der Chinese sich umgab, Jahrhunderte, um sich aus archaischen zu neuen und kunstvollen Formen zu wandeln. Da fand man 1971 in Dsouhsian in der Provinz Shantung einen Dreifuß aus rötlichem Ton. Die Scherben ließen sich so gut kitten, daß der schlichte, schemelartige und nur durch ein Ornamentband verzierte Dreifuß heute wieder so vor uns steht, wie er vor viertausend Jahren benützt wurde. Welcher Weg aber wurde zurückgelegt von seiner zweckhaften Schlichtheit bis zu einem bauchigen Weingefäß aus Bronze, auf vier kurzen Froschbeinchen vor uns stehend, an den Rundungen mit Ringmustern und Bändern verziert, wie man es in Tschangscha fand – ein Weg von fünfhundert Jahren. Geradezu üppig aber, spätzeitlich-überladen mit seinem reichen Schmuck, wirkt ein weiterer Shang-Weinkessel mit Tragbügel, der Kaiser Tschu-Sin gedient haben mochte.

Mit solchen und anderen Funden wurde ein Kampf gewonnen, der vor etwa einem Halbjahrhundert begann. Es war die letzte Schlacht, die um die große Stadt Shang geschlagen wurde – wie man, in Übernahme des Namens der Dynastie, die Zonenmitte der Anyang-Ausgrabungen genannt hat. Eine Schlacht war es, weil die Ausgräber nicht nur gegen die Jahrtausende antraten, sondern auch gegen die starken Traditionen des Ahnenkults; weil sie nicht nur gegen Winterkälte, Sommerhitze und Sandstürme zu kämpfen hatten, sondern auch gegen die wohlorganisierten Grabräuber.

Die erste große Umstellung, die nötig gewesen war, um die Ausgrabungen zum Erfolg zu führen, bestand in einem Sieg der Ausgräber über den eigenen Glauben. Da nämlich auch die Grabräuber alle Skelette zerstört und die Knochen in alle Windrichtungen zerstreut hatten, um vor der Rache der gekränkten Toten sicher zu sein, gab es bis weit herauf in die dreißiger Jahre keine nennenswerten Skelettfunde. Man wußte zwar eine ganze Menge von den Chinesen der Shang-Zeit, aber wie sie aussahen, welchen Stämmen sie zugehörten, ob sie auch ethnisch Chinesen zu nennen waren, diese bewegende Frage ließ sich vorerst nicht beantworten.

Im Herbst 1934 befahlen Tschiang Kai-schek und Wang-Tsching-wei gemeinsam, in einem unmißverständlich formulierten Telegramm an die Lokalbehörden von Anyang, die Einstellung aller privaten Grabungen.

Nun hielten sich die Räuber, die anfangs gedroht hatten, jeden in ein Grab eindringenden Forscher hinterrücks zu erschießen, doch ein wenig zurück, und die Einbringung zahlreicher Skelette gelang. Sie bedeuteten zunächst eine große Enttäuschung, einmal, weil der größte Teil, ja schließlich ein rundes Tausend, keinen Schädel hatte, zum anderen, weil sich aus Messungen und Vergleichen ergab, daß es sich um die Reste barbarischer Nomaden handelte. Sollte Shang also etwa eine Hunnenstadt gewesen sein?

Das Rätsel löste sich erst, als die Ausgräber die Grube mit den Schädeln fanden. Nun war klar, daß die Shang-Kaiser ein fürchterliches Massenopfer von tausend oder mehr Kriegsgefangenen veranstaltet hatten. Die Gegner der seßhaften chinesischen Bauern waren stets die Reiternomaden aus dem Nordwesten gewesen...

Aus den freigelegten Hausruinen konnte man Rückschlüsse auf den uralten chinesischen Hang zur Seßhaftigkeit ziehen. Ja es gibt sogar Forscher, die jede nomadische Phase der Chinesen überhaupt leugnen: Seit man von Chinesen sprechen könne, seien sie auch Bauern, weswegen sie auch niemals die Milchnahrung der nomadischen mongolischen und türkischen Völker akzeptiert, sondern Reis und andere Feldfrüchte angebaut hätten.

Mit großer Befriedigung stellten die chinesischen Ausgräber fest, daß die Stadt Shang eine chinesische Stadt gewesen sei, weil sie nämlich aus typisch chinesischen Wohnhäusern bestand. Der Hausbau begann mit der Errichtung eines Hügels aus gestampfter Erde (später umgab man diesen zu seiner Festigung mit gebrannten Ziegeln, die jedoch zur Shang-Zeit noch nicht bekannt waren). In diesen Boden aus festgestampfter Erde wurden dort große Steine eingesenkt, wo ein tragender Pfeiler der Dachkonstruktion eine feste Basis benötigte. Insgesamt waren es in der Regel drei Pfeilerreihen, die das Giebeldach stützten. Die Mauern – zwischen Holzwänden festgestampfte Erde – hatten nur trennende, nicht tragende Funktion, und das schichtweise Feststampfen wurde von den Shang-Maurern so virtuos gehandhabt, daß auch dreitausend Jahre den Erdmauern nichts anhaben konnten. Hohe Pfeiler und weit herausragende Balken waren der Ehrgeiz der chinesischen Hausbauer, hatten aber auch den praktischen Zweck, die breite Terrasse vor dem Haus noch zu überdachen.

Aus Vorratsgefäßen ergab sich mit größter Sicherheit, daß die Bewohner der Stadt nicht nur die Hirse, den Weizen und den Reis kannten, sondern daß sie auch Bier zu brauen verstanden und es so sehr schätzten, daß es auch bei Kulthandlungen als Getränk herangezogen wurde. Auch Hanf wurde angebaut und natürlich der Maulbeerbaum für die Zucht der Seidenraupe. Während die Männer die schwere Feldarbeit verrichteten, hatten die Frauen mit der Seide und dem Spinnen und Weben mehr als genug zu tun. Es gab dunkle und helle Seiden und eine spezielle rote, die für die Unterkleidung der Vornehmen Verwendung fand – Einzelheiten, die man allerdings nicht aus dem Staub der Stadt grub, sondern aus den Liedern des Shi-king entnahm. Das altchinesische Volkslied begleitete nicht nur den Tanz und die Festlichkeiten, sondern auch den Hausbau und die anderen Arbeiten.

Zum Unterschied von den kleinen ländlichen Gemeinwesen verfügte die Stadt Shang jedoch über Handwerkerateliers. Sie waren im Shang-Reich offenbar noch nicht sehr zahlreich; die Kunst der Schnitzer, Weber, Waffenhersteller und Schmuckverfertiger vererbte sich vom Vater auf die Kinder, breitete sich aber nicht nennenswert, etwa durch Schulen, auf zunftfremde Schichten aus. Gerade dieser Umstand aber war es wohl, der zu einer individuellen Verfeinerung der Muster führte und der Shang-Kunst ihr hohes Niveau garantierte: die Industrie ist noch sehr fern, die schönsten Handwerkerleistungen dienen nicht privaten, sondern sakralen Zwecken.

An den Außenflächen der verschiedenen Gefäße, vor allem jener aus Bronze, fallen Ornamente und Tiermotive auf, doch zeigen sie nicht jene gefällige ästhetische Rundlinie, wie wir sie aus den zentralasiatischen und skythischen Kurgan-Funden kennen, sondern wirken starr, hoheitsvoll, magisch. Selbst das, was den Europäer zunächst lediglich fremdartig, archaisch und grotesk anmutet, beginnt nach und nach auch auf den Nichtchinesen seinen Zauber auszuüben:

»Nur schrittweise gelangt man zu der Erkenntnis, daß diese zunächst grotesk erscheinenden Tiere und Ornamente für das Volk, das diese Bronzen herstellte, einen konkreten Sinn und eine bestimmte Funktion hatten. Je öfter man sie betrachtet und je vertrauter man mit diesem Ornamentstil wird, desto mehr bewundert man die außerordentliche Kunst, mit der hier Motive verschiedenen Ursprungs, Tiere und geometrische Ornamentik zu einem harmonischen Ganzen vereinigt sind, das oft die ganze Oberfläche bedeckt, ohne sie zu überfüllen. Die Wertschätzung solcher (meist bronzenen) Gefäße steigerte sich bei manchen Ausländern zur Leidenschaft, ja zu einer Art Besessenheit, so daß der Betreffende sich nicht selten ruinöse Ausgaben zumutete, um ein Stück, das es ihm besonders angetan hatte, zu erwerben.« (H. G. Creel)

Auch die kunstvollsten Stücke aber variieren noch immer das dreibeinige Gefäß Li und das vierbeinige Ting als uralte chinesische Grundformen; die Füße sind dabei oft hohl, so daß die Flüssigkeit auch in ihnen steht und erwärmt wird und sich eine zweckdienliche, das Kochen beschleunigende Zirkulation der Flüssigkeit ergibt.

Wer die Chinesen kennt, wer sich vergegenwärtigt, mit welchem Ingenium sich dieses Volk im vergangenen Jahrhundert zwischen San Francisco und Singapur, zwischen Port Arthur und Port Moresby wirtschaftlich durchsetzte, ja manche Inseln, Landstriche und sogar europäische Kolonien beinahe unmerklich wirtschaftlich eroberte, dem ist klar, daß dieser künstlerischen Blüte der späten Shang-Zeit, diesem intensiven städtischen Leben auch eine gewisse wirtschaftliche Größe entsprochen haben muß. Wir besitzen keine nennenswerten Hinweise auf eine militärische, machtmäßige Expansion der Shang-Herrscher hinaus in die Große Ebene und bis zum Meer. Es scheint, als hätten sie sich mit einem Kernraum, mit einem Imperium zufriedengegeben, das im wesentlichen aus Handels- und Verkehrswegen bestand und das sie dadurch zusammenhielten, daß die Shang-Städte gute Abnehmer für Waren aus dem Süden, Südosten und Osten wurden.

Der Haupthandelsweg war naturgemäß der Hwangho-Fluß selbst, ergänzt durch ein Stückchen schiffbaren Wei-Flusses. Aber auch der Jangtse erlangte Bedeutung für die Shang-Residenzen, denn er war durch eine Handelsstraße quer über das Gebirge mit dem Hwangho-System verbunden. Diese Straße nahm im Raum von Ao, der später verlassenen Shang-Stadt, ihren Ausgang, beschrieb einen Westbogen in den Raum des heutigen Lo-jang und strebte dann in allgemein südlicher Richtung zwischen Funiuschan und Hweijangschan-Gebirge (moderne Namen) auf den Hanho-Fluß zu, einen schiffbaren nördlichen, also linken Nebenfluß des Jangtse. Eine zweite, weniger frequentierte, aber geschichtlich womöglich noch wichtigere Handelsstraße führte aus den Flußsystemen nach Westen hinaus. Sie begann am Wei dort, wo er aufhört beziehungsweise anfängt, schiffbar zu sein, also im Raum der heutigen Stadt Siking. Zunächst folgte sie dem Weiho-Tal, ehe sie sich über das Tsinling-Gebirge nach Süden zuwand, zu den Oberläufen jener gewaltigen Flüsse, die hier aus hohen Bergen in den Raum des heutigen Thailand, aber auch zum Golf von Tonking fließen. Nach einer alten Übersicht über die Tribut-Lieferungen, welche die Shang-Kaiser um 1125 vor Christus erhielten, kamen von hier, aus dem Südwesten des Machtbereichs, Gesandtschaften, die Silber, Wildkatzenfelle, Fuchs- und Bärenfelle und Amulettsteine mitbrachten.

In späteren Jahrhunderten wurde das Weiho-Tal Ausgangspunkt der Seidenstraße, die über Lantschau, Sutschau und Anhsi weiter nach Westen führte. Das fruchtbare Tal des Weiho trat bald in eine gewisse Konkurrenz zu den Hwangho-Residenzen der Shang, denn hier hatte die Folgedynastie, die Chou, ihren Stammsitz. Feng-hao, die erste Hauptstadt der Chou-Kaiser, lag denn auch nicht etwa draußen in der Großen Ebene, wo der Sieg über den letzten Shang-Herrscher gelungen war, sondern unweit Siking dort, wo man, von Westen kommend, in die Schiffe steigen kann, weil der Weiho fortan schiffbar ist.

Auch die Liste der übrigen Tribute ist lesenswert, wenn man auch nicht annehmen muß, daß die genannten Waren nun in großen Mengen, als wirtschaftlich relevante Einfuhren, ins Land kamen. Sie deckten in der Regel nur den Bedarf einer anspruchsvollen Oberschicht von Höflingen, Verwaltungsbeamten und Militärs. Das Volk selbst war im wesentlichen autark und erzielte auch keine Überschüsse, die es in Tausch gegen diese Einfuhren hätte geben können. Immerhin kamen vom unteren Jangtse Bambus, Elfenbein, Seide, Gold, Silber, Kupfer und edle Steine, was auf weiter nach Süden reichende Verbindungen dieses Raumes hindeutet, weil das Elfenbein ja aus Hinterindien herangeschafft werden mußte. Einzelne besonders geschätzte und leicht zu transportierende Güter wie zum Beispiel edle Steine brachte man noch aus so entlegenen Gegenden wie dem Ordos-Gebiet, also jenem Teil der Inneren Mongolei, der vom Hwangho in seiner großen Nordschleife umflossen wird. Und von den Küsten des Gelben Meeres, südlich der Shantung-Halbinsel, erhielten die Shang-Kaiser Tribute an Perlen, die man schon damals schätzte, und an Edelhölzern.

Die neun Provinzen, von denen in Schriften der Shang-Zeit die Rede ist, hatten also doch eine gewisse Realität, wenn man auch gewiß nicht an eine straffe zentralistische Verwaltung zu denken braucht, wie sie etwa die Mongolenkhane in der Zeit ihrer Herrschaft über China aufzurichten verstanden. Die Shang-Kaiser besaßen in der Bronze ein wertvolles und zu vielem geeignetes Metall. Sie waren mit Bronzewaffen den Bauern der Großen Ebene weit überlegen, selbst wenn die Shang-Armeen, wie man alten Zahlenangaben entnehmen kann, nur vier- bis fünftausend Mann stark waren. Erst der letzte Kaiser, erst der tyrannische Tschu-Sin, scheint intensiver gerüstet zu haben. Seine Herrschaft war schon von den Chou-Fürsten bedroht, die ihre Gau-Macht am Weiho aufgebaut hatten und aus deren Machtansprüchen die Hauptgefahr kam. Tschu-Sin also rüstete und führte offenbar in größerem Stil Krieg als seine Vorgänger. Die 1955 entdeckten tausend getöteten Kriegsgefangenen lassen natürlich den Schluß zu, daß nun auch die Feldstärke der Shang-Armee größer gewesen sein mußte.

Noch war es kein festgefügtes Reich, über das die Kaiser der Hwangho-Residenzen geboten, aber es war schon China; es war ein Agrarstaat mit einer gut ausgerüsteten Kriegerkaste, der den Herzraum des späteren Großreiches erfüllte und in dem sich alles vorbereitete, was die Welt von China noch erfahren sollte.

Die schnellen Chou

Kenner der chinesischen Geschichte haben das China der Chou-Zeit mit einem Eisenbahnzug verglichen, der eine lange Strecke zu durchfahren hat und schließlich, so als sei er am Ende seiner Geduld angelangt, immer schneller fährt, bis er mit einer atemberaubenden Geschwindigkeit durchs Ziel stürmt.

Ich gebe diesen Vergleich, der von Creel stammt, aber auch von anderen übernommen wurde, hier noch einmal wieder, obwohl wir inzwischen – durch die Ausgrabungen der sechziger und siebziger Jahre – wissen, daß er nur in einem größeren Zusammenhang noch stimmt.

Die große Beschleunigung der chinesischen Kulturentwicklung in der zweiten Hälfte der Chou-Zeit wirkt besonders eindrucksvoll, wenn man den ganzen Zeitraum überblickt, der seit Beginn der Shang-Ära verstrichen ist: Vom Beginn der Shang-Zeit bis zu Konfuzius vergeht ein rundes Jahrtausend, und dann plötzlich steht das Alte China rundum fertig vor uns, ein kultur- und geistesgeschichtlicher Begriff, zu dem sich nur noch einzelne persönliche Leistungen gesellen werden, etwa die Lyrik eines Li-tai-po und die großen Reisen des Hiwen-tsang. Dieser Begriff wird sich durch die Mongolenkhane und die Berührungen mit dem Westen noch akzentuieren, er wird sich aber, soweit er China selbst zum Gegenstand hat, nicht mehr nennenswert erweitern.

Es hat daher eine gewisse Berechtigung, die altchinesische Kultur und die alten chinesischen Traditionen an Elementen der Chou-Zeit darzustellen. Sie haben sich kaum gewandelt und sind bis ins zwanzigste Jahrhundert erhalten geblieben, während die politische Geschichte Chinas in jenen frühen Zeiten wenig Bleibendes erbrachte.

Die aus dem Weiho-Tal stammende Sippe der Chou gab einen ersten Beweis politischer Reife dadurch, daß sie die entmachteten Shang nicht demütigte. Der gestürzte Tyrann freilich entging dem Los nicht, das der Volkshaß zu allen Zeiten für die machtlos gewordenen Mächtigen bereithielt. Er und seine Lieblingsfrauen überlebten, wie wir schon hörten, den Machtwechsel nicht. Aber die Shang-Ahnen sollten die Verbrechen des letzten Kaisers aus dieser Reihe, des Tschu-Sin, nicht büßen. Ihr Andenken wurde weiter gepflegt, wenn auch natürlich nicht in den neuen Chou-Residenzen. Ein Shang-Prinz durfte in den Trümmern weiterherrschen, die heute bei Anyang ausgegraben werden, und verlor diese lokale Provinzialherrschaft erst, als er aus ihr zu dem Versuch ansetzte, die Chou-Kaiser zu stürzen. Aber auch dann wurde das Andenken der Shang noch mit einer gewissen Rücksicht behandelt. Der einzige noch geduldete Shang-Provinzmachthaber war ein jüngerer Bruder des Tschu-Sin, den der Tyrann besonders schlecht behandelt hatte: Dadurch hatten die Chou-Sieger die Gewähr dafür, daß es keine neuen Revolten geben werde. Die mächtigen Ahnen der Shang hatten ihrerseits die Gewähr, daß ihr Andenken durch einen herrschenden Nachfahren der kaiserlichen Sippe gepflegt wurde.

Diese Rücksicht auf die Unterlegenen erklärt sich ganz einfach aus der Furcht dieser Menschen vor ihren Ahnen und deren Rache; die Lebenden konnte man bekriegen, was aber vermochte man gegen böse Geister besiegter Herrscher, die ihr Werk gefährdet oder gar zerstört sahen?

Die Chou-Zeit beginnt auf dem Boden, auf dem die Ära der Shang endete. Agrarstaat und Ahnenkult, vorsichtige Machtausdehnung, kleinräumiges Denken, Tribute statt Fernhandel, sehr viel Aberglauben in einem rudimentären Weltbild. Die Übergänge sind, kulturell gesehen, verschwimmend, und darum ist das Ende der Shang-Zeit auf das Jahr genau noch nicht fixiert. 1122, 1055, 1053, 1035, 1023, 950 sind die Daten, die sich in der Literatur finden, und danach vergehen noch zwei Jahrhunderte, in denen die Chou-Kaiser sich auf ihre großen Leistungen erst vorbereiten, ehe 841 vor Christus die Zeit der verläßlichen Daten beginnt.

Nimmt man das späteste Datum – die Jahre um 950 vor Christus – als den Beginn der Chou-Ära an, so hat sich innerhalb von etwa hundert Jahren der sehr wichtige gesellschaftliche Übergang von einer archaischen Gesellschaft der Sklavenhalter zu einem Feudalstaat vollzogen, in dem die Eroberer oder doch die neuen Herren, also die Chou mit ihrem Klan, die Oberschicht bilden, während die Unterschicht die gleiche geblieben ist. Die früheren Herren wurden, soweit sie den großen Krieg überlebten, in der erwähnten Shang-Enklave überwacht. Vorgänge wie diese sind heute nicht mehr so leicht denkbar; es gibt keine geschlossenen Oberschichten mehr. Selbst in Monarchien üben auf dem Weg über die Gewerkschaften Elemente aus der Unterschicht Macht aus, und in den sozialistischen, autoritären Systemen sind umgekehrt die Intellektuellen der einflußreiche Unruheherd, der sich – wie man täglich erlebt – schwer isolieren läßt.

Die letzte geschlossene Oberschicht, die sich in Europa geschichtlich durchsetzen konnte, waren die französischen Normannen, die im elften Jahrhundert England eroberten und die Sachsen entrechteten. In Südamerika haben die eingewanderten Herrschersippen der Inka ihren lückenlos organisierten Staat noch ein paar Jahrhunderte länger erfolgreich gegen die Unterschicht verteidigt.

Einem in seinem Aberglauben unmündig gebliebenen, aber an die kaiserlichen Ahnen um so stärker fixierten Landvolk mußte die Legitimation der Chou-Herrscher erst nachgewiesen werden. Die Legitimation der eigenen Herrschaft war am einleuchtendsten vom Nachweis gemeinsamer Ahnen abzuleiten. So wurde der durchaus legendäre und sehr ferne Kaiser Ku bemüht: Die Chou-Dynastie behauptete, von Kaiser Kus erster Frau abzustammen, während die gestürzten Shang lediglich Nachkommen der zweiten Frau gewesen seien. Da weder die Shang noch die Chou von Kaiser Ku abstammten (auch dann nicht, wenn es ihn gegeben haben sollte), war dieser fabrizierte Stammbaum eine relativ harmlose Fälschung.

Folgenschwerer war die Präsentation neuer, persönlicher Götter. Hier gelang den Chou ein genialer Schachzug: Indem die Chou-Priester dem Volk menschenähnliche Götter zeigten, entschwanden die ebenso bizarr wie vage in der Phantasie noch geisternden Shang-Ahnengötter nach und nach aus der Erinnerung auch der Frömmsten. Statt der Geister, die schwer zu begreifen und sehr zu fürchten gewesen waren, kommen nun die Götter selbst ins Haus, Götter, die man sich vorstellen kann und die so gegenwärtig sind, daß sie auf einfache Gemüter recht deutlich einwirken mußten – selbstverständlich zugunsten der neuen Herren.

Diese Neuordnung hatte auch dynastische Folgen. Die große und mächtige Familie der Shang war von ihrer eigenen Göttlichkeit und ihrem umfassenden Ahnenauftrag so überzeugt gewesen, daß sich gleichsam alle Shang zum Herrschen berufen fühlten, keineswegs nur die Söhne der Kaiser, sondern auch die Brüder. Beinahe jeder zweite Thronwechsel war nicht von Vater zu Sohn, sondern von Bruder zu Bruder erfolgt. Darauf beruhte auch die Rivalität zwischen Tschu-Sin und seinem jüngeren Bruder.

Nun, unter den Chou vom Weiho-Tal, wurde alles anders: es wurde deutlicher, ordentlicher, aber auch verpflichtend. Das phantasievolle Chaos, das die Shangkaiser als Religion und Volksbrauch durch Jahrhunderte hatten walten lassen, hellte sich langsam auf, und zwar – wie sollte es anders sein – von oben. Darum begann es mit den neuen Göttern und setzte sich fort in den neuen Kaisern, die in strikter Festlegung der Thronfolge vom Vater auf den Sohn an die Macht kamen, wobei – und dies war vielleicht das größte Novum – nur die legitim geborenen Nachkommen einen Anspruch auf die Thronfolge hatten. Als sich dieses Prinzip nach und nach aber auch auf das bäuerliche Leben übertrug, als es die glückhafte festliche Euphorie diskreditierte, aus der bis dahin so viel an bestem Nachwuchs hervorgegangen war, da glich dies einer Revolution der Sitten.

Wenn den Frühlings- und Herbstfesten und den im fröhlichen Trubel schnell geschlossenen Verbindungen auch sicher sehr oft die Ehe folgte, so resultierte aus dieser großen, rauschhaften Inszenierung doch eine gewisse Unsicherheit über die Vaterschaft. Daß dies niemanden störte, daß auch das spätere Familienleben darunter nicht litt, hatte seinen Grund in mutterrechtlichen Traditionen: Die Mutter-Kind-Beziehung war und blieb bis zum Ende der Shang-Zeit stärker als die Beziehung zu dem so schnell gewählten und mitunter auch wieder verschwundenen Vater. Die Neuordnung der Chou-Zeit brachte hier den vielleicht am tiefsten gehenden Wandel. Die Personifizierung der Götter, die stärkere Ausrichtung des ganzen Lebens auf heroische und halbmenschlicher Götter-Vorbilder, führte zu einer Stärkung der Vater-Position. Und als endlich innerhalb der bäuerlichen Familie eine ähnliche Erbfolgeregelung eintrat wie in der Dynastie und bei den Gaufürsten, da war die Basis gelegt für jene patriarchalische Familiensituation, die seither als ein Hauptkennzeichen des privaten chinesischen Lebens gilt.

Die auf den Vater zugeschnittene Großfamilie, die ihr Oberhaupt bedingungslos anerkennt, ja verehrt, ist das wohl wichtigste Novum, das die Chou-Zeit mit sich bringt. Zugleich liegt hier ein Hauptargument gegen die These, schon unter den Shang habe sich China so gestaltet, wie es dann zweitausend Jahre lang blieb.

Beide Dynastien brachten zweifellos nicht-chinesische Traditionen in den Kernraum der alten Städte am Weiho- und Hwangho-Zusammenfluß; im Fall der Shang ließen diese sich nach Sibirien und zu einigen Turkvölkern zurückverfolgen, im

Fall der Chou waren es ebenfalls Turkvölker der Randgebiete, aber vor allem Tibet. Die neuen strengen Linien im religiösen und familiären Leben scheinen aus der heute noch verschlossenen und geheimnisvollen Hochlandregion zu stammen.

Maurice Granet hat darauf hingewiesen, daß in allem, was das Verhältnis von Großvater, Vater, Sohn und Brüdern betrifft, das militärische Verhalten mit seinen pflichtgemäß befolgten Mustern in die Familie übertragen wurde. Wir haben nicht sehr viele Beispielfälle zur Verfügung, denn die Chou-Zeit ist zwar außerordentlich schreibfreudig, huldigt aber in allem, was sie als intim bezeichnet, einer besonderen Zurückhaltung. Affären wie die folgende galten als besonderes Geheimnis einer Familie auch dann noch, als die Beteiligten längst zu ihren Ahnen versammelt waren:

In der Familie Ku hat ein jüngerer Sohn sich eines Verbrechens schuldig gemacht, auf das im allgemeinen die Todesstrafe stand. Es ging nun darum, in einem geschickt und vorsichtig geführten Gespräch den zuständigen Richter zur Annahme eines Geschenks zu bewegen und damit eine milde Verurteilung zu bewirken. Bestechungen waren damals üblich, aber heikel, und der Familienvater wählte jenen unter seinen Söhnen als Unterhändler, von dessen intellektuellen Fähigkeiten er den besten Eindruck hatte – aber dieser beste Unterhändler war nicht der Älteste. Darauf kam der Älteste zum Vater und sagte sinngemäß: Die Verhandlungen zu führen kommt mir zu. Jeder weiß, daß sie meine Aufgabe sind. Wird mir diese Aufgabe nicht anvertraut, so bin ich vor der Gesellschaft bloßgestellt und werde mich töten müssen.

In diesem Fall, den wir aus den Aufzeichnungen des Ssu-machien kennen, tritt auch noch die Mutter an die Seite des Ältesten, der Vater gibt nach, und die Unterhandlungen werden einem nicht so befähigten, aber durch seine Erstgeburt dazu vorbestimmten Sohn anvertraut. Die Drohung mit dem Selbstmord wegen der verlorenen Ehre mutet japanisch an, und auch daß der Vater mit *Eure Exzellenz* angeredet wird, erinnert uns an die vielen Samurai-Tragödien, in denen der rituelle Selbstmord seine zentrale Rolle spielte. Aber der Grundsatz, daß verlorene Ehre nur mit Blut wiedergewonnen, daß Flecken auf der Ehre nur mit Blut abgewaschen werden könnten, ist uns schließlich aus der europäischen Feudalzeit ebenso gegenwärtig und führte auf der Ebene der Oberschicht zu den bis ins zwanzigste Jahrhundert üblichen Ehrenhändeln, in der Unterschicht aber zur Vendetta, zu den Blutrache-Reglements, denen sich die betroffenen Familienmitglieder nur dann entziehen konnten, wenn sie bereit waren, Heimat, Familie und nicht selten auch das eigene Leben zu opfern. Auch hier gingen und gehen, wie man weiß, Verpflichtungen starr vom Vater auf die Söhne und von Bruder zu Bruder über, und wehe dem Jüngeren, der einem älteren Bruder solch eine Verpflichtung abnehmen wollte...

Die entsprechenden chinesischen Gebräuche waren vor allem in frühen Zeiten besonders hart. Der Sohn blieb Eigentum des Vaters beinahe in dem Sinn, wie ein Leibeigener dem Grundeigentümer gehörte, und wenn ein chinesischer Krieger in Gefangenschaft geriet und nach dem Krieg heimkehrte, mußte er sich zunächst vor seinem Vater verantworten, der das Recht hatte, ihn wegen Feigheit im Ahnentempel zu töten. Freilich kennt die Literatur keinen Fall, in dem dies tatsächlich geschah, und wenn es doch vorkam, so mochten andere Gründe mitgespielt haben. Die Position des Vaters ist jedoch schon durch das Recht zu solch einem extremen Akt hinlänglich gekennzeichnet.

»Der Sohn vertritt seinen Vater in der Armee wie vor den Strafgerichten – dieser zweifache Aspekt einer Sitte ist durch die gesamte chinesische Geschichte hindurch zu beobachten: er beweist, daß der Sohn im feudalzeitlichen Sinn des Wortes dem Wesen nach der *Gefolgsmann* seines Vaters ist. Deshalb ist er im Fall der Vendetta auch sein Rächer, und seine Trauerzeit ist erst mit dem Tod des Mörders beendet... Zwischen Vater und Sohn herrschen Beziehungen von Ehre zu Ehre.« (Maurice Granet)

Die Wandlungen der Chou-Zeit gingen eindeutig von den Adelsfamilien aus, und das Leben dieser Familien mit- und gegeneinander wirkte naturgemäß auch auf die Rolle der Töchter ein. Für die Söhne sprach das militärisch-ritterliche Gesetz, bei den Töchtern wirkten sich vor allem die differenzierten Sitten innerfamiliären Lebens und die rituelle Vorbereitung auf die Verehelichung aus. Hier ist die Mutter noch sehr deutlich zu spüren; denn so intim das Ritual ist, so ausgefeilt wird es auch von einer Generation zur anderen weitergegeben. Die Etikette der Chou-Zeit verdiente ein eigenes Studium, vor allem, weil sie das chinesische Leben späterer Jahrhunderte stärker beeinflußte als selbst der ritterliche Kodex, dem die Männer folgten.

Ziel dieser wohlabgestimmten Bemühungen ist, die Tochter wie ein hohes Jeton im Roulette der Adelsrivalitäten einzusetzen. Es geht immer um die Familie, und so, wie der Sohn nach dem Feldzug seine Auszeichnungen mit tiefen Verbeugungen dem Vater überreicht, so zielt die Erziehung der Tochter darauf ab, sie zu einer tüchtigen Streiterin für die Familiengeltung zu machen, ja zu einer Art Geheimagentin, die durch die Ehe in einen anderen Klan eingeschleust wird und dort die Interessen der Herkunftsfamilie zu wahren hat. Angesichts der Unterwerfung, die von der chinesischen Frau erwartet wird, angesichts der unwandelbaren Verpflichtung zum Jasagen und Sichfügen, bedeutete diese Doppelrolle oft eine unslösbare Aufgabe. Nicht wenige junge Chinesinnen zerbrachen an ihr, bevor sie ihrem Mann das erste Kind geboren hatten. (Mit gleichem Auftrag gingen übrigens chinesische Prinzessinnen in die Yurten der räuberischen Nomadenstämme westlich und nordwestlich der chinesischen Grenzen...)

Schon vom siebenten Lebensjahr an, wenn die bleibenden Zähne sich einstellen, verliert das Mädchen seinen Charakter als Kind und gewinnt den einer werdenden Frau. Die Absonderung von den Brüdern wird strikt vollzogen: Zum Beispiel besteht das Verbot, auf der gleichen Matte zu sitzen. Solche Übertreibungen deuten auf mögliche frühere Unsitten; offenbar waren in der Shang-Zeit inzestuöse Verbindungen nicht ganz selten gewesen und wurden nun, unter den strengen Chou, darum besonders sorgfältig vermieden.

Die Mädchen werden schließlich sogar bei den Mahlzeiten

von den Brüdern getrennt; sie bleiben einer Gouvernante anvertraut und erlernen alle jene Verrichtungen, erwerben alle jene Kenntnisse, die man von einer chinesischen Hausfrau, aber auch von der Dame des Hauses erwarten darf. Das heißt, daß ein Mädchen wissen mußte, wie das Klopfen des Hanfs und das Spinnen vor sich gingen, daß sie schneidern konnte und verpflichtet war, die Zubereitung der Gerichte zu erlernen, die in besonderen Zeremonien den Ahnen dargebracht wurden. Und bei allem durfte sie keine andere Miene aufsetzen als das freundlich-unterwürfige Lächeln, das die ganze Welt seither an der Chinesin kennt, ja sie mußte ihr Glück in dieser Unterwürfigkeit finden.

Die kleine Chinesin wurde schon mit fünfzehn Jahren großjährig, das heißt aus dem Patriarchat entlassen. Das ging so weit, daß die jungen Damen, denen man nun das Haar hochsteckte, einen neuen Namen annehmen mußten. Es war nicht etwa der des künftigen Gatten (obwohl dieser meist bei der Großjährigkeitsfeier bereits feststand), sondern der eigene Name des großjährigen, aus dem Klan entlassenen Mädchens.

Nach diesen Initiationsriten ziehen sich die Mädchen in die volle Abgeschlossenheit zurück, um dort abgeschirmt von allen Männern drei Monate lang zu meditieren und sich in den Künsten zu üben. Diesen strengen Bräuchen stehen andere, »losere« Sitten gegenüber. Es gibt Hinweise dafür, daß diese wohlerzogenen Töchter im Zusammenhang mit der Brautwahl die Verpflichtung hatten, dem zu Besuch gekommenen Interessenten als freundliche Dienerin zu begegnen, mit dem Ziel, aus dem Pourvoyeur einen Brautwerber, aus dem Besucher dereinst einen Verlobten und späteren Gatten zu machen. Ssu-ma-chien deutet an, daß es sich dabei um Probenächte handelte. Die Familie bot dem Gast eine der Töchter an in der uneingestandenen Erwartung, diese werde »sein Herz fesseln, wenn sie sich als Dienerin in seine Nähe begibt«.

Das ist kein Hinweis auf die bei Nomadenvölkern nicht seltene Gast-Prostitution, wie sie uns später Marco Polo und andere von ihren Chinareisen berichten werden. Eher handelt es sich wohl um die schlichte alte bäuerliche Brautschau mit dem üblichen Ausprobieren. Fest steht, daß die Sitte der Probenächte im Lauf der Chou-Zeit verschwand. Es wurde üblich, den Auserwählten nur noch einzuladen. Nur dort, wo (etwa wegen großer Entfernungen) Vermittler eingeschaltet wurden, lernten die Brautleute einander erst bei der Hochzeit kennen; im übrigen aber wurden die Auffassungen über die Keuschheit der Braut im Lauf der Chou-Zeit immer strenger. Es gibt aus der Zeit des Konfuzius, also um die Mitte des letzten vorchristlichen Jahrtausends, eine Geschichte von einem vornehmen Mädchen, das einem treuen Verwalter aus einer nichtadeligen Familie zur Frau gegeben wurde, nur weil dieser sie bei einem Flußübergang höflich auf seinen Rücken genommen und durch das Wasser getragen hatte.

In dem Maß, als die ritterlichen Riten sich verfeinerten und der Ehrenkodex zwingender wurde, ging es ohne Heiratsvermittler überhaupt nicht mehr ab, denn der alte Weg des Kennenlernens und der direkten Verhandlungen setzte beide Familien der Gefahr der Blutrache aus: Die Weigerung, eine Tochter an einen bstimmten Bewerber zu verheiraten, führte nämlich nach dem Brauch der späteren Chou-Zeit unweigerlich zur Vendetta. Es war also lebenswichtig, durch unbeteiligte Dritte alle etwa auftauchenden Fragen abklären zu lassen, um solch spektakuläre und ruinöse Konflikte zu vermeiden. Andererseits wurde nicht selten eine alte Blutracheverpflichtung durch eine Ehe zwischen großen Familien hinfällig; eine solche versöhnende Ehe galt als besondere Leistung des Vermittlers.

Das alles begreift man, Heiraten waren und sind in allen Kulturen besondere Ereignisse, sie wollen gut vorbereitet sein, und sie haben sich aus guten Gründen mit Dutzenden sorgfältig beachteter Bräuche geziert. Was danach aber auf die Chinesin zukommt, und zwar nicht erst im chinesischen Spätrokoko, sondern in einer noch sehr frühen Zeit, das hat zweifellos nicht seinesgleichen: eine Ritualisierung des Lebens, die den Menschen in eine Puppe zu verwandeln suchte und ihm um so mehr Vorschriften machte, je vornehmer die Familie war, um die es sich handelte.

So mußte zum Beispiel gekochter Fisch, ein besonders häufiger Gang auf der chinesischen Tafel, stets so serviert werden, daß der Schwanz zum Gast zeigte; der Bauch des Fisches aber mußte im Winter nach rechts, im Sommer nach links gewendet sein. Die fünf Reihen, in denen die Schälchen mit den einzelnen Speisen auf den Tisch gesetzt wurden, hatten ihre genaue Ordnung, und am Tisch eines Fürsten mußten die Schnäbel aller Kannen auf diese höchste Persönlichkeit gerichtet sein.

Die Tischsitten waren so streng, als hinge von ihrer Befolgung die ewige Seligkeit ab. Aber da wir in diesem Punkt ja auch sehr ausgeklügelte Vorschriften haben, steht uns das Lächeln eigentlich nicht zu. Aus den Saucen-Schälchen nahm man mit der Rechten, weswegen sie links serviert wurden. Hirse mußte mit dem Löffel gegessen werden, und wenn der Reis noch zu heiß war, so durfte man ihn beileibe nicht ungeduldig mit den Stäbchen in die Höhe werfen oder zu Kügelchen drehen.

Anderes wieder mutet recht archaisch an, etwa der Umstand, daß das meiste noch mit den Fingern gegessen wurde; auch Fleisch schnitt man nicht, sondern zerriß es mit den Fingern; gekochtes Fleisch führte man an den Mund und biß ab. Man durfte und mußte so lange essen wie der höchstgestellte Anwesende oder der Gast. Wehe, wenn man im Gespräch übersah, daß dieser sich bereits die Mundwinkel mit den Fingern abgewischt hatte, und noch weiteraß – das war ein *faux pas* von der schlimmsten Sorte und wurde nur durch offensichtliche Gefräßigkeit und Gier übertroffen. Auch sich zu berauschen, was mit dem leichten Hirsebier gar nicht so einfach war, galt als im höchsten Maße unschicklich.

Für die Zeit unmittelbar nach dem Mahl war Ruhe geboten. Man hatte sich mit kernigen Feststellungen wie »Jetzt bin ich aber voll!« von dem Gastgeber zu verabschieden und dann gesittet davonzugehen. Tänze oder Luftsprünge zu vollführen (sagt das Anstandsbuch *Li Chi*) sei zweifellos unhöflich, wohl weil die Gastgeber dann meinen mußten, der Geladene sei froh, alles hinter sich zu haben, und sei obendrein so wenig gesättigt, daß er noch Lust zu allerlei Freiübungen habe.

Man könnte sich über all das so lustig machen, wie Swift sich über die Sitten seiner Zeit amüsiert, indem er sie in Riesen- oder Zwergenstaaten *ad absurdum* führt. Aber das Besondere und für uns Interessante an der Chou-Zeit und ihrem Hang zu Zeremonien ist der Umstand, daß all dieses sorgfältig geregelte Tun zu Hause und bei Hof seinen sehr klaren Sinn und ebenso deutliche Folgen hat. Wenn die Vornehmen in den Genuß einer Kochkunst kommen, die bereits alle Merkmale der weltberühmten chinesischen Küche aufweist, die vom gehackten Muschelfleisch bis zum ingwergewürzten Rindsfilet vor den Eßgenuß den optischen Anreiz setzt, so folgt für den Chinesen daraus, daß dieses köstliche Essen die Seele – nicht etwa nur den Leib – auch in besonderem Maß kräftige. Der schlichte Mann, der Soja und Hirse essende und sein Süppchen schlürfende Bauer, hat eine so schwächliche Seele, daß sie nach dem Absterben des Leibes zwar noch ein wenig Untertanenspuk treiben darf; danach aber ist es um das ganze Weiterleben nach dem Tode geschehen. Ganz anders hingegen ergeht es der Seele der Fleischesser, also jenen, die die Mittel haben, sich an der vollen Palette der Chou-Küche zu laben. Sie hauchen mit dem Leben eine wohlgekräftigte Seele aus, die durch sorgfältig zubereitete Ahnenmahlzeiten weiter am Leben erhalten wird und noch vielen Generationen bei ihrem vornehmen Tun zusehen kann.

Das sind die beiden Daseinsziele des Chinesen: die Langlebigkeit des Leibes, also ein bis ins hohe Alter verlängertes irdisches Dasein, und die Langlebigkeit der Seele, gestützt auf einen Ahnenkult, an dem eine große Sippe hingebungsvoll teilnimmt. Im Buch der Lieder, dem Shi-king, wird dies alles in einem weihevollen Lehrstück gefeiert:

Achtet mit Sorgfalt auf das Feuer,
baut mächtige Roste,
röstet, bratet!
Und Ihr, Herrscherin von majestätischer Haltung,

stellt die zahlreichen Gefäße auf!
Hier sind Gastgeber und Geladene,
Becher werden angeboten und weitergereicht,
die Riten und Bewegungen sind vollkommen,
Lachen und Reden sind korrekt!

Der heilige Geisterdarsteller
wird mir großes Glück bringen:
zehntausend Jahre zur Belohnung!
Ich habe mich (dem Fest) gänzlich hingegeben,
in nichts habe ich die Riten verletzt,
der Beschwörungspriester verkündet sein Orakel,
den Lohn für den frommen Nachfahren:
Köstlich waren die frommen Gaben,
die Geister haben gegessen und getrunken,
sie prophezeien dir alles Glück!

Sagen wir heute von einem Zeitgenossen, er zelebriere eine Mahlzeit oder er habe aus der Gourmandise einen wahren Kult gemacht, so ist das für uns eine metaphorische Redewendung. Im alten China aber war die Mahlzeit tatsächlich eine rituelle Handlung, von deren gutem Verlauf das ungestörte Verhältnis zu den Geistern der Ahnen ebenso abhing wie die Rolle bei Hof oder in der Gesellschaft. Es mag uns seltsam anmuten, aber es ist nicht unsinnig, hat der Chinese doch auch ein Jahrtausend lang andere lebenswichtige Grundaktivitäten festlich, ja sakral gestaltet und zum Beispiel Eros und Zeugung zu religiös empfundenen Hauptfestlichkeiten des Jahres werden lassen. Vielleicht sollten sogar die ausgedehnten Mahlzeiten, bei denen nicht selten Tänzer, Tänzerinnen und Musikanten, auch Sängerinnen und anderes Beiwerk aufgeboten waren, diese nunmehr als heidnisch empfundenen Orgien von einst ablösen?

Bei aller Lebensweisheit und Lebenskunst, wie sie die großen Lehrer der Chou-Zeit in Gesprächen und Schriften verbreiten, gewinnt man doch den Eindruck, daß sie die Euphorie des Mahles und des Trunks schon so zu schätzen wissen wie in späteren

Jahrhunderten etwa Li-tai-po, der große Lyriker, der Emphatiker des Rausches. In den Gesprächen des Konfuzius wird *dieser* große Denker der mittleren Chou-Zeit in seinen Eß- und Trinkgewohnheiten wie folgt vorgestellt:

»Beim Essen verschmähte er es nicht, auf Reinigung des Reises zu achten; beim Hackfleisch verschmähte er es nicht, auf Feinheit zu achten. Reis, der verdorben war und schlecht, Fisch, der alt, und Fleisch, das nicht mehr frisch war, aß er nicht. Was eine schlechte Farbe hatte, aß er nicht. Was einen schlechten Geruch hatte, aß er nicht. Was nicht richtig gekocht war, aß er nicht. Was nicht der Zeit entsprach, aß er nicht. Was nicht richtig geschlachtet worden war oder nicht die richtige Sauce hatte, aß er nicht. Wenn das Fleisch auch viel war, er ließ es nicht den Geschmack des Reises überdecken. Nur im Weintrinken legte er sich keine Beschränkung auf, doch ließ er sich nicht von ihm verwirren. Gekauften Wein und Dörrfleisch vom Markt genoß er nicht. Er hatte stets Ingwer beim Essen. Er aß nicht viel... beim Essen diskutierte er nicht. Im Bett redete er nicht. Hatte er auch nur einfachen Reis, Gemüsesuppe und Gurken, so brachte er doch ehrfurchtsvoll ein Speiseopfer dar.«

Lebensweisheit, Überlebensweisheit. Wer weiß, wieviel wir von Konfuzius an Sprüchen, Aussprüchen und Lehren besäßen, hätte er Dörrfleisch vom Markt gegessen oder gekauften (also in der Herkunft und Behandlung unbekannten) Wein getrunken. Selbst wer nur diese eine halbe Seite aus den Gesprächen des großen Lehrers kannte und befolgte, kam dem einen der beiden Hauptziele des Chinesen, nämlich dem langen irdischen Dasein, gewiß ein erhebliches Stück näher...

Das Wort von den schnellen Chou fußt vor allem auf dem erstaunlich geringen zeitlichen Abstand zwischen einer tyrannisch-barbarischen Phase, wie sie uns um 1000 vor Christus der letzte Shang-Kaiser vor Augen führt, und der klassisch zu nennenden Blüte philosophischer Schulen, deren große Persönlichkeiten die Welt heute ebenso kennt wie einen Sokrates oder Plato. In diesem westlichen Staunen liegt ein Irrtum, der für unsere Zivilisation typisch ist. Wir setzen eine große Zeit des Denkens und der geistigen Produktion schon von vornherein und ohne nähere Überprüfung der herrschenden Verhältnisse mit einer allgemeinen Blütezeit, mit einer glückhaften Phase des ganzen Volkes gleich und sind sogar geneigt, den Fürsten, unter denen die großen Lehrer wirken, einen Teil des Verdienstes an dieser Lage zuzuschieben. Das aber ist ein Trugschluß, dem wir Deutschen wohl besonders zuneigen, weil wir an die Weimarer Musenstätte denken, aber auch an die Rolle eines Leibniz, eines Albertus Magnus. Weltgeschichtlich gesehen sind so glückliche Koinzidenzen zwischen Fürstengunst und Denkerehrgeiz jedoch eher die Ausnahme: Sokrates mußte den Schierlingsbecher trin-

Bronzene Opferkanne mit Bügelhenkel (Yu oder Hu) aus der Zeit der Shang, 13.–11. Jahrhundert vor Christus. *(Museum für Ostasiatische Kunst, Köln)*

Ein Bronzefund bei den Ausgrabungen von Anyang. Shang-Zeit, 12. Jahrhundert vor Christus. *(Museum für Ostasiatische Kunst, Köln)*

Porträt des Konfuzius (551–478 v. Chr.) auf einer Stele im Peilin zu Si-nganfu aus dem Jahre 734 n. Chr. *(Archiv für Kunst und Geschichte, Berlin)*

Tänzerinnen, gebrannter Ton, vor 618. *(Archiv für Kunst und Geschichte, Berlin)*

ken, Platon entrann den von einem Tyrannen gedungenen Mördern nur durch Zufall, Voltaire lebte im Exil, Kant wurde gemaßregelt, von Märtyrern ihrer Lehren wie Giordano Bruno, Servetus oder Quirinus Kuhlmann einmal ganz abgesehen. Die plötzliche Blüte chinesischen Denkens um die Jahrtausendmitte ist nicht das Ergebnis der fördernden und kulturbewußten Politik der Dynastie Chou, sondern insgesamt wohl eher als ein Versuch der besten geistigen Kräfte zu werten, das Chinesentum, die junge Nation der zu Selbstbehauptung und Selbstbewußtsein gelangten chinesischen Bauern, vor dem Verfall zu bewahren.

Um diese Zeit hatte die zunächst so umsichtig wirkende Dynastie bereits viel von ihrem Glanz verloren. König Wen, der erste Chou, war längst zum Gott erklärt worden; sein Sohn Wu, Besieger des letzten Shang-Tyrannen, hatte, als er hochbetagt starb, einen unmündigen Nachfolger hinterlassen, für den Prinz Dan die Geschäfte führte. Dieser Prinz Dan, der später mit dem Fürstentum Lu belehnt wurde, gilt heute als jener bedeutende Kopf, dem die Chou-Reformen in erster Linie zu danken sind. Ihm gehört die ganze Verehrung eines jungen Adeligen aus dem Fürstentum Lu, der – von einem alten Vater mit einem jungen Mädchen gezeugt – wegen der geringen Mittel der angesehenen Familie nur auf eine Beamtenlaufbahn ohne Glanz hoffen durfte. Dieser junge Gelehrte, chinesisch Kungdsi (Meister Kung) genannt, wurde mit Laodsi der bedeutendste Denker, Erzieher und Wegweiser des chinesischen Volkes.

Es ist wohl der bemerkenswerteste Zufall der Geistesgeschichte überhaupt, daß in Europa Heraklit, Sokrates und Platon, im nördlichen Indien Buddha, in Afghanistan Zarathustra und in China die beiden genannten Denker praktisch zugleich – in einem Zeitraum von nicht einmal dreihundert Jahren – wirken, als sei der erweckende Stein, den uns Stanley Kubrick in einer seiner genialen Filmutopien zeigt, just in dieser Ära auf die Erde gefallen.

In einem gewissen Sinn kamen alle diese großen Denker zu früh; denn es gab noch keine Universitäten, ja noch nicht einmal Schulen, die ihrer würdig gewesen wären. Sie wanderten durch die Welt, boten ihren Verstand, ihre Erkenntnisse und damit auch die Lösungen an, die sie meinten, für aktuelle oder prinzipielle Probleme gefunden zu haben. Als sich schließlich Jünger um sie sammelten – weil man auf andere Weise noch wenig lernen konnte –, da war neben diesen Lehren auch etwas anderes geboren worden: die Schule der Weisheit, die noch viele verschiedene Formen annehmen sollte, ehe sie in Hörsälen und Prüfungszimmern erstarrte.

Einer der Hauptgründe für dieses Lehren und Lernen im persönlichen, unmittelbaren und vertrauten Umgang lag auch darin, daß die chinesischen Schriftzeichen für den sakralen Bereich zwar schon seit vielen Jahrhunderten im Gebrauch waren – für die Fragen an die Orakel zum Beispiel –, daß es jedoch erst zur Zeit des Konfuzius üblich wurde, auch profane Mitteilungen schriftlich niederzulegen. Die Lage glich damit ein wenig jenem Umsturz der Lutherzeit, den die Erfindung der Buchdruckerkunst so sehr begünstigte. Konfuzius war aller Wahrscheinlichkeit nach der erste Denker der Chinesen, dessen Aussprüche nicht nur von Mund zu Mund weitergegeben wurden, sondern dessen Ruhm sich auch dadurch verbreitete, daß der eine oder andere seiner Schüler oder Bewunderer sich bereits Aufzeichnungen machen konnte. Die Schrift, die bis dahin eine Art Geheimwissen der Priester und Nekromanten gewesen war, wurde Gemeingut der Gebildeten, und die ersten Inhalte dieser neuen Form des geistigen Austausches stammten zu einem Gutteil von Meister Kung – was seinem Ruhm naturgemäß sehr förderlich war.

Dennoch ist es nicht leicht, sich heute, zweieinhalb Jahrtausende nach seiner irdischen Existenz, ein zutreffendes Bild von ihm zu verschaffen. Die Unsicherheiten beginnen schon bei seinen Lebensdaten. Während man auch in modernen Nachschlagewerken ohne Fragezeichen lesen kann, er sei 551 oder 552 vor Christus geboren worden und 479 vor Christus gestorben, bezeichnen kritische Forscher wie Professor Günther Debon, Direktor des Sinologischen Seminars der Universität Heidelberg, diese genauen Daten als legendär und nicht beweisbar.

Die Unsicherheits-Marge kann jedoch nicht sehr groß sein, denn angesichts der eifrigen Pflege des Ahnengedächtnisses kennen wir nicht weniger als sechs Generationen von Meister Kungs Vorfahren, angefangen von Kung Mu-Chia, der im achten vorchristlichen Jahrhundert lebte, und dessen Sohn Kung Mu-chin, einem Beamten der Shang-Verwaltung, der von seinem Kollegen Hua Tu ermordet wurde, weil dieser Kung Mu-chins Frau begehrte. Von Kung-Chi aus der nächsten Generation weiß man nicht viel, Kung Fang-shu hingegen, der Urgroßvater des Philosophen, mußte wegen der Feindschaft zwischen den Familien des Mörders und des Ermordeten seinen Wohnsitz in den Staat Lu verlegen, wo er ein Beamter des Fürsten Fang wurde (was seinen Namen erklärt). Kung Po-hsia, Großvater des Konfuzius, ist wieder nur dem Namen nach bekannt. Sein Sohn Kung-Shu-liang Ho jedoch liefert bereits Stoff für einen Neunzeilen-Artikel in dem berühmten *Chinese Biographical Dictionary* von Herbert A. Giles: Er war ein besonders großer und durch seine Kraft bekannter Mann, ein höherer Beamter (nach anderen Quellen Kommandant einer Paßschutz-Truppe) und zweifellos eine starke Persönlichkeit. Mit seiner ersten Frau hatte er neun Töchter, mit einem Mädchen, das er im Alter von siebzig Jahren heiratete, einen Sohn, eben Konfuzius. Eine flüchtige Liebschaft führte zu einem weiteren Sohn Kung Mengpi, dem verkrüppelten Halbbruder des Philosophen. Kung-Shu-liang Ho starb im Jahr 548, als Konfuzius nach der Überlieferung erst drei oder vier Jahre zählte.

Konfuzius wuchs demnach ohne Vater auf und soll schon 533 vor Christus, also in sehr jungen Jahren, geheiratet haben, und zwar eine Frau, von der die Quellen behaupten, sie sei ein Teufel von einem Weib gewesen. Giles, der unsere Zivilisation kennt, nennt sie eine wahre Xanthippe.

Dieses Unglück eines vergällten Ehelebens mag Meister Kung zur Flucht in die Vergangenheit getrieben haben. Vielleicht aber auch der Umstand, daß er seinen Vater kaum bewußt erlebt hatte, höchstens eine vage Erinnerung an ihn besaß und ihm bei seiner Beschäftigung mit der Geschichte und dem früheren Leben in

China zu begegnen hoffte. Als Kung sich diesen Studien zuwandte, bestand das Reich der Chou immerhin schon ein halbes Jahrtausend, und der Zeitraum, dem sein Interesse, ja seine Liebe galt, war beträchtlich. Er umschloß jenes alte China, das für Meister Kung eine Zeit der ungetrübten und unverfälschten Tugenden war, der großen Ahnen, der ruhmreichen Begründer einer die Nation erneuernden, ja eigentlich erst bildenden Dynastie. Das muß man sich vergegenwärtigen, denn von uns aus gesehen liegen die Shang-Kaiser und Konfuzius naturgemäß ziemlich nahe beisammen in einer fernen Vergangenheit. Von ihm aus waren der Untergang der Shang und die Begründung der Chou-Ära durch den klugen Fürsten Dan immerhin so weit entfernt wie von uns Martin Luther.

Schwer zu glauben ist, daß diese Rück-Wendung in den Studien, daß diese emsige Beschäftigung mit der Vergangenheit im damaligen China ein absolutes Novum gewesen sein sollen. Der intensive Ahnenkult brachte doch zwangsläufig nicht nur den Rückblick mit sich, sondern auch die Pflege des Andenkens, die Verzeichnung der Taten dieser Ahnen, woraus die Kenntnis des Vergangenen sich ergeben und zumindest innerhalb des Adels verbreiten mußte. Man rivalisierte geradezu um bedeutende Ahnen, man ließ sich Stammbäume zimmern und legendäre Verbindungen schaffen, alles Beschäftigungen mit dem Gestern und Vorgestern, die eingehende Kenntnisse der hinabgegangenen Zeiten voraussetzten. Was wirklich neu war an der Gelehrtenarbeit Meister Kungs, das waren die Maßstäbe, die er an die geschichtlichen Materialien anlegte, und die Erkenntnisse und Erfahrungen, die er aus dem Tun der Väter und Vorväter ableitete.

Obwohl selbst dem Adel entstammend, begnügte sich Konfuzius nicht mit dem militärischen Ehrenkodex und den Bräuchen des Rittertums chinesischer Prägung, sondern versuchte, seinen Schülern klarzumachen, daß mehr als diese Regeln und Traditionen der Mensch bedeute, der sie uns vorgelebt habe. An die Stelle der Formen, die durch viele Generationen geherrscht hatten und auch zu Zeiten des Konfuzius noch das gesellschaftliche Leben bestimmten, ließ der Philosoph Inhalte treten, an die Stelle der Regeln setzte er die Werte, um die es gehen mußte, und als Voraussetzung für jenen Ahnenruhm, um den es allen Chinesen ging, nannte er zwei Maximen: den Weg und die Tugenden.

Das seit Jahrtausenden in aller Welt kommentierte Werk des Konfuzius entzieht sich naturgemäß einem Resümé auf wenigen Sachbuch-Seiten. Wir können nur sagen, daß es ihm gelang, Überkommenes und Erstarrtes mit einem neuen Leben zu erfüllen und den Traditionen, so ehrwürdig und schätzenswert sie waren, damit erst einen wirklichen Sinn zu geben. Dieser Sinn konnte nur vom Menschen und aus dem Bezug auf den Menschen kommen, und so brachte die Lehre des Konfuzius, wie sie uns überliefert ist, nicht nur eine Humanisierung des religiösen und geistigen Lebens mit sich, sondern auch eine prägnante Umsetzung ins Diesseitige in Gestalt zahlreicher Nutzanwendungen auf das tägliche Leben.

Konfuzius erweist sich in der weit überwiegenden Mehrzahl der ihm zugeschriebenen Aussprüche weniger als ein spekulativer denn als ein realistischer Verstand. Es ist keineswegs schwer, seinen Gedankengängen zu folgen, denn sie verästeln sich nicht im Metaphysischen. Sie ziehen mit eindrucksvoller Ruhe und Folgerichtigkeit die Erfahrungen und Lehren aus menschlichen Irrtümern und allzumenschlichem Fehlverhalten.

Das nicht sehr umfangreiche, erst Jahrhunderte nach dem Tod des Denkers aufgezeichnete Lebenswerk hält uns nicht in Distanz, sondern zieht uns mit väterlichem Wohlwollen an, ja es läßt uns sogar die eine oder andere kleine Sünde durchgehen, weil es immer wieder den Blick auf das Wesentliche richtet. Dieses Wesentliche ist der uns angemessene, für uns erreichbare und zu uns passende Weg (wie man das Wort *tao* meist übersetzt), ohne daß nun, wie etwa im Christentum, die eine und gleiche Lebensweise und Zielsetzung allen Menschen abverlangt würde. »Der Edle hat für nichts auf der Welt eine unbedingte Voreingenommenheit oder eine unbedingte Abneigung. Das Rechte allein ist es, auf dessen Seite er steht« oder: »Wer in den großen Tugenden und Untugenden die Grenze nicht überschreitet, kann in den kleinen schon einmal aus- und eingehen« und: »Von denen einen Rat zu holen, die nicht den gleichen Weg gehen, ist nutzlos«.

Der Mann, der zu dieser bis heute lesens- und lebenswert gebliebenen Verbindung von Forderung und Verständnis, von Appell und Toleranz gelangt ist, mußte ein Leben auf sich nehmen, das auch die geschicktesten Legenden nicht zu einem Triumph umformen konnten. Es begann damit, daß Meister Kung einen wohlhabenden Jüngling auf einer Reise begleitete, eine jener Bildungsreisen, wie wir sie z.B. aus der Goethezeit kennen: Hauslehrer oder Hofmeister, wie man sie eben nennen will, reisten in einer etwas besseren Dienerrolle mit dem Sohn, der die Welt sehen sollte. Kungdsi mußte glücklich sein, auf diese Weise zu der Stadt Lo-yang zu gelangen, die er als die alte Hauptstadt der hinabgegangenen großen Chou-Kaiser besonders oft in seinen Gedanken vor sich gesehen hatte.

Auf dieser Reise soll Kungdsi mit Laodsi zusammengetroffen sein, dem etwa fünfzig Jahre älteren Lehrer, der damals die Altertümer von Lo-yang verwaltete und in dem spätere Jahrhunderte den Gründer der Taoistensekte sehen. Doch ist alles, was bei dieser Begegnung gesprochen worden sein soll, zweifellos Erfindung der Jünger, und je nachdem, ob Taoisten oder Konfuzianer die Begegnung schildern, kommt bald der Ältere, bald der Jüngere besser weg. Sicher ist nur, daß die beiden eher Gegensätzliches predigten. Denn man kann, bei allem Vorbehalt gegen das Simplifizieren, doch sagen, daß Loadsi die kontemplative Komponente des chinesischen Menschen repräsentiert, die in abgeklärter Betrachtung verharrende Position, die seither als eine für den Asiaten typische Haltung dem Leben gegenüber angesehen wird, während der junge Meister Kung an die Chance des Menschen glaubt, aus dem Leben etwas zu machen, den richtigen Weg zu finden und ihn kraft der Tugenden auch zu gehen.

Nach der Rückkehr von dieser Reise sammeln sich die ersten Schüler um Kung. Aber er kann des aufkeimenden Ruhms nicht froh werden. Ein Machtwechsel auf dem Thron veranlaßt ihn, ins Exil zu gehen, um nicht dem Thronräuber dienen zu müssen. Damit befindet Meister Kung sich in jener Lage, in die zweifellos nicht wenige seiner Jünger und späteren Kollegen in China immer wieder gelangten: Sie zogen mit einem kleinen Schwarm von Anhängern von einem Hof zum andern (zeitweise gab es deren in China Hunderte) und versuchten, einen Fürsten zu finden, der auf sie hörte. Im allgemeinen mag diesem Bestreben nicht viel anderes zugrunde gelegen haben als die Hoffnung auf eine angenehme und einträgliche Anstellung, so wie ja auch die Dichter jahrhundertelang auf die Fürstengunst angewiesen waren und als Hofpoeten mit Huldigungsgedichten ihr Leben fristeten. Im Fall Kungdsis dürfen wir annehmen, daß es ihm nicht in erster Linie um die materielle Sicherung zu tun war, sondern darum, seine Gedanken in die Tat umzusetzen. Er hatte von dem idealen Staatswesen und der vorbildlichen Verwaltung sehr genaue Vorstellungen; er hatte auch schon einen gewissen Ruf wegen seines Wissens und seiner Weisheit. Was ihm aber noch fehlte, das war die Umsetzung seiner Theorien in die Praxis, d.h. ein noch so kleiner Bereich, in dem die Menschen willens waren, sich von einem Philosophen regieren zu lassen.

Wir wissen, daß Platon solch eine Möglichkeit ebenfalls suchte, hundert Jahre später, und nicht in China, sondern in Sizilien. Er hatte den idealen Staat ebenfalls in der Vergangenheit gefunden, nämlich in Atlantis, und ihn genau beschrieben. Doch als er glaubte, einen jungen Fürsten gefunden zu haben, der nach diesen Ideen regieren würde, kostete ihn der Versuch, den Mächtigen zu mahnen und zu belehren, beinahe das Leben oder doch die Freiheit. Als Sohn reicher Eltern konnte Platon resignieren, eine Akademie begründen und weiterhin theoretisieren. Kungdsi mußte wandern, und als der erste Fürst, an den er sich wandte, ihm sagte: Ich glaube dir, daß du ein Weiser bist, aber ich bin ganz einfach zu alt für deine Reformen, da wandte er sich einem Nachbarstaat zu und suchte weiter.

Die vielen Angebote, die er hatte, die vielen Fürsten, die ihm Gehälter offerierten, aber nicht die ihm gebührende Wirkungsmöglichkeit, sie dürfen wir ins Reich der Legende verweisen. Es war die Zeit der wandernden Weisen; jeder meinte, durch seine Gedanken bessere Zeiten herbeiführen, bessere Verhältnisse schaffen zu können, und Meister Kung, gewiß berühmt und von Jüngern verehrt, hatte tatsächlich wohl nicht viel mehr Glück als jene seiner Zeitgenossen, von denen wir heute nichts mehr wissen.

Erst als Kungdsi fünfzig Jahre zählte, übertrug einer der Klein-Herrscher dem Meister die Verwaltung eines Kreises, also eine beschränkte Verantwortung. Nun legen die Vitenerzähler und Legendenbastler so richtig los: Binnen kurzer Zeit, ja binnen Monaten sei es Meister Kung gelungen, aus diesem verrotteten und wirtschaftlich darniederliegenden Gebiet eine blühende Provinz zu machen. Bis ins Kleinste, bis in die Marktordnungen und den Straßenverkehr, hätten seine Verordnungen gewirkt und ein weithin beachtetes Beispiel geschaffen.

Auch hiervon kann eine ganze Menge wahr sein. Erstens, weil die Weisheit und hohe Intelligenz des Konfuzius naturgemäß gute Voraussetzungen für eine Reform der Verwaltung bedeuten. Zweitens, weil er gewiß nicht korrupt war wie offenbar die meisten seiner Vorgänger und Konkurrenten in der Verwaltung; und drittens, weil das Volk, sofern es nur eine rechtschaffene Bemühung von oben ahnt, erleichtert und dankbar mitarbeitet, vor allem nach so langen Zeiten schlechter Verwaltung und rücksichtsloser Ausbeutung. Ein beträchtlicher Erfolg dieses aktiven Intermezzos im Leben des großen Weisen ist also wahrscheinlicher als das Gegenteil, und wir können ruhig daran glauben.

Solchermaßen empfohlen, wurde Kungdsi nun Justizminister, ein Amt, das indirekt beweist, worin sein Hauptverdienst in der Verwaltung bestanden hatte: in seiner Unbestechlichkeit: ein Amt aber auch, das einem Denker von Rang gut ansteht in jener Zeit.

Aus dieser Phase seiner Existenz, obwohl sie vermutlich nur wenige Jahre währte, stammen jene Sentenzen Kungs, die in unserem Jahrhundert besonders stark zum Nachdenken und Nachschaffen angeregt und zum Beispiel bei Bertolt Brecht einen fruchtbaren Boden gefunden haben. Auch in seinem politischen Denken ist Konfuzius nämlich keineswegs ein kompromißloser

Theoretiker, der ideale Forderungen aufstellt. Wohltuend verspürt man in seinen Erkenntnissen die Praxis des Regierens und Verwaltens; zum Beispiel in dem berühmt gewordenen Gespräch mit einem Schüler, das Richard Wilhelm wie folgt wiedergibt:

»Ein Schüler hat ihn einmal gefragt, worauf es in der Verwaltung eines Staates vorzüglich ankomme. Er antwortete: ›Auf ein tüchtiges Heer, auf Wohlhabenheit des Volkes und darauf, daß das Volk Vertrauen zu seinem Herrscher hat.‹

Der Schüler fragte weiter: ›Wenn aber nicht alles zu erreichen ist, worauf kann man am ehesten verzichten?‹ – ›Auf das Heer!‹ war die Antwort.

Als der Schüler noch weiterfragte, antwortete er: ›Speise und Trank sind zum Leben notwendig, allein, früher oder später muß doch jeder sterben; ohne Vertrauen aber ist es unmöglich, daß ein Staat auch nur einen Tag besteht.‹

Ein anderes Mal fragte ein Schüler beim Anblick einer zahlreichen Bevölkerung, was für sie getan werden müsse, um sie emporzubringen. ›Bereichere sie!‹ sprach der Meister. ›Und dann?‹ – ›Belehre sie!‹ Nach diesen Grundsätzen hat er sein Leben gestaltet.«

Als Minister begann Kungdsi seine Arbeit im Innern, indem er drei mächtige Adelsfamilien davon überzeugte, daß der Druck, den sie auf den Fürsten ausübten, den Staat schwäche. Angeblich sollen sie daraufhin freiwillig die Befestigungen ihrer Stammsitze geschleift haben.

Die Außenpolitik war nicht das Ressort Meister Kungs, doch hatte er als Rechtskundiger die Pflicht, an Verhandlungen teilzunehmen. Eine besonders wichtige Begegnung mit dem Fürsten des bis an die Zähne gerüsteten Nachbarstaates Tsi fand bei Gia Gu statt und spielt in den Erinnerungen der Schüler an den großen Meister eine besondere Rolle.

Der Fürst von Tsi kannte Kung als gefährlichen, weil klugen Gegner, vertraute aber darauf, daß ein so großer Gelehrter und so rechtlicher Mann die Schliche der Politik und der Kriegführung nicht kennen werde. Kung aber war auf seiner Hut, riet dem Fürsten von Lu, zu dem Treffen mit einer starken Leibwache zu erscheinen, und blieb auch wachsam, als die Verhandlungen schon liefen. Dadurch gelang es ihm, eine Musikantengruppe als verkleidete Soldaten zu entlarven, in Schauspielern die Mordagenten zu erkennen und ein Gastmahl zu verhindern, bei dem der Fürst von Lu getötet werden sollte. Nach den Berichten von Kungs Jüngern sei der Fürst von Tsi vor allem durch die vollendete Höflichkeit beeindruckt gewesen, mit der Konfuzius all diese Anschläge abgewehrt habe; die Verhandlungen konnten ohne Gewaltakte zu Ende geführt werden, und der Staat Tsi rückte – obwohl militärisch überlegen – einige strittige Grenzdörfer heraus, auf die Konfuzius für den Fürsten Lu Anspruch erhoben hatte.

Das liest sich schon ziemlich modern, und vollends westlich fühlt man sich angesprochen, wenn wir erfahren, wie es dem Fürsten von Tsi schließlich doch gelang, den unschlagbaren Ratgeber von Lu unschädlich zu machen: Er sandte nach einer Weile, gleichsam zum Dank für die Gastfreundschaft, eine Truppe besonders hübscher Schauspielerinnen an den Hof von Lu. Die Anekdote findet sich im XVIII. Buch der Gespräche in jener kleinen Nachlese mit Mißerfolgs-Geschichten, die so bezeichnend sind, weil aus ihnen die sonst übliche Verherrlichung geschwunden und ein Hauch von Resignation zu spüren ist, der sich eben bei der Konfrontation mit der Wirklichkeit einstellt:

»Die Leute von Tsi sandten dem Fürsten von Lu als Geschenk eine Truppe von weiblichen Musikanten. Freiherr Gi Huan nahm sie an. Drei Tage wurde kein Hof gehalten. Meister Kung ging.« An einer anderen Stelle der *Gespräche* (deren Anordnung seit jeher strittig ist) findet sich offensichtlich dazu oder in Erinnerung daran Kungs Bemerkung, es gebe keinen noch so guten Rat, dem nicht ein hübsches Gesicht (in einer anderen Übersetzung: eine hübsche Frau) vorgezogen würde. Richard Wilhelm setzt diese Überlegung in den Rang eines Fazits aus jenen dreizehn Jahren der Wanderschaft und Enttäuschungen, die nach dem Scheiden aus dem Ministeramt für Kung nun anhoben, und wählt deutsch eine etwas verallgemeinernde Formulierung: »Ach, ich habe noch niemand gesehen, der die Wahrheit so liebt wie ein hübsches Gesicht.«

In diesen dreizehn Jahren soll Konfuzius sogar daran gedacht haben, ins Ausland zu gehen, also den Kernraum Chinas mit seinen Kleinstaaten zu verlassen und sich zu den Barbaren des Westens oder des Nordens zu begeben, um ihnen die Weisheit zu bringen. Diesen Weg, den in späteren Jahren zahlreiche Palastbeamte und Würdenträger einem höfischen Leben in Ungnade vorzogen, mußte er jedoch nicht auf sich nehmen, sondern erhielt schließlich, nach einem Thronwechsel, einen ehrenvollen Ruf in der Heimat und konnte sich noch der Herausgabe und textlichen Sicherung der alten heiligen Schriften widmen. In dieser Zeit redigierte er unter anderem die berühmte und für uns unschätzbare Liedersammlung, das Shi-king, und beschäftigte sich erneut mit den großen Herrschern der frühen Chou-Zeit.

Wenige Jahre vor dem Sterben trafen ihn zwei schwere Schicksalsschläge: sein einziger Sohn starb und auch sein Lieblingsschüler und treuester Jünger, der ihm in den Jahren des Unglücks eine besondere Stütze gewesen war. Obwohl Kungs Tätigkeit im hohen Alter noch fruchtbar und für sein Volk sinnvoll war, ist die überhandnehmende Resignation unverkennbar, die Enttäuschung des Meisters über das Scheitern seiner Lebensaufgabe, die er weniger literarisch als politisch-pädagogisch sah. Neben der Anekdote über die Ursachen seines Rücktritts steht eine viel gedeutete kleine Geschichte, die Begegnung des Meisters mit dem Narren Dsie Yü: Dieser ging an Konfuzius vorbei und trällerte das Lied:

Oh, Vogel Fong, oh, Vogel Fong,
wie sehr dein Glanz verblich!
Doch was geschehn ist, ist geschehn,
nur künftig hüte dich!
Gib auf, gib auf dein eitles Mühn!
Wer heut dem Staate dienen will,
der stürzt nur in Gefahren sich!

Richard Wilhelm hat in Versform übersetzt und dadurch die Rolle Dsie Yüs als Hofnarr unterstrichen; dennoch gibt es Deutungen, die das Lied auf Laodsi beziehen, in dessen Werk sich ähnliche Zeilen finden. Natürlich kann der sehr viel ältere Laodsi nicht mehr gelebt haben, als Kungdsi aus dem Ministeramt schied, aber es wäre denkbar, daß der Enttäuschte sich in dieser Situation an das Gespräch von Lo-yang erinnerte, in dessen Verlauf sich Laodsi gegenüber dem damals noch sehr jungen Gelehrten höchst skeptisch über dessen Bemühungen und Hoffnungen geäußert haben soll. Damit würden also Laodsi und Kungdsi, die zwei größten Denker Chinas, im Fazit ihres Lebens und ihres Strebens schließlich doch beide recht nahe jener Resignation enden, die schon so manchen Gelehrten davon abgehalten hat, ins Räderwerk der Geschichte einzugreifen.

Laodsi, von dessen Leben man noch weit weniger weiß als von dem des Konfuzius, soll den Weg in die Fremde, von dem Meister Kung nur in Stunden der Niedergeschlagenheit träumte, tatsächlich angetreten haben. Er sei, sagt die Legende, auf der großen Handelsstraße nach Westen gewandert; unter dem Jadetor (nach anderen: auf dem Grenzpaß Han Gu) habe der Wachoffizier den auf einem schwarzen Ochsen reitenden Gelehrten gebeten, doch nicht ohne ein Wort des Abschieds, ohne schriftliches Vermächtnis von seinen Landsleuten Abschied zu nehmen. Dieser Aufforderung sei Laodsi auf der Stelle nachgekommen und habe in insgesamt etwa fünftausend chinesischen Schriftzeichen die Summe seines Denkens und seiner Ratschläge niedergelegt, ehe er China verließ. Auf diese Weise sei das *Tao-te-king* entstanden.

Das Jadetor von Sutschou, jenseits dessen sich die Seidenstraße in einen nördlichen und einen südlichen Zweig teilte, ist für die Zeit Laodsis sehr weit entfernt, noch mitten im Barbarenland und gewiß ein sehr beschwerlicher Weg für den Gelehrten. Aber da die Legende Laodsi bis nach Indien gehen und mit Buddha zusammentreffen läßt, konnte sie diese Entfernung nicht stören. Der Paß von Han Gu hingegen liegt mitten im heutigen China, ihn konnte Laodsi überschreiten, wenn er, wie nach ihm Kungdsi, von einem Fürsten zum anderen wanderte, um ihm sein Wissen und seine Ratschläge anzubieten.

Die skeptischen Sinologen des neunzehnten und des zwanzigsten Jahrhunderts haben versucht, die Welt davon zu überzeugen, daß Laodsi zumindest so unexistent sei wie Homer, daß die einundachtzig Sprüche des *Tao-te-king* einer Kompilation aus einer Zeit nach Konfuzius entstammten und man die ursprünglichen Verfasser der Sinnsprüche und Anekdoten nicht kenne. Der Wirkung des eigenartigen Buches haben diese Skeptizismen keinen Abbruch getan; kein anderer Text aus dem Alten China ist so häufig in fremde Sprachen übersetzt worden wie das *Buch vom Tao und der Kraft,* wie der Titel meist übersetzt wird, weil die Bedeutung des Begriffes Tao sich in einem einzigen deutschen Wort nicht wiedergeben läßt. Und liest man das Buch heute in einer sorgfältigen Übertragung, dann registriert man mit einer gewissen Betroffenheit, daß es nicht nur aus einem Guß ist, sondern uns sogar mit einer beinahe hypnotischen Wirkung einspinnt – einer Wirkung, von der man sich kaum vorstellen kann, daß eine Kompilatorengruppe sie zu erzielen imstande sei. Nur schwer vermag man sich von der Vorstellung jenes weisen alten Lehrers freizumachen (Laodsi – der alte Meister), der als Archivar in der verlassenen Kaiserstadt Lo-yang lebte und die ihm kaum mehr verständliche Gegenwart mit Ratschlägen bedachte wie:

Tut ab die Heiligkeit, werft weg das Wissen,
so wird das Volk hundertfach gewinnen.
Tut ab die Sittlichkeit, werft weg die Pflicht,
so wird das Volk zurückkehren zu Kindespflicht und Liebe.
Tut ab die Geschicklichkeit, werft weg den Gewinn,
so wird es Diebe und Räuber nicht mehr geben.
In diesen drei Stücken
ist der schöne Schein nicht ausreichend.
Darum sorgt, daß die Menschen sich an etwas halten können.
Zeigt Einfachheit, haltet fest die Lauterkeit!
Mindert Selbstsucht, verringert die Begierden!

Gebt auf die Gelehrsamkeit!
So werdet ihr frei von Sorgen.

Daran ist so vieles überraschend, daß man beinahe meinen möchte, die Begegnung mit Gautama Buddha habe tatsächlich stattgefunden, die beiden Weisen hätten einander auf dem Dach der Welt die Hände gereicht und einen kontemplativen Weg der Verinnerlichung und der Aufhebung aller Aktivität als Straße des Heils empfohlen. Und wenn die Sprüche des *Tao-te-king* tatsächlich erst um 300 vor Christus niedergeschrieben und gesammelt wurden, kann es leicht sein, daß einer der buddhistischen Emissäre durch Tibet den Weg nach China gefunden hat, so wie bald darauf viele chinesische Pilger durch Tibet und über die Berge den Weg nach Indien finden werden.

Ob man nun unter Laodsi eine einzelne große Persönlichkeit versteht oder diesen Namen, ähnlich wie im Fall des Homer, für eine Gruppe von Kompilatoren beibehält, als Tatsache bleibt doch bestehen, daß der Taoismus heute eine Religion ist und sich auf Laodsi ebenso stützt wie auf das *Tao-te-king*. Der greise Meister ist inzwischen zum Gott geworden, und seine Gläubigen, die vor allem im chinesischen Volk zu finden waren und wohl auch noch zu finden sind, die kümmern sich nicht um die Spitzfindigkeiten der Philologen und Historiker. Sie haben taoistische Gedanken schon in der Shang-Zeit aufgespürt, ja sogar einen Vorläufer des Laodsi für den Sturz der legendären Hsia-Monarchie verantwortlich gemacht.

Was in der Lehre selbst zum Ausdruck kommt, ist eine Weltabkehr, die auch eine Abkehr von der menschlichen Ordnung und von den Obrigkeiten ist: »(Das Tao) ist nämlich das schweigsame, unbeschreibliche Prinzip des Alls. Wo es herrscht, geschieht alles unbewußt, richtig und leicht. In alten Zeiten standen die Menschen völlig unter seinem Einfluß, und es herrschte darum ein unbewußt glücklicher Zustand. Es war das Zeitalter der Vollkommenheit in Primitivität, ein einfaches, naturnahes Leben ohne den Unterschied besonderer Kenntnisse und Leistungen. In dem Verfall solcher Herrschaft des Tao und in dem Hervortreten von Wissen, Erfindungen, Einzelbestrebungen – etwa in dem also, was wir heute Zivilisation nennen würden – liegt der Grund all der Übelstände, die Laodsi zu seiner Zeit wahrnimmt. Das Unbewußt-Richtige versiegte, bloße Namen traten an die Stelle der Sache selbst, man rühmte Tugenden, aber man hatte sie nicht mehr.« (Pastor Lic. Hackmann/London in RGG)

Taoismus, Konfuzianismus und Buddhismus gelten als die drei Religionen Chinas, wobei der Buddhismus eine fremde Religion war und geblieben ist, auch wenn einzelne Kaiser diese indische Religion zur alleinherrschenden in China machen wollten. Das gelang ihnen ebensowenig, wie es taoistischen oder konfuzianistischen Herrschern möglich war, den jahrhundertelang nach China einströmenden, ja ins Land geholten Buddhismus zu verbieten und auszurotten. Für das Wesen des Chinesen freilich bietet die Volksreligion des Taoismus mit ihren anarchistischen und fatalistischen Zügen ebensoviel Erkenntnisstoff wie das Werk des Konfuzius und die Schriften seiner Jünger, obwohl gerade diese Schriften kaum als religiös zu bezeichnen sind. Buddha und Konfuzius haben gewiß gelebt, Laodsi mag in irgendeiner Gestalt und unter vergessenen Namen tatsächlich durch das Land gegangen sein; daß drei schöpferische Gestalten von solcher Bedeutung und die Jahrtausende überstrahlender Kraft zusammenwirkten, um den Chinesen ihre Religionen zu geben, würde allein schon zureichen, um das Reich der Mitte aus den anderen Ländern herauszuheben. Ein indischer Prinz, ein philosophierender Adeliger und ein unsteter Revolutionär standen vor zweieinhalb Jahrtausenden nebeneinander, um danach wieder zu verschwinden, so daß wir nur mit der größten Mühe und Unsicherheit ihre Spuren verfolgen können.

Rätselhafter aber als diese halbverschütteten Leben der großen Stifterfiguren sind die Lehren selbst, der sibyllinisch zu Sprüchen verdichtete weltabgewandte Aberglaube der Taoisten ebenso wie die Lebensweisheiten des Konfuzius, die niemand in Europa für eine Religion halten würde, die den Chinesen aber zur Staatsreligion wurden. Ebensogut hätten sie eine chinesische

Ausgabe von Kants *Kritik der praktischen Vernunft* zu ihrer Bibel erheben können.

»Nun erkenne ich«, schrieb Graf Hermann Keyserling 1919 in das *Reisetagebuch eines Philosophen,* »daß die konfuzianische Philosophie ganz anders verstanden werden muß als die indische und auch die deutsche: sie ist als Philosophie gar kein eigentlicher, selbständiger Ausdruck, sondern das abstrahierte Schema einer gelebten oder zu lebenden Wirklichkeit; man muß Kung-futses Wort als Fleisch verstehen oder als Hinweis auf vorhandenes Fleisch. Dann freilich nimmt sich diese Lehre ganz anders aus, erscheint sie durch Abgründe geschieden von der Moralphilosophie unseres achtzehnten Jahrhunderts, welcher sie äußerlich so ähnlich sieht.«

Der baltische Graf, ein großer Causeur, ist heute so gut wie vergessen, nur seine einst berühmte *Schule der Weisheit* mag in den Herzen einiger adeliger Damen noch weiterleben. Den Weisen aus der Chou-Zeit aber hat Keyserling, eben weil er nicht so hoch visierte wie größere Geister, vermutlich besser verstanden als so mancher allzu ehrfurchtsvolle Interpret. Und was könnte man schließlich Besseres von einem großen Lehrer sagen, als daß er einem Volk, das an Hirse gewöhnt war, Fleisch geboten hat. Die Chinesen haben es bis heute nicht vergessen.

Die streitenden Reiche

Das von seinen Jüngern und späteren Gelehrten genau durchforschte Leben des Konfuzius gibt uns auch ein Bild der Zeiten, die nun angebrochen waren. Sie begannen sich nach und nach von der agrarischen Frühzeit mit ihren bäurischen Kleinstaaten abzuheben. Zum Unterschied von Laodsi nennt Konfuzius in seinen Gesprächen zahlreiche Kleinstaaten mit ihren Lehnsfürsten, schildert die Verhältnisse und läßt uns erkennen, daß die kaiserliche Zentralmacht inzwischen symbolischen Charakter angenommen hat. Die einzelnen Lehnsfürsten, obwohl nominell dem Chou-Herrscher unterstellt, hatten sich zu beträchtlicher Selbständigkeit entwickelt. Die meisten von ihnen hatten mehr wirtschaftliche und militärische Macht als das Kaisertum selbst.

Dieser Machtzuwachs ergab sich aus geographischen und wirtschaftlichen Gegebenheiten. Die Lehnsstaaten an den Rändern des Kaiserreichs waren in ihrer Ausdehnung nach Süden und Norden praktisch nicht behindert; sie stießen dort nur auf nomadische oder halbbarbarische Völkerschaften, die sich entweder unterwerfen ließen oder aber in freie Räume auswichen. Das brachte einigen Fürsten im Norden Gebiets- und Machtzuwachs. Die Fürsten, die dies im Westen versuchten, stießen auf mongolische und türkische Nomadenstämme, die durch die Nähe der alten Kulturzentren schon halbzivilisiert waren, aber zum Teil noch hartnäckigen Widerstand leisteten. Sie hatten im Vorfeld der Lehns-Fürstentümer schon festere politische Gebilde geschaffen und setzten sich gegen die Verringerung ihrer Weidegründe zur Wehr. Hier also war die chinesische Machtausdehnung behindert, was vor allem das Gebiet der Chou-Kaiser selbst betraf, denn rund um das Weiho-Tal saßen diese Halbnomaden, die sogar schon einige Städte gegründet hatten, besonders dicht. Die Chou-Dynastie rieb sich also in Kämpfen gegen unmittelbare Nachbarn auf, während einzelne der Vasallen relativ leichtes Spiel an anderen Grenzen hatten und sich große Teilreiche schaffen konnten.

Noch deutlicher aber als die geographischen Momente bestimmte nun die Wirtschaft das Spiel der Kräfte. Im Raum des heutigen Shantung, also der großen nordostchinesischen Halbinsel, deren Bergketten bis an den Hwangho ins Land reichen, hatte sich der Staat Chi besonders günstig entwickeln können. Die Gewinnung von Meersalz und seine Lieferung ins Innere Chinas, lenkte einen ständigen Strom des Reichtums nach Chi.

Aber auch der Seehandel spielte bereits eine gewisse Rolle, vor allem, da auf dem Hwangho die gelandeten Waren verhältnismäßig leicht bis tief hinein ins Land geschafft werden konnten. Der breit und flach durch die Ebene strömende Fluß ohne großes Gefälle erwies sich dafür als günstig. Die Schiffe aus Chi konnten stromaufwärts bis zur Einmündung des Weiho fahren, gelegentlich sogar noch ein Stück weiter in die große Nordschleife hinein – nicht, weil sich dort schon bedeutende Zentren entwickelt hätten, sondern weil von dort lohnende Rückfracht in Form von Häuten und Fellen, aber auch Jade mitgenommen werden konnte.

Auf diese Weise entstand im heutigen Shantung ein sehr reicher, im übrigen aber nicht besonders mächtiger Staat, dessen Aristokratie in den Städten in Luxus lebte. Der Reichtum zog auch die noch immer herumwandernden Gelehrten an. Zu den

Philosophen gesellten sich nach und nach auch stellungslos gewordene Minister, deren Ämter sich erledigt hatten, weil die mächtigeren Teilreiche kleinere Lehns-Fürstentümer geschluckt hatten. Diese Exminister versuchten ebenso wie die Lehrer, ihre Kenntnisse und Ideen an den Mann zu bringen, wenn sie auch nicht leicht zu neuen Ämtern gelangten.

Dieses jahrhundertelange Umherziehen qualifizierter Männer bewirkte die sehr wichtige Vereinheitlichung der chinesischen Kultur und die Ausbreitung der neuen Ideen, wie sie durch Konfuzius und Laodsi erfolgte, aber auch durch im Westen weniger bekannte Gelehrte wie Mong Ko (auch Mengdsi oder Menzius genannt), der um 370 geboren wurde und im Jahr 334 vor Christus starb. Er wird nach den beiden großen Religionsstiftern von den Chinesen am meisten geschätzt, und über ihn, aber auch über seine Mutter kursieren zahlreiche Legenden, die Mutter Mong zu einer der populärsten Frauen des chinesischen Altertums gemacht haben.

Während sich die Gelehrten von Hof zu Hof bewegten, fanden die tüchtigsten der entmachteten Minister Aufnahme in dem halbbarbarischen Nordreich von Ch'in, das wir uns im heutigen Shensi und im östlichen Kansu denken müssen. Es erstreckte sich also aus dem Raum des Hwangho- und Weiho-Zusammenflusses bis an die Wüste Gobi und hatte nur wenig wirtschaftlich nutzbare Gebiete aufzuweisen. Andererseits war die zu einem Gutteil nomadische Bevölkerung hart und ausdauernd, stellte ausgezeichnete Reiter und bot das geeignete Menschenmaterial für eine umsichtige Aufrüstung dar.

Die zumeist aus dem Osten Chinas stammenden Minister skizzierten dem Ch'in-König also kein unbedingt utopisches Zukunftsbild, wenn sie ihm sagten: Die anderen Staaten verachten euch, weil ihr halbe Barbaren seid oder als solche geltet. Die anderen Staaten haben reiche Anbaugebiete und schöne Städte, du aber hast Steppen und Wüsten und als einzigen Besitz deine guten Krieger. Stütze dich auf eine schlagkräftige Armee, und du wirst der Herrscher von ganz China werden, du wirst die Kaiser aus dem Haus Chou ablösen und selbst Kaiser sein.

Es war klar, daß der Fürst von Ch'in, der sich inzwischen König nannte wie alle Lehnsfürsten, aus der Armut seiner Länder ausbrechen wollte, und natürlich nicht nach Norden in die Gobi, sondern nach Südosten, ins chinesische Zentralgebiet. Und es war ebenso klar, daß ein Minister, der Amt und neuen Einfluß sucht, Ideen und Ziele mitbringen muß, denn für die angestammten Aufgaben im Lande Ch'in hatte der König ja seine einheimischen Ratgeber. So kam es nach einer Periode der Klein-Rivalitäten zwischen den einzelnen Fürstentümern zu einem zielstrebigen Machtkampf, den eine neue Dynastie – eben die der Ch'in – jahrzehntelang gegen die etablierte Kaiserherrlichkeit der Chou durchhielt. Dabei wurde das historische Ziel, nämlich die Chou durch die Ch'in zu ersetzen, zuerst erreicht: der letzte bereits machlose Chou-Kaiser dankte schon 256 vor Christus zugunsten des Königs von Ch'in ab. Damit war aber noch nicht das Reich geschaffen. Damit waren die selbständig, mächtig und unbotmäßig gewordenen großen Teilreiche noch nicht unter der Herrschaft der Ch'in-Könige und nunmehrigen Kaiser vereint. Der Kampf gegen die Chou und um die Einigung Chinas wurde von einem einheimischen Offizierskorps getragen, in dem es an Turk-Adel und tibetischen Gruppen nicht fehlte. Entscheidend aber wurde eine neue militärische Methode massiver Kavallerie-Einsätze und das politische Wissen der zugewanderten Minister.

Die geschichtliche Leistung der Ch'in liegt also in zwei Erfolgen. Der erste bestand darin, die Vormacht unter allen Teilreichen zu werden, und der zweite, aus dieser Vormachtstellung heraus zu einer Einigung des großen Reiches anzusetzen und sie auch tatsächlich zu bewältigen.

Die Kriege der ersten Phase sind durch außerordentliche Grausamkeit gekennzeichnet. Zunächst geht es noch gegen Rivalen um die Macht. Jeder Gegner, der nicht getötet wird, kann bei nächster Gelegenheit in einer neuen Konstellation abermals auf dem Schlachtfeld stehen. Natürlich übertreiben auch die chinesischen Historiker, sie nennen ebenso wie ihre Kollegen aus dem frühen europäischen Mittelalter mit Vorliebe große Zahlen von Streitern und demgemäß auch von Toten. Sie sprechen von Massakern unter Gefangenen, bei denen an einem einzigen Tag Zehntausende hingemetzelt wurden, und von Schlachten, an denen auf jeder Seite hunderttausend und mehr Soldaten teilgenommen haben. Daran ist richtig, daß die Ch'in ihrer nomadischen Basis wegen keine eigentliche Kriegerkaste kennen. Bei ihnen kann jeder Mann reiten und kämpfen. Um solch einem Massen-Ansturm zu widerstehen, kamen die anderen Teilreiche auch nicht mehr mit dem Soldatenstand aus, sondern mußten die Bauern ausbilden und bewaffnen. Es standen also Volksarmeen einander gegenüber. Entsprechend hoch wurden die Verluste.

So gewaltig diese vielen Schlachten waren, wir haben nicht die Absicht, von ihnen zu sprechen, einmal, weil die Gruppierungen immer wieder wechselten, so daß sich immer neue Fronten bildeten, zum andern, weil diese Entwicklungen ja doch sehr bald durch jenes neue China überholt wurden, das sich nun tatsächlich ein einziges, großes Reich nennen und einen Kaiser geben durfte.

Nach europäischen Vorstellungen würde man nun eine imposante Herrscherpersönlichkeit erwarten, eine jener großen Einigergestalten, die nach Generationen machtloser Kleinkönige mit einemmal alles umstürzen und ihre Großreiche gleichsam aus dem Nichts schaffen. Aber in China ist eben alles anders. So ist Shi-huang-ti eine eher bizarre als eindrucksvolle, eine eher rätselhafte als verehrungswürdige Gestalt, wenn auch alle Versuche, ihm eine gewisse Größe abzusprechen, angesichts des gigantischen Unternehmens, das er durchführte, als aussichtslos erscheinen müssen.

Shi-huang-ti heißt nichts anderes als *Erster Kaiser.* Der persönliche Name des Reichseinigers lautete schlicht Cheng, und er war auch keineswegs von hoher Geburt, sondern der Sohn eines sehr reichen Kaufmanns und einer durch ihre Schönheit berühmten Dame am Hof von Chao, einem Nachbarstaat des mächtigen Ch'in. Der Kaufmann hieß Lü-pu-wei und hatte als Armeelieferant für das stark rüstende Ch'in nicht nur sehr viel verdient, sondern auch großen Einfluß gewonnen. Es war daher nicht sehr schwierig für Lü-pu-wei, einen jungen Prinzen namens I-Jen wirtschaftlich zu unterstützen, der als eines von zwanzig unehelichen Kindern des Herrschers von Ch'in am Hof von Chao als Geisel lebte und über keinerlei Mittel verfügte. Bei einem Besuch, dem er seinem Gönner abstattete, sah der arme Prinz die schöne Frau des Kaufmanns und ließ Lü-pu-wei keine Ruhe, bis dieser in die Trennung willigte und ihm die Schöne überließ.

Lü-pu-wei wäre jedoch ein schlechter Handelsmann gewesen, hätte er nicht versucht, aus diesem für ihn an sich betrüblichen Verlust das Beste zu machen. Er ließ seinen Einfluß am Hof von Ch'in spielen und brachte die Gemahlin des kinderlosen Thronerben dazu, I-Jen zu adoptieren. Im Jahr 251 starb der Herrscher von Ch'in, und I-Jens Adoptivvater kam an die Macht. Ein Jahr darauf war aber auch er tot, und nun wurde I-Jen König von Ch'in. Die schöne Kaufmannsfrau trug, als sie an I-Jen, den damals armen Prinzen, überging, bereits ein Kind unter dem Herzen. Dieses Kind war inzwischen geboren und von dem nunmehrigen König anerkannt worden. Ein Kaufmannssohn – eben Cheng – war somit Thronfolger und bestieg im Jahr 247 in noch knabenhaftem Alter den Thron, weil sein Adoptivvater früh verstarb.

Lü-pu-wei hatte in diesen Jahren eine große Rolle in Ch'in gespielt, er war Minister geworden und lenkte die Geschicke des Staates. Leider aber war ihm das nicht genug. Er setzte heimlich die Beziehungen zu seiner früheren Gemahlin fort. Als diese nun eine immer noch schöne Königin-Witwe war und Lü-pu-wei in seiner Schläue so weit ging, ihr einen Eunuchen als angeblichen Geliebten beizugesellen, in Wahrheit aber selbst naschte, da wurde dieses Treiben dem jungen Herrscher zu bunt: Cheng verbannte den mächtigen Minister, vielleicht ohne zu wissen, daß er damit seinen eigenen Vater vom Hof entfernte, und der Unglückliche nahm im fernen Ssuch'uan Gift. Er war zwölf Jahre lang Minister gewesen und hatte in dieser Eigenschaft entschlossen auf die Eroberung des ganzen chinesischen Landes hingearbeitet.

Der junge König von Ch'in bewies seine Energie aber nicht nur im inneren Reinemachen, sondern attackierte zwischen 246 und 221 vor Christus alle jene Staaten, die noch den letzten Chou-Verwandten die Treue hielten, obwohl der Chou-Kaiser abgedankt hatte. Sie schlossen sich immer wieder zu Bünden zusammen, um keinen neuen Herrscher aus dem – wie sie sagten – Barbarenland Ch'in an ihrer Spitze sehen zu müssen, aber es half ihnen nichts. In unablässigen, fünfundzwanzig Jahre währenden Kriegen, in denen es schwere Rückschläge gegen gelegentlich übermächtige Koalitionen gab, trug Cheng schließlich den entscheidenden Sieg davon und durfte sich im Jahr 221 vor Christus tatsächlich als Shi-huang-ti, als den Ersten Kaiser, bezeichnen.

Dieses nunmehr geschlossene, nicht mehr in Lehnsstaaten zerfallende Reich mit seiner straffen Verwaltung stützte sich auf ein voll erschlossenes und verteidigtes Gebiet, das vom Jangtsefluß bis an die Grenzen der großen Gobi reichte, im Westen beinahe ans Kuku-Nor und im Osten ans Meer stieß. Die Meeresküste war vom heutigen Hangtschou (südlich von Shanghai) bis zur heutigen Koreagrenze Shi-huang-ti untertan. Nur das große südostchinesische Bergland mit seinen barbarischen Bewohnern war noch nicht erobert – wohl weil diese primitiven, nichtchinesischen Stämme keine Bedrohung darstellten, die Landschaft zudem nur schwer zugänglich war.

Bedrohlich blieb hingegen die Lage im Westen und Nordwesten. Dort hatten sich die Nomadenstämme angesichts der chinesischen Einigungskriege und der davon ausgehenden Gefahren für die Nachbarn zu einem großen Raubkrieger-Bund zusammengeschlossen, der unter der Bezeichnung Hiung-nu zahlreiche Turkvölker, aber auch Mongolen und Tibeter vereinte. Diese Hiung-nu hatten sogar eine Hauptstadt gegründet, die etwa beim heutigen Dsadagad in der Gobi lag.

Immer, wenn Shi-huang-ti irgendwo im Innern Chinas Krieg führte, um Rebellen niederzuwerfen oder neue Gebiete zu erobern, erwachten die Hiung-nu zu einer bedenklichen Aktivität. Sie brachen gegen die Handelswege vor, die aus China nach Zentralasien führten, und versuchten, sich im Vorfeld des Kaiserreichs bessere Weidegründe zu sichern.

Shi-huang-ti schirmte die Straße nach Westen durch einen breiten Gürtel von Eroberungen ab, so daß sich aus dem Kernland heraus ein schnabelförmiger Fortsatz über Sütschou und Jümen bis nach Tunhwang nach Westen vorschob. Dieser Gebietskeil hatte keinen anderen Zweck, als die wichtige Straße zu schützen und der neuen großen Befestigungsanlage gegen die Hiung-nu ein gewisses Hinterland zu geben. Diese Befestigung aber war die *Große Mauer*, das berühmteste Bauwerk seiner Art auf der ganzen Welt. Sie reichte in der Zeit dieses mächtigen Kaisers von Tunhwang im Westen bis an die koreanische Grenze. Shi-huang-ti soll neben seiner Nordarmee Tausende von Gefangenen als Zwangsarbeiter eingesetzt und verbraucht haben, ehe das gewaltige Abwehr-Bauwerk sich tatsächlich vor den Nordprovinzen des Kaiserreichs ausspannte. Im Raum von Soutschou gab es sogar einen Abschnitt mit zwei hintereinanderliegenden Mauern, weil sich hier ein Streifen ungeschützten Landes nach Norden vorschob, in das wichtige Einfuhrgebiet Gaschian-nor. China bezog von dort Pferde, Hornvieh und Schafe.

Der eigentliche Baumeister der endlosen Mauer ist freilich nicht der Kaiser selbst, sondern sein tüchtiger General Meng t'ien, der seit 214 vor Christus gegen die Hiung-nu kämpfte und seine angeblich 300 000 Soldaten in Friedenszeiten beim Mauerbau einsetzte. Da Meng t'ien aber schon 209 starb, fünf Jahre, nachdem er das Kommando im Norden übernommen hatte, müssen die Anfänge der Großen Mauer auf seinen Vorgänger zurückgehen.

Tatsächlich stoßen wir in den Berichten über die Barbaren, wie sie sich in den *Jahrbüchern von Ts'in* finden, schon lange vor dem Beginn der Einigungskriege auf Erwähnungen von ausgedehnten Mauerbauten; auch Barbarenfestungen in nicht unbeträchtlicher Anzahl werden erwähnt. Man trachtete also von beiden Seiten, sich zu sichern, und es war keineswegs so, daß nur die Nomaden angriffen; in Zeiten chinesischen Expansionswillens wurden sie zweifellos selbst in die Defensive gedrängt, und es waren dann ihre befestigten Stützpunkte, durch die sie ihre Weidegründe zu sichern hofften.

»Im ersten Jahr seiner Regierung (361 vor Christus) schlug Fürst Hiao dem Dzongschen König des Reiches Huan im Westen den Kopf ab und baute eine lange Mauer, die von Tsing aus den Lo entlang nach Norden lief. Damit sicherte er sich den Besitz der Mark Sang« (diese und die folgenden Stellen stammen aus de Groots Dokumentarwerk über die *Hunnen der vorchristlichen Zeit*).

»Nachher bauten die Dzong von Gi-ku Festungen zur Selbstverteidigung, aber Ts'in (China) zernagte ihr Gebiet allmählich wie eine Raupe, bis schließlich König Hui-wen ihre fünfundzwanzig Festungen erobert hatte. Dieser schlug (315 v. Chr.) seine Feinde derartig, daß sie den Westen des Hwangho mit der Mark Sang gänzlich an Ts'in abtreten mußten.«

»König Wu-ling (325–298) von Tsao änderte die Sitten, trug die (zum Reiten besser geeignete) Kleidertracht der Hu(-Nomaden), übte Reiter und Bogenschützen ein, zog dann nach Norden, schlug Lim-hu und Lou-huan und erbaute eine lange Mauer. Sie bildete eine Grenzbefestigung von Tai an, den Jin-san entlang, dann abwärts nach Kaokue. Er gründete die Marken Hun-tsung, Jen-men und Tai.«

Chronik-Texte wie die drei vorstehenden bieten eine einzige schwer zu behebende Schwierigkeit – die Identifizierung der genannten Ortschaften und Gegenden. Selbst in dem uns doch immerhin fünfzehnhundert Jahre näher liegenden berühmten Reisebericht des Marco Polo, der bekanntlich französisch niedergeschrieben wurde, haben die Versuche der geographischen Identifikation und damit der Ermittlung seiner Reiseroute ganze Bände gefüllt und zahlreiche gelehrte Kommentatoren beschäftigt. In China haben die Ortsbezeichnungen mit Ausnahme jener der Flüsse so erstaunlich schnell und oft gewechselt, daß größte Unsicherheit waltet. Immerhin scheint von diesen Mauerbauten sicher zu sein, daß sie das chinesische Kernland gegen Westen und Norden abschirmen sollten. Zum Kao-küe fand sich ein wertvoller Hinweis im *Si ki tsing i*:

»In So-fang, im Norden des Kreises Lin-dzong, liegt eine Bergkette, die noch höher aufsteigt als die Lange Mauer; an einem Einschnitt in der Mitte dieses Gebirges ragen zwei Gipfel nebeneinander empor, welche die dortige Bevölkerung Kao-küe (hohes Turmpaar) nennt.« Der charakteristische Ort war von einer wichtigen Straße in die Mongolei aus gut sichtbar und wird noch jahrhundertelang erwähnt.

Auch die Bezeichnungen für die Nomaden wechseln. In ausführlicheren Meldungen werden einzelne Nomadenstämme mit Namen genannt oder durch die Namen ihrer Anführer gekennzeichnet. In den Zusammenfassungen dieser Ereignisse anderer Chroniken finden sich jedoch auch für die Turknomaden und ihre mongolischen Nachbarn Sammelbezeichnungen wie Hu, Hung-no, Hiung-nu, Hsiung-nu usf. Das erklärt sich einerseits aus dem langen Zeitraum der Berichterstattung über diese unruhige Grenze – von etwa 1500 vor Christus bis zu den Mandschukhanen des siebzehnten nachchristlichen Jahrhunderts –, aber auch aus der Verschiedenheit der chinesischen Sprachen, die erst Shi-huang-ti vereinheitlichte, womit dann eine Vereinheitlichung der Schriftzeichen Hand in Hand ging.

Verwirrung entstand auch dadurch, daß alte vage Bezeichnungen wie zum Beispiel *Dzong* (für Barbaren im Westen) oder *Hu* (für Barbaren im Norden) mit bestimmten Völkern gleichgesetzt wurden, während in Wahrheit die Völker, die aus diesen Räumen heraus China angriffen, naturgemäß im Lauf der Zeit wechselten.

Ein Mißverständnis ähnlicher Art spielt eine entscheidende, ja wohl historische Rolle in Kaiser Shi-huang-tis gewaltigen Anstrengungen zur Sicherung des chinesischen Nordens. Der Sachverhalt ist in gewissem Sinn so grotesk, daß man ihn nicht glauben würde, wäre er uns nicht in den Si-ki-Chroniken verläßlich belegt:

»Im 32. Jahr (215 v. Chr.) bereiste Shi-huang-ti die nördlichen Grenzlande und zog dann durch die Mark Sang wieder in die Hauptstadt Hien-jang ein. Ein Abgesandter des Meisters Lu aus Jen hatte das Meer befahren und war mit Dingen, die sich auf Geister und Götter beziehen, heimgekehrt. Er bot dem Kaiser ein Buch mit Schriftfiguren an (Orakeln), welche (u. a.) besagten: ›Was Ts'in (China) zugrunde richten wird, das ist Hu.‹«

Das Orakel stimmt, wie man heute sagen kann, wenn man es auf den Prinzen Hu-hiai bezieht, den jüngsten Sohn des Kaisers: ihn setzten der allmächtige Minister Li Ssu und der Palasteunuch Chao Kao anstelle des rechtmäßigen Erben Fu Su als Zweiten Kaiser auf den Thron und machten ihn zu ihrem Werkzeug. Als er begann, sich dagegen zu wehren, tötete ihn Chao Kao im Jahr 207, womit die Dynastie, die zehntausend Kaiser zählen sollte, ein schnelles Ende nahm.

Shi-huang-ti konnte auf der Höhe seiner Macht naturgemäß nicht annehmen, daß mit dem Orakelzeichen *Hu* sein Jüngster gemeint sei, sondern bezog es auf die ewig unruhigen nördlichen Nachbarn:

»Daraufhin erteilte Shi-huang-ti seinem Feldherrn Meng-t'ien den Befehl, mit 300000 Mann (nach einer anderen Quellenstelle: 100000) ins Feld zu rücken und die Hu zu schlagen. Er eroberte das ganze südlich (d.h. in der großen Nordschleife) des Hwangho liegende Land (Ordos). Man errichtete Grenzbefestigungen längs dieses Stromes, baute vierundvierzig ummauerte Kreisstädte und stiftete am Hwangho Militärkolonien und Dörfer für die Verbannten, um so das Land zu bevölkern. Auch baute man eine direkte Straße von Kiu-juan nach Hun-jang, die an Bergwänden und Abgründen entlanglief und Strombetten durchschnitt. Und überall, wo man die Straße ausbessern konnte, geschah es (später). Von Lin-t'ao bis nach Liao-tung hatte die Grenzbefestigung eine Länge von mehr als 10000 Li (6400 km). Ferner überschritt man den Hwangho und besetzte das Jang-san (heute Jinschan-)Gebirge.«

Shi-huang-ti und sein Feldherr begründeten also jene Methoden, die seither an unruhigen Grenzen immer wieder Erfolg hatten, ob es sich nun um die russischen Kosaken handelte oder die österreichisch-türkische Militärgrenze im südlichen Ungarn. Freiwillig ging niemand in diese Gegend, aber wozu gab es denn Kriegsgefangene und Verbannte? Einer anderen Stelle können wir entnehmen, daß Shi-huang-ti sogar Richter an die Nordgrenze verschickte, wenn sie sich als bestechlich erwiesen hatten. Sobald eine gewisse Bevölkerung vorhanden war, blieben dann auch die Veteranen zum Teil freiwillig, weil sie unter den Entrechteten ein besseres Leben führten als in China selbst, wo es für alte Soldaten nichts mehr zu tun und erst recht nichts zu gewinnen gab.

Angesichts der gewaltigen Anstrengungen, die alle starken Kaiser des chinesischen Reiches zur Sicherung des Nordens und der Straßen nach Westen unternehmen mußten, brauchte es zweifellos kein Orakel, um die in China selbst nicht mehr benötigten starken Armeen gegen die Hu-Nomaden zu schicken; aber vielleicht wären die Aktionen ohne diesen vermeintlichen himmlischen Fingerzeig nicht ganz so umfassend und nachdrücklich, nicht mit so ungeheurem Einsatz unternommen worden. Aufgrund dieses Irrtums bezeichnete man den Kaiser als abergläubisch, obwohl es natürlich sehr gut sein kann, daß er, um die außerordentlichen militärischen Anstrengungen und wirtschaftlichen Lasten dieser Maßnahmen im Norden zu rechtfertigen, einen Götterspruch vorschützte. Denn das Landvolk, die eigentliche wirtschaftliche Basis seines großen Reiches, war zweifellos noch tief im Aberglauben befangen, und wenn die Volksreligion auch gemeinhin als Taoismus bezeichnet wird, so hatte sie von den Erleuchtungen des alten Meisters herzlich wenig, von naturmystischem, schamanischem und schlicht abergläubischem Grundstoff jedoch noch eine ganze Menge in sich.

Der Mephisto an der Seite des Kaisers war, nachdem Lü-pu-wei verbannt worden war, abermals ein Fremder, nämlich der aus der Umgebung der abgetretenen Chou-Kaiser stammende Minister Li Ssu, der im Zusammenhang mit dem unglücklichen Kaisersohn Hu-hiai bereits erwähnt wurde. Li Ssu hatte seit 247 vor Christus dem Kaufmann und Minister Lü-pu-wei gedient und wurde schließlich Hofhistoriograph des jungen Kaisers Shi-huang-ti. In richtiger Einschätzung dieses Herrschers, der alles mit seiner Person neu beginnen lassen wollte, empfahl er eine Maßnahme von unabsehbaren Folgen: Alle Bücher und Schriften, die es vor Shi-huang-ti gegeben hatte, sollten verbrannt werden, bis auf ein einziges Exemplar in der kaiserlichen Bibliothek. Ausgenommen von dieser Maßnahme blieben nur Werke, die sich auf die Landwirtschaft, die Medizin und die Anrufung der Götter bezogen.

Während auf diese Weise das taoistische Schrifttum wegen seiner Nähe zur Volksreligion weitgehend verschont blieb, verfielen vor allem die Schriften des Konfuzius, aber auch seiner Jünger und Kommentatoren der Vernichtung. Da später auch die kaiserliche Bibliothek abbrannte, besäßen wir keine Texte von diesem großen Denker, hätten nicht in dem ausgedehnten Reich doch zahlreiche Anhänger seiner Lehre den Mut gehabt, die verbotenen Bücher aufzubewahren.

Die Strafen auf dieses Delikt waren sehr hoch: Brandmarkung und vier Jahre Zwangsarbeit an der Großen Mauer. Vierhundertsechzig Literaten wurden in der Hauptstadt Hsien-yang öffentlich lebendig verbrannt, doch lautete die offizielle Begründung des Urteils nicht, sie hätten sich geweigert, verbotene Schriften herauszugeben, sondern sie hätten Hochverrat begangen – Praktiken, in denen die Gewaltherrscher aller Zeiten nicht wählerisch waren.

Li Ssu war zum zweiten Ich des Kaisers geworden; seine Söhne durften in die kaiserliche Familie einheiraten, seine Töchter bekamen Neffen des Kaisers als Gatten. Sich von Li Ssu zu trennen hätte bedeutet, seine Haupt- und Staatsaktion, die große Bücherverbrennung, als unrecht zu bezeichnen, also blieb Li Ssu im Amt, leitete auch die Sprach-Vereinheitlichung und das Umschreiben der zu bewahrenden Bücher in die neue Gemeinschrift.

Damit verzeichnet also auch China eine Katastrophe wie die Vernichtung der großen Bibliothek von Alexandria. Wenn die Gelehrten in diesem Fall nicht so laute Klagelieder anstimmten, so lag das wohl daran, daß auch die erhalten gebliebenen älteren chinesischen Schriften der Deutung große Schwierigkeiten bereiten. Schon die Beamten des Shi-huang-ti verstanden in vielen Teilen des großen Reiches die Bevölkerung nicht und konnten ihre Schriftzeichen nicht lesen; heute, zweitausend Jahre später, sind fast alle Brücken zu diesen ältesten Schriftzeichen und Dialekten brüchig geworden und nur begehbar, wenn man große Unsicherheiten in Kauf nimmt.

Was das in der Konsequenz für eine ungeheure Arbeit mit sich brachte, zeigt die eine Tatsache, daß alle zu dieser Zeit vorliegenden Texte nun in der neuen Gemeinschrift aufbewahrt werden sollten; sie mußten also umgeschrieben werden! Nach der schreibfreudigen Chou-Epoche glich das einer Arbeit, die zwar beinahe im geheimen vor sich ging, aber einen Vergleich mit dem Bau der Großen Mauer durchaus aushalten kann. Alte Texte, aber neue Sprache und neue Schrift, ungeheure Arbeit, die leider in den wenigen Jahren, die Shi-huang-ti zur Verfügung standen, auch nicht bewältigt wurde. Damals blieben die vielen Annalen der Kleinfürstentümer auf der Strecke, die Genealogien der einzelnen nun ohnedies entmachteten Herrscherhäuser. Die chinesische Provinzialgeschichte hat den Verlust dieses unersetzlichen Materials aus vorchristlicher Zeit sehr beklagt.

Auf anderen Gebieten war die große Vereinheitlichungs-Arbeit hingegen ein unbestreitbarer Vorteil für das Land, ja ein großer Fortschritt über die bestehenden Zustände hinaus. Alle Wagen und Karren erhielten z.B. im großen China die gleiche Spurweite. Die sogenannten Straßen, die noch nicht sehr zahlreich die ungeheuren chinesischen Entfernungen überbrückten, hatten nämlich keinen festen Belag, sondern tief eingeschnittene Gleisfurchen. War ein Wagen breiter oder schmäler als diese Gleise, so holperte er entweder mit zwei Rädern auf dem Wegrand, oder er hing schief, weil zwei Räder auf dem Mittelrücken liefen. Für die Städte war es eine Lebensfrage, daß die Versorgungsfuhren möglichst ohne Verzögerungen durch Achsbrüche oder verstopfte Zufahrtsstraßen ans Ziel kamen. Die großen Ströme reichten längst nicht mehr als Verkehrswege aus. Hsien-yang, die Hauptstadt des Ersten Kaisers, lag zwar am Wei-Fluß, aber die hohen Gebirge in der näheren und weiteren Umgebung machten Straßenbauten und die Pflege der Paßwege unerläßlich. Dort, wo es aus militärischen Gründen besonders notwendig war, wurden sogar Straßen angelegt, die zwar nicht gerade neben den Flüssen herliefen, aber doch parallel mit ihnen geführt wurden wie die große im Jahr 212 vor Christus erbaute Hauptstraße von der Residenz am Wei bis zur Großen Mauer am Nordbogen des Hwangho – ein Verkehrsweg von mehr als siebenhundert Kilometern Länge, der den Annalen nach in einem einzigen Jahr geschaffen wurde.

Nimmt man an, daß Shi-huang-ti mit seinem zwanzigsten Lebensjahr soweit war, eigene Initiativen zu entwickeln und auch gegen seine Minister durchzusetzen, dann beginnt sein historisches Einigungswerk um 240 vor Christus und ist militärisch zwanzig Jahre später beendet. Das Jahrzehnt von 220 vor Christus bis zum Tod des Kaisers wurde für die verwaltungsmäßige und kulturelle Vereinheitlichung genützt. An die Stelle des feudalen Systems trat das zentralistische, an die Stelle der Gaufürsten und Kleinkönige traten die Gouverneure. Der Kaiser ließ jede Provinz von einem Triumvirat verwalten: von dem Militärgouverneur, dem Zivilgouverneur und dem Koordinator zwischen beiden, der auch eine gewisse Kontrollbefugnis hatte. Zur Korruption kam es also nur noch dort, wo sich alle drei einig waren, und es zeigte sich, daß es dazu erst nach dem Tod des Kaisers kam. Solange er lebte, solange es auch für kleine Vergehen jahrelange Zwangsarbeit an der Großen Mauer als Strafe gab, funktionierte das neue zentralistische System.

Es fällt schwer, zu glauben, daß all das dem einen Minister Li Ssu zu danken sei, während Shi-huang-ti auf einem von Astrologen errechneten Kurs durch sein Reich reiste und sich anbeten ließ. Gerade geniale Herrscher neigen zu Bizarrerien, was aber nicht ausschließt, daß sie Großes leisten. Jedenfalls werden von Mo-tun, dem großen Gegenspieler des Chinesischen Reiches auf der Seite der Hiung-nu, diesem gewaltigen und rücksichtslosen Eroberer, nicht weniger Verrücktheiten berichtet als von Shi-huang-ti, von Jakob I. von England oder Alexander dem Großen. Und von den Eroberern Kambyses oder Kublai-Khan wissen wir, daß sie dem Aberglauben, den Prophezeiungen und den Astrologen tief verfallen waren. Im großen historischen Erfolg, in der Leistung, die wirklich Geschichte macht und das Schicksal eines Volkes wendet, ist soviel Unwägbares, daß auch die seit einigen Jahrzehnten betriebenen eingehenden Forschungen über diese Zeit wohl neue Aufschlüsse bringen mögen, nicht aber die völlige Lösung aller Widersprüche im Wesen des Shi-huang-ti.

Der Erste Kaiser starb auf einer seiner ausgedehnten und zweifellos auch – trotz kaiserlichen Prunks und Komforts – recht anstrengenden Reisen in seinem fünfzigsten Lebensjahr. 2224 Jahre nach seinem Tod, im Kriegsjahr 1914, entdeckten französische Archäologen den tief in einen Hügel eingesenkten und verschütteten Mausoleumsbau, der uns sehr deutlich zeigt, daß hier ein nicht alltäglicher Mensch begraben liegt, ein Herrscher mit ganz bestimmten Vorstellungen über seine persönliche Existenz und seine Beziehungen zum Weltgeschehen. Noch zu seinen Lebzeiten hatten geschickte Handwerker das Himmelsgewölbe mit seinen Sternbildern nachgeformt; es überspannte die Grabkammer, die selbst als eine Weltschale ausgebildet war. An Gold, Silber und Bronze wurde nicht gespart, Waffen und andere Grabbeigaben hielten für den Toten die vertraute Umwelt fest, und als alles an seinem Platz war, der Innen- und der Außensarg, die Beigaben, das Planetarium, da schloß sich der schwere Stein vor dem Eingang und verwehrte den zahlreichen Dienern und Handwerkern, die Shi-huang-ti ein so prächtiges Totenzimmer bereitet hatten, die Rückkehr in die Welt der Lebenden. Was folgte, war ein Zerfall, der noch viel schneller vor sich ging als die Einigung, waren Thronfolgekämpfe und Aufspaltung in zeitweise nicht weniger als sechs Kräftegruppen. Aber die große Einigung war so notwendig, sie war als Gedanke so groß und so fruchtbar, daß sie Shi-huang-ti überlebte und auch die wildesten Kämpfe sie nicht mehr zerrissen.

II

Die Zeit der großen Kaiser (221 v. Chr.–1368)

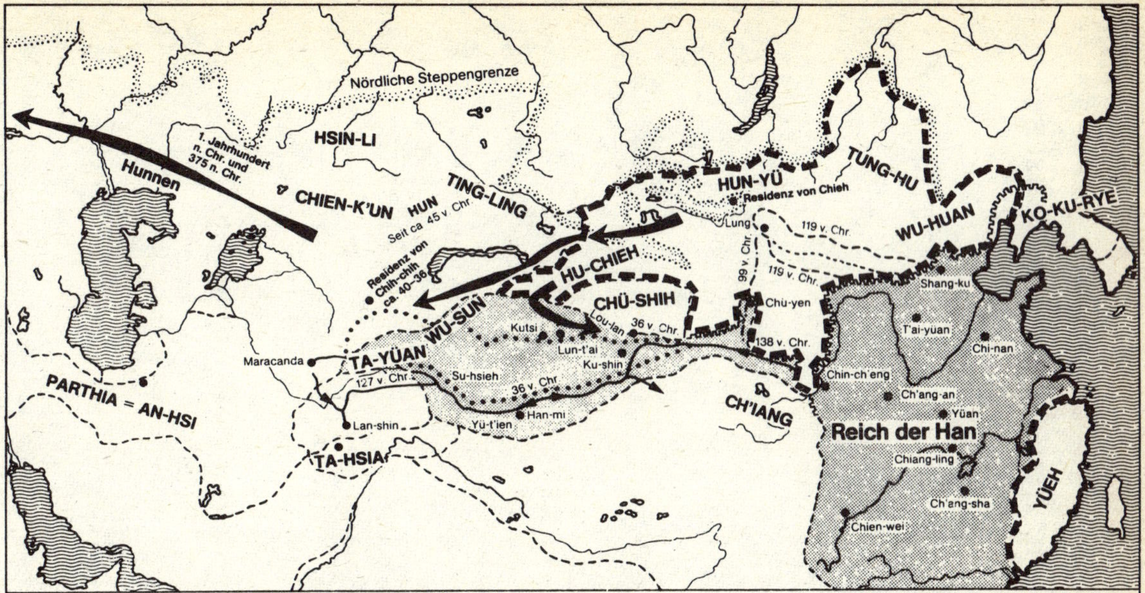

Eroberungen der Hun ca. 100 v. Chr.

Spätere Wanderzüge der Hun

Reich der Han ca. 100 v. Chr.

Mission des Chang Ch'ien Zu den Yüeh-chih 138–126 v. Chr.

Feldzüge gegen die Hun

Wei Ch'ing 128 v. Chr.

Ho Ch'ü-ping und Wei Ch'ing 119 v. Chr.

Li Ling 99 v. Chr.

Li Kuang-Li 92 v. Chr.

Ch'en T'ang 36 v. Chr.

0 200 400 600 800 1000 km

Die Hsiung-Nu oder Hun

China entdeckt den Westen

Aus jahrhundertelang streitenden Reichen ein einziges großes und mächtiges Kaiserreich zu machen, das eine Sprache, eine Schrift und eine zentralistische Verwaltung hat, das kann man zweifellos als den Beginn einer neuen Epoche in der chinesischen Geschichte ansehen. Aber der Mann, der mit zwei begabten Ministern dies alles bewerkstelligte, der Erste Kaiser Shi-huang-ti, gehört als Persönlichkeit und in seiner Auffassung der Herrschaft ebenso sicher noch dem chinesischen Altertum an, dessen Schlußstein er mit überzeugenden Taten setzte.

Es bleibt also weitgehend von den Prinzipien der Geschichtsschreibung abhängig, ob man das chinesische Mittelalter schon mit Shi-huang-ti oder erst mit der auf ihn folgenden Han-Dynastie beginnen lassen will. Geht man von den Organisationsformen des Staates aus, so liegt die tiefe Zäsur zwischen dem letzten Chou-Kaiser und dem Reich, das Shi-huang-ti sich schuf; stellt man China jedoch in die Weltgeschichte und erhebt man seine Kontakte zu anderen Kulturkreisen zum Kriterium, so beginnt zweifellos mit den Han-Kaisern jene neue Ära, die aus dem isolierten Reich der Mitte einen asiatischen Großstaat werden sieht.

Die neuen Zeiten kündigten sich schon dadurch an, daß die Nachfolge Kaiser Shi-huang-tis sehr schnell den weichen Händen der Palasteunuchen entglitt und zwei Heerführer um sie zu kämpfen begannen. Sie hatten sich beide an Chinas unruhigen Grenzen verdient gemacht und die nötige Härte für einen Aufstiegskampf erworben.

Liu Pang stammte aus dem heutigen Kiangsu und wurde Sheriff in einer von Straßenräubern besonders heimgesuchten Gegend. Seine Ehrlichkeit und sein Mut schufen ihm schnell eine Anhängerschaft, und als der Erste Kaiser in einem seiner wunderlichen Einfälle in Liu Pangs Gegend einen technisch so schwierigen Palastbau befahl, daß dabei Hunderte von Arbeitern ihr Leben lassen mußten, nahm Liu Pang die übrigen unter seinen Schutz und ging mit ihnen in die Berge.

Der andere hieß Hsiang-Chi und stammte aus dem Reich der geschlagenen Dynastie Chou. Er war ein Mann von bedeutenden körperlichen und geistigen Kräften, kommandierte schließlich die Nordarmee und hatte sich, als der Machtkampf mit Liu Pang unvermeidlich wurde, mit ihm darauf geeinigt, daß jener von ihnen neuer Kaiser sein sollte, der die Hauptstadt mit seinen Truppen zuerst erreichen würde. Dieser erste war Liu Pang, er eroberte im Jahr 206 vor Christus die Hauptstadt Hsien-yang, aber als dann sein Nebenbuhler Hsiang-Chi ebenfalls eintraf, zeigte sich, daß dieser die Abmachung nicht einzuhalten gedachte: Liu Pang mußte fliehen, und ein jahrelanger harter Kampf begann, den nach Meinung der chinesischen Geschichtsschreiber der rechtschaffene Liu Pang nur durchstand, weil er in Lü Hou eine zu allem entschlossene, harte und hochbegabte Frau an der Seite hatte.

Ihr unbändiger Machtwille war es, der Liu Pang wieder aufrichtete, als er bei einer mörderischen Schlacht in Kiangsu an die 100 000 Mann verlor und sich selbst mit einem Sohn und einer Tochter nur wie durch ein Wunder retten konnte. Sein Vater und Lü Hou blieben in den Händen des Siegers und wurden erst beim folgenden Friedensschluß herausgegeben. Nach vier weiteren Kampfjahren unterlag Hsiang-Chi bei einer Schlacht in Anhui und beging Selbstmord; Liu Pang ließ sich als ersten Kaiser der Han-Dynastie ausrufen.

Die vielen Bürgerkriegsjahre aber hatten seine Kräfte so angegriffen, daß er nur noch sechs Jahre regierte. Was in den darauffolgenden fünfzehn Jahren geschaffen wurde, die Grundlegung der Han-Macht und die Konsolidierung des Reiches unter der neuen Dynastie, war das Werk seiner Witwe, einer der energischsten, aber wohl auch grausamsten Frauen, die je auf einem Thron gesessen.

Um Mitbewerber ihres minderjährigen Sohnes auszuschalten, ließ sie den letzten Nachkommen des Ersten Kaisers Shi-huang-ti vergiften, einen begabten Jungen, den die Konkubine Lady Ch'i dem Gewaltigen geboren hatte. Lü Hou brachte ihre eigene Mutter, die oft mit ihr stritt, unter grauenhaften Martern um und zeigte ihrem Sohn die in einer Latrine liegende sterbende Großmutter. Das war ein Schock, von dem sich der Thronerbe nie mehr erholte; er verfiel in Trunksucht und Ausschweifungen, so daß auch er der Machtausübung Lü Hous nicht mehr gefährlich werden konnte. Fortan herrschte sie nicht mehr als Regentin für ihn, sondern als Kaiserin, die erste der chinesischen Geschichte.

Chinas Aufstieg unter den Han-Kaisern ist in seinen Anfängen ihr, im wesentlichen jedoch ihren Nachfolgern zu danken, von denen wir hier nur Wen-ti (180–157) und Wu-ti (141–87) behandeln, um nicht zu viele Namen und Daten zu häufen.

Wen-ti war ein unehelicher Sohn des rechtschaffenen Liu Pang und einer schönen Konkubine, war noch von seinem Vater zum Prinzen gemacht und mit einem kleinen Besitztum ausgestattet worden. Dort lebte er in weiser Zurückgezogenheit, solange die ernergische Kaiserin die Köpfe rollen ließ, und als sie starb, gelang es seinem Klan, ihn gegen die Familie der Toten auf den Thron zu bringen.

Wen-ti gab den Chinesen das, was sie nach so langen Bürgerkriegsjahren und der Gewaltherrschaft der Lü Hou am dringendsten brauchten: Frieden, Sicherheit und Wohlstand. In den mehr als zwanzig Jahren seiner Herrschaft bekriegte er im wesentlichen nur die immer stärker gewordenen Hiung-nu-Völker an der Nordgrenze. Er weigerte sich auch, Paläste erbauen oder Parks anlegen zu lassen, um die Steuerlast seiner Untertanen nicht zu vergrößern. Drei Jahre lang pflegte er seine todkranke Mutter aufopferungsvoll und verlangte, als er dann selbst im Sterben lag, daß sein Volk nicht die lange Trauerzeit einhalten sollte, in der nicht gefeiert und nicht geheiratet werden durfte und für die eine ganze Reihe anderer Zeremonien vorgeschrieben war. Wen-ti wurde denn auch später kanonisiert; seine Statuen fanden Aufstellung in den Tempeln, und er ging unter einem eigenen Tempelnamen in die lange Reihe chinesischer Heiliger und Leitbilder ein.

War Wen-ti einer der wenigen Herrscher überhaupt, die sich nichts vorzuwerfen hatten, so fällt in die lange Regierungszeit des Kaisers Wu-ti im wesentlichen jene Entwicklung, die den Ruhm und die geschichtliche Bedeutung der ganzen Dynastie ausmacht: die Sicherung der Handelswege nach dem Westen, die Erforschung der Westländer im kaiserlichen Auftrag und die Herstellung einer wenn auch noch dürftigen Verbindung mit den abendländischen Kulturen, die zu dieser Zeit vor allem durch das Römische Reich repräsentiert waren.

Wegen ernster wirtschaftlicher Schwierigkeiten, die den großen Hiung-nu-Bund heimgesucht hatten, war es unter Wu-ti gelungen, die Haupthandelsstraßen nach Afghanistan und Indien freizukämpfen und frei zu halten. Zwischen dem Ordos-Gebiet und Kansu wurde die kaiserliche Macht so weit nach Norden ausgedehnt, daß den Nomaden (von vielen Forschern kurzweg als Hunnen bezeichnet) kein geschütztes Aufmarschfeld mehr zur Verfügung stand. Bisher hatten sie sich in niedrigem Bergland beinahe unbemerkt relativ schnell an den Kernraum Chinas am Weiho heranschieben können; nun hielten die ausgebesserten alten Mauern, aber auch neuangelegte Türme und gut versorgte Wehrbauern-Siedlungen sie wieder in Schach.

Jahrzehntelang hatten die Chinesen hier harte Abwehrkämpfe

zu bestehen gehabt und vor allem gegen den mächtigen Hiung-nu-Herrscher Mo-tun oft auch schwere Niederlagen hinnehmen müssen, so daß zeitweise die Gefahr bestand, dieser große Eroberer werde auch in China selbst die Macht ergreifen wie in so vielen anderen Ländern und Stammesgebieten. Nun aber schlugen die Chinesen zurück, denn es war höchste Zeit, den Handel wieder in Schwung zu bringen, wenn man die Prosperität wiedererlangen wollte, die Kaiser Wen-ti seinem Volk beschert hatte.

Die Handelswege, um die es dabei vor allem ging, sind unter der Bezeichnung Seidenstraßen bekannt geworden, obwohl die Seide natürlich nur eines von verschiedenen Handelsgütern war, die damals die Karawanen transportierten. Die Straßen waren aber auch die wichtigen Versorgungsstränge für die Garnisonen und Wehrbauernsiedlungen und bildeten damit Lebensadern, die China nicht nur aus wirtschaftlichen Gründen, sondern auch wegen seiner eigenen Sicherheit verteidigen mußte – verteidigen gegen einen Feind, der praktisch einen Guerillakrieg führte, blitzschnell angriff, sich ebenso schnell wieder aus dem Staub machte, das Land kannte und dank seiner gewohnten Lebensweise in den Steppen und Wüsten des westlichen Vorfelds eine bedeutende Überlegenheit besaß.

Der Verlauf der Straße war im wesentlichen durch Oasen, Gebirge und Pässe bestimmt und läßt sich nicht nur heute noch nachzeichnen, sondern auch verfolgen, weil die modernen Städte meist nur wenige Kilometer von den Ruinenstätten entfernt liegen. Trasse und Durchgangspunkte der Seidenstraße sind darum heute besser bekannt als eine ganze Anzahl anderer Gegenden Zentralasiens. Wir haben aus allen Epochen Berichte über die Straße und den Handel auf ihr, Berichte in den chinesischen Annalen, weil die Seidenstraße ja so gut wie ständig umkämpft war, Berichte aber auch aus dem römisch-griechischen Bereich; denn der Endpunkt der Seidenstraße, die Gegend, in die sie zielte, war Syrien, war das Römerreich.

Eine gewisse Verwirrung bei flüchtigen Erwähnungen entstand nur durch den Umstand, daß diese lange Straße sich dort, wo sie am stärksten gefährdet ist, teilt: zwischen der Großen

Mauer und dem Pamir gibt es zwei Seidenstraßen, eine nördliche und eine südliche, die sich bei Kaschgar zur Überschreitung des Hochgebirges wieder vereinen.

Die nördliche Straße lief von der schon erwähnten chinesischen Stadt Tunhuang durch die Salzsümpfe des Lop-nor auf Lou-lan zu. Diese alte Stadt war die Residenz eines kleinen Königreichs, das wegen seiner Lage an dem chinesischen Haupthandelsweg nach Westen immer wieder zum Streitobjekt zwischen Nomaden und Chinesen wurde. Unter dem starken Hunnenfürsten Mo-tun hatte es zum Hiung-nu-Reich gehört, später hatte die nach Westen gerichtete Offensive der Han-Kaiser es unter chinesische Oberhoheit gebracht. Grabfunde beweisen, daß die Fürsten von Lou-lan zum Teil chinesische Prinzessinnen als Gemahlinnen gehabt hatten, und daß dieses kleine Fürstentum in seiner Kultur chinesisch war.

In Lou-lan bestand noch eine letzte, quer durch die Wüste führende Verbindung zum Südast der Seidenstraße kurz vor Tscharchlik. Die Hauptroute aber wandte sich von hier in westnordwestlicher Richtung zunächst nach I-wu. Während sich von dieser Station wegen der zerstörenden Arbeit des salzhaltigen Grundwassers so gut wie nichts erhalten hat, brachten die Ausgrabungen bei Karashahr einige Ergebnisse. Südlich der heutigen Stadt dieses Namens lag das alte Yen-ki. Es war schon zur Han-Zeit eine wichtige Siedlung, weil hier die Straße aus der Oase von Turfan auf den Nordzweig der Seidenstraße stieß. Als erster grub hier der Münchner Kunsthistoriker Albert Grünwedel während seiner Turkestan-Expedition von 1902/03. Er bekam aber in der wichtigen chinesischen Grenzprovinz nur wenige Tage Aufenthaltserlaubnis und mußte sich darauf beschränken, einige sakrale Figuren zu fotografieren. Einige Jahre nach ihm kam Sir Aurel Stein, mit dem Schweden Sven Hedin der erfolgreichste Zentralasien-Forscher. Der aus Österreich-Ungarn stammende britische Archäologe arbeitete allerdings noch systematischer als der Schwede und ging mit imponierender Energie den Ruinen an den zentralasiatischen Karawanenwegen zu Leibe. Dank seiner guten Beziehungen zu hohen chinesischen

Würdenträgern bekam er ausreichende Grabungserlaubnis und legte ein ausgedehntes buddhistisches Kloster frei. Es hatte an diesem Straßenknotenpunkt vor allem als Pilgerhospiz gedient und enthielt trotz zahlreicher Plünderungen noch wertvolle Skulpturen der sogenannten Gandhara-Kunst, also in einem griechisch-buddhistischen Mischstil. An den Wänden der Klosterräume fanden sich chinesische Malereien.

Der Buddhismus war schon zur Zeit der frühen Han-Kaiser bis hierher vorgedrungen. Die chinesischen Kriegsberichte erwähnen die den Chinesen damals noch unbekannten Buddha-Statuen:

»Im nächstfolgenden Jahr (121 v. Chr.), im Frühling, sandte Han den P'iao-ki General Ho Ki-ping mit zehntausend Reitern aus Lung-si ins Feld. Dieser rückte am Yen-ki-Gebirge vorbei mehr als tausend Li (644 km) vor, griff die Hiung-nu an und erbeutete über 18 000 Hu'sche Köpfe und Reiter (d. h., der Feind, die Nomaden, verlor an Toten, aber auch an Gefangenen insgesamt 18 000 Mann). Er schlug den König von Hiu-to und erbeutete ein goldenes Bild, das dieser beim Opfern an den Himmel gebrauchte.«

Sir Aurel Stein fand Hunderte von gut erhaltenen skulptierten Köpfen, teils im Gandhara-Stil, teils in einer realistischen Variante dieses Stils, aber auch einzelne ausgesprochen groteske Köpfe. Gerade diese hatten als Vorbilder für die künstlerischen Dekorationen von Klöstern bis nach Khotan gedient. Steins Landsmann, der Wiener Kunsthistoriker Strygowski, konnte nachweisen, daß diese orientalisch-hellenistische Mischkunst durch die byzantinische Kunst hindurch auch die frühmittelalterliche europäische Kunst beeinflußt hat.

Das Land selbst findet der große Archäologe beinahe ausgestorben:

»Überall in dieser Nordostecke des Tarim-Beckens registrierte ich betroffen die Dürftigkeit der Bevölkerung im Verhältnis zu dem im Überfluß vorhandenen nutzbaren Land, das auch hinreichend bewässert ist, und vieles zeigt, daß auch in alten Zeiten die natürlichen Voraussetzungen nicht ungünstiger waren. Hier verhinderte zweifellos die exponierte Lage von Karashar, das Angriffen von allen Seiten preisgegeben war, das Entstehen größerer Siedlungen.« (II, 370)

Nach der Militärstation von Wu-lei, der heute keine Siedlung mehr entspricht, erreichte die Straße Kutscha, früher Ku-ci geschrieben, die große Oasenstadt am Kutschei-Koksufluß, 980 Meter hoch gelegen. Nördlich von ihr steigt das Tienschan-Gebirge auf, das Höhen von 5500 Metern erreicht. In dieser bedeutenden Stadt hatten Japaner, Deutsche und Russen gegraben, ehe der französische Archäologe Pelliot »with a thouroughness and method deserving of all praise« (Stein) die Situation, die Rolle und die Bedeutung der Stadt endgültig klärte. Zwei hier entspringende Flüsse mit ausgezeichnetem Wasser und die gesunde Lage der Stadt machten sie zu einem beliebten Rastplatz, der in ruhigen Zeiten, wenn der Karawanenhandel nicht durch Räuber behindert wurde, zweifellos mehr als jene 14000 Menschen zählte, die heute dort leben sollen (es gibt über diese strategisch wichtige Stadt im chinesisch-russischen Grenzbereich keine verläßlichen modernen Zahlen).

Schon die bisherigen Hauptpunkte der Nordroute haben gezeigt, worin ihr Hauptvorzug und ihr Hauptnachteil bestanden. Auch große Karawanen waren auf dem nördlichen Zweig der Seidenstraße gut versorgt. Das Land war fruchtbar, selbst Hunderte von Tragtieren fanden ausreichend Grünfutter, die Menschen konnten Lebendvieh kaufen, um es an die Spieße zu stekken, und an gutem Trinkwasser fehlte es nirgends. Aber es war ein *va banque,* man konnte ungeschoren durchkommen, oder es entspannen sich mörderische Schlachten zwischen den hier möglichen und empfehlenswerten Großkarawanen und den Raubscharen der Hiung-nu oder der Wu-sun. Auf dem Weg in den Westen führten die Karawanen Seide mit sich, auf dem Rückweg brachten sie Glaswaren und Jade, aber auch Fertigwaren aus Syrien nach China.

Erreichten sie, aus dem Osten kommend, Aksu, das alte Kumo, so war von den Hiung-nu nicht mehr viel zu befürchten. Schon daß der vom Kaiser eingesetzte Generalprotektor der

Westländer in Wu-lei (dem späteren Tschadir) residierte, beweist, daß weiter im Westen die Gefahr eher abnahm.

Aksu ist heute durch den islamitischen Einfluß geprägt, der sich natürlich erst lange nach dem chinesischen Imperialismus der Han-Kaiser einstellte. Die von einer alten Mauer umschlossene Stadt bietet mit ihren vier Toren beinahe noch den Aspekt der Karawanenzeit, ist von einem Turk-Stamm bewohnt und kann noch sechzehn Moscheen aufweisen. Die Einwohnerzahl der mit ihren sechs Karawansereien einst viel besuchten Stadt sinkt langsam ab (1900 : 50000, um 1930 : 40000). Daß sie im vierzehnten Jahrhundert Hauptstadt eines Mongolenreiches war, sieht man ihr nicht mehr an, vor allem, da ein schweres Erdbeben im Jahr 1716 zahlreiche alte Bauten zerstörte. Im vergangenen Jahrhundert hatte Aksu das kuriose Schicksal, zehn Jahre lang in den Händen des Abenteurers Jakub Beg zu sein; der heute vergessene Sohn eines Koranvorlesers, erst Tänzer, dann Offizier, schuf sich nach 1864 ein eigenes Reich in Zentralasien, meist auf Kosten der Chinesen, die ihm seine Eroberungen nur mit Mühe wieder abnehmen konnten.

Aksu hatte zu allen Zeiten auch eine eigene Industrie und Handwerker, die bis an die Grenzen des Römerreiches geschätzt wurden; ihre Steinschneidearbeiten, ihre Edelsteinschleifereien ließen die Stadt durchaus eigenständig am chinesisch-vorderasiatischen Handel partizipieren. Die alten Uiguren hatten hier eine friedliche Metropole geschaffen, die nur eben nicht immer den Frieden haben konnte, den sie brauchte. Die Russen interessierten sich nachhaltig für Aksu – Kuropatkin und Prschewalsky besuchten die Stadt schon im vorigen Jahrhundert –, aber die vorgeschobene Garnison blieb bis heute chinesisch.

Die Teilung der Seidenstraßen endete in Kaschgar, der von Aksu aus westlich gelegenen alten Stadt am Fuß der Hochpässe, wo sich die nördliche (im Hinblick auf die noch weiter nördlich verlaufenden Dsungarischen Route »die mittlere Straße« genannte) Seidenstraße mit der weniger begangenen Wüstenstrekke, dem südlichen Ast über Tscharschlik, Tschertschen und Kohtan, wieder vereinigte.

Dank dieser Lage am Schnittpunkt dreier Schicksalsstraßen Innerasiens ist Kaschgar eine der geographisch und geschichtlich wichtigsten und interessantesten Städte des ganzen Kontinents; wie wenig diese Gesichtspunkte jedoch heute noch zählen, geht aus dem Umstand hervor, daß sie in Westermanns neuem Lexikon der Geographie dennoch fehlt.

Die chinesischen Kaiser freilich wußten es besser. Die wichtige Karawanenstadt wurde zum Hauptort des chinesischen Ostturkestan mit einer eigenen Statthalterei. Als der turkische Herrscher von Kaschgar zum Islam übertrat, bedeutete das die Islamisierung des ganzen ausgedehnten Tarim-Beckens mit seinen uralten Städten. Dschingis-Khan kämpfte sich bis hierher vor und eroberte Kaschgar 1218, was er für eine nebensächliche Siedlung gewiß nicht getan hätte, und Timur Lenk berannte die Stadt in den Jahren 1375 und 1376 unermüdlich. Im achtzehnten Jahrhundert herrschten hier wieder die Chinesen, im neunzehnten die Kirgisen (!), 1905 versuchten die Russen einen Handstreich. Seither aber ist Kaschgar unter dem Namen Shu-fu wieder fest in chinesischer Hand. Die Bevölkerung wird auf etwa 80000 Menschen geschätzt, doch mag sich diese Ziffer in den letzten Jahren vergrößert haben; denn Kaschgar ist ein Knotenpunkt auch der neuen Autorouten, die China als Aufmarschwege gegen Indien, aber auch gegen die Sowjetunion ausbaut. Für den zivilen Gebrauch, also für den Transport von Handelsgütern, wie sie früher hier befördert wurden, sind diese kühnen und schwierigen Gebirgsstraßen heute nicht geeignet. Die Chinesen gestatten die Passage nur geschlossenen Kolonnen, die mit Werkstattwagen ausgerüstet sind. Die Motor-Karawane ist also an die Stelle der Kamel-Karawanen getreten, mit denen die Rolle Kaschgars zur Zeit der Han-Kaiser begann.

Aber es waren nicht nur die Kaiser, es war nicht nur die namenlose Geschichte, die nach und nach eine Straße und die an ihr liegenden Städte zu einem neuen Leben erhob, sondern es war ein ganz bestimmter Mann, eine der wenigen auch für den Westen eindrucksvollen Individualitäten aus der Frühzeit des kaiserlichen China: der Kundschafter, General und Minister Tschang-kien, der wichtigste Ratgeber des Kaisers Wu-ti, der Marco Polo der Chinesen – nur daß er eben nicht nach Osten, sondern nach Westen reiste, rund tausend Jahre vor dem Venezianer.

Der Keim zu jener kaiserlichen Wißbegier, in deren Folge Tschang-kien um 138 nach Christus gegen Westen reiste, war freilich recht profaner Natur. Wu-ti wünschte sich Verbündete gegen seine Hauptwidersacher, gegen die Hunnen, und am liebsten wären ihm Hunnengegner im Rücken der ewig unruhigen Nachbarn gewesen. Dorthin zu gelangen war natürlich nicht einfach.

Tschang-kien gelang es nicht auf Anhieb, er wurde von den Hunnen, damals noch Hiung-nu genannt, gefangengesetzt, obwohl sie ihn hätten umbringen können. Sie versuchten, den gebildeten Chinesen umzudrehen, wie man heute in der Agentensprache sagt. Vielleicht wollten sie auch den großen Wu-ti nicht verärgern, und so wurde Wirklichkeit, was das alte Shi-ki beinahe märchenhaft erzählt:

»Der Han-Kaiser Wu-ti, der die umwohnenden Barbaren zu vernichten und seine Pläne für den Karawanenverkehr durch die Länder der Hiung-nu zu verwirklichen wünschte, suchte nach Personen, die der Aufgabe solch einer gefahrvollen Gesandtschaft gewachsen waren. Tschang-kien, der Führer der Gesandtschaft an die Yüe-tschi (Nomadenvolk nördlich der Hunnen) und Tschang-schi-kuhunu-kanfu begaben sich gemeinsam durch Shensi ins Gebiet der Hiung-nu. Diese hielten sie fest und lieferten sie ihrem Häuptling (er hieß Lao-tschang) aus. Er behielt die Chinesen bei sich, weil die Chinesen es mit hunnischen Gesandten ins Chinesenland ebenso gemacht hätten, wie er sagte. Er hielt sie zehn Jahre fest und gab ihnen Frauen.«

Das sind Zeiträume, wie wir sie von verschiedenen mittelalterlichen Reisen her kennen. Ibn Battuta reiste ähnlich, Marco Polo, sein Vater und sein Onkel ebenfalls. Die Zeitbegriffe waren von unseren so verschieden, daß wir gut daran tun, nicht mehr zu staunen, wenn wir lesen, daß Karawanen in Kaschgar oder Baktra länger als ein Jahr auf die Weiterreise warteten oder daß Gesandte wie die Venezianer oder auch Tschang-kien jahrelang festgehalten wurden.

Mit wahrhaft orientalischer Geduld führte der chinesische Diplomat das Leben an der Seite einer Hunnenfrau, ohne sein Ziel aus den Augen zu verlieren: »Tschang-kien erhielt schließlich mehr Freiheit unter den Hiung-nu und entwich endlich mit seinen Begleitern zu den Yüe-tschi. Diese waren von den Hiung-nu besiegt worden, und die Sieger hatten aus dem Kopf des Yüe-tschi-Anführers einen Becher gemacht und ihn beim Festmahl kreisen lassen. Tschang-kien wurde darum gut aufgenommen und durfte weiterziehen, bis er nach etwa zehn Marschtagen Ferghana erreichte.«

Tschang-kien kannte also offenbar den Tau-Maurun-Paß nicht, der von Kaschgar aus über das Hochgebirge in die Senke von Ferghana führt, sondern erreichte die Stadt auf dem Umweg durch die Nomadengebiete westlich der Gebirge. Und auch in Ferghana selbst scheint man damals noch keinen direkten Weg nach China gekannt zu haben, denn das Shi-ki berichtet:

»Die Bewohner des Landes (Khokand oder Ferghana) hatten von der Fruchtbarkeit und den Reichtümern des Han-Landes (also Chinas) vernommen, aber trotz lebhaften Wunsches noch keine Verbindungen anknüpfen können. Sie sahen Tschang-kien mit Wohlgefallen und fragten ihn, was er wolle. Tschang-kien berichtete von seinem Auftrag und wie es ihm ergangen und bat den Anführer der Yüe-tschi, ihn zu Kaiser Wu-ti zu begleiten: der Han-Kaiser werde dem Herrscher der Yüe-tschi so reiche Geschenke machen, wir er sie noch niemals gesehen. Seit der Herrscher der Yüe-tschi von den Hunnen getötet worden war, saß auf dem Thron sein Sohn. Das ganze Volk lebte auch nicht mehr zwischen den Hunnen und den Chinesen, sondern war vor den Hunnen ins Land Baktrien ausgewichen. Dieses war fruchtbar und wurde auch nur wenig von räuberischen Stämmen beunruhigt.«

Allein dieser Bericht ist schon ungemein wertvoll, er ist das Zeugnis einer Völkerwanderung, die – zum Unterschied von der europäischen – tatsächlich von den Hunnen ausgelöst wurde.

Die unterlegenen Yüe-tschi wünschten nicht mehr, in der stets umkämpften Nomadenzone am Rand Chinas zu leben, sondern wichen, offenbar nach einer sehr schweren Niederlage und dem Verlust des Königs, in das uralte Handelsland Baktrien aus, wo der Geist Alexanders des Großen noch lebte, wo Kunst und Kultur hellenistisch waren und wo Tschang-kien folglich auf starke Ausstrahlungen des Abendlandes stoßen mußte.

Im Bericht des Tschang-kien, der außerdem im Shi-ki wohl nicht ganz wörtlich vorliegt, nimmt sich dies ziemlich wunderlich aus, so wie ja auch den Venezianern im Reich der Mitte vieles sehr merkwürdig erschien. Tschang-kien berichtet von einem seßhaften und kultivierten Volk zwischen Baktrien und dem Partherreich, das Reis und Wein anbaut und seine Städte mit Mauern umgibt.

»Man findet dort lebhafte Marktplätze. Die Händler gebrauchen Wagen und Barken, um die Nachbarländer bis auf einige tausend Li Entfernung aufzusuchen (gemeint ist: der Handelsverkehr reichte etwa 600–700 km tief in die Nachbarländer hinein). Sie haben Silbergeld mit dem Bild ihres Königs; stirbt der König, so wechselt man diese Münzen gegen die mit dem Bild des neuen Königs. Schräge Zeichen, die verschlungenen Pflanzen gleichen, dienen zur Datierung.«

Damit sind die hellenistischen Münzen und der Handelsverkehr hinreichend deutlich beschrieben. Tschang-kien hat sich auch nach den Nachbarländern dieser Wirtschaftskontakte erkundigt und führt sie mit den Bezeichnungen an, die später auf das Aral-See-Gebiet, auf das Zweistromland und – mit einem Fragezeichen – auf die Stadt Seleukia am Tigris bezogen wurden. Es spielt dabei keine sonderliche Rolle, daß Tschang-kien schon das Zweistromland ans Westmeer (Mittelmeer) verlegt und, wie wir es auch von Herodot und Ibn Battuta kennen, anekdotische Züge anführt, die gewiß wenig zu sagen haben, wie etwa, daß es im Zweistromland geschickte Gaukler gibt. Um so zutreffender sind seine Mitteilungen über die militärisch bedeutungslose Handelsstadt Baktra, eine echte Metropole, wo Waren aus Europa, der Levante, Mittelasien, China und Indien gegeneinander ausgetauscht wurden, eine Stadt, in der die Welt sich traf, obwohl sie hoch in den afghanischen Bergen lag:

»Ihre Truppen sind unbedeutend und im Kampf feige; aber im Handel zeichnen sie sich aus. Bei der Wanderung der Yüe-tschi nach Westen wurden die Baktrer geschlagen und unterworfen. Die Bevölkerung ist zahlreich und umfaßt eine Million Bewohner. Die Hauptstadt heißt Baktra; in ihr sind Bazare, in denen man alle Dinge einkaufen kann. Südöstlich liegt das Land Shintu (Pandschab, nordwestliches Indien).

Tschang-kien sagte: Als ich in Baktra war, sah ich Bambusrohre von Kiang und Stoffe von Shu (aus chinesischen Orten). Ich fragte, woher alle diese Dinge kommen. Die Leute von Baktrien antworteten: ›Unsere Kaufleute kaufen diese Waren in Shintu, einige tausend Li südöstlich von unserer Stadt. Dort lebt ein seßhaftes Volk, das in seinen Sitten uns nicht unähnlich ist, nur das Land ist dort flach und feucht, und die Hitze ist sengend. Dort richtet man Elefanten für kriegerische Zwecke ab, und das Land liegt an einem großen Fluß (dem Indus).‹«

Daraus schloß Tschang-kien, daß es zwischen China und Indien Handelswege geben müsse, welche von den Hiung-nu nicht gefährdet wurden. In diesem Sinn berichtete er seinem Kaiser. Dieser befahl sogleich, die Arbeitslosen der großen Städte zu sammeln und als Siedler dorthin in Marsch zu setzen, wo Tschang-kien als Kundschafter chinesenfreundliche Nachbarn entdeckt hatte. Aber war es, weil Tschang-kien auch auf der Rückreise ein Jahr lang widerwillig bei den Hunnen hatte verweilen müssen und erst gelegentlich einer Revolte freigekommen war, war es, weil sich die neuen Freunde doch eher einen einzigen Chinesen gefallen ließen als gleich eine ganze Schar von Einwanderern – die vier Marschsäulen des Arbeitslosenheeres erreichten jedenfalls ihre Ziele nicht.

Obwohl wir aus der Sicht unserer hastigen Zeit den Eindruck haben müssen, die Chinesen seien mit ihren Erkundungen ziemlich gemächlich vorgegangen, wird uns doch klar, daß es sich um einen der großen weltgeschichtlichen Augenblicke handelt. Der geniale Ostvorstoß aus dem Mittelmeerraum, wie ihn Alexander der Große unternahm, führte bis nach Indien und wurde ungemein folgenreich: Das breite Band einer griechisch-indischen Mischkultur schuf eine einzigartige, im Künstlerischen reich dokumentierte Verbindung zwischen Zentralasien und dem östlichen Mittelmeer. Noch zweitausend Jahre danach werden Le Coq und andere deutsche Forscher ergriffen vor den Zeugnissen der Gandhara-Kunst stehen, in der sie dem Abendland, mit Indien vereint, in Zentralasien begegnen.

140 vor Christus, beinahe zweihundert Jahre nach Alexander, ging das griechisch-baktrische Reich zugrunde. Drei Jahre darauf brach Tschang-kien nach Westen auf. Die Hunnen sorgten dafür, daß er zehn Jahre aufgehalten wurde. Inzwischen hatten die Tocharer, ein indoskythisches Volk, Baktrien überrannt. Ein Jahrzehnt also trennte den griechischen Ostdrang von der beginnenden chinesischen Westexpansion. Kaiser Wu-ti mußte mit seinen Anstrengungen zunächst ins Leere stoßen, einen Mißerfolg hinnehmen, zu dem sich auch militärische Niederlagen gegen die erbosten Hunnen gesellten: Sie empfanden sich als der Völker-Riegel zwischen Europa und Asien. Niemand durfte ungestraft eine Direktverbindung schaffen – ein kurioser Ehrgeiz, der mit dem simplen Räuberinteresse nicht mehr so ohne weiteres zu vereinen war. Der Räuberexistenz wäre ein florierender Handel mit hohen Tributen durchaus angenehm gewesen; aber die Hiung-nu-Hunnen, deren Fürsten sich chinesische Namen gaben und an deren Höfen davongelaufene Palasteunuchen aus China intrigierten, hatten inzwischen einen gewissen Ehrgeiz entwickelt. Sie wollten als Staat gewertet werden und vor allem dem beneideten Kulturvolk der Chinesen, aus dem die feinen Prinzessinnen kamen, wieder einmal beweisen, daß die Ost-West-Verbindung nur von den Gnaden der Hiung-nu zustande kommen könne, ja ihrem Wohlwollen stets ausgeliefert bleiben werde.

Es gibt Anzeichen dafür, daß angesichts dieser neuerlichen Niederlagen und Rückschläge eine grundsätzliche Neuorientierung der chinesischen Politik erwogen wurde. Ein Kaiser wie

Wu-ti gab nicht auf. Tschang-kien und sein Kollege im Kommando hatten zwar dadurch ihr Leben verwirkt, und nur weil der Botschafter und der Kaiser so gut miteinander befreundet waren, so oft miteinander gesprochen hatten, legte man dem Entdecker des Westens nicht den Kopf vor die Füße, sondern begnügte sich mit seinem Verzicht auf alle Ämter und Würden. Aber es gab auch noch Wege, auf denen man Tschang-kiens nicht bedurfte: den Weg durch das südliche China nach Indien und den Seeweg um Südchina herum...

Ein Blick auf die Landkarte zeigt, daß der Landweg von Südchina nach Hinterindien sehr viel schwieriger war als jener durch das Tarimbecken nach Kaschgar. Wüsten nämlich waren für die Alte Welt keine Hindernisse, das Tarimbecken wurde von einem Kenner wie Grousset das Mittelmeer Zentralasiens genannt und errang auch tatsächlich eine ganz ähnliche Funktion, weil große Karawanen es zu allen Zeiten durchmaßen. Wie aber sollten die Chinesen, wenn sie inzwischen auch den Jangtsekiang in ihr Reich einbezogen hatten, die Querung von mindestens fünf Hochgebirgszügen schaffen, zwischen denen wilde Flüsse tiefe Täler eingegraben hatten?

Noch heute gibt es hier nur eine einzige Verkehrsverbindung, nämlich die im Zweiten Weltkrieg zu legendärer Berühmtheit gelangte Burma-Straße zwischen dem chinesischen Tschungking am Jangtse und Mandalay am Irawadi. Sie wurde zwischen 1934 und 1939 für Kraftfahrzeuge benützbar gemacht, nachdem man hundert Jahre lang dem Traum einer burmesisch-chinesischen Eisenbahnlinie nachgehangen hatte.

Bei den unsäglich mühsamen Vermessungsarbeiten in diesem menschenleeren, von der Malaria entvölkerten Gebiet war zutage gekommen, daß zwischen Kunming (150 km südlich des südlichsten Jangtse-Knies) und dem burmesischen Bhamo am Irawadi eine alte Karawanenstraße verlief, die verhältnismäßig leistungsfähig war: Im Jahr 1826 wurden hier allein sechs Millionen Kilogramm Baumwolle befördert – mit Maultieren, was Rückschlüsse auf die Schwierigkeit der Hochpässe zuläßt. Eine Baumwollkarawane war zwischen Kunming und dem Irawadi

34 Tage unterwegs. Die abenteuerlichste Wegstrecke müssen jene achtzig Kilometer gewesen sein, auf denen sich einige von Asiens größten Strömen – der Salween, der Mekong und der Jangtse – tief in das Yünnan-Hochplateau eingefressen haben, von ihren Nebenflüssen ganz zu schweigen. Der Salween wurde auf einer Hängebrücke überquert, danach ging es in einer engen Schlucht steil aufwärts, auf einer Treppe, die gar nicht Pfad genannt werden konnte. Die Stufen waren in den Stein gehauen, um eine zweitausend Meter hohe Felswand zu bezwingen.

Die Natur ist hier geblieben, wie sie war; auch ein mächtiger Kaiser wie Wu-ti konnte nichts anderes tun, als Hängebrücken spannen und Maultierkolonnen einsetzen. Und auch der Seeweg um Hinterindien herum durch die gefährliche Malakka-Straße brachte keine tragfähigere Handelsverbindung zustande. Also wurde Tschang-kien doch wieder in Gnade aufgenommen. Wenn es keinen anderen Weg nach Westen gab als den, welchen er entdeckt hatte, so mußte eben dieser freigekämpft werden, selbst gegen die Hiung-nu!

»Es war damals das vierte Jahr der Periode Juan-sou (d.h. 119 vor Christus). Im Frühling dieses Jahres stellte der Höchste (der Kaiser) den Generalissimus Wei-tsing und den Piaoki-General Hoki-ping an die Spitze von je 50000 Reitern; die etlichen 100000 Fußsoldaten und Troßknechte, welche der (Reiter-) Armee auf den Fersen folgen sollten, sowie die Streitlustigen, welche sich tief ins Feindesland hineinwagten (Guerillas?), wurden Ho-ki-ping unterstellt...«

Der Bericht, der sich in der Lebensbeschreibung des Feldmarschalls Wei-tsing im Shi-ki findet, geht nun sehr ins Detail und läßt erkennen, daß auch der Kaiser und einige hohe Hofbeamte sich hinter der Armee her in Richtung Westen bewegten, um für Entscheidungen schnell erreichbar zu sein. Dieses kaiserliche Feldlager scheint im Schutz der Großen Mauer geblieben zu sein, während die Kampftruppen durch die Wüste, also den Südwestteil der Gobi, den Hunnen entgegenzogen. Ein angeblicher Überläufer hatte dem Hunnenfürsten vorgespiegelt, daß dieser Anmarsch durch die Wüste das chinesische Heer dezimieren würde, daß »die Kriegsmacht von Han mit Mann und Roß so erschöpft sein würde, daß die Hiung-nu sie mühelos abfangen könnten. Auf diesen Rat hin hatten die Hunnen ihren Troß und alle Truppen nach Norden geführt, und man wartete mit den besten Truppen am Nordrand der Wüste den Einfall der Han-Soldaten ab. Und so fand sich der Generalissimus, als er mehr als tausend Li von den Grenzbefestigungen zurückgelegt hatte, dem Hunnenfürsten und seinen Schlachtreihen gegenüber.«

Tausend Li, das sind bei den verschiedenen Strecken, die im Lauf der Zeit mit diesem Wegmaß bezeichnet wurden, 550-640 Kilometer. Wei-tsing hatte also einen Wüstenmarsch von mindestens vierzehn Tagen hinter sich, als er auf die Hiung-nu-Nomaden traf.

»Nun befahl der Generalissimus, die kriegsfesten Wagen so im Kreise aufzustellen, daß sie ein Lager bildeten, und ließ 5000 Reiter auf die Hiung-nu stürmen. Diese machten auch ihrerseits einen Ansturm, und zwar mit 10000 Reitern; aber gegen den Untergang der Sonne erhob sich ein Sturmwind, der ihnen den Sand ins Gesicht trieb, so daß die beiden Heere einander kaum sehen konnten. Als nun Han (d.h. die Chinesen) noch den rechten und den linken Flügel zum Angriff einsetzten und den Tan-hu (Hunnenfürsten) einkreisten, sah dieser ein, daß die Streitkräfte der Han an diesem Tag den seinen an Zahl überlegen waren. Tatsächlich kämpften die chinesischen Reiter immer noch, ohne nachzulassen, und setzten die Hiung-nu in Nachteil.

Der Hunnenfürst bestieg daher in der Dämmerung einen mit sechs Maultieren bespannten (Streit-)Wagen und schlug sich mit einigen Hundert seiner tapfersten Reiter durch die Umfassung der Chinesen, wonach er sich zur Flucht nach Nordwesten wandte. Indessen war es dunkel geworden. Die auf dem Schlachtfeld verbliebenen Gegner schlachteten einander bei der Jagd auf Versprengte immer noch ab, so daß die Verluste auf beiden Seiten etwa gleich hoch waren. Dabei wurde eine linke Heeresabteilung der Han-Truppen eines Feindes habhaft, der mitteilte, daß der Hunnenfürst schon geflohen sei, als der Abend erst hereinbrach. Die chinesische Armee setzte noch während der Nacht leichte Reiterei zu seiner Verfolgung ein, und die Hauptmacht folgte ihnen, während die Hunnen sich zu keiner neuen Kampfhandlung mehr sammelten. Bei Tagesanbruch hatten die Verfolger mehr als 200 Li (ca. 110–130 km) zurückgelegt, ohne den Hunnenfürsten zu finden. Die Gesamtbeute betrug etwa 10000 Köpfe und Gefangene. Als man das Tingan-Gebirge (Ausläufer des Gobi-Altai) erreichte, fand man in der Festung Tso-Sin die Getreidevorräte der Hiung-nu.«

J. J. M. de Groot, dem wir die Übersetzung auch dieser Auszüge aus dem Shi-ki verdanken, weist darauf hin, daß die Ortsnamen dieses Berichts sonst nirgends genannt werden, vermutet aber, daß es sich um Hinweise auf das Kerngebiet des Hiung-nu-Widerstandes am Orchonfluß handelt. Hier, nördlich und westlich der heutigen Stadt Urga, hatten nicht nur die Hiung-nu, sondern auch die ihnen in der Macht folgenden mongolischen Nomadenvölker Befestigungen gegen die chinesischen Expansionsgelüste und Vorstöße unterhalten; hier liegt das westliche Ende des sogenannten Dschingis-Khan-Walls, hier lag aber auch die von verschiedenen Reisenden des europäischen Mittelalters erreichte bedeutende Residenzstadt Karakorum der Mongolenkhane.

Man darf annehmen, daß die noch überwiegend von Turkstämmen geführten Hiung-nu in ihren Räuberbund auch schon starke Mongolenstämme aufgenommen hatten. Es besteht daher nicht nur eine räumliche, sondern auch eine gewisse völkische Kontinuität von der Han-Zeit bis zu den Zeiten des Kublai-Khan, unter dem die Nomaden endlich ihr großes Ziel erreichen und sich China unterwerfen konnten.

Wei-tsing freilich und die Han-Kaiser waren noch zu stark, ja sie hatten mit diesem kühnen Feldzug quer durch die große Wüste sogar einen entscheidenden Erfolg errungen. Sie verbrannten das Getreide, soweit sie es nicht mitnehmen konnten, und kehrten zurück. Das heißt: sie konnten ebensowenig wie irgendein späterer Gegner einen wirklichen Vernichtungskrieg gegen jene Nomadenvölker führen, die nur in die Weite der Baikalsteppe auszuweichen brauchten, um sich einem übermächtigen Angreifer zu entziehen. Da aber Ho-ki-ping (wie der Bericht sagt) »im Abhauen von Köpfen und im Abfangen von Menschen« noch erfolgreicher war als die Armee des Generalissimus, erholten sich die Hiung-nu von diesem schweren Schlag lange nicht, und der Weg nach Westen blieb für viele Jahre frei von Räubern.

Man wüßte nun natürlich gern, was der Westen daraus machte, ob auch das Abendland die Chance nutzte, die sich durch die Tapferkeit und die Ausdauer der Chinesen so unversehens eröffnet hatte. Denn daß eine chinesisch-mittelmeerische Verbindung nichts Alltägliches ist, das muß man leider selbst nach dem heutigen Augenschein noch zugeben.

Vor den Han-Kaisern gab es über die Wege nach China nur Gerüchte. Vor Alexander dem Großen kannte man auch die Seide noch nicht. Selbst der große Herodot weiß von all dem, was jenseits des Ural im Osten liegt, nichts anderes zu berichten als Sagen und Märchen. Dies änderte sich, als die begabten Handelsvölker der Levante in das große Römerreich einbezogen wurden. Der Römer selbst – Bauer und Krieger, Verwaltungsbeamter, Jurist, Literat – überließ vor allem den Fernhandel sehr oft den Griechen, Armeniern, Syrern und Juden. Diese Völker, die an der Begegnungszone zwischen Asien und dem Abendland lebten, waren für die schwierige Anbahnung transkontinentaler Handelsverbindungen begabter als die stolzen und nicht so geschmeidigen Römer.

Jener Mangel an Elastizität und römischem Handelsinteresse muß als die Hauptursache dafür angesehen werden, daß die glückliche Phase offener Handelswege zwischen 117 und 47 vor Christus nur von Chinesen und Parthern genützt wurde. Im Römischen Reich selbst aber waren diese Verbindungen wohl nur einigen wenigen Fernkaufleuten bekannt – und diese machten wohlweislich von ihrem Wissen keinen öffentlichen Gebrauch. Denn war erst einmal die Konkurrenz zur Stelle, dann verdarb sie Preise und Gewinnspanne.

Der schwache Han-Kaiser Yüan-ti (48–32 vor Christus) ließ es zu, daß die Hiung-nu wieder die Karawanenstraßen Turkestans beherrschten. Nach achtzig Jahren so gut wie ungestörten Warenverkehrs trat damit eine Pause ein, die bis 87 nach Christus, also beinahe 130 Jahre währte. Da die Völker nun immerhin voneinander wußten, da eine gewisse Nachfrage nach chinesischen Ausfuhrgütern wie der Seide und dem Jadeschmuck herrschte, die Chinesen aber andererseits Fertigwaren aus dem mittelasiatischen und ostmittelmeerischen Raum zu importieren wünschten, hatte die Sperrung der Seidenstraßen immerhin doch noch einen positiven Effekt: Der Seehandel über Indien und Hinterindien begann sich zu entwickeln.

Segelvorschriften aus der Zeit um Chisti Geburt sprechen deutlich von der Möglichkeit, auf der Fahrt durch das Rote Meer nach Indien zu gelangen und im dortigen Hafen Kattigara Kaufleute aus dem Sererland zu treffen. Das seit 111 vor Christus chinesische Tongking (heute Vietnam) war malayischen Seefahrern so gut bekannt, daß sich die Wasserstraßen als Ersatz für die Karawanenrouten anboten. Der *Periplus Maris Erythräi*, ein Seehandels-Hilfsbuch aus dem ägyptischen Hafen Berenike, weiß noch ganz genau, daß die Seide früher über Baktrien nach Europa kam, und identifiziert erstmals China mit dem Herkunftsland der Seide.

Ein Jahrhundert des Seehandels schuf also bessere Kenntnis von China, aber die Neueröffnung der Seidenstraßen zwischen 73 und 105 nach Christus war eine zu kurze Spanne, um den trägen Karawanenhandel neuerlich in Schwung zu bringen. Wir müssen die ungeheure Leistung des Generals Pan Chao bewundern, der unter Kaiser Ho-ti (88–105 nach Christus) die Hunnen abermals schlug, der seine Truppen über den Pamir (!) nach Westen führte und bis an die Ostufer des Aralsees gelangte. Richard Hennig nennt ihn darum ein Genie von napoleonischen Ausmaßen; mit Sicherheit aber ist der General und Gouverneur der Westländer eine säkuläre Erscheinung, von der bei uns zu Unrecht so wenig gesprochen wird.

Pan Chao bedeutete die größte Chance für einen unmittelbaren chinesisch-römischen Kontakt, lag doch zwischen den beiden Großreichen, die damals beide zugleich auf dem Höhepunkt ihrer Macht angelangt waren, nur noch der Staat der Parther. Der freilich lebte ohne nennenswerte militärische Macht eben von dieser Puffer-Situation, also vom Warenaustausch zwischen Asien und Europa. General Pan Chao hätte darum besser getan, seinen Untergeneral Kan-Ying, der die Verbindung mit Rom aufnehmen sollte, nicht über das heutige Persien und den Irak nach Europa zu senden, sondern den Weg zum Schwarzen Meer und über den Balkan zu wählen. Aber nachher ist gut raten! General Kan-Ying geriet an Kaufleute, die sehr genau wußten, daß der Chinese sie durch die Herstellung direkter Kontakte um beträchtliche Zwischenhandels-Gewinne bringen könne. Darum erhielt er – vermutlich am Euphrat – jene abschreckende Auskunft, die wir in der chinesischen Hou-han-shou-Chronik finden:

»Das Meer ist weit und groß; bei günstigem Wind kommt man in drei Monaten nach Ta-tsin (Rom). Sind aber die Winde ungünstig, so kann die Reise auch zwei Jahre dauern. Unsere Schiffe werden deshalb mit Proviant für drei Jahre versehen. Dazu kommt, daß es auf dem (westlichen) Meer etwas gibt, was den Menschen veranlaßt, nach seiner Heimat zu verlangen. Wer sich auf die Hohe See begibt, wird von einer gefährlichen Melancholie ergriffen. Wenn dem Herrn Gesandten seine Eltern, sein Weib und seine Kinder gleichgültig seien, dann allerdings möge er ruhig weiterreisen...«

Jenes westliche Meer hat den Kommentatoren viel Kopfzerbrechen verursacht, weil die Schriftsteller der Antike darunter im allgemeinen den Atlantik verstehen. Für einen Chinesen natürlich sieht die Sache anders aus: er steht schon im Persischen Golf an einem West-Meer, an einem Meer, das ihm nach Charakter und Ausdehnung völlig unbekannt ist.

Kan-Ying wurde also nicht berühmt, oder doch höchstens als Beispiel für einen Mann, der in dem Augenblick umkehrt, da die Hauptschwierigkeiten bereits hinter ihm liegen. Er hätte auf den guten Straßen des Römerreiches ungefährdet weiterreisen können, wie Tausende vor und nach ihm, über Palmyra ans Mittelmeer und von dort in die Hauptstadt des Imperiums am Tiber.

Aber er ließ sich einschüchtern und glaubte den beschwörenden Worten der Gauner von Ormuzd.

So verdunkelte er nicht den Ruhm des großen Generals, der ihn ausgeschickt hatte. Der seit Tschang-kien größte Erforscher des chinesischen Westens blieb General Pan Chao, von Giles Pan-Ch'ao geschrieben, ein Mann, der stark genug gewesen wäre, Kaiser zu sein, der aber sein Leben lang ein Diener des Herrschers blieb.

Pan Chao (31–101) entstammte keiner Offiziers-, sondern einer Gelehrtenfamilie. Sein Vater Pan Piao hatte die Aufmerksamkeit des Kaisers erregt, weil er über einen chinesischen Feldherrn eine besonders lebendige Biographie geschrieben hatte. Pan Piao wurde an den Hof berufen und arbeitete an einer Weiterführung des Shi-ki, des berühmten Geschichtswerkes, das Ssu-ma-chien nur bis zum Jahr 104 vor Christus hatte vollenden können.

Pan Piaos ältester Sohn war der Historiker Pan Ku, der sich jedoch politisch kompromittierte, so daß ihm nur der militärische Ruhm des jüngeren Bruders Pan Chao das Leben, wenn auch nicht die Freiheit rettete. Als Pan Ku im Gefängnis starb, befahl der Kaiser der Schwester des Toten die Vollendung des Geschichtswerkes.

Pan Chao, der General, war also der einzige Tatmensch der so hochbegabten Familie. Trotz allem Respekt für seine Eltern machte sich dieser Tatendrang schon in früher Jugend bemerkbar. So gelang es ihm, sich selbst eine gute Ausbildung zu sichern, obwohl sein gelehrter Vater sehr arm war, und man erzählt sich, daß er eines Tages auf seinem Verwaltungsposten wütend den Pinsel von sich warf und ausrief: »Ich brauche andere Waffen als dies Schreibgerät, ich möchte wie Tschang-kien meinen Ruhm in fernen Ländern erwerben!«

Um seine Zukunft kennenzulernen, konsultierte er einen Physiognomisten. Dieser sagte ihm, er habe den Schnabel einer Schwalbe und den Nacken eines Tigers: Er werde als Markgraf Myriaden von Meilen weit entfernt herrschen. Sein Bruder, der Historiker, verschaffte ihm einen besseren Posten, auf dem er mit der Vorbereitung einer Expedition beschäftigt wurde und schließlich selbst an dem ruhmreichen Feldzug des Tu-ku gegen die Hiung-nu teilnehmen durfte, bei dem sein Vorgesetzter einen großen Sieg errang (73). Von Tu-ku als Gesandter an den Hof eines Kleinkönigs in Turkestan geschickt, traf Pan Chao mit einigen wenigen Reitern auf eine überlegene hunnische Einheit, nahm den Kampf aber an und tötete den Anführer der Feinde. Diese entschlossene Tat und der Kopf des Hunnen auf einem Tablett beeindruckten jenen König so sehr, daß Pan Chao weitere Missionen anvertraut wurden und er zu überzeugenden diplomatischen Erfolgen gelangte. Er unterwarf sich mit verhältnismäßig kleinen Truppen, die auch im Hochgebirge operieren konnten, das Reich von Khotan und – wie die chinesischen Quellen sagen – insgesamt fünfzig größere und kleinere Reiche bis hinaus in die Aralsteppe.

Er wurde, wie man es ihm vorhergesagt, zum Markgraf dieses Vorfelds ernannt und verbrachte insgesamt 31 Jahre in Zentralasien. Als er sich 100 nach Christus altershalber zurückzog, sandte ihm der Kaiser seinen eigenen Leibarzt entgegen.

Für die Kräfte, die in diesem Teil der Welt im Spiel waren und die Lage entschieden, ist kennzeichnend, daß die Hunnen einen Mann wie Pan Chao auch dann nicht anzugreifen wagten, wenn er mit nur dreißig Begleitern durch die Steppe ritt. Noch Marco Polo, ja sogar Sven Hedin erzählen vom Aberglauben in der Tarimwüste, in der Dsungarischen Pforte, im Herzen Asiens. Pan Chao stand mit den Dämonen im Bund, das war mehr, als wenn er eine ganze Armee hinter sich gehabt hätte, denn Armeen hatten die Hunnen nie gefürchtet.

Aber ein Handelsweg und damit das wirtschaftliche Schicksal eines Landes, die durften nicht von solchen Imponderabilien abhängen wie dem Vorhandensein des richtigen Mannes im richtigen Augenblick und am richtigen Platz.

Die Unsicherheiten des Seewegs waren gewiß auch bedeutend, und doch überwogen hier die konstanten Kräfte; die Monsunwinde waren bekannt, die Araber und Malayen kannten die

Wasserstraßen zwischen Tonking, Ceylon und Ormuzd und weiter bis zur Griecheninsel Sokotra und dem Ptolemäerhafen Berenike am Roten Meer. Der chinesische Zielhafen dieser Fahrten war Kattigara, eine damals vielgenannte Stadt, deren Lage im Raum des heutigen Hanoi am Song-kai-Fluß angenommen werden darf. Hier war es auch, daß im Jahr 166 nach Christus eine Gesandtschaft des Kaisers Marc Aurel an Land ging – eine Gesandtschaft, von der wir allerdings annehmen müssen, daß sie aus Syrern bestand, die sich und ihrem Auftreten ein wenig Gewicht verleihen wollten. Diplomaten im engeren Sinn waren sie gewiß nicht. In den Annalen der jüngeren Han-Dynastie lesen wir über dieses gewiß sensationelle Ereignis:

»Das Land, aus dem diese Männer kamen, heißt Ta-Tsin (Römisches Reich). Es ist sehr ausgedehnt, hat viele Städte, und eine große Anzahl unterworfener Länder gehört dazu. Man erbaut die Hausmauern aus Steinen, und an den Straßen stehen Wirtshäuser. Die Bewohner schneiden ihr Haar und tragen schöne Kleider. Im Krieg haben sie Trommler, führen Feldzeichen mit sich und schlafen in Zelten. Die Hauptstadt hat hundert Li (55–60 km) Umfang und birgt zehn Paläste, die voneinander jeweils zehn Li entfernt sind. In den Palästen stehen Säulen aus Kristall. Den höchsten Rat bilden sechsunddreißig Feldherren, die Könige werden gewählt.

Es gibt in Ta-Tsin viel Gold, Silber und Edelsteine, denn die Bewohner sind sehr reich, vor allem durch ihren Handel mit den Parthern und den Indern. Alles Kostbare und Merkwürdige, was man in anderen Ländern findet, kommt aus diesem Reich. Die Bewohner haben einen offenen und rechtschaffenen Charakter, und ihre Kaufleute haben niemals zwei Preise. Der Preis des Getreides wird stets niedrig gehalten. Kommen Gesandte an die Grenze des Reiches von Ta-Tsin, so können sie fortan auf Poststraßen bis zur Hauptstadt reisen, wo sie ein Geschenk erhalten.

Die Könige dieses (römischen) Reiches wünschten schon lange, Gesandtschaften nach China zu schicken, aber die An-hsi (Parther) wollten den Handel mit Seide für sich behalten und schnitten die (direkten) Verbindungen ab. Dies dauerte bis zum

9. Jahr der Yen-shi-Periode (166), als der König von Ta-Tsin namens Antun (Antoninus, wie sich Marc Aurel nach seinem Adoptivvater nannte) eine Gesandtschaft ausschickte. Diese kam von der Grenze des Landes Annam und brachte Elfenbein, Rhinozeroshorn und Schildpatt als Tribut. Die Edelsteine haben die Gesandten vermutlich unterschlagen. Seit jener Zeit besteht direkte Verbindung zwischen dem Han-Reich und Ta-Tsin.« (Hou-han-shou, Kap. 118)

Für die in dieser Quelle behauptete direkte Verbindung gibt es zahlreiche und verschiedenartige Beweise. Die beliebtesten sind natürlich die Waren selbst und die Münzen, mit denen sie bezahlt worden sind. Bei den Waren handelte es sich zum Beispiel um Gewürznelken, die schon Plinius kannte. Römermünzen wurden bis über Ceylon hinaus am Indischen Ozean gefunden.

Noch überzeugender aber als diese von Hand zu Hand weitergereichten Dinge, die ja oft die wunderlichsten Schicksale haben, sind die Folgerungen, die ein paar gute Köpfe aus diesem Handel zu ziehen verstanden. Der eine war der namentlich unbekannte Verfasser des schon erwähnten Periplus, jenes erstaunlichen Handbuchs für den Überseekaufmann, das nachweislich im ersten nachchristlichen Jahrhundert entstand, das die Mitteilung von Afrikas Verjüngung im Süden und seiner Umschiffbarkeit enthält, das aber auch über Indien und Hinterindien, über die Philippinen und Südostchina alles sagt, was man damals wissen mußte.

Der andere ist ein Grieche namens Alexander, der seine Reise nach Kattigara beschrieben hat – in einem leider verlorengegangenen Bericht, von dem jedoch die antiken Geographen noch wußten. Dieser Reisebericht und die Auskünfte seiner eigenen Handelsagenten haben dem Marinus von Tyrus, einem in der alten syrischen Handelsstadt gleichsam an der Quelle sitzenden Amateur-Geographen gestattet, ein Itinerar von Syrien nach China auszuarbeiten, also ein Reisehandbuch für den Seidenhandel. Vermutlich hatte er dafür eine wertvolle Unterlage: ein ins Iranische übersetztes chinesisches Itinerar.

Dabei gab es natürlich Mißverständnisse vor allem in den Entfernungen; chinesische und iranische Maße waren verschieden, der vorsichtige Marinus übersetzte sie in zu große Entfernungen, damit keiner von denen, die ihm glaubten, auf der Strecke bleibe. Und der große Ptolemaios, der auf den Arbeiten des Marinus fußte und seine für ein Jahrtausend vorbildliche Erdkunde schuf, glaubte nicht an eine so große Erde, wie sie Marinus und seine Wegeskizzen bedingten, und *verminderte* alle in diesen Unterlagen enthaltenen Zahlenangaben.

So konnte es kommen, daß Christoph Columbus, als er die Erdkugel nach den Entfernungen des Ptolemaios beurteilte, von einer viel zu kleinen Erde ausging, in der für Amerika gar kein Platz war, einer Erde, die an ihrem Rücken, jenseits von Asien, nur noch einen keineswegs großen Ozean enthielt, den zu überqueren auch mit den klapprigen Karavellen des fünfzehnten Jahrhunderts möglich sein mußte. Kan-Ying, der nicht nach Rom gelangte, und die Hiung-nu-Hunnen, die den römisch-chinesischen Handel immer wieder unterbrachen, sorgten gemeinsam für diesen fruchtbarsten aller Irrtümer, für den Wahn von der kleinen Welt, dem Amerika seine Entdeckung verdankt.

Die Seide und die Moral

Ein ebenso seltsamer wie faszinierender Zufall setzt die große chinesische Kaiserzeit – die beiden Han-Dynastien – in jene vier Jahrhunderte, in denen sich das große Römerreich zu seiner Blüte entwickelte. Zweihundert Jahre vor Christus, zweihundertzwanzig Jahre danach, und in der Mitte, um Christi Geburt, die soziale Revolution des Wang Mang, die den Keim zu neuen gesellschaftlichen Entwicklungen im traditionellen China legt. Das sind vierhundert Jahre, die sich in ihrer Bedeutung für China, für Asien und für die Weltgeschichte durchaus mit den Jahrhunderten zwischen den Punischen Kriegen und Kaiser Hadrian vergleichen lassen.

Trotz dieser Parallele vermögen wir nicht, die Zeit der Han-Kaiser als ein chinesisches Altertum anzusprechen. Zu vieles, was in dieser Zeit ausgeprägt wurde, gehört bereits zum ewigen Bild Chinas und der Chinesen und unterliegt einem stärkeren Wandel erst seit 1950. Alles, was wir an der chinesischen Kultur als archaisch empfinden, liegt vor den Han-Kaisern, und selbst der souveräne Geist eines Friedrich Hirth setzt die Zäsur zwischen einem alten und einem neuen China in jenes Jahr 115 vor

Christus, in dem unter Kaiser Wu-ti die Verbindung zum Westen aufgenommen wurde, in dem China den Gürtel der Wüsten und Gebirge durchbrach. Damit war aus dem Reich mit seiner autochthonen und selbstgenügsamen Entwicklung eine zum Imperialismus entschlossene und zum Austausch gerüstete Nation entstanden.

Wie es der Vergottung ihrer Kaiser entsprach, wie es aus der Überzeugung von der Einzigartigkeit Chinas folgen mußte, stand damit aber auch der Auftrag der Weltherrschaft fest. Der Sohn des Himmels konnte nicht ein Monarch unter anderen sein. Er mußte göttlich bleiben, auch wenn Tschang-kien und Pan Chao noch so viele andere Reiche entdeckt hatten, auch wenn der ferne An-tun jenseits des westlichen Meeres über zahllose kleinere Fürsten gebieten sollte, wie seine Gesandten es behauptet hatten. Das ist weder Hypertrophie noch Cäsarenwahnsinn, sondern die Zwangsfolge einer geographischen Situation. In einem Jahrtausend der Isolierung, die nur von einigen Barbarenvölkern geteilt und gelegentlich durchbrochen wurde, mußte sich nicht nur in den Herrschern, sondern auch in den Beherrschten die Überzeugung herausbilden, daß China ein auserwähltes Reich, daß die Chinesen ein auserwähltes Volk seien. Und was sie fortan von der Welt entdecken würden, das waren zu unterwerfende Länder; warum sonst hätte der Himmel sie den Chinesen zeigen, chinesische Generale hinführen sollen?

»Rechercher quelles sont les nations qui leur ont été soumises, ce serait faire le tableau de leurs connaissances géographiques«, schrieb Jean Pierre Abel de Rémusat schon vor hundertfünfzig Jahren in seinen *Bemerkungen über die Ausdehnung des Chinesischen Reiches,* und der große Geograph Ferdinand Freiherr von Richthofen schränkte nur wenig ein, wenn er aus seiner eigenen Kenntnis des Riesenreiches feststellte: »Zu jeder Zeit sind es ihre wirkliche oder eingebildete Macht und die Sphäre ihres Handels, welche den Gesichtskreis (der Chinesen) begrenzen; nur die Religionsbeziehungen vermochten ihn in Indien zu erweitern.«

Aus dieser Begrenztheit des Gesichtskreises leiten die Chinesen die Verpflichtung ab, ihn zu erfüllen, auszufüllen, zu beherrschen. Die Begrenztheit ist aber auch folgenreiches Schicksal für die europäischen Bemühungen um China, denn auf die Ära des Nichts-voneinander-Wissens folgt nun die Phase des Einander-nicht-Verstehens. Sie begann mit Kan-Ying, der die Parther nicht durchschaute, der – beglückt von seiner eigenen Mission – überzeugt war, man würde ihn überall wie ein Wesen von einem anderen Stern aufnehmen und ihm schon wegen der Größe des Ereignisses nur mit Liebe, Achtung und Aufrichtigkeit begegnen. Die Mißverständnisse setzten sich fort bis zu den Mongolenkhanen, die alle Gesandten aus Europa – ob sie nun vom französischen König oder vom Papst kamen – so empfingen wie die Häuptlinge einer Nomadenhorde, die in den Geschenken Tribute sahen und statt Verhandlungen nur eine Unterwerfungszeremonie erwarteten.

Sosehr man sich mit Worten mißverstehen konnte, so eindrucksvoll bahnte sich gleichzeitig, insgeheim und jedenfalls wortlos, eine tiefere Verständigung durch Zeichen und Symbole an: die Entstehung einer chinesischen Kunst, in der sich griechische und iranische Elemente nachweisen lassen, ja die vermutlich erstmals durch Fremdeinflüsse tiefer angeregt und über das Ornamentale hinaus befruchtet wurde.

Es ist noch immer Grabkunst, Totenkult, Ahnenkult, aber eben darum hat sie sich bis auf unsere Tage erhalten; im Schutz der Toten überlebten die Kunstwerke, während über Bauwerke, Mauern und anderen Besitz der Lebenden die Stürme der Zeit hingingen und immer wieder das zerstörten, was uns ein Bild dieses Lebens hätte bewahren können.

In dem kleinen Grenzkönigreich von Lou-lan, unweit des Lop-nor, einer Geisterstadt zwischen Wüste und Salzsumpf, fand Sir Aurel Stein in trockenem Sand gut erhaltene Gräber mit verschiedenen Grabbeigaben, unter denen kunstvolle Seidengewebe besonders auffielen, aber nicht mit Sicherheit zu datieren waren. Erst als in einem Turm der Festung Tun-huang, ebenfalls im Bereich der Seidenstraße, aber weiter gegen die Hiung-nu-Gebiete vorgeschoben, ganz ähnliche Seiden gefunden wurden, die sich durch Kleinfunde genauer datieren ließen, stand für die Forschung fest, daß die Seidenweberei in der Han-Zeit bereits ein außerordentliches Niveau erreicht hatte, ja daß die Seide mehr als ein Exportartikel geworden war: Selbst die Barbarenfürsten der Hunnen, der Wusun, der Yüe-tschi hatten an diesen in gleißenden, reizvollen Farben hergestellten Gewändern so viel Gefallen gefunden, daß die Seide wie eine zweite Währung geachtet wurde. Die Soldaten der Grenzgarnisonen erhielten einen Teil ihrer Löhnung in Seide, und die räuberischen Nomaden empfingen nicht selten Tribute oder Stillhalte-Prämien, die aus vielen Ballen wertvoller Seide bestanden.

Die Muster dieser Seidenstoffe verrieten deutlich iranische Einflüsse; die in den Gräbern gefundenen feinen Teppiche zeigten sogar griechische Muster. Fürstengräber in der Äußeren Mongolei, die von sowjetischen Forschern aufgefunden und ausgewertet wurden, bestätigen eine Reihe von Kontakten über die Militärgrenze hinweg: auch außerhalb der Großen Mauer wirkte sich die Attraktion chinesischer Luxuswaren aus. Die Nomadenfürsten, die man gewiß mit einigem Recht auch als Räuberhäuptlinge bezeichnen könnte, umgaben sich in ihren Zelten mit den schönsten Stücken chinesischer Handwerkskunst, und nicht wenige der Teppiche und Seidenwaren, die sich hier fanden, zeigten eine Vereinigung griechischer, parthischer und skythischer Motive mit traditionellen chinesischen Drachenornamenten oder Reiterfiguren. Nicht alles mußte Raub sein; Gesandtschaften brachten oft Geschenke oder Tribute. Aber es ist auch denkbar, daß in die Sklaverei geführte Handwerker nach chinesischen und parthischen Mustern weben und knüpfen mußten. Ist dergleichen auch von den Hiung-nu-Höfen nicht mit Sicherheit bezeugt, so läßt doch der Brauch bei den späteren Mongolenfürsten, die ganze Handwerkerabteilungen an die Hofhaltungen anschlossen, solche Überlegungen zu.

Im Jahr 1934 half ein seltsamer Zufall dem großen schwedischen Forscher Sven Hedin auf der Suche nach Zeugnissen aus der Frühzeit des chinesischen Reiches. Das Tarimbecken ist eine

Zone, in der die Flüsse nicht nur plötzlich verschwinden und irgendwo wieder an die Oberfläche kommen, sondern in der sie auch ihren Lauf ändern und, ohne daß man wüßte, warum, nach Jahrzehnten oder Jahrhunderten dann wieder in ihr altes Bett zurückkehren. Als Sven Hedin in die Tarimwüste kam, stellte er fest, daß der Tarimstrom, an dem er schon wiederholt gestanden, urplötzlich in jenes alte Bett zurückgekehrt war, das er vor 1600 Jahren verlassen hatte. Und wenn ein Strom sein Bett verläßt, dann erlischt das Leben an seinen Ufern, dann veröden die Städte, und der Sand erobert die Ruinen. Eine Fahrt auf dem Tarim mußte darum eine Reise in die Vergangenheit, eine Reise zwischen toten Städten werden.

Die Expedition fand aber nicht nur Ruinen, in denen sie ohnedies nicht graben durfte, sondern auch Gräber, und wenn diese hinreichend einsam lagen, wenn Schilfinseln sie verdeckten, dann riskierte der Schwede wohl auch einen verbotenen Spatenstich, vor allem dann, wenn es sich um einen vielversprechenden Grabhügel handelte, um einen jener kleinen Tumuli, wie sie stets die Bestattung hochgestellter Persönlichkeiten verrieten.

»Voller Spannung erwarteten wir«, schreibt Hedin, »den unbekannten Toten, der so lange in ungestörter Ruhe geschlummert hatte, zu sehen. Statt dessen fanden wir jedoch nur eine graue Decke, in die der Tote eingewickelt war und die die Leiche ganz und gar, vom Scheitel bis zur Sohle, verbarg. Diese Umhüllung war so spröde, daß sie bei der Berührung in Staub zerfiel. Wir entfernten den Teil, der das Haupt bedeckte – und nun sahen wir sie, die Herrscherin der Wüste, die Königin von Lou-lan, in all ihrer Schönheit.

Auf dem Kopf trug sie eine turbanähnliche Mütze und um diese eine einfache Binde. Ihr Oberkörper war mit einem Hemd aus Hanf, unter das noch mehrere ähnliche Kleidungsstücke aus gelber Seide gezogen waren, bedeckt. Die Brust war von einem roten, quadratischen, mit Stickereien verzierten seidenen Tuch bedeckt, worauf ein Hemd aus blauem Stoff folgte. Der untere Teil des Körpers war in doppelter Seide gehüllt, eine Art Rock, der eine Fortsetzung der gelben, seidenen Bekleidung und des

Hemdes bildete. Auf gleiche Weise bildete ein Rock aus weißem Stoff die Fortsetzung des blauen Kleides. Darunter trug sie einen dünnen Rock, Hosen und gemusterte Pantoffeln. Ihre Lenden umschlang eine Art Rettungsgürtel.

Wir nahmen Proben aller dieser Kleidungsstücke mit; einiges, wie den Kopfputz und die Pantoffeln, entführten wir im ganzen, desgleichen den Beutel voll schön gemusterter Seidenreste in verschiedenen Farben.«

Das andere zerfiel an der Luft wohl schnell zu Staub: Wäre das Grab heute entdeckt worden, so wäre wohl auch die Rettung der Textilien geglückt. Die Ausgräber führen die nötigen Chemikalien und Behälter selbst in Kleinlaboratorien meist bei sich.

In einem großen Nachbargrab hatte Sven Hedin die Dienerschaft der Fürstin gefunden, ohne Särge bestattet, eine Gruppe von Männern und Frauen, die sterben mußten, damit Ihre Hoheit auch im Jenseits nicht auf Diener und Mägde zu verzichten brauchte.

So fest glaubte man an diesen kompakten Übergang ins Jenseits, an das neue Leben nach dem Tod, daß die Reliefs, die in die Grabwände eingelassen wurden – man fand sie in Shantung – nicht etwa so wie unser Grabschmuck den Überlebenden, den Besuchern der Gräber zugekehrt waren, sondern dem Inneren der Grabkammer, damit der Tote sich daran erfreue. Die wenigen Han-Gräber, die erfolgreich freigelegt werden konnten, das heißt die nicht völlig beraubt waren, lassen diese charakteristische Halbreliefs erkennen, die durch Szenen aus dem Leben den Toten unterhalten und vielleicht mit dem düsteren Dasein in der Grabkammer versöhnen wollen.

Geht man von unserer christlichen Grabsymbolik aus oder vergleicht man die chinesischen Funde mit den ägyptischen Gräbern, so ist man überrascht, auf wenig Religiöses zu stoßen. Die Grabkunst der Han-Zeit wollte nicht auf ein Jüngstes Gericht vorbereiten, sondern das Leben bewahren, es für den Toten festhalten in Jagdszenen, aber auch in der Schilderung historischer Ereignisse oder gar jener kleinen Szenen aus dem täglichen Leben, die der Abgeschiedene nun für immer würde entbehren müssen.

Die Darstellungen sind mitunter sehr aufschlußreich. So hat C. P. Fitzgerald mit dem Blick des britischen Pferdekenners festgestellt, daß die auf den Schlachtszenen im Grab eines Han-Generals zu erkennenden Pferde nicht die kurzbeinigen chinesischen Pferde sind, sondern schlanken Araberrassen entstammen. Pferde, wie sie nur schwer und nur selten auf friedlichem Wege zu erlangen waren.

Daß diese Flachreliefs von chinesischen Bildhauern geschaffen wurden, kann nicht bezweifelt werden; in einzelnen Fällen kennt man sogar den Namen des Künstlers, ja auch den Preis, den die Angehörigen des Toten für die kunstvolle Arbeit entrichteten. Ebenso sicher ist aber auch, daß diese in der Han-Zeit auftauchende neue Kunst und ihre Technik der Berührung mit den Ausläufern abendländischer Kunsteinflüsse verpflichtet sind. Iranische Motive überwiegen, aber man findet auch griechische Elemente vom Bosporus oder aus der hellenistischen Sphäre, wie sie die Eroberungen Alexanders des Großen entstehen ließen. Die Han-Künstler kopierten dies alles nicht, sie ließen sich lediglich anregen und verwerteten die ihnen vertrauten chinesischen Sagenmotive, Legenden-Elemente und Historien in der neuen Manier. Dabei spielten naturgemäß auch die Materialien eine Rolle: Im Stein, in Lackarbeiten und auf der Seide bewegten sich die chinesischen Künstler freier als zum Beispiel bei der Metallbearbeitung. In diesem Fall wurden kleine Flächen meist mit Ornamenten gefüllt, die an den berühmten skythischen Tierstil erinnern; es sind stark stilisierte, in vielen Rundungen gefällig verweilende Tierdarstellungen oft symbolischen Charakters, die sich aus Skythengräbern des nördlichen Schwarzmeer-Raums bis nach Sibirien hinein in die einsamsten Kurgane nachweisen lassen. Motive dieser Art werden sich noch dreihundert Jahre nach den Han-Kaisern in der Hunnenkunst der Nach-Attila-Zeit finden.

Das Besondere an dieser unbestreitbaren Beeinflussung im Künstlerischen ist der Umstand, daß der Chinese in seiner Religion und seinem Weltverständnis eigenständig bleibt, daß mit den künstlerischen Elementen also noch keine geistigen Einflüsse mit-einwandern, wie dies wenige Jahrhunderte später dann der Fall sein wird, wenn die Kontakte mit dem buddhistischen Indien sich auszuwirken beginnen.

Allerdings ist die Lage auch noch nicht so, daß ein waches, wohlorganisiertes und zumindest elementar gebildetes Volk vorhanden wäre, das sich an künstlerischer Produktion und religiösen Entwicklungen zu erfreuen imstande wäre. Die beiden Epochen der Han-Dynastie erfreuen sich zwar im allgemeinen einer sehr günstigen Beurteilung bei den Historikern, und das seltsame sozialrevolutionäre Zwischenspiel unter Wang Mang, das in den Jahren 9-23 eine Zäsur schafft, wird im allgemeinen in Grund und Boden verdammt. Aber daß dieser zweifellos begabte Abenteurer so schnellen und durchgreifenden Erfolg haben konnte, daß er so weitreichende Reformen wie zum Beispiel eine Verstaatlichung von Grund und Boden und das Verbot der Privatsklaverei überhaupt in Angriff nehmen konnte, das zeigt doch, daß es eine konsolidierte Opposition gegen die gesellschaftliche Ordnung der Han-Zeit gegeben haben muß.

Wang Mang scheiterte, weil sich so durchgreifende Maßnahmen in einem archaischen Staatswesen und mit einer korrupten Beamtenschaft eben nicht durchführen lassen, weil alle Beamten, sofern sie nur weit genug von der Hauptstadt entfernt waren, die Reformen zur persönlichen Bereicherung benutzten und weil – dies war wohl der Hauptgrund – die Reformen selbst nicht echten sozialistischen Überzeugungen entsprangen, sondern letzlich das Kaiserhaus, also Wang Mang und seine Familie, reicher machen sollten.

Nach dem Ende dieses kurzen und blutigen Zwischenspiels hatte der Chinese also seine alte Ordnung mit ihren Vorzügen und Untugenden wieder. Die Vorzüge kamen zum Tragen, weil die Han-Dynastie politisch gesehen im ganzen Erfolg hatte. Die Nachteile aber lagen in der Grundstruktur einer so schnell nicht zu ändernden Gesellschaftsordnung, die vor allem den Bauern, den Ernährer des Volkes, auf einer menschenunwürdigen Stufe tiernaher Existenz dahinvegetieren ließ. Von Nahrungsmitteln lebend, die der Städter als Abfall qualifiziert hätte, ohne jeglichen Anteil an der langsamen Höherentwicklung des Staatsganzen, schufteten die Millionen auf dem Land für eine ferne Hauptstadt, für eine dünne Oberschicht, für einen im Glanz lebenden, als Gott empfundenen und verehrten Kaiser. Verschlimmerte sich die Lage durch Kriegslasten oder Unwetterkatastrophen, so wurde sie vollends unhaltbar, und die Bauern verließen die Felder, das heißt: sie rotteten sich zu Rebellenarmeen zusammen. Daß die Han-Kaiser lange Zeit die Macht hatten, diese Not-Aufstände niederzuschlagen, sicherte der Dynastie die lange Herrschaft ebenso wie die unleugbaren Erfolge in Außenpolitik und im grenzüberschreitenden Handel.

Mit großem Geschick verstanden die Kaiser aber auch, dem Volk, dessen materielle Lage sie nicht nennenswert verbessern konnten, wenigstens im Religiösen und in seinen patriotischen Gefühlen Sicherheit und Ermutigungen zu geben. Dank ihrer Erfolge überzeugt, tatsächlich göttliche Wesen zu sein und ihre Macht vom Himmel zu beziehen, beauftragen die Monarchen ihre konfuzianistisch geschulten Gelehrten, ähnliche Gedanken im Volk, bis hinaus aufs Land, populär zu machen. Da die Chinesen trotz aller Not an der Scholle hängen, da sie nach wie vor ihrem Ahnenkult, ihren Haus- und Flurgöttern innig verbunden sind, geht es vor allem darum, in diesem uralten Universum einen Platz für den Sohn des Himmels zu finden, für den Kaiser.

Die Schwierigkeit lag darin, daß der Landmann gewöhnt war, von seinen Hausgöttern Gutes zu erflehen und zu erhalten, was man von so manchem Kaiser durchaus nicht behaupten konnte. Aber wozu hatten die klugen Leute bei Hof ihren Konfuzius hin und her gewendet und sich zurechtgemacht! Immer, wenn in China Ordnung herrschte, galten die Gelehrten ebensoviel wie die Generale. Ihre Schulen waren es, die in jahrelanger wohlüberlegter Arbeit nicht nur dem Kaiser die Überzeugung eingaben, daß er ein göttliches Wesen sei, sondern auch das Volk mit dem Gedanken einer Art Arbeitsteilung vertraut machten: Der Himmel sorge für die Weltordnung, der Kaiser hingegen für die Ordnung auf Erden, für die Verwaltung des Reiches im Einvernehmen mit den Göttern. »In dieser Art Herrschaftskollegium von Kaiser und Himmel kommt letzterem nur eine untergeordnete Rolle zu, während die Herrschaftswürde des Kaisers die vorrangige Macht darstellt. Um die sakrale Würde des Himmels zu wahren, gestand man in der Diskussion über die Verfassung allerhöchstens zu, daß eine Naturkatastrophe als eine Art Vorwurf der höchsten Gottheit zu deuten sei. Doch kann die Ordnung des Universums in keinem Fall gestört werden, und der Himmel bleibt so lange passiv, wie der Kaiser imstande ist, die moralischen Grundsätze herrschen zu lassen...« (Marcel Granet)

Um diese moralischen Grundsätze bemühten sich die wandernden Weisen seit Jahrhunderten (während so mancher Historiograph und Chronist eher unter die Skeptiker einzureihen ist): sie verzeichnen Gutes wie Böses und melden Zweifel an der Weltordnung vorsichtig dadurch an, daß sie diesen Wechsel der Reichs-Schicksale dem Leser getreulich vor Augen führen. Das mochte für die Kundigen angehen, für die gebildete Oberschicht, die ohnedies der Familienpolitik tiefer verpflichtet war als den religiösen Maximen. Für die breitere Masse, für die ausgedehnte Mittelschicht, die sich mit dem Erstarken von Handel und Handwerk gebildet hatte, mußten neue Methoden der Beeinflussung und der Erziehung gefunden werden, und da wir in China sind, bediente man sich dazu natürlich der Literatur.

Wu-ti, der große Kaiser, hatte es noch mit dem guten Beispiel versucht, wobei es ihm allerdings zu mühsam war, dieses Beispiel selbst zu geben wie sein Vorfahre, der gute Kaiser Wen, der durch die Anschaffung der Sippenhaftung einen Ehrenplatz in der chinesischen Rechtsgeschichte verdient. Wu-ti, der große, der gewaltige Herrscher, beauftragte einfach einen prominenten Minister, dem Volk ein gutes Beispiel zu geben und die Enthaltsamkeit vorzuleben. Kung-sun-Hung, der sich dank seiner Position ein Leben im Luxus hätte leisten können, mußte statt Seide stets Leinen tragen, durfte nur Mahlzeiten zu sich nehmen, die auf einem einzigen Teller angerichtet werden konnten, und predigte gleichsam durch die Tat, daß er sich, so groß das Reich nun auch geworden sei, von allen niedrigen Leidenschaften gelöst und zur Bescheidenheit zurückgefunden habe.

Ssu-ma-chien, der große Historiker, kann sich freilich der Bemerkung nicht enthalten, daß der ganze Aufwand wenig eingebracht habe: nichts von alledem hätte die Sitten tatsächlich verbessert, der Machtzuwachs des Reiches habe auch die Menschen auf die Seite wachsenden Gewinns gedrängt und immer ehrgeiziger gemacht, statt sie Bescheidenheit zu lehren.

Was Kaiser Wu-ti und seinem Parademinister nicht gelungen war, sollte nun also die Literatur versuchen. Die Wahl der Gelehrten fiel auf den kaiserlichen Archivar Liu Hsiang (80–9 vor Christus), einen Nachfahren des Liu Pang, der die erste Han-Dynastie begründet hatte. Liu Hsiang hatte sich dem sehr abergläubischen Kaiser Hsüan-ti durch ein Traktätchen über magische Praktiken empfohlen. Später wurde er oberster Zensor und entdeckte seine eigentliche Begabung schließlich, als er (nunmehr unter Kaiser Cheng-ti) Begebenheiten und Anekdoten aus alter Zeit zu kleinen erbaulichen und moralischen Geschichten umarbeitete. Damit hatte er ungeheuren Erfolg, wie wir daraus erkennen, daß sich die Motive seiner Geschichten und Legenden immer wieder auch in der Relief- und Textilkunst der Zeit finden.

Auf ihn geht zum Beispiel die Erzählung von einer tugendsamen Frau zurück, die wegen ihrer Schönheit ständigen Nachstellungen ausgesetzt ist; als eines Tages ein so mächtiger Mann sich für sie interessiert, daß sie sich ihm nicht entziehen kann, schneidet sie sich ein Stück von der Nase ab, um sich zu entstellen und um dazustehen wie eine durch diese Strafe gekennzeichnete Verbrecherin, mit der sich ein angesehener Mann ohnedies nicht mehr verbinden könne.

Liu Hsiang trägt also dick auf, aber hin und wieder hat man den Eindruck, daß er absichtlich übertreibt und durch diese Übertreibung auch wieder abmahnen wolle. So etwa in der Geschichte eines Mannes, der aus Kindesliebe und weil er wußte, daß seine alten Eltern sehr an ihm hingen, auch als Erwachsener noch Kinderkleider trug und gelegentlich im Zimmer hinfiel wie ein Kind, wobei er so lange stöhnte, bis man ihn aufhob und tröstete.

Epoche machte Liu Hsiang, dem man große Kunst oder erregende Tiefen kaum bescheinigen kann, durch die erste Sammlung von Lebensgeschichten berühmter Frauen. Das *Lieh-nü-chuan* enthält unter anderen die Lebensgeschichte von Mutter Mong (vgl. S. 99) und der Huai-Ying, die im siebenten vorchristlichen Jahrhundert mit einem verbannten Prinzen verheiratet war und ihre Heimatliebe über die Gattenliebe stellte. Auch in diesen Biographien versucht Liu Hsiang, Maßstäbe zu setzen und Verhaltensweisen zu empfehlen, wobei er allerdings nicht selten recht absichtsvoll an seine Materialien herangeht und sie für seine Moral erst dadurch tauglich macht, daß die Fakten vereinfacht oder verändert werden (darum nennt Marcel Granet ihn auch »einen ziemlich suspekten kaiserlichen Archivar«). Am Erfolg dieser Methode kann jedoch nicht gezweifelt werden.

Es spricht für die geistige Beweglichkeit dieses Volkes, daß es nun nicht fromm und kaisertreu erstarrte, sondern den Moral-Traktätchen des Liu Hsiang einen gesunden Humor entgegensetzte. Gegen Ende des zweiten nachchristlichen Jahrhunderts, also in der letzten Generation der Han-Zeit, erschien die erste Sammlung altchinesischen Volkshumors auf dem Plan.

Bücher dieser Art haben naturgemäß keinen Verfasser; sie sind zusammengetragen, gelegentlich neu erzählt und, je besser sie sind, um so öfter neu aufgelegt und ergänzt. Immerhin verbindet sich mit dem *Hsiao-lin,* dem Hain des Lachens, der Name des Kalligraphen Han-tan Ch'un, der einige Jahre als Palastsekretär an einem kunstsinnigen Provinzial-Hof tätig war. Die sechsundzwanzig anspruchslosen und gelegentlich auch derben Geschichten zeigen uns, woher im Han-Reich die Kritik an der offiziellen Moral kam: aus dem kleinen Volk mit seinem gesunden Humor, dem das Getue bei Hof einfach zu fein, die Argumentation der Gelehrten zu spitzfindig war. Liu Hsiang mit seinen jedesmal in einer Moral gipfelnden Geschichten hatte die Schwänke und Schnurren des Han-tan Ch'un geradezu herausgefordert, in denen deftig dargetan wurde, wohin man mit all der Bravheit schließlich kommen werde:

»Ein Mann wanderte einmal nach Wu. Die Leute dort setzten ihm Bambussprossen vor. Sie schmeckten ihm, und er erkundigte sich, was er denn da esse. ›Bambus!‹ antwortete man ihm. Als er nun zu Hause eintraf und von dem langen Weg wieder hungrig geworden war, entsann er sich der Bambusmatte, auf der er schlief. Er schnitt ein Stück ab, das er nicht zu brauchen meinte, setzte es mit Wasser aufs Feuer und war sehr enttäuscht, daß die Fasern nicht weich wurden. ›Verdammt‹, sagte er vor sich hin, ›die Leute aus Wu sind doch alle Betrüger!‹«

Trotz dieser viel zu späten und wohl auch nicht allzu weit ausgreifenden literarischen Lockerungsübungen wirkte sich die moralische Aufrüstung in vierhundert Jahren autoritären Kaisertums besonders auf das Familienleben der Chinesen aus. Die Wirtschaft wie der Krieg hatten längst ihre eigenen Gesetze, die auch ein Kaiser nicht nennenswert zu beeinflussen vermochte; die Offiziere und Soldaten, die Kaufleute und Handwerker gehorchten den Erfordernissen ihres Standes, und es waren schlichte Notwendigkeiten, die hier das Leben ebenso bestimmten wie vor und nach der Han-Zeit. Innerhalb der Familie aber setzte sich fort, was Religion und Staatsdoktrin für die öffentliche Ordnung bewirkt hatten: Die Spontaneität verschwand zugunsten der Zeremonie, die Gefühle oder doch die Gefühlsäußerungen traten in den Hintergrund zugunsten der Traditionen, der Ehrfurcht, der innerfamiliären Rangordnung. Die Überbetonung des männlichen und patriarchalischen Prinzips tat ein übriges, um die weichen Linien weiblicher Lebensführung verkümmern zu lassen. Was bei Hof das Protokoll war, warf seinen Schatten bald auch in das Familienleben selbst. Die Ehegatten hatten es immer schwerer, diese Rücksichten und Vorbehalte abzustreifen und einander unbefangen anzugehören, wenn sie endlich einmal allein waren. Eine Intimität, die keine mehr war, weil die seelischen Bezüge fehlte, verkümmerte zu einer Art von autonomem Sex, der seine gesunde Entspannungsfunktion im Familienleben nicht mehr auszuüben vermochte, ganz zu schweigen von den Rückwirkungen auf die Kinder: deren natürliches Zärtlichkeitsbedürfnis wurde im zeremoniösen Umgang mit den Älteren so wenig befriedigt, daß man sich nur wundern muß, nicht ganze Generationen psychisch und sozial schwerstens Geschädigter heranwachsen zu sehen.

Dies ist ein Problem, das vor allem die psychologisch und pädagogisch interessierten amerikanischen Schriftsteller beschäftigt hat. Allein in den Romanen der Pearl S. Buck findet sich sehr viel Material dazu. Dennoch ist das Rätsel dieser Austrocknung des Familienlebens (wie Marcel Granet den Vorgang nennt) ebensowenig gelöst wie das zweite, größere Rätsel, das darin besteht, daß Millionen von Familien dieses Schicksal seit Jahrhunderten ertragen und offenbar einen ganz anderen Gefühlshaushalt entwickelt haben als wir Europäer.

Freilich darf man nicht in den Irrtum verfallen, die Städte oder gar die Residenzen mit dem Volk und seinem Leben gleichzusetzen; das Leben auf den Dörfern und in den Kleinstädten verlief zweifellos noch immer in den gesünderen Traditionen der archaischen Zeit.

Aber auch die Familien der Gesellschaft, in denen die strenge Han-Moral wirksam wurde, hatten wohl Möglichkeiten zur Kompensation. Sie bestanden in einer geheimen Expansion der erotischen Bereiche, eine Antwort, wie sie noch jede Gesellschaft und vor allem jede Hofgesellschaft auf die Moralkodices gegeben hat. Die Brücke dazu hatte der Taoismus längst erbaut, jene ihre Umrisse immer wieder verändernde und gleichsam anthologische Volksreligion, die sich den Erfordernissen der Generationen eben ihrer Gestaltlosigkeit wegen schnell anpassen konnte.

In den Annalen der Östlichen Han-Dynastie wird ein Weiser aus dem elften vorchristlichen Jahrhundert, also noch aus der Shang-Zeit, erwähnt, der es mittels bestimmter sexueller Praktiken verstanden haben soll, sein Leben auf 150 Jahre zu verlängern. Obwohl diese Praktiken – wenn das hohe Alter stimmt – nicht sonderlich strapaziös gewesen sein können, wendet sich der Denker Wang Ch'ung (27–97) aus Tschekiang gegen diese Kunststücke, weil sie der Gesundheit abträglich seien. Genaueres über diese sensationellen Möglichkeiten wissen wir leider nicht, denn Wang Ch'ung war ein hochbegabter, wenn auch höchst exzentrischer Philosoph, zu arm, um sich Bücher oder Papier zu kaufen, und darum stets in Bibliotheken anzutreffen; dort lernte er auswendig, was ihn interessierte. Dieses gespeicherte Wissen aber nahm er größtenteils mit in den Tod, nur seine Polemik gegen Konfuzius und Menzius hat sich teilweise erhalten.

Wo die Bücher uns die Auskunft versagen, helfen die Lieder und die Geschichten, und man kann sich tatsächlich wenig Dinge vorstellen, die keinen der vielen chinesischen Dichter angeregt hätten, den Tuschepinsel in Bewegung zu setzen. Tschang-heng, ein Lyriker, der von 78 bis 139 nach Christus lebte, läßt in einem seiner Werke eine junge Ehefrau zu ihrem Mann sagen:

Ich werde die Bildrollen
auf unser Kopfkissen legen,
und nach dem Vorbild des einfachen Mädchens
werden wir gemeinsam
die verschiedenen Figuren versuchen.

Man braucht statt Figuren nur Positionen zu übersetzen, und es ist klar, daß die Chinesen der Han-Zeit ihr Kamasutram hatten, wenn auch vielleicht weniger raffiniert als das indische Liebesbuch, denn das *einfache Mädchen* ist offenbar eine Liebeslehrerin aus dem Volk, die sich mit ihrem schlichten Wissen bei jungen und noch unerfahrenen Ehepaaren nützlich macht.

Am erotischen Raffinement in den Beziehungen der Hofgesellschaft ist nicht zu zweifeln. Der große Wu-ti, der Eroberer der Westländer, ließ zwar seine Armeen von einem starken Dirnentroß begleiten, damit seine Soldaten sich nicht mit den Hunnenfrauen abgeben müßten; sich selbst als Kaiser aber nahm er das Recht, sich auch im geschlechtlichen Bereich mit geradezu göttlichen Freiheiten zu bewegen: Seine Gunst gehörte bald einem kastrierten Musiker, bald weiblichen Mitgliedern der eigenen Familie, und als einer seiner berühmtesten Generale erkrankte, war er sicher, daß nur Sex ihn heilen könne. Der General allerdings zog es vor, zu sterben.

Eunuchen und Gelbe Turbane

Ferne Zeiten wie die der Shang- und der Chou-Kaiser rühren uns fremd, exotisch und beinahe absurd an. Nicht so sehr, weil es sich um einen anderen Erdteil und ein uns unbekanntes Volk handelt, sondern weil archaische Verhältnisse für unser Jahrhundert eben etwas Verblüffendes an sich haben. Ganz anders berührt uns der Untergang der Han-Dynastie, das Ende einer ersten großen Epoche chinesischer Geschichte, in der sich viele Parallelen zu unserer eigenen geschichtlichen Entwicklung ergaben, ja sogar unbestreitbare Kontakte, direkte Beeinflussungen, ein erstes Kennenlernen über die Ozeane und die Hochgebirge hinweg.

Dies alles, die aufkeimende Parallelität der Schicksale, das beginnende Verständnis für einen Großstaat mit eigenen, aber doch nicht so fremdartigen Gesetzlichkeiten, wird plötzlich wieder hinweggewischt. Zwei Ursachen, die uns absurd, ja beinahe unglaubhaft erscheinen müssen, führen nach vier Jahrhunderten zum Untergang dieser mächtigen und verdienten Dynastie: die Macht der Palasteunuchen und die Volksbewegung der Gelben Turbane.

Gewiß, auch die europäische Geschichte kennt die traurige Erscheinung des meist schon früh kastrierten Menschen, der durch diese Verstümmelung für gewisse Verwendungen besonders tauglich gemacht werden soll. Bis an die Schwelle der Moderne hielten sich stimmbegabte Kastraten vor allem an südeuropäischen Opernhäusern, und auch die Päpste scheuten sich nicht, für ihre Chöre und Musiktheater zahllose Knaben verschneiden zu lassen. Im östlichen Teil des Römerreiches, vor allem in der Stadt Byzanz, gewannen Eunuchen in der Niedergangszeit hin und wieder besonderen Einfluß, weil sie den weiblichen Palastinsassen nicht gefährlich werden konnten und daher in der Intimsphäre der Kaiser ein- und ausgingen – was die debilen und oft schwächlichen Monarchen ihren kräftigen germanischen oder skythischen Offizieren begreiflicherweise nicht gestatteten.

Hier stoßen wir schon auf eine Situation, die uns die chinesischen Vorgänge am Ende der Han-Zeit, also etwa gleichzeitig mit der in Byzanz aufsteigenden Eunuchen-Macht, erklären könnte. Dennoch liegt das Eunuchenproblem in China ungleich komplizierter. Es berührt keineswegs nur die Sittengeschichte der Höfe, sondern auch die Politik selbst. Ja, sie ist angesichts der großen Zahl chinesischer Eunuchen in manchen Jahrhunderten als ein soziales Phänomen von so unbestreitbarer Bedeutung anzusehen, daß ihm schon eine Reihe von Spezialuntersuchungen gewidmet wurden. Gelehrte, die keineswegs das sittengeschichtliche Kuriosum suchten, haben sich damit beschäftigt. So zuletzt (1976) Ulrike Jugel in einer von Professor Franke angeregten Dissertation der Münchener Universität, die mit ihren etwa 450 Seiten den heutigen Wissensstand zu diesem Thema repräsentiert.

Aus dieser Arbeit und den Ergänzungen, wie sie sich bei Lo Duca finden, wird als eine der Hauptursachen für die wachsende politische Macht der Eunuchen ihre große Zahl erkennbar. Die Kastration war die nächstniedere Strafe nach der Todesstrafe; sie wurde in zahlreichen Fällen verhängt, wo man sich zur Tötung nicht entschließen konnte – also etwa bei der Sippenhaftung von Verwandten für einen einzigen Hochverräter in einer angesehenen Familie –, und sie wurde gnadenhalber ausgesprochen, wenn die an sich verhängte Todesstrafe gemildert werden sollte. Als eigene, spezielle Strafandrohung scheint die Kastration nur mit Sexualdelikten in dauerndem Zusammenhang gestanden zu haben, wobei der Begriff des Sexualdelikts allerdings in der Han-Zeit ziemlich weit gefaßt wurde und oft identisch war mit jeder Tabu-Verletzung.

Die Kastration wurde als besonders entwürdigende Strafe empfunden und daher dort verhängt, wo ein Vergehen mit Schande getilgt werden sollte; das war der Fall, wenn zum Beispiel ein Hofbeamter versucht hatte, die Ehre der Majestät anzutasten. Dies blieb so, das heißt, die Straf-Kastration blieb erhalten, obwohl alle Quellen betonen, daß Kaiser Wen-ti Verstümmelungsstrafen aller Art ebenso abschaffen ließ wie die Sippenhaftung. Die Sippenhaftung begrenzte den Kreis der zu Strafenden, gegebenenfalls also zu kastrierenden Familienmitglieder auf die Männer zwischen dem 7. und 70. Lebensjahr. Kastrationsstrafen gegen Frauen wurden verhängt, hatten jedoch angesichts der gefährlichen Operation meist nur symbolischen Charakter: Man sperrte die betroffenen Frauen in finstere Kammern, die von außen so stark geheizt wurden wie bei der Seidenraupenzucht; doch gibt es auch Schilderungen über Kastrationtechniken zum Teil sehr grausamen Charakters gegenüber Verbrecherinnen.

Auch beim Mann war die Kastration eine brutale und blutige Angelegenheit, die nur dank der ungeheuren Routine, die einzelne Beschneider sich im Laufe der Zeit erworben hatten, mit einer verhältnismäßig geringen Todesquote abging. Angeblich existierten anästhetische Techniken, die den Schmerz auf etwa ein Zehntel reduzierten; da andererseits die chinesische Medizin keinen Katheter kannte, hing alles davon ab, ob trotz völliger Penis-Amputation der Urinabfluß wieder in Gang kam. Die auf diese barbarische Weise kastrierten Männer blieben durch den Verlust des Schließmuskels Bettnässer, weswegen die Wendung »er stinkt wie ein Eunuche« auch keineswegs aus der Luft gegriffen war, sondern einen sehr konkreten Grund hatte...

Nach all dem ist es mehr als verwunderlich, daß es zu sehr vielen freiwilligen Kastrationen kam und daß nicht wenige Eltern ihre Söhne kastrieren ließen, um ihr Fortkommen zu sichern. Ja man adoptierte sogar Knaben, ließ sie kastrieren und machte diese angenommenen Söhne dann zum größern Ruhm der Familie dem Kaiser zum Geschenk.

Verständlich ist dies alles nur angesichts der kaum übersteigbaren Klassenschranken im Alten China. Auch in der Han-Zeit hatten die großen Familien noch alle Macht und alle Chancen. Selbst die Dichter und Geschichtsschreiber, die uns genannt werden, sind zu einem Gutteil hochadeliger Herkunft oder gar mit Herrscherhäusern verwandt. Es gab naturgemäß die Möglichkeit, sich durch außerordentliche militärische Leistungen auszuzeichnen und dann irgendwo im fernen Westen über ein Stück Wüste so selbständig zu herrschen wie ein Provinzbaron; derlei aber gelang in jeder Generation immer nur einem oder zwei Offizieren. Die breite Straße zum Aufstieg war die der Kastration. Als Eunuche trat man aus den Klassen heraus, was nicht bedeutete, daß man sie nun mit einemmal übersprungen hätte. Aber man stand unter einem Sondergesetz, man hatte sich einen gewissen Vorteil eingehandelt, und es hing nun von einem selbst ab, was man daraus machte.

Die Masse der Eunuchen kam aus dem kleinen Volk; Eltern hatten ihren Kindern damit zwar das eigentliche Leben zerstört, aber ein leichteres Los des Fortkommens geschaffen: unterste Palastränge ergaben sichere Miniaturpositionen, die eben nur Eunuchen zugänglich waren, weil es in den Palästen – dem des Kaisers und dem der Provinzialfürsten – neben den zahllosen Konkubinen nur einen einzigen Mann geben durfte: Seine Majestät selbst. Die ganze übrige Dienerschaft, ob sie nun unmittelbar im Harem tätig war oder andere Funktionen auszufüllen hatte, durfte als Konkurrenz des Herrschers nicht in Frage kommen.

Diese Nähe zu der göttlichen Person des Kaisers bedeutete beträchtliche Vorteile für den, der sie zu nutzen verstand. Das waren in erster Linie die Eunuchen aus den besseren Familien. Aus

Oben: Die chinesische Mauer wurde seit etwa 100 v. Chr. zum Schutz gegen die Nomadenvölker Zentralasiens angelegt und im 16. Jahrhundert von den Ming-Kaisern in dieser Form fertiggestellt. *(Michael Luther)*

Unten links: Die Wildgans-Pagode in Sian aus dem Jahre 652. *(Michael Otte)*

Unten rechts: Eine aus dem Felsen herausgearbeitete buddhistische Figur in den Lungmen-(Drachentor-)Grotten von Luoyang. Schon um 483 n. Chr. entstanden die ersten Skulpturen in diesen Grotten. *(Michael Otte)*

Das Grab Ching Ling des Ming-Kaisers Hsuan Tsung (Regierungszeit 1426–1435). *(Michael Luther)*

Blick auf das »Kaiserlich-himmlische Gewölbe« im Himmelstempel in Peking. Im 15. Jahrhundert erbaut, danach viele Male restauriert, war der Himmelstempel der Ort, an dem der Kaiser zweimal pro Jahr mit dem Himmel Kontakt aufnahm und um gute Ernte betete. *(Michael Luther)*

Tierfiguren am Rand des »Heiligen Weges« zu den Ming-Gräbern, auf dem die Prunksärge der Kaiser transportiert wurden. *(Michael Luther)*

der kaiserlichen Sippe freilich gab es keine Eunuchen, und auch die Herrscherhäuser aus der Provinz schmälerten ihren Mannesstamm nicht durch solch schaurige Eingriffe. Aber vom Mittelstand aufwärts bis zur gebildeten Schicht der Gelehrten fehlte es nicht an Eunuchen. Sie hatten dank ihrer Bildung die Möglichkeit, die unausbleibliche Vertrautheit mit den (oft noch recht jungen) Kaisern auszunützen – vielleicht gerade, weil Eunuchen ja etwas Inoffensives haben, weil auch ein Fürst, dem so mancher nach dem Leben trachtete, diese Gefahren eher von der Seite eines wütenden Mannes erwartete als von dem weichen Entmannten im eigenen Palast.

Vor allem aber hatten die (siebzig bis hundertdreißig) kaiserlichen Konkubinen für ihre Dauerintrigen gar keine anderen Partner und Gehilfen als eben die Eunuchen. Man kann sich unschwer vorstellen, was die verschiedenen Damen ins Werk setzten, um andere auszustechen und um die eigenen Kinder dereinst auf den Thron zu bringen.

Dabei sprachen die Eunuchen ein gewichtiges Wort mit, denn sie erhielten auf einem Elfenbeinplättchen vom Kaiser die Mitteilung, welche seiner Damen er zu sehen wünschte. Diese brachten sie zu ihm, verzeichneten mit dem genauen Datum, wie lange die Erwählte bei Seiner Majestät geblieben sei, und führten somit jene Buchhaltung, die über die Legitimität der Prinzen entschied. Ulrike Jugel, die andeutet, daß bei dieser Gelegenheit sogar die Samenaufnahme kontrolliert wurde, nennt unter vielen anderen Beispielen für hochreichende Intrigen aus dem Harem- und Eunuchenbereich die Umtriebe der kaiserlichen Amme Wang Sheng: »Sie und ihre Tochter Liu Po-jung, der Eunuche Chiang Ching und andere schmieden ein Komplott gegen den Kronprinzen Pao und erreichen im Jahr 124 seine Absetzung. Sie war die erste Amme der Han-Geschichte, die einen Adelstitel (Baronesse von Yen-wang) erhielt. Sie stand in hohem Ansehen bei Kaiser An (98–125), der sogar eine große Residenz für sie erbauen ließ. Ab 121 sind ihre und ihrer Tochter Aktivitäten bezüglich Beamtenbestechung bekannt, doch hat sie sich einer gut organisierten Eunuchenclique angeschlossen und sich weiters durch gute Beziehung zum Bruder der Kaiserin vor Strafe geschützt.«

Ein Opfer dieser Clique wurde der Philosoph Yang Chen, auch der Konfuzius des Westens genannt, ein Denker, der von mehr als tausend Schülern verehrt wurde. Yang Chen wandte sich öffentlich gegen die lasterhafte Tochter der Amme, was ihm den Haß der Eunuchen eintrug. Außerdem versuchte er, durch seine Popularität einen seiner Schüler zu retten, der sich in einer Streitschrift gegen das Treiben von Mutter und Tochter gewandt hatte. Man entfernte ihn aus allen seinen Ämtern, trieb ihn in die Verbannung und nötigte ihn, Gift zu trinken. Als einer seiner Freunde ihm kurz vor seinem Tod vorhielt, daß er auf diese Weise, weil er sich politisch engagiert habe, seinen Kindern und Enkeln nichts hinterlasse, antwortete Yang Chen: »Wenn die Nachwelt von mir als von einem unbestechlichen Beamten spricht, so ist das doch schon sehr viel« – ein Wort, das deutlich macht, welche Situation die Eunuchencliquen bei Hof geschaffen hatten.

Gegen Ende der Han-Zeit, als einige Male sehr junge, ja beinahe noch kindliche Kaiser auf den Thron kamen oder als Thronfolger manipuliert wurden, nahmen die Intrigen und die Korruption groteske Formen an.

»Für die spätere Han-Zeit sind Fälle bekannt, in denen Eunuchen und deren Familien zusätzlich zu der Amtswohnung im Palast heimlich prächtige Häuser bauen ließen... Die Prachtentfaltung, die sie dabei betrieben, ist wohl teils... Kompensation für das entgangene normale Leben, andererseits aber die Anmaßung von Privilegien, die eindeutig nur dem Kaiser und seiner Familie zustanden... Die Betonung des Reichtums und der Macht durch große Prachtentfaltung und die Hervorkehrung ihrer Andersartigkeit dienten dazu, sich und die Gruppe von anderen abzusetzen und die Anerkennung selbst um den Preis der Desintegration zu erreichen.« (Jugel)

Die Entwicklung ist typisch und läßt sich gleichartig überall dort verfolgen, wo gesellschaftlich isolierte Minderheiten zu Vermögen gelangen: die Freigelassenen im alten Rom, die Juden in Spanien und Südfrankreich, die hansischen Kaufleute in London, Narwa oder Bergen, dazu die Mafiosi, jüdische Syndikate und einzelne Negerklans in den Vereinigten Staaten, die griechische Kolonie in Konstantinopel, die Phanarioten in Rumänien und so weiter. Für die Herrschaft der Han-Kaiser wurde an dieser Entwicklung bedenklich und schließlich entscheidend, daß die Eunuchen als Palast-Geschöpfe, als in ihren Cliquen isolierte Angehörige einer Minderheit, den Kontakt zum Volk verloren und ihn auch den Herrschern nahmen. Für die oft jungen und unerfahrenen Monarchen gab es keinen Weg aus dem Palast, gab es keine Möglichkeit, sich ein eigenes Bild von der Lage im Land und von der Situation des Volkes zu verschaffen, denn Eunuchen und Konkubinen standen als fest Verschworene wie eine Mauer um Prinzen und Kaiser. Und die Gelehrten, die zu allen Zeiten soviel Einfluß bei Hof gehabt hatten, rannten zwar gegen diese Mauer an, wie uns das Beispiel des Yang Chen und seiner Schüler beweist, aber sie hatten gegen die bedenkenlosen Machthaber und deren Kastratenhaß gegen jeden Mann keine Chance.

Ein verwaistes und ratloses Volk, das durch Ausbeutung und Mißwirtschaft in Not gerät, wird leicht die Beute des ersten Besten, wird über Nacht zur Gefolgschaft von Abenteurern, denn es muß nach jedem Strohhalm greifen. Das war die einmalige Chance der *Gelben Turbane.* Das wurde aber auch, solange die chinesische Geschichte währte, immer wieder zu einer Chance für ähnliche Bünde und Geheimorganisationen. Da die Gelben Turbane die ersten gewesen waren, beriefen sich nicht wenige der späteren geheimen und oppositionellen Zusammenschlüsse auf diesen ersten Geheimbund aus der Han-Zeit.

Wie er sich bildete, das ist ein Kuriosum für sich, denn der Mann, der als sein Begründer gilt, war weder ein Gelehrter noch ein General, sondern eigentlich nur ein Wunderheiler, vielleicht sogar ein Eulenspiegel.

Er hieß Chang Chio und stammte aus der Stadt Chü-lu; ersten Ruhm erwarb er sich dadurch, daß er einer weit verbreiteten Seuche Einhalt gebot. Man berichtet, er habe die Kranken mit

Quellwasser geheilt, über das er Zaubersprüche gesprochen habe. Das magische Verfahren hatte Erfolg, sei es, weil die Seuche bereits im Erlöschen war, sei es, weil der Glaube an Chang Chio und sein Wasser die Widerstandskräfte eines seit vielen Jahren notleidenden, ja verzweifelnden Volkes aufs neue belebt und den Chinesen Hoffnung gegeben hatte.

Der Wunderheiler jedenfalls wurde zu einem neuen Heiland der Verzweifelten. Nicht weniger als 360000 Anhänger sollen an einem bestimmten Tag allesamt ihre Untertanenpflicht aufgekündigt haben und unter ihrem Wahrzeichen, gelben Turbanen, mit ihm ins Feld gezogen sein. Er selbst ließ sich *Gelber Gott* nennen mit einem Beinamen, der sonst nur auf Kaiser angewendet wird.

Das war im Jahr 184. Obwohl die Han-Dynastie auf dem Papier noch bis 221 bestand, datiert von diesem Jahr an ihre Auflösung, ja ihr Untergang. Das von den Eunuchen seit Jahren beraubte und schlecht verwaltete Reich hatte nicht mehr die Kraft, den großen Aufstand niederzuwerfen. Es gelang den Generalen zwar, die nach ersten Erfolgen übermütig gewordenen Anhänger Chang Chios in der einen oder anderen Schlacht zu schlagen, und schließlich starb auch der Wunderheiler selbst – nicht im Kampf, sondern an einer Krankheit. Aber die Krise hatte das Han-Reich überfordert und die Machtlosigkeit der Eunuchen-Clique außerhalb der Paläste dargetan.

Nach endlosen Rivalitäten und Intrigen setzte sich als starker Mann der General Tsao Tsao durch. Sein Vater war Adoptivsohn des Chefeunuchen gewesen; seine Ausgangsbasis war also die Eunuchen-Clique selbst, sein Ziel aber war, seine eigene Macht an die Stelle der nur noch scheinbaren kaiserlichen Machtausübung zu setzen.

Tsao Tsao (155–220) ist als Person viel wichtiger als die Wirren, aus denen heraus er zur Macht gelangte und die den Untergang der Han-Dynastie zur Folge hatten. Er ist im Gedächtnis der Chinesen lebendig geblieben und mit Wesenszügen und Handlungen sprichwörtlich, ja oft vorbildlich geworden.

Er stammte aus dem heutigen Kiangsu, wuchs im Luxus auf

und erhielt vom zwanzigsten Lebensjahr an Offiziersränge und militärische Aufgaben. Seine ersten Erfolge hatte er gegen die Gelben Turbane zu verzeichnen, also noch bevor er dreißig wurde. Es gelang ihm das Unglaubliche, gegen die Volksarmee des Wunderheilers eine andere Volksarmee aus dem Boden zu stampfen, weil die durch die Eunuchen-Korruption vernachlässigten regulären Truppen wenig Schlagkraft besaßen.

Seither blieb Tsao Tsao der Mann der großen Armeen. Er verstand es immer, sich Soldaten zu verschaffen, und man berichtet von ihm, daß er sich nur dann wohlfühlte, wenn ihm eine Million von Waffenträgern folgte. Dank dieser Begabung, die Massen aufzubieten, zu bewegen und an seine Gestalt zu binden, schlug Tsao Tsao nach und nach alle Mitbewerber um die Macht aus dem Feld. Als einer seiner Gegner zu den Hiung-nu floh, hatte Tsao Tsao Truppen genug, ihn dorthin zu verfolgen und in der Shamo-Wüste einzuholen. Vom Jahr 208 an muß Tsao Tsao als der eigentliche Herrscher Chinas bezeichnet werden, von 216 an war Kaiser Hsien-ti nur noch eine Puppe in der Hand des Generals. Die Kaiserin, die mit Hilfe ihres Klans gegen diese Entwicklung aufzutreten versuchte, wanderte gar in den Kerker. Die neue Kaiserin aber war Tsao Tsaos Tochter...

Vor dem letzten Kampf gegen seinen Rivalen Yüan Shao, einen gutaussehenden Adeligen aus Honan, fielen Tsao Tsao Papiere und Briefschaften in die Hand, aus denen alle Namen jener Offiziere hervorgingen, die zwar in Tsao Tsaos Armee standen, sich aber heimlich mit Yüan Shao verbündet hatten. Statt jedoch die Verräter hinrichten zu lassen, verbrannte Tsao Tsao die Liste und schlug den Gegner, was die Verräter zur Vernunft brachte.

Tsao Tsao war zweifellos ein harter Mann, was etwa daraus hervorgeht, daß er Yüan Shaos ganze Familie ausrottete; andererseits aber gilt er als das erste Beispiel jener ritterlichen Tugenden, jener Härte auch gegen sich selbst und jener unbedingten Treue zum gegebenen Wort und zum moralischen Gesetz, wie sie in der nach Tsao Tsaos Tod anbrechenden Periode der Drei Reiche als neue Moral an die Stelle der alten Untertanentreue treten werden. Obwohl die Han-Nachkommen noch eines dieser drei neuen Reiche beherrschten, das kleinste allerdings, verschwand das Leitbild des Kaisers aus der allgemeinen Vorstellung, weil man sich ja nicht mehr mit der gleichen Überzeugung drei verschiedenen Kaisern innerlich anschließen konnte.

Indessen gab es zahlreiche individuelle Beispiele von Ruhm, ritterlicher Ethik und persönlicher Tapferkeit, die durchaus zureichten, die Phantasie des Volkes zu erfüllen. Man begann sich vom großen Tsao Tsao Geschichten zu erzählen, die wohl nur zum Teil wahr sind; man heroisierte selbst sein Mißtrauen gegen die Ärzte (das ihm schließlich den Tod brachte, weil er den Arzt, der ihn trepanieren wollte, im Kerker hatte sterben lassen).

Man zog in eine politisch bewegte Zeit wenigstens mit dem Wissen, daß die Chinesen aus den Ruinen der kaiserlichen Macht innere Kräfte genug gerettet hätten, um dereinst wieder ein neues und geeintes Reich zu begründen.

Daß eine Phase wie diese nicht vergessen wurde, sondern bis in die Gegenwart nachwirkt, hat einen Grund, den man zumindest in China nicht als zufällig bezeichnen kann: Einer der populärsten Romane der Chinesen hielt die heroische Epoche innerchinesischer Wirren im Gedächtnis des ganzen Volkes fest: *San-kuo chih yen-i* (Die Geschichte von den Drei Reichen).

Der Roman fußt auf einer historischen Darstellung, die in 65 Kapiteln von den Reichen Wei, Wu und Shu berichtet, den Nachfolgestaaten des großen Han-Reiches. Das Werk wurde unmittelbar nach den Ereignissen von dem Historiker Ch'en Shou (233–297) verfaßt oder kompiliert und stellt einen besonderen Glücksfall dar, weil die Niederschriften noch den Stempel der Authentizität, ja gelegentlich die Farben der Augenzeugenschaft verraten. Darum wohl wurde dieses alte Geschichtswerk immer wieder neu in den Handel gebracht und schließlich zum Roman ausgearbeitet. Dies geschah zwischen 1330 und 1400 (also zu einer Zeit, da auch der europäische Ritterroman in höchster Blüte stand) durch einen Schriftsteller namens Lo Kuon-chung, von dem man herzlich wenig weiß, oder aber durch den ebenso unbekannten Autor Shih Nai-yen, Unsicherheiten und Widersprüche, die uns hier nicht zu beschäftigen brauchen. Die Fassung, in der das unsterbliche Lieblingsbuch so vieler Generationen von Chinesen heute immer noch gelesen wird, verfertigte Mao Tsung-kang erst an der Wende vom siebzehnten zum achtzehnten Jahrhundert.

Der Roman präsentiert sich seither als die Geschichte dreier Freunde und Kampfgenossen, von denen einer der wortkarge und bildungsfeindliche Held antiken Zuschnitts ist, ein zweiter der auf dem Boden der konfuzianischen Moral stehende geistige Berater und der dritte ein unsteter, stets einsatzbereiter Vagabund. Die krasse Schwarzweiß-Manier, die heftigen Emotionen und die zahlreichen Episoden haben aus dem Roman ein Volksbuch werden lassen – trotz seiner beträchtlichen Länge und gelegentlichen Langatmigkeit: Allein siebzig Kapitel sind Ränken und Intrigen gewidmet, weswegen ein chinesisches Sprichwort besagt, daß alte Leute mit der Lektüre dieses Romans lieber gar nicht erst beginnen sollten, sie würden ihn ja doch nicht mehr zu Ende bringen. Die Historiker haben an dem Buch nicht viel Gutes gelassen, weil Gut und Böse in der Wirklichkeit keineswegs so reinlich voneinander geschieden und so überzeugend verteilt sind wie in diesem Ritterroman – der große Tsao Tsao zum Beispiel ist im *Roman von den Drei Reichen* der Erzbösewicht schlechthin...

Dennoch wurde gerade dieses Buch zum Heldenepos der Chinesen, zu einem der Werke, an denen sich die patriotischen Phantasien und Sentiments auch späterer Generationen immer wieder entzündeten; selbst von dem jungen Mao Tse-tung wissen wir, daß er sich, siebzehnhundert Jahre nach den geschilderten Ereignissen, gerade für dieses Buch besonders begeisterte.

Das aber ist keineswegs die einzige weit herauf in neuere Zeiten reichende Erbschaft der Han-Zeit und ihres Untergangs. Die großen Kaiser selbst sind unvergeßlich geblieben. Die bedeutendsten der Herrschergestalten aus dieser Zeit leben im Gedächtnis der Chinesen fort wie bei uns Karl der Große und Friedrich Barbarossa. Und selbst die Volksbewegung der Gelben Turbane hinterließ, freilich geheimnisvoll und untergründig, wie es sich bei Rebellen geziemt, ein weiterwirkendes Erbe: Aus der

Zeit dieser Sekte datiert eine Erneuerungsbewegung des Taoismus, eine Verjüngung der chinesischen Volksreligion durch Volkspriester, die nach und nach die beamteten Verwalter der Tempel ersetzten. Das Bauerntum wehrte sich gegen den Griff des Staates nach seiner Religion, und daß es somit auch im Religiösen und Geistigen einen Trennungsstrich gegenüber der Staatsdoktrin zog, legte den Grund für noch manche andere große Volksbewegung gegen den Kaiser und die Oberschicht.

Wenn auf der einen Seite dieses Schema erhalten bleibt, die Entstehung von Volksbewegungen und Revolutionen aus ursprünglich kleinen und oft religiös orientierten Geheimgesellschaften, so hat – das werden die Folgen beweisen – auch die Gegenseite, haben auch die Herrscher Chinas die Lektion verstanden, die aus dem Untergang der Han-Dynastie und aus dem schließlichen Erfolg der oppositionellen Kräfte zu ziehen war.

Vierhundert Jahre Han-Herrschaft hatten ein schicksalhaftes Mißverhältnis nicht zu beseitigen vermocht: China war als Land zu groß und unwegsam für eine Zentralregierung. Daran scheiterten nicht nur viele im Ansatz gut gemeinte Reformen der persönlich oft untadeligen Kaiser, es scheiterte auch die Verwaltung selbst, die dem ausgedehnten Land nicht gewachsen war, und es scheiterte auch der innere Machtanspruch der Kaiser, die ihre Armeen wirksamer in Turkestan operieren ließen als in dem von Flüssen zerfurchten chinesischen Land selbst.

Schon ein Halbjahrtausend vor den Han-Kaisern hatten westasiatische Despoten die Bedeutung guter Straßen und schneller Nachrichtenwege für die innere Sicherheit und den Bestand eines Regimes erkannt, und tausend Jahre nach den Han-Kaisern werden die Mongolenkhane mit ihrem Poststraßensystem beweisen, daß Aufstände dadurch schnell und mühelos ausgelöscht werden können wie ein kleiner Grasbrand. Tsao Tsao aber kam eben zu früh, ihm war die Herrschafts-Technik der in ihren Palästen so genußvoll dahinlebenden Himmelssöhne eben noch nicht gewachsen, und vielleicht kamen überhaupt die meisten Schwierigkeiten dieser Kaiser mit ihrem Volk daher, daß sie zu hoch visierten und ihre paradiesische Existenz ihnen den Blick hinaus aufs flache Land verdeckte…

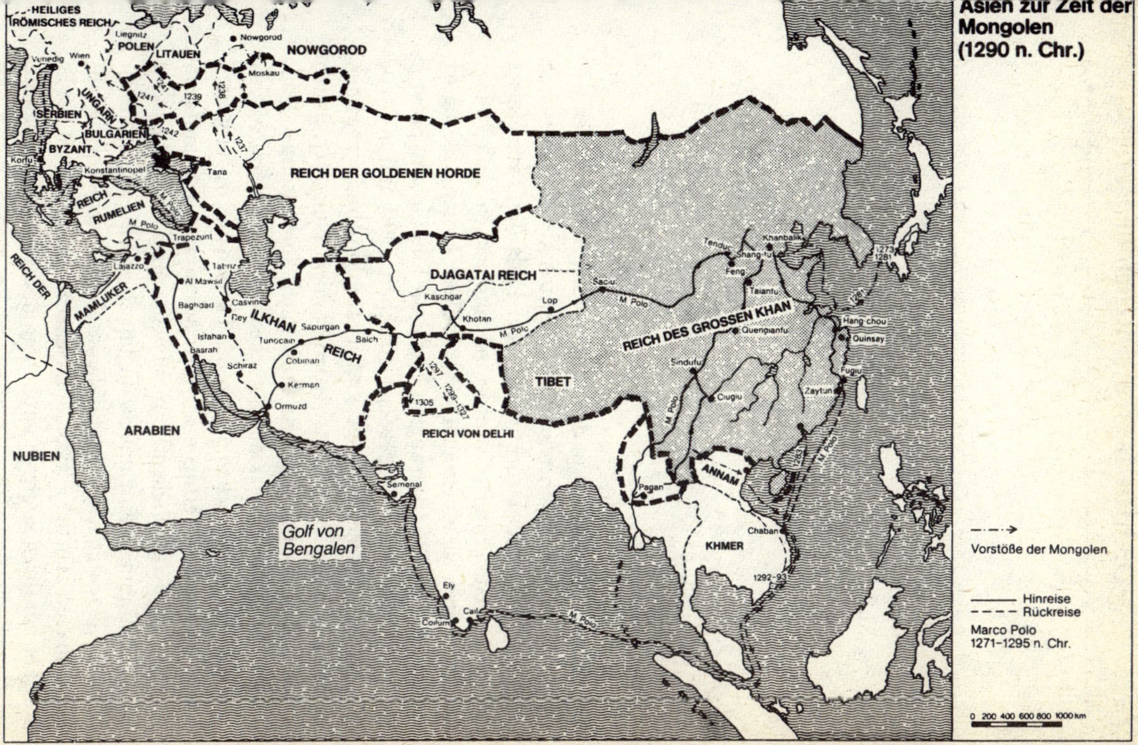

Asien zur Zeit der Mongolen (1290 n. Chr.)

Drei Reiche – drei Religionen

Die Aufspaltung Chinas in drei Reiche hatte im ethnischen wie im geistigen Bereich weitreichende Folgen. In der Zeit zwischen dem Ende der Han-Dynastie und dem Ende der Tang-Kaiser (907) hat sich der tiefste Wandel im chinesischen Volk vollzogen, von dem wir überhaupt wissen. Diese Einschränkung ist notwendig, weil Wanderungen, Einflüsse, Einfälle und provinzielle Entwicklungen in der Zeit zwischen 2000 und 900 vor Christus ja noch sehr unzureichend bekannt sind und vermutlich nicht mehr völlig aufgeklärt werden können. Nun aber, da ein waches und geistig geradezu unheimlich interessiertes Volk sorgfältig registriert, was sich zwischen den Wüsten im Norden und den Küsten, zwischen den großen Flüssen und in der weiten Ebene begibt, nun verfügen wir über Material genug, um auch Hintergründe aufzuhellen. Immer wieder wird im Waffenlärm eine der Stimmen vernehmlich, die uns so wichtig sein müssen: die oft mißachteten Gelehrten, die ihre konfuzianischen Maßstäbe an die Taten der Fürsten und Generale anlegen, und die Historiker mit ihren kühlen Kommentaren, die immer wieder auf weit zurückliegende Geschehnisse zurückzugreifen wissen, um uns die Einheitlichkeit der chinesischen Geschichte vor Augen zu führen.

Tatsächlich ist die beinahe unmerklich zustande gekommene Einheit dieses großen Volkes ein Wunder für sich, in der Entstehung sowohl wie in der schnell erlangten Kraft, in der geglückten Verschmelzung so vieler südlicher, westlicher und nördlicher Volksstämme oft nichtchinesischer Herkunft zu dem großen chinesischen Volk und in der Selbstbehauptung dieses Verschmelzungs-Ergebnisses gegen politisch und militärisch überlegene neue Kräfte.

Das dreigeteilte China hat naturgemäß nicht mehr die Abwehrkraft, wie sie das Han-Reich auszeichnete. Die Hiung-nu, die alten, unversöhnlichen und unermüdlichen Gegner, waren darum die ersten, die über die Große Mauer einbrachen und bis in die Ebenen Chinas vorstürmten. Uralte Städte mit ihren Palästen und Bibliotheken gingen in Flammen auf, viele Tausende von Menschen mußten ihr Leben lassen.

Schließlich aber waren es nicht die Chinesen, die zu Hunnen wurden, sondern die hunnischen Sieger nahmen chinesische Namen an. Sie legten damit genau den gleichen Ehrgeiz an den Tag, wie ihn wenig später Attila zeigen wird, der die höchsten römischen Militärränge für sich beansprucht, oder Alarich, dem es zu wenig ist, Gotenkönig zu sein, und der darum römischer Feldmarschall sein möchte.

Man darf dennoch die Chinesen nicht die Römer des Ostens nennen; ihre dauernde Überlegenheit über die gut berittenen und tapferen Nachbarvölker beruhte ausschließlich auf geistigen Gaben, auf der Intelligenz, Bildung und organisatorischen Erfahrung eines früh zu höherem Leben erwachten Volkes von Denkern und Verwaltungsgenies. Die von ihnen entworfenen Ordnungen imponierten selbst Steppenvölkern wie den Tungusen, die Nordchina eroberten, aber in ihrer Begeisterung für die Chinesen Nomadenkleidung und nomadische Sitten verboten und statt dessen chinesische Sitten und die kulturellen Errungenschaften der Chinesen pflegten, bewahrten und retteten.

All das begab sich in jenen Jahrhunderten militärischer Ohnmacht, in denen China nur noch ein geistiger Begriff war. Freilich aber war es auch ein Volk, ein zum Glück bereits sehr zahlreiches Volk, das dank seiner großen Assimilierungskräfte all diese Einfälle und Einwanderungen in sich aufnahm – sonst hätten wir es heute in Ostasien mit siebenhundert Millionen Hunnen oder ebenso vielen Tungusen zu tun…

Das eigentlich Erstaunliche an diesem Vorgang liegt darin, daß dieses geistige Gebilde mit seinen Traditionen die Armeen der Gegner schließlich zu bezwingen verstand, die Feinde in sich aufnahm, sie spurlos unter Millionen Chinesen aufgehen ließ; ein Großangriff mit lediglich geistigen Waffen konnte hingegen nicht abgeschlagen werden: das gegen Hunnen und Tungusen siegreiche China erlag der lautlosen Infiltration der Buddhisten.

In der Zeit der Drei Reiche setzte sich jene Religion in China fest, die als einzige diese Bezeichnung wirklich verdient. Der Taoismus war und ist der sich schnell wandelnde Volksglaube, unsystematisch und anspruchslos, eine Summe von Traditionen, Gebräuchen und Gewohnheiten, aber kein geistiges Gebäude. Der Konfuzianismus ist eine Morallehre mit praktischen und politischen Zielsetzungen, die sich selbst kaum je als echte Religion verstanden hat. Eben darum aber war wohl der Platz für eine der großen Weltreligionen frei. Obwohl die Juden die ersten waren, die in China eintrafen, obwohl die nestorianischen Christen zumindest zeitweise eine große Anhängerschaft besaßen, war es doch der Buddhismus, der schließlich den Sieg davontrug.

Dieser religions- und geistesgeschichtlich so wichtige Vorgang hat zu mancherlei Überlegungen Anlaß geboten, denn er ist ohne Beispiel. Die Annahme fremder Religionen durch ein ganzes Volk ist an sich selten, meist durch die persönliche Entscheidung des Fürsten eingeleitet und nur dann von Dauer, wenn das betreffende Volk bis dahin noch keine höheren Ansprüchen genügende eigene Religion besaß. Bekannt ist zum Beispiel der Wettbewerb zweier christlicher Konfessionen und des Islam um die Herrschaft in der alten Rus, also im vor-zaristischen Rußland der Kiewer Zeit. Damals weilten Missionare aus Rom, aus Byzanz und verschiedene arabische Missionare in der Dnjepr-

Residenz. Den Ausschlag gab der wunderschöne byzantinische Kirchengesang, das alte Rußland wurde ein Territorium der Ostkirche.

China jedoch präsentiert sich uns vor dem Einströmen des Buddhismus als eine von zwei starken religiösen Systemen scheinbar ausreichend versorgte Nation. Wenn der Konfuzianismus auch nicht als eine Religion im engeren Sinn angesehen werden kann, so befriedigt er doch für eine breit anzusetzende Oberschicht jene Bedürfnisse, die im allgemeinen zur Annahme einer Religion führen. Er stellt zweifellos mehr dar als eine bloße Staatsdoktrin, mehr auch als ein ethisches Prinzip, vor allem wohl, weil man annehmen darf, daß er – so paradox dies klingt – in Ansätzen bereits vor dem großen Lehrer Konfuzius existierte.

Die älteste und am konsequentesten gepflegte religiöse Neigung des Chinesen dürfen wir nämlich im Ahnenkult erblicken; ihn finden wir bereits in der Shang-Zeit deutlich ausgeprägt, und er spielt auch in den verschiedenen Wandlungen des Taoismus stets eine besondere Rolle. Konfuzius nun erhebt diesen uralten Ahnen- und Heroenkult nicht nur zur Maxime, sondern gibt ihm, was wichtiger ist, den Halt einer voll ausgearbeiteten Werteskala.

Patriotismus und Tapferkeit, die Stellung des Vaters in der Familie und die Aufgabe der Familie im Staat, das sind Grundregeln chinesischen Lebens seit vielen Generationen. Konfuzius aber erarbeitet auf seiner langen Wanderschaft und dank vieler leidvoller Erfahrungen an verschiedenen Höfen jenes geschlossene System der Werte und der Tugenden, des Verhaltens und der Aufgaben, das aus einem unklar empfundenen und gelegentlich wohl auch relativierten Konglomerat althergebrachter Prinzipien ein erkennbares und erlernbares System, ein ganzes Gebäude der Gedanken und Ideen macht. Die großen politischen Erfolge Chinas in der Han-Zeit, die große Autorität einzelner Han-Kaiser, haben diesem System das Herrschaftssiegel aufgedrückt. Sie haben den Konfuzianismus zur staatserhaltenden Lehre werden lassen und in gewissem Sinn doch auch zu einer Religion – denn der Kaiser hatte nun einmal stets eine Position zwischen Himmel und Erde, und der Glaube an Kaiser und Staat vermochte vielen Menschen eine über das Diesseits hinausgehende Ausrichtung zu geben.

Konfuzius selbst kann damit zwar noch nicht als Religionsstifter gelten, aber es hat sich im Lauf der chinesischen Geschichte doch sehr deutlich gezeigt, daß es seinem Genius und wohl auch dem seines großen Schülers Menzius zu danken ist, wenn eine dem Chinesen teure und angemessene konservative Grundhaltung systematisiert und damit gefestigt wurde. Der seinen Traditionen, seinem Volk, seinem Staat und seinem Kaiser anhängende Chinese hätte in keiner von außen kommenden Religion das finden können, was der Konfuzianismus ihm gab. Darum ist diese Denkrichtung, diese ethisch-politische Konzeption auch durch neue Weltanschauungen nie verdrängt worden, so heftig Taoismus, Buddhismus und Christentum auch dagegen anbrandeten. Noch Mao Tse-tung mußte 1973 gegen Konfuzius und sein uraltes System zum Kampf antreten. Und wenn man heute sieht, wie sich die weltpolitische Rolle des kommunistischen China seit 1949 gewandelt hat, dann möchte man meinen, daß der Konfuzianismus noch nicht völlig überholt ist, sondern daß er auch im roten China unserer Tage als eine Herrschafts-Maxime sein Haupt wieder erhebt zum größeren und eigenständigen Ruhm des chinesischen Machtstaates.

Eben diese hohen Ansprüche, die ein Gelehrter an sein Volk stellte, aber auch die soziale Begrenztheit dieser Lehre auf eine Oberschicht und die Armee der Beamten, Richter und Funktionäre stellten jedoch ein Hindernis dar für das Eindringen des Konfuzianismus ins Volk. Das war die Chance der alten Volksreligion, die sich in stetem Wandel mit dem Taoismus verbunden hatte, die im Lauf der Zeit sich aus primitiveren Elementen zu einem umfassenden Volksglauben entwickelt hatte, in dem von den Flur- und Hausgöttern bis zum Ahnenkult alles Platz hatte, was dem Chinesen ländlicher Herkunft oder bäurischer Existenz wichtig war. Die Schar der ganz- und halbgöttlichen Wesen, mit denen der Taoismus Himmel und Erde erfüllte, entsprach den Ansprüchen der breiteren chinesischen Volksschichten an eine

Religion ebenso wie das Tao selbst, die verschiedenen Deutungen jener einen Grund- und Lebenskraft, die, richtig gepflegt und ein Leben lang geachtet, das lange und glückliche Leben zu bringen imstande sei, also den Weg weise zu dem Lieblingsziel des Chinesen, dem langen Leben, dem hohen, geachteten Alter.

Der Erfolg des Buddhismus in China macht klar, daß zwischen dem Konfuzianismus auf der einen und dem Taoismus auf der anderen Seite eine zu große Distanz klaffte, die vor allem sozial zu verstehen ist. Offensichtlich fühlte sich eine breite Mittelschicht weder von der einen noch von der anderen Lehre hinreichend angezogen und ausgefüllt. Das schuf die Bereitschaft für Suche, für Begegnung, für Adoption einer dritten großen Religion.

Die Stätte der Begegnung der Religionen liegt im Regenschatten der Achttausender: das sanderfüllte Mittelmeer des asiatischen Kontinents, jenes Tarim-Becken, das Luce Boulnois mit einem schönen Wort die Karawanserei der Götter genannt hat. Weder die Wüste am Tarim mit ihren wandernden Dünen, den Gerippen verendeter Tragtiere und dem Angriffsgeschrei der Räuber schreckte Flüchtlinge und Pilger aus allen Himmelsrichtungen ab noch die entsetzliche Einsamkeit der Hochpässe, auf denen zwischen vier- und fünftausend Metern jedes Leben erstirbt und nicht einmal Vögel sich zeigen. Obwohl hier viele Tagereisen lang keine Menschenseele zu erblicken ist, obwohl die Ruinen hier häufiger sind als die Dörfer, kam es in diesem Herzen der Alten Welt zu immer neuen Begegnungen – vielleicht gerade darum, weil die Hochpässe und die tiefeingeschnittenen Schluchten Armeen nicht passieren lassen, wohl aber die Karawane des Kaufmanns und den Zug der Pilger.

Nicht nur, weil es nun einmal die älteste unter den großen heute noch lebenden Religionen ist, gebührt an diesem Kreuzweg des Geistes den Juden der Vortritt: Sie sind tatsächlich die ersten, von denen wir sichere Kunde haben. Als am 5. August des Jahres 70 der jüdische Aufstand gegen Rom nach vierjährigem Ringen endgültig gescheitert und die Stadt Jerusalem zerstört worden war, begann unter Kaiser Titus das furchtbare Strafgericht über die Juden, das sie in alle Welt zerstreute. So plötzlich wurde die Verdammung zum Weltvolk Wirklichkeit, daß noch im gleichen Jahr die ersten Scharen wandernder Juden an den großen transkontinentalen Karawanenstraßen auftauchen, auch an jenen, die vom Palmyra nach Osten führen und die dem jüdischen Händlervolk naturgemäß besser bekannt waren als den Römern.

Es war die Zeit der Han-Kaiser, nicht die glücklichste Epoche wirklich freier Handelsstraßen, aber doch immerhin die Kaiserzeit, in der China an seinen Westkontakten interessiert war und in der beruhigende Botschaften aus China hinaus nach Westen drangen. Eine von ihnen, ein Bericht über den toleranten Kaiser Ming-ti, muß die im Vorfeld der Seidenstraßen, zwischen Samarkand und Ferghana verharrenden jüdischen Familien erreicht haben.

Ming-ti (29–76) war der vierte Sohn von Liu Hsiu, dem ersten Kaiser der Östlichen Han, dem er im Jahr 57 auf den Thron folgte. Sein Name wird stets mit der Einführung des Buddhismus in einem Atem genannt. Doch er erwies sich auch gegenüber den wohl nur ein paar hundert Köpfe zählenden Juden als ein gnädiger Herrscher und gestattete ihnen die Niederlassung in der Stadt Kaiföng, die damit zum Zentrum jüdischen Lebens im Reich der Mitte wurde. Die Stadt lag am Hwangho, dem Gelben Fluß, an der Hauptverkehrsader zwischen Zentralasien und dem Chinesischen Meer und damit sehr günstig für die Gewohnheiten der Juden, die ja nur dort zu existieren vermögen, wo ein Hauch von Welt um sie ist, wo der Handel sich regt. »Ihr seid nach China gekommen«, sagte nach einer alten Überlieferung Ming-ti zu seinen neuen Untertanen, »bewahrt die Gewohnheiten eurer Vorfahren und siedelt euch in Pienlang an« (so hieß damals Kaiföng).

Pater Josef Suarez, ein Jesuit, der im Jahr 1704 Kaiföng besuchte, traf in der Stadt noch reges jüdisches Leben an. Er berichtet sogar von sieben Familien, die ihre Ahnenreihe bis zu jener Einwanderung in den letzten Lebensjahren Ming-tis zurückverfolgen konnten. In ihrer eigenartigen Misch-Sprache gab es neben hebräischen Worten auch einige persische, aus denen wohl hervorgeht, daß sie auf dem alten Landweg durch Mittel- und Zentralasien nach Kaiföng gekommen waren und nicht über das Meer wie Tausende anderer Juden, die allerdings größtenteils in Chinas Seehäfen blieben und nicht weiter hinein ins Land wanderten. Die erste Synagoge wurde in Kaiföng erst im Jahr 1146 errichtet; eine Gedenktafel, die an ihr angebracht wurde, weist auf die Einwanderung der ersten Juden während der Epoche der Han-Kaiser hin.

Viel später als die Juden kamen die Christen nach China. Es war nicht das katholische Christentum, das als erstes Eingang im Reich der Mitte fand, sondern es waren die Gedanken des Nestorius, der Presbyter in Antiochia gewesen war. Er hatte, unterstützt von seinem Schüler Anastasius, gelehrt, daß Jesus Christus eine göttliche *und* eine menschliche Natur besessen habe, die nicht völlig vereint gewesen seien; man dürfe darum Maria, die Mutter des Heilands, auch nicht als Gottesgebärerin ansehen, sondern in ihr lediglich die Frau verehren, die den Christus zur Welt gebracht habe.

Das sind Feinheiten, in denen die ersten Jahrhunderte nach Christi Geburt, die Jahrhunderte, in denen das Christentum sich erst formte, weltbewegende Probleme sahen, über die man damals erbitterte Streitigkeiten austrug. Darum spalteten sich nach den Arianern (meist germanischen Stämmen) nun auch noch die Nestorianer von der katholischen Kirche ab, als 431 Nestorius seines Kirchenamtes enthoben und seine Lehre verdammt wurde. Nach neun Jahren der Verfolgungen und Martern starb Nestorius, aber seine Lehre lebte weiter und strahlte vor allem in jenen Osten aus, dem das katholische Christentum zunächst den Rücken kehrte. Bis zum achten Jahrhundert gab es in Asien kaum andere Christen als eben die Nestorianer, und da niemand anderer die Lehre Christi propagierte, wurden sie zu den ersten Missionaren des Christentums – auch im Chinesischen Kaiserreich.

Im siebenten Jahrhundert, als die arabische Welt sich ganz nahe an China herandrängte und die zahlreichen kleinen Fürsten

Mittelasiens samt ihrem Räuberanhang entmachtet wurden, trat ein offenbar hochberühmter Lehrer des Nestorianismus den Weg in den Osten an. Er war Syrer, hieß (vielleicht) Rabban und sah in seiner näheren Umgebung angesichts der arabischen Expansion wohl keine nennenswerten Chancen mehr für die Lehren des Nestorius.

Aus dem Namen, der mit einem so kräftigen R beginnt, haben sich die Chinesen eine kaum mehr erkennbare Neuform geschaffen und berichten:

»Als Tai-tsung, der leuchtende Kaiser, seine glückliche Regierung in Ruhm und Glanz begann, indem er sein Volk erleuchtete und weise beherrschte, da lebte im Königreich Groß-Tsin (Syrien) ein Mann von bedeutenden Tugenden namens Alapön, der, weissagend aus leuchtenden Wolken, die heiligen Schriften herbeibrachte und die Schwierigkeiten und Gefahren der weiten Reise bestand, indem er die Harmonie der Winde beobachtete.

Im neunten Jahr Tscheng-kuan (d.i. 636 n.Chr.) kam er nach Chang-Tschang. Der Kaiser sandte seinen Staatsminister Fang-hsüan-ling an der Spitze einer Eskorte in den westlichen Vorort, um den Besucher zu empfangen und zu geleiten. Seine Schriften wurden in der kaiserlichen Bibliothek übersetzt. Als die Lehren in den Privatgemächern (des Kaisers) geprüft wurden, erkannte Seine Majestät ihre Richtigkeit und Wahrheit und ordnete an, sie sollten gepredigt und im Lande verbreitet werden.«

Diese bemerkenswerte Mitteilung findet sich auf der sogenannten Nestorianischen Tafel, einer 1623 bei einem Hausbau zufällig entdeckten Inschrift in syrischer und chinesischer Sprache, deren Echtheit längere Zeit umstritten war, heute jedoch als anerkannt gilt. Zu den Aussagen der Inschrift stimmt die historische Tatsache, daß Tai-tsung einer der größten Herrscher Chinas war, dessen Ruhm wirklich bis weit nach Mittelasien hin ausstrahlte, aber auch nach anderen Nachbarländern Chinas. Seine Tatkraft und militärische Begabung führten ihn, als er noch ein junger Offizier war, an die Spitze der Verschwörung zum Sturz der Dynastie Sui. Er setzte seinen Vater als ersten Tang-Kaiser auf den Thron, besiegte zwei mit ihm rivalisierende

Brüder, tötete sie und heiratete die Witwe des jüngeren Bruders. Dieser Herrscher, der – wie man sieht – auch vor dem Brudermord nicht zurückschreckte, um seine Macht zu sichern, sorgte für Jahrzehnte der Stabilität im chinesischen Reich und seinem Vorfeld. Er machte damit die engen Kontakte zu Indien und Mittelasien möglich, wo man bis zum Kaspischen Meer verehrungsvoll von ihm sprach.

Zu den energischen Reformen, die Tai-tsung unternahm (Unterricht, Wissenschaftsbetrieb, Strafrecht), paßt sein Interesse für die fremde Religion des Nestorius. Da auch feststeht, daß er mit Theodosius, dem Bruder Kaiser Konstans II. von Byzanz, Gesandtschaften austauschte, ist es keineswegs unwahrscheinlich, daß man seinen Namen in Syrien kannte.

Auch Si-ngan-fu, die Nestorianer-Stadt auf chinesischem Boden, lag an der Seidenstraße, genauer gesagt dort, wo die zentralasiatischen Karawanenrouten sich zu den innerchinesischen Straßen verzweigten. Daß diese Stadt zu einer Art Einfallspforte für die fremden Religionen wurde, beweist die Relevanz von Handelswegen auch für geistige Strömungen – wenn man auch annehmen muß, daß Kaiser Tai-tsung nicht die Absicht hatte, seine Untertanen nun allesamt zu Nestorianern zu machen.

Alle europäischen China-Reisenden des Mittelalters berichten von starken nestorianischen Gemeinden in China und vor allem von deutlichem persönlichem Einfluß einzelner gebildeter Nestorianer an den Höfen der chinesischen Kaiser und später der mongolischen Großkhane. Zweihundert Jahre nach dem Eintreffen Alapöns in China, also im neunten Jahrhundert, soll es eine Viertelmillion Nestorianer im Reich der Mitte gegeben haben, die christliche Kirchen besuchten und am Gemeindeleben teilnahmen; das können nicht nur Einwanderer gewesen sein, sondern überwiegend bekehrte Chinesen.

Das Tarim-Becken ist von Norden her in schmalen Durchlässen und einzelnen Paßwegen erreichbar, vom Westen her auf Hochpässen. Gegen den Süden, also gegen Indien zu, ist die so viel begangene Wüste jedoch schier unbezwinglich abgeschlossen, denn das Karakorum-Gebirge erhebt sich bis zu Gipfeln von 8600 Metern. In seinem Ostteil ist dieser gewaltige Gebirgszug nur über den Karakorum-Paß zu bezwingen, der mit einer Höhe von 5500 Metern den Montblanc-Gipfel bei weitem übertrifft; am Westende des Gebirges führt ein Karrenweg, der bisweilen Saumpfad-Charakter hat, über den Kilik-Paß, der etwa tausend Meter niedriger ist, in die nordindische Bergstadt Gilgit hinunter.

Man sollte meinen, daß die Menschen – angesichts solcher Hindernisse – im Norden oder im Süden blieben und den Gedanken an einen gebirgsüberschreitenden Kontakt aufgaben. Aber Kaufleute und Pilger haben, so schwierig und gefährlich es auch war, selbst diese höchsten Berge der Erde begangen, viele Jahrhunderte vor den ersten europäischen Alpinisten, die sich bis heute hier die begehrtesten Lorbeeren holen. Und es waren nicht einzelne, die den Karakorum überschritten, sondern wiederum Pilgergruppen und Karawanen.

Von hier, aus dem nördlichen Indien, empfing China den Buddhismus, der in den Hochtälern dieses Weltteils entstanden ist und vielleicht eben darum, weil er eine Hochgebirgs-Religion ist, selbst die Barriere des Karakorum zu überwinden verstand.

Im sechsten und fünften vorchristlichen Jahrhundert stand eines der winzigen Bergfürstentümer im Raum des heutigen Nepal unter der Herrschaft der Familie Sâkia. Dem Fürsten Suddhodana Gautama aus diesem Geschlecht gebar seine Frau Maya um 560 vor Christus einen Sohn, der den Namen Siddharta erhielt. Eine Woche nach der Geburt starb Maya, und ihre Schwester, die gleichfalls mit Suddhodana verheiratet war, zog den Knaben auf. Er führte das Leben eines Prinzen, eine Jugend, aus der verbürgte Einzelheiten nicht bekannt sind. Nur Legenden wissen von einzelnen Erlebnissen zu berichten, die eine spätere plötzliche Einkehr und Umkehr zum schlichten, meditativen Dasein vorbereiteten.

Jedenfalls war Siddharta noch jung, als er seinen Eltern seinen Entschluß mitteilte, Reichtümern und Aufgaben der Herrschaft zu entsagen und sich in die Einsamkeit zurückzuziehen. »Ich zog, ihr Mönche«, sagt er nach einer alten Quelle zu diesem Entschluß, »noch in frischer Jugendblüte, glänzend dunkelhaarig, im ersten Mannesalter, gegen den Wunsch meiner weinenden und klagenden Eltern, mit geschorenem Haar und Barte, mit fahlem Gewande bekleidet, vom Hause fort, in die Heimatlosigkeit hinaus.«

Der Versuch, bei verschiedenen Asketen Weisheit zu erlangen, mißlingt, doch wird Siddharta eines Tages ganz unversehens die Erleuchtung zuteil: unter einem Pappelfeigenbaum ruhend (der seither der heilige Baum der Buddhisten ist), erkennt er das wahre Ziel und den rechten Weg. Zunächst versucht, die Erkenntnis für sich zu behalten, entschließt er sich aus Mitleid mit den irregeleiteten Menschen dann doch, seine Lehre zu verbreiten und zieht – inzwischen 36 Jahre alt – predigend von Dorf zu Dorf. In der Nähe von Benares gewinnt er seine ersten Jünger. Fortan wächst die neue Lehre schnell in ihrer Bedeutung, trotz mancher Anfeindungen. Die Versöhnung mit der Familie kommt dadurch zustande, daß auch Siddhartas Vater sich nun zu ihm bekennt, und so setzt der Buddha (der Erleuchtete) sein Wanderleben bis ins hohe Alter predigend fort. Nur während der Regenzeit, zwischen Juni und Oktober, zieht er sich mit Jüngern und Schülern an einen Ort zurück, wo ihm reiche Anhänger eine Stätte der Sammlung und der Unterweisung geschenkt haben. Um 480 vor Christus, also etwa achtzigjährig, starb der Buddha, nach der Überlieferung an einem Gericht von Eberfleisch mit Pilzen, nachdem er seinen Lieblingsjünger Ananda noch getröstet hat.

Die Lehre hatte sich mit diesem abgeklärten Abschied vom Leben erfüllt, denn Buddha hatte stets die Erlösung vom Dasein gepredigt, die Vernichtung und Überwindung der verschiedenen Formen unseres Lebens, das doch nur Schmerz und Leiden aneinanderreihe. Den Weg, der zu dieser Erlösung führt, hat der Buddha in seiner Ethik gewiesen, in der er zeigt, wie Begehren und Lebensgier aufgehoben und überwunden werden können.

Das buddhistische Mönchtum stand und steht also unter einer anderen Maxime als das christliche; es ging dem Buddha nicht so sehr um Askese als um das Ringen, den wahren Weg. Man versteht, daß in dieser hier nur andeutungsweise umrissenen Lehre, die nach Siddhartas Tod stark ausgebaut wurde, sehr vieles lag, was sich mit dem religiösen und ethischen Denken der Chinesen berühren mußte.

Wie auch im Christentum, traten vor allem in den Frühzeiten die Gläubigen nicht selten eine Flucht in die Einsamkeit an, um sich in die neue Lehre vertiefen und sie zunächst selbst ergründen zu können. Was den ersten christlichen Eremiten Hebrideninseln wie Iona oder aber Island und die Faröer wurden, das war dem Buddhismus die Wüste, das Hochland von Tibet oder das Tarimbecken. Noch ehe die Rufe aus China das buddhistische Indien erreichten, hatte der Buddhismus die Hochgebirge überstiegen und in Turkestan Fuß gefaßt; hier trafen die in Chinas Westen operierenden Truppen auf die ersten Buddha-Statuen, hier fanden die ersten Berührungen statt, die – wie der militärische Bericht über diesen Goldbuddha zeigt – noch voll von Mißverständnissen waren.

Dennoch greift die buddhistische Legende bis in das erste nachchristliche Jahrhundert zurück, wenn wir hören, daß es der Han-Kaiser Ming-ti (29–76) war, der im Traum einen fremden Gott erblickte und Sendboten nach Indien schickte. Das war im Jahr 61. Erst sieben Jahre später kehrten die ausgesandten Männer, achtzehn an der Zahl, nach China zurück und brachten einen gelehrten Inder namens Kashiapmadanga mit. Der machte sich, von zwei Helfern unterstützt, in der ehrwürdigen Stadt Lo-yang an die Übersetzung der wichtigsten buddhistischen Schriften. Ob es nun Legende oder Wirklichkeit ist, jedenfalls hat damit eine höchst seltsame Aktivität begonnen, der Geschichte und Geographie Chinas wie Indiens noch manches zu verdanken haben sollten. In der Sehnsucht nach der neuen Lehre, in dem Bestreben, mehr zu erfahren, als diese ersten und wohl auch noch unbeholfenen Übersetzungen zu geben vermochten, brechen immer wieder gelehrte Chinesen nach Indien, in die Heimat des Buddha, auf.

In Indien ist der Buddhismus längst durch den Hinduismus verdrängt, und jene, die der Lehre noch anhängen, haben sie im

Lauf der Jahrhunderte gründlich verändert. Es gibt die schlichtere Form des Kleinen Fahrzeugs und die großartige Vision des Großen Fahrzeugs, des Mahayana-Buddhismus, eine ganze Welt des Wissens und der Erleuchtungen, die, jenseits der Berge, auf die Pilger aus China wartet.

Manche behaupten, der Buddhismus sei, als die Chinesen ihn entdeckten, für Indien schon so gut wie tot gewesen. Das ist nur sehr bedingt richtig. Eine Erlösungsreligion wie der Buddhismus kommt einem seelischen Grundbedürfnis auch des einfachen Menschen entgegen und konnte in dem Vielvölker-Subkontinent Indien darum eigentlich nicht sterben. Richtig ist aber, daß der Buddhismus im Augenblick der ersten chinesisch-buddhistischen Kontakte schon eine alte Religion war und nach vier- oder fünfhundert Jahren seine erste Blüte hinter sich hatte. Die ersten großen Pilger, die aus China nach Indien zogen, trafen auf einen Buddhismus, der sich in tausend Jahren sehr nachhaltig verändert hatte: Von den großen Massen des indischen Volkes wieder weitgehend aufgegeben, hatte der Buddhismus eine Entwicklung in Richtung der schwärmerischen Spekulation und der philosophischen Verästelung genommen. Dies mag zwar die ersten Pilger aus China ebenso angezogen haben wie bis auf den heutigen Tag viele Europäer, war aber im ganzen dem praktischen Sinn des chinesischen Volkes ziemlich fremd. Die durch den Konfuzianismus an die Nutzanwendungen einer Lehre gewöhnten Chinesen haben sich darum auch bald den Buddhismus für ihren Alltag zurechtgemacht, so daß er später eine Art Mittelstellung zwischen der Volksreligion des Taoismus und dem gelehrten Denken der Konfuzianer einnahm.

Die Männer, die dieser Entwicklung den Boden bereiteten, indem sie buddhistische Schriften aus Indien nach China holten, zählen zu den berühmtesten und meistgenannten Chinesen überhaupt. Sie lassen erkennen, daß sich das Volk der Mitte in den vier Jahrhunderten der großen Han-Epoche zu einem Weltvolk zu wandeln beginnt. Noch schwärmen die Chinesen nicht aus, noch deutet nichts auf die in Asien, Australien und im Pazifischen Raum anzutreffenden Kolonien chinesischer Geschäftsleute hin. Aber die unverdrossene Unternehmungslust, mit der diese Pilger quer durch Asien ziehen, die Selbstsicherheit, mit der sie sich zur Rückfahrt rund um Südostasien einschiffen, dies alles zeigt uns doch eine Welt, die nicht mehr archaisch und auch nicht mehr isoliert ist: Nach dem transkontinentalen Kontakt, wie ihn die Seide bewirkte, werden nun die Ozeane bezwungen, und als Steuer halten die frommen Chinesen die Papierrollen mit den heiligen Schriften aus Indien in den Händen.

Seit Kaiser Ming-ti die ersten Sendboten des Buddhismus empfing, sind Jahrhunderte ins Land gegangen. Seither aber gab es in Lo-Yang, der alten Stadt, in der angeblich Laodsi lehrte, ein kleines buddhistisches Zentrum, in dem Sanskrit-Texte aus Indien übersetzt wurden und in dem auch Buddha-Statuen standen. Auf einem weißen Pferd, so sagt die Überlieferung, seien diese ersten Texte nach China gekommen, und im Kloster des Weißen Rosses hatten zwei Inder namens Kashiapmadanga und Dharma-aranya die ersten Übersetzungen vorgenommen, wie das *Tripitaka,* die ehrwürdige Sammlung chinesischer buddhistischer Texte, zu berichten weiß. Seither hatte es viele andere buddhistische Lehrer und Übersetzer gegeben, meist Inder, Parther, Turkmenen, aber kaum einen Chinesen. Die Erfindung des Papiers um 100 nach Christus kam der Verbreitung des Buddhismus in China zugute, aber Verfolgungen um die Mitte des fünften Jahrhunderts und zwischen 843 und 845 warfen ihn wiederum zurück. Lediglich im chinesischen Westen, dort, wo ein unablässiger Strom wandernder Kaufleute für den Ideen-Transport sorgte und wo die heimatlichen taoistischen Eiferer nicht soviel Einfluß hatten, dort hatte sich der chinesische Buddhismus beinahe ungestört entwickeln können: Um 300 nach Christus zählte man etwa tausend verschiedene buddhistische Schriften in chinesischer Sprache. Zwischen Lo-yang und dem Lop-nor am Westrand Chinas gab es etwa hundertachtzig buddhistische Klöster und Gemeinden mit insgesamt etwa 3700 Mönchen. Es gab sogar schon – und das muß man besonders bewundern – ein Fachwörterbuch für die Übersetzung buddhistischer Werke ins Chinesische. Ein Inder namens Dharmarakas schuf es um 280 in Zusammenarbeit mit zwei chinesischen Buddhisten. Man kann sich unschwer ausmalen, daß damit ein Schlüssel ganz besonderer Art geschaffen worden war, der für die Interpretationen der Begriffe jenseits des Karakorum noch jahrhundertelang entscheidend blieb.

Eben darum aber, weil nun alles eingefahren und in Ordnung zu sein schien, trieb es immer wieder selbständige Geister unter den jungen chinesischen Buddhisten zu den Quellen zurück. Männer, die ihr Buddhismus-Verständnis nicht auf dem Umweg über Dharmarakas gewinnen wollten, machten sich zu der weiten Reise auf und setzten ihr Leben an diese Erkenntnis-Suche.

Im Lauf der Zeiten, also zwischen 100 und 900 nach Christus, waren es zweifellos Hunderte, vielleicht sogar Tausende von Gläubigen und Pilgern, die den Weg über die Gebirge antraten. Einer der ersten unter den wenigen uns namentlich bekannten frommen Wanderern war Fa-hien (auch Fa-hsien geschrieben), der zwischen 399 und 414 reiste. Wenig später folgte Fa-yung und um 510 Sung Yün. Hsüan Tsang reiste um 630, Y-tsing um 673, und U-kung, ein Zeitgenosse des großen Dichters Li-tai-po, wagte sich zwischen 751 und 754 auf die Wüstenstraße zum Karakorum-Gebirge. Er war gewiß nicht der letzte dieser Pilger.

Gemeinsam ist allen diesen Reisenden, daß sie lesen und schreiben konnten und daß sie in ihrer Reise das große Erlebnis sahen, den Höhepunkt ihres Lebens, das Ereignis, dem ihr ferneres Leben kaum etwas Gleichwertiges an die Seite stellen würde. Dank dieser Ausgangssituation besitzen wir Zeugnisse dieser Reisen; anders als Tausende von Kaufleuten, die auf den Seidenstraßen und anderen Karawanenrouten bereits dahingezogen waren, sind diese Pilger von dem Wunsch beseelt, für sich und für die Nachwelt Zeugnis zu geben. Sie haben eine Reihe von Reise- und Erlebnisberichten, die über die chinesische Geschichte hinaus Bedeutung erlangten.

Lesen wir heute, was diese Männer niederschrieben, so weiß man nicht, was man mehr bewundern soll: die bescheiden, mit unendlicher Geduld und bemerkenswerter Zähigkeit durchgeführte weite Reise selbst oder die oft sehr ausführlichen und genauen Niederschriften, mit denen die Pilger und Mönche sich abmühten, wenn sie nach jahrelanger Abwesenheit in ihr Heimatkloster zurückgekehrt waren. Schreiben und Übersetzen sind Tätigkeiten, die auch das mönchische Leben im europäischen Mittelalter erfüllen; angesichts der Wildheit der Bergwelt, der endlosen Ödnis der Wüsten, der ungeheuren Gefahren auf Hochpässen und an den Talwänden muß jedoch die Leistung dieser Indienpilger als ein hervorstechender Beweis dafür angesehen werden, daß auch das rein geistige Verlangen nach Erkenntnis und nach religiösen Erfahrungen große physische Kräfte freimachen und einzigartige Leistungen bewirken kann.

Einer der bekanntesten unter diesen Reisenden wurde Fa-hsien, aus Wu-yang in Shansi stammend, Mönch in Chang An. Er entdeckte, daß ihm für seine Arbeiten wesentliche Unterlagen fehlten, und brach im Jahr 399 nach Indien auf, um sich zumindest Buddhas eigene Worte, also die Sammlung seiner Reden, vollständig zu verschaffen. Er kannte die sechzig Bücher der Reisebeschreibung, die Tao-ngan schon im Jahr 316 veröffentlicht hatte (die uns aber leider nicht überliefert sind), und er kannte den indischen Buddhisten Buddhabhadra, der aus einer hochadeligen Familie stammte, das nördliche Indien selbst erwandert hatte und mindest über das heilige Land Indien Auskunft geben konnte, wenn er auch selbst auf dem Seeweg nach China gelangt war.

Fa-hsien und seine Gefährten entschieden sich für die Landroute, vor allem, weil diese Reise ungleich billiger kommen mußte als die Seereise. Und sie brannten vor Ungeduld, nach Indien zu kommen, hatte ihnen doch zuletzt noch Buddhabhadra bestätigt, daß man bisher in China nur einen Bruchteil der vorhandenen buddhistischen Literatur kenne.

Wir sehen aus Fa-hsiens Aufzeichnungen, daß so gut wie alle Voraussetzungen für das Reisen noch fehlten. Schon in Kansu stieß die Pilgergruppe auf Unruhen, die auch die Handelsstraßen unsicher machten. Sie mußten sich zu einer längeren Rast entschließen. Andere Reisende, von denen Fa-hsien nicht sagt, ob sie Mönche oder Kaufleute waren, gesellten sich schließlich zu ihnen, und man wagte den Weitermarsch, weil größere Gruppen mehr Sicherheit boten.

Im Herbst 399 passierten sie die letzte Pforte der Großen Mauer und erreichten Tuen-huang, die in den Hiung-nu-Kämpfen so oft genannte Festung. Hier erfuhren sie, daß die nördliche Straße von Räubern gefährdet sei; der Gouverneur rüstete sie für die südliche, die Wüstenstraße aus, und Fa-hsien zog mit seinen Gefährten weiter:

»In dieser (der Tarim-)Wüste gibt es zahlreiche böse Dämonen. Häufig wehen heiße Winde, die den Reisenden töten, wenn sie ihn erreichen. Vögel gibt es hier keine, auch keine wilden Tiere. Aber so weit das Auge reicht, ist der Weg durch die Gebeine von Menschen kenntlich gemacht, die bei dem Versuch, die Wüste zu durchqueren, ums Leben gekommen sind.«

Die Reisenden späterer Jahrhunderte bis herauf zu Sven Hedin werden diese Eindrücke bestätigen. Fa-hsien verbringt nicht weniger als siebzehn Tage in der Wüste, und doch ist dies eine der kürzesten Durchquerungen, von denen wir wissen, denn hier hatten andere Karawanen schon vierzig Tage zugebracht. Nach längerer Rast in der Oase Tscharschlik erreichen die Pilger Khotan, eine Stadt, die damals ein einzigartiges Zentrum des Buddhismus war und uns damit beweist, daß er in Turkestan zu jener Zeit eine größere Rolle spielte als in Indien und China.

Die alte Handelsstadt, in der sich die Paßstraßen vom Pamir zur Wüste niedersenkten, hatte sich in einen blühenden Garten verwandelt, wo die Karawanen sich erfrischten und die Bestände an Tragtieren ergänzten. Hier wurde auch von Saumtieren auf Kamele umgeladen oder umgekehrt, je nachdem, ob die Kaufleute aus Persien oder aus China kamen. Die Pilgergruppe aus Singanfu wurde im großen Gomati-Kloster untergebracht, und Fa-hsien traute seinen Augen nicht, als er zu der Hauptmahlzeit dreitausend Mönche in die Speisesäle eilen sah! Und alle dreitausend bewahrten strengste Sitzordnung, schwiegen während der Mahlzeit und vermieden es sogar, mit Besteck und Geschirr Lärm zu machen!

»Wenige Meilen westlich der Stadt befindet sich ein Bauwerk, das des Königs neuer Tempel genannt wird. Nicht weniger als drei Könige haben sich insgesamt achtzig Jahre lang um seine Vollendung bemüht. Es ist über achtzig Meter hoch und mit zahlreichen gravierten Inschriften auf Gold- und Silberplatten geschmückt. Auch Juwelen verschiedener Art gelangten zur Verwendung.

Hinter dem Hauptturm wurde für den Buddha eine Kapelle errichtet; sie ist sehr prächtig gehalten und ebenfalls reich ausgeschmückt. Balken, Säulen, Tore und Fensteröffnungen sind mit Goldblech beschlagen, jeder Priester hat seine besondere Zelle, und sie sind so schön ausgestattet und so reich verziert, daß man keine Worte finden kann, um sie zu beschreiben. Die Herrscher der im Osten der Bergkette von Tsungling liegenden sechs Königreiche senden in diesem Tempel als fromme Gaben, was immer sie an Kostbarkeiten besitzen.«

Fa-hsien also schwelgt euphorisch im Glanz des Buddhismus, den er nach harter Wüstendurchquerung im wildesten Zentralasien antrifft. Aus seiner Schilderung einer großen Prozession geht hervor, daß der Fürst von Khotan (wie seine Nachbarn unterschiedslos König genannt) Buddhist war und dem Mahayana-Buddhismus, der Lehre vom Großen Fahrzeug, anhing. Daraus erklärt sich die offensichtlich großzügige Förderung, die er dieser Religion zuteil werden ließ.

Jeder, der Khotan passierte, hatte allerdings auch Grund, den Schutz der Götter zu erflehen oder für ihn zu danken, sei es, daß er die Bergstrecke oder aber die Wüste vor sich hatte, sei es, daß er die Dämonen der Schluchten fürchtete oder die Räuber.

In Khotan, der Stadt der vielen Wege, hatte sich die Gruppe Fa-hsiens aufgelöst. Die Mönche waren weitergewandert nach Kaschgar, die Kaufleute hatten sich tatarischen Buddhisten angeschlossen und den kürzesten Weg nach Indien über den Karakorum-Paß gewählt. Bemerkenswert ist, daß Fa-hsien von Khotan nach Kaschgar nicht die große Karawanenstraße am Südrand des Tarimbeckens benützte, sondern einen Bergpfad, der auch auf modernen Karten noch *Track* genannt ist. Dabei rastete er in dem Bergdorf Tash Kurgan, wo er bei herrlicher Luft beinahe kostenlos lebte und neue Kräfte sammelte. Der Wege gab es also genug, auch schon vor sechzehnhundert Jahren.

Kaschgar enttäuschte ihn, obwohl es ebenfalls von einem buddhistischen Fürsten regiert wurde; vielleicht bedauerte er auch den Umweg von immerhin fünfhundert Kilometern. Schließlich wagte er sich dann auch ins Karakorum-Gebirge:

»Wir reisten in südwestlicher Richtung weiter, und es gelang uns, in etwa einmonatiger Reise das Karakorum-Gebirge zu bezwingen. Auf diesen Bergen liegt der Schnee im Sommer wie im Winter, und überdies gibt es gefährliche Drachen, die, wenn man sie herausfordert, giftige Winde, aber auch Regenstürme, Sand und Steine aus ihren Rachen speien. Von allen, die sich diesen Gefahren aussetzten, ist kaum einer unter zehntausend (!) lebendig entronnen. Die Leute, die hier oben leben, nennt man Schneemenschen.«

Fa-hsien scheint also einen leichten Anfall von Höhenkrankheit erlitten zu haben. Die Todesrate der Karakorum-Überquerung ist ebenso phantastisch wie die Erwähnung der Schneemenschen, obwohl er vielleicht nicht den großfüßigen Yeti meint. Andererseits muß man sich sagen: wir befinden uns erst in der Zeit eines Attila, eines Alarich, im frühesten Mittelalter. Wie sollte damals ein Wanderer, der kaum wußte, wo er den Fuß hinsetzen durfte, Überblick genug gewinnen, um die natürliche Entstehung der Lawinen zu erkennen oder plötzlich irgendwo niederprasselnder Steinschläge?

»Auf dem Abstieg von den Tsungling-Bergen reisten wir fünfzehn Tage lang in südwestlicher Richtung. Der Weg war schwierig und anstrengend. Die Berge sind steil wie Felswände und ragen bis zu dreitausend Metern Höhe auf. Blickt man über den Wegrand hinunter, so erfaßt einen der Schwindel. Tut man einen Fehltritt, so ist man verloren, denn Halt bietet sich nirgends.

Tief unterhalb dieser Berge fließt ein Fluß, der wird Sintu (Indus) genannt. Die Menschen früherer Zeiten haben hier die Felsen ausgeschlagen, um Platz für einen Weg zu schaffen. Es sind Stufen in den Fels gehauen, etwa siebenhundert an der Zahl. Hat man diese hinter sich, so gelangt man an eine Hängebrücke über den Sintu, die aus Tauen gemacht ist. Die beiden Ufer des Flusses sind etwas weniger als achtzig Schritte voneinander entfernt.«

Die Brücke über den noch schmalen, aber zwischen den Felswänden schnell dahinschießenden, tiefen Indus ist ein Wahrzeichen, von dem noch so mancher Reisende bis an die Schwelle unserer Zeit berichten wird. Fa-hsien ist sich völlig klar darüber, daß er einen zwar uralten und vielbegangenen Weg benützt, aber doch auch eine gewaltige körperliche Leistung vollbracht hat. Er zitiert ein altes Sammelwerk von Reisebeschreibungen, um seinen Lesern zu beweisen, daß weder Tschang-kien noch Kan-Ying, die uns schon bekannten großen Reisenden der Han-Zeit, so weit gelangt sind wie er, der Pilger. Das stimmt, nur sind die beiden Offiziere eben in eine andere Richtung gereist, der eine nach Baktra und Ferghana, der andere an den Euphrat.

Zwei Jahre lang reiste Fa-hsien nun in Indien umher; er sah es noch im vollen Glanz, wie er nach Kaisern wie Ashoka oder Kanishka in herrlichen Bauten erhalten geblieben war. Dann machte er sich an die gewaltige Arbeit des Sammelns und Sichtens der heiligen Texte.

»Endlich schiffte ich mich auf einem großen Kauffahrer ein. Das Schiff stach in See und fuhr zunächst in südwestlicher Richtung. Da wir den ersten günstigen Wind der Winterzeit ausnützten, gelangten wir schon nach vierzehn Tagen und Nächten ins Löwenland (d.h. nach Ceylon).«

Nun kommen phantastisch anmutende, an Sindbad den Seefahrer erinnernde Berichte, die sich aber beim näheren Hinsehen dennoch als wahrheitsgetreu erweisen. Die Welt war damals tatsächlich noch wunderlich, vom stummen Handel der Wedda auf Ceylon, die jede Berührung mit den Fremden scheuten, bis zum Aberglauben der Seefahrer, die Fa-hsien ins Wasser werfen wollten, weil ein Mönch an Bord Unglück bringe. Daß nach mehrmaligem Wechsel des Schiffes (auf Ceylon und auf Java) Fa-hsien dennoch nach China gelangte und im Raum des späteren deutschen Pachtgebietes Tsingtau an Land gehen konnte, dürfte das größte Wunder dieser ganzen Reise sein. Auf den Landwegen, die zahllose Karawanen im Lauf der Jahrhunderte ausgetreten hatten, war der Mensch doch schon sicherer als auf der Seefahrt ohne Kompaß und unter haltlos abergläubischen Seeleuten, denen offenbar auch die Kapitäne an Kenntnissen nicht viel voraus hatten.

Aber wenn wir auch lächeln, wenn wir den Kopf schütteln, wir gewinnen doch einen nachhaltigen Eindruck von dem verblüffenden Wagemut dieser fernen Händler, Schiffseigner und Kapitäne, mögen sie nun Araber, Inder, Malayen oder Chinesen sein, die sich in schlecht gebauten Schiffen auf ihnen nur vage bekannte Seewege wagten. Und die Männer, die sich ihnen anvertrauten, sie vertrauten entweder, wie Fa-hsien, den Wunderkräften eines dicken Manuskriptbündels mit der Überschrift *Der sieghafte Glaube,* oder sie waren, wie die Kaufleute, verzweifelt entschlossen, alles auf sich zu nehmen, um ein klein wenig reicher nach China heimzukehren...

In Tsingtau erging es Fa-hsien wie so manchem anderen großen Reisenden des Mittelalters, wie Ibn Battuta, wie Carpini: er mußte erzählen. Sein Gesprächspartner in einem langen Shantung-Winter war ein höherer Beamter, vielleicht der Gaugraf, und er sagte später in einer Präambel zu dem sensationellen Bericht: »Bei jedem unserer Zusammentreffen befragte ich ihn wieder und wieder über seine Reisen, und stets antwortete er ohne Zaudern und ohne Widersprüche und der Wahrheit gemäß. Darum drängte ich ihn, doch im einzelnen niederzuschreiben, was er gesprächsweise skizziert hatte, und er erzählte daraufhin das Ganze der Reihe nach vom Anfang bis zum Ende.«

Diese aller Wahrscheinlichkeit nach noch in Tsingtau entstandene erste Niederschrift erweiterte Fa-hsien später zu einem zweibändigen Werk, das außerordentlichen Erfolg hatte. Mönche, aber auch buddhistische Laien vertieften sich in die Erlebnisse des frommen und unverdrossenen Pilgers und erlebten auf diese Weise, was sie selbst nicht erleben konnten. Unter den jüngeren Lesern des Fa-hsien jedoch entstand beinahe eine Art Wanderfieber: Schon bald nach seiner Heimkunft in das angestammte Kloster brachen von dort mehr als fünfzig Mönche auf, die – angeregt durch die Schilderung der heiligen Stätten Indiens

– mit eigenen Augen zu sehen begehrten, was ihr Bruder beschrieben hatte.

Wir sehen also, daß Fa-hsiens Bericht als Buch Erfolg hatte, ja größte Wirkungen erzielte, und das, obwohl der fromme Mann sein großes Erlebnis mit seltsam dürren Worten niedergeschrieben und im mündlichen Vortrag ganz bestimmt farbiger und lebhaft zur Geltung gebracht hat. Hart wie in einer Chronik stehen in Fa-hsiens Bericht die Worte nebeneinander, die Fakten werden wohl gegeben, aber die Luft der Berge fehlt ebenso wie die der Wüste, die großen Stimmungen stellen sich nicht ein – der begeisterte Buddhist war eben kein Dichter.

Seltsamerweise waltet diese Zurückhaltung, die vielleicht Bescheidenheit und Frömmigkeit ist, Demut und persönliches Zurücktretenwollen, durch die Jahrhunderte weiter und kennzeichnet die großen buddhistischen Erlebnisbücher auch dann noch, als in der Tang-Epoche Chinas zahlreiche Dichter der Sprache längst all die Geschmeidigkeit und blumige Fülle gegeben haben, die wir an ihr kennen und lieben. In einer Ode an eine alte Residenz schrieb Li-po:

Hier, wo das müde Gras auf den Ruinen wuchert und Libellen
wie Schleier schwirren, türmte sich das Kaiserschloß.
Die Freundin winkte hoch vom Turm. Im Marstall wieherte
das Roß,
Wo sind Burg und Kaiser, Pferd und kleine Freundin?
Ach, dahin, wie Wellen in dem großen Strom des Jangtsekiang.

Nur hundert Jahre vor diesem großen Dichter, zu einer Zeit also, da das Chinesische bereits eine Sprache der Dichtung und der großen Literatur war, schrieb Hsüan Tsang seinen Reisebericht nicht viel anders als Fa-hsien, ganz so, als gebiete ihnen allen die Ehrfurcht vor dem heiligen Land des Buddhismus solche Zurückhaltung. Hsüan Tsang (602–664) wurde der berühmteste aller buddhistischen Pilger, und sein Unternehmen hat, verglichen mit dem des Fa-hsien, auch schon jenen Zug ins Große, der den frühen Versuchen einer Kontaktaufnahme mit Indien noch fehlt. 629 zieht Hsüan Tsang aus, 645 kehrt er zurück. Er hat also sechzehn Jahre gebraucht, um sein Ziel zu erreichen, und er bringt von der beschwerlichen Reise nicht weniger als 657 buddhistische Schriften mit, dazu noch Bilder und Zeichnungen und hundertfünfzig Reliquien. Kein Wunder, daß bei solch einem Erfolg Kaiser Tai-tsung ihn persönlich empfängt, ihm einen Ehrentitel verleiht und die Rückkehr Hsüan Tsangs sich überhaupt zu einem Triumphzug gestaltet. Bis 648 braucht der Pilger dann, ehe er seinen Reisebericht vollständig vorlegen kann und sich der Übersetzung der mitgebrachten Schriften zuwendet.

Obwohl die Unterschiede, die gegenüber Fa-hsien zu verzeichnen sind, manchen lohnenden Rückschluß auf die inzwischen verstrichenen zweihundert Jahre zulassen, zitieren wir aus dem zweiten berühmten Reisebuch nur die entscheidenden Seiten über ein wirtschaftlich besonders folgenschweres Ereignis, die Geschichte von jenem großen Schmuggel, durch den das Geheimnis der Seide in das Königreich Khotan kam und damit in den Westen:

»Im Königreich Khotan ist das Klima angenehm, doch kommt es gelegentlich zu Stürmen und Sandwirbeln. Die Sitten verraten Anstand und Gerechtigkeit. Den Fremden begegnen die Bewohner mit Achtung und Verständnis, denn man liebt hier das Studium fremder Sprachen und verschiedener Wissenschaften. Die Bevölkerung hat sich einen gewissen Wohlstand erworben, weil sie Handel und Gewerbe mit Fleiß betreibt. Die Menschen sind glücklich und schätzen darum Musik, Gesang und Tanz.

Grobe Kleider und solche aus Tierfellen (nach Art der Nomaden) tragen hier nur wenige Menschen. Die meisten achten darauf, daß ihre Gewänder weiß und tadellos sind. Buddhas Gesetz steht hoch in Ehren. Es gibt zahlreiche Klöster und Tempel und in allen zusammen etwa fünftausend Mönche, die sich zur Lehre vom Großen Fahrzeug bekennen. Der König ist tapfer und kriegerisch und rühmt sich, von (dem indischen) Gott Vaicravana abzustammen.«

Hsüan Tsang erzählt nun, wie er es in Khotan gehört hat: daß der große König Ashoka um 250 vor Christus Rebellen und andere Verbrecher ausgesiedelt habe, die sich in Khotan festsetzten, und daß etwa gleichzeitig ein rebellischer Sohn des chinesischen Kaisers ein Nachbar dieses Verbanntenreiches geworden sei, in dem man einen König gewählt hatte. Daraufhin nahm der Kaisersohn in seinem kleinen Herrschaftsbereich ebenfalls den Königstitel an. Von jenem Nachbarn erfuhr der König von Khotan, wie reich China sei, daß es Maulbeerbäume und Seidenraupen besitze, und er entwarf einen Plan, wie er zu beiden kommen könne: Er bat den Kaiser im fernen Ostland (China) unterwürfig um die Hand einer chinesischen Prinzessin.

Bei zweiundsiebzig Frauen fehlte es an Prinzessinnen nicht, und darum hatten die Kaiser von China solche Bitten wohl selten abschlägig beschieden. Es kam also eine Gesandtschaft aus Khotan, um die verheißene Prinzessin abzuholen, und der seiner Verschlagenheit wegen schon berühmte Leiter dieser Gesandtschaft redete der Prinzessin ein, daß sie – falls sie auch fernerhin Seide tragen wolle – für ihren künftigen Gemahl das Nötige tun müsse.

»Das leuchtete der Prinzessin ein, und sie beschaffte sich heimlich, trotz strengsten Verbotes, Samen vom Maulbeerbaum und Eier von der Seidenraupe und verbarg diese Dinge in der Watte ihres Hutes. Als sie an die Jadepforte in der Großen Mauer kamen, wurden sie durchsucht, damit die Westländer nichts erhielten, was China schaden könne. Aber den Hut einer kaiserlichen Prinzessin wagte niemand zu zerstören, und wenige Wochen später traf sie in dem Kloster bei Khotan ein. Von dort wurde sie dann im Triumphzug eingeholt und zum Königspalast geleitet.

Als der Frühling kam, säte man rings um das Kloster Maulbeersamen, und als die Zeit der Seidenraupen gekommen war, sammelte man die Blätter, um jene Raupen zu füttern... Noch sind in diesem Reich einige vertrocknete Sümpfe jener Maulbeerbäume zu sehen, die angeblich aus diesen ersten, geschmuggelten Samen stammen. Das Königreich besitzt nun Seidenwürmer, die zu töten streng verboten ist, und wer Seide stiehlt, dem wird verboten, Seidenwürmer zu züchten.«

Hier sind es also nicht Geld und Kattun, sondern Seide und Religion. Der große Geograph Carl Ritter nennt das Jahr 419 für den erfolgreichen Schmuggel, also die Zeit, in der Fa-hsien eben durch Khotan gekommen war. Es ist durchaus möglich, daß man Hsüan Tsang die Geschichte noch erzählte, denn die Durchbrechung des kaiserlich-chinesischen Seiden-Monopols brachte für Khotan den wichtigen Übergang vom Zwischenhandel zur Eigenproduktion.

Auf dem Umweg über die Pilgerfahrten und dank der ausführlichen Berichte einiger dieser Pilger gewinnt man Einblick in langsame Wandlungen, die sich in einem großen Reich und im ganzen asiatischen Kontinent vollziehen. Die Küstengewässer waren schon seit langem schiffbar, aber nun wagen die Chinesen sich sogar aufs Meer (das allerdings nie ihr Element wird). In jenem wilden Westen, in dem die Han-Kaiser so blutige Kriege führen mußten, setzt sich langsam ein neues, friedlicheres Leben durch, werden Kleinreiche errichtet, Klöster gebaut und der Wohlstand gegen die ewige Unruhe der räuberischen Zeiten gestellt. China ist noch immer ganz anders als sein westliches Vorfeld und als Indien; aber erste Brückenschläge zeichnen sich ab. Prinzessinnen, Pilger und Kaufleute gehen in die Fremde, aber nur die Prinzessinnen bleiben im Ausland, gehen dem Reich verloren, die Männer kämpfen sich nach China zurück und stellen tragfähige Verbindungen zur übrigen Welt her.

Der Kaiser und sein Dichter

Drei chinesische Reiche öffneten sich geistigen Entwicklungen in einem höheren Maß, als dies wohl bei einem einzigen straff geführten Kaiserreich der Fall gewesen wäre. Wenn in einem der drei Reiche eine Gegenbewegung gegen den Buddhismus oder auch den Konfuzianismus oder den Taoismus einsetzte, dann blieben diese Unterdrückungsmaßnahmen stets nur auf einige Provinzen Chinas beschränkt, während sich in den anderen die ungestörte Weiterentwicklung der betreffenden Religion fortsetzte. Überdies hat der religiöse Kampf in China, die natürliche Rivalität zwischen den drei Religionen, niemals jene barbarischen Formen angenommen wie in Europa, wo die alleinherrschende Kirche ihr Diktat mit größter Härte und zeitweise auch mit entsetzlichen Grausamkeiten verteidigen zu müssen glaubte. Die heutigen marxistischen Historiker Chinas stehen sogar auf dem Standpunkt, daß selbst die Bücherverbrennung unter dem großen Kaiser Shi-huang-ti eine Erfindung der Konfuzianer sei und tatsächlich gar nicht stattgefunden habe. Stimmt das, so wäre das große China jenes Reich der Welt, das am längsten ohne drakonische Zwangsmaßnahmen auch im geistigen Bereich auskam, nämlich an die viertausend Jahre lang, bis an die Schwelle der Mao-Ära unseres Jahrhunderts, in der dann allerdings manches nachgeholt wurde.

Die sechs Jahrhunderte zwischen dem Ende der Han-Zeit und dem Untergang der Tang-Dynastie lassen uns aber auch erkennen, daß es nicht immer die großen Zeiten sind, in denen die Musen blühen und an denen das Herz des Volkes am meisten hängt. Die nostalgische Vorliebe der Chinesen für die von ritterlichen Tugenden erfüllte Zeit der drei Reiche hat zu einem Gutteil literarische Ursachen, gründet sich auf eine durch die Jahrhunderte nicht nennenswert abgeschwächte Vorliebe der Chinesen für Romane und Berichte aus dieser sehr fernen märchenhaft-strahlenden Epoche. Und in der von nur drei großen Herrscherpersönlichkeiten getragenen langen Herrschaft der Tang-Dynastie waren es wiederum einige große Dichter, waren es die Schöpfer von inzwischen als klassisch empfundenen poetischen Werken, die diese sonst nicht sonderlich bewegte Zeit den Chinesen so teuer machen.

Das historisch-politische Geschehen ist schnell referiert. In Kämpfen, die nach 580 begannen, gelang es Yang Chien, dem Sohn des Herzogs von Sui, das zerfallene China wieder unter einen Thron zu einigen und die Dynastie Sui zu begründen. Nach den vielen recht kurzlebigen Dynastien in Teilreichen folgte damit eine ebenso kurze zentrale Herrschaft, denn schon der Sohn des energischen Yang Chien verspielte die Herrschaft wieder mit Größenwahnsinn und Verschwendungssucht.

Yang Chien selbst bleibt freilich eine wichtige Gestalt der chinesischen Geschichte, einer der großen Ordner und Einiger, unter dem nicht nur das Strafgesetzbuch erneuert und die Steuerlast vermindert wurde: auch die Bevölkerung verdoppelte sich und soll im Jahr 605, als Yang Chien starb, neun Millionen steuerpflichtige Haushalte betragen haben, eine Zahl, die in einem gewissen Widerspruch zu jener Volkszählung von 2255 (!) vor Christus steht, die angeblich schon 39,5 Millionen Chinesen ergab. Nach allem, was wir über das noch recht kleine China an der Wende vom dritten zum zweiten vorchristlichen Jahrtausend wissen, verdient jedoch die zweite Zahlenangabe aus dem Jahr 605 mehr Vertrauen. Sonst müßte man, entgegen der Entwicklung in allen übrigen Teilen der Erde, einen abnormen Bevölkerungsschwund in Ostasien annehmen. Andererseits spricht für das starke Anwachsen der Bevölkerung in den Zeiten der Sui- und der Tang-Dynastie die Tatsache, daß um 700 von den ersten Städten die Rede ist, die eine Million Einwohner haben. Wir dürfen also, ohne uns auf bestimmte Zahlen festzulegen, den Quellen immerhin glauben, daß Yang Chien, der zweifellos hochbegabte Nachfahre des »Westlichen Konfuzius« Yang Chên, seinem geeinten Volk gute Zeiten und neue Ordnungen bescherte, die sich einem Anwachsen der Bevölkerung als günstig erwiesen. Zwischen 600 und 700 entstehen also jene volkreichen, von Menschen wimmelnden chinesischen Städte, die schon die mittelalterlichen europäischen Reisenden verblüfften und die seither auch für unsere Vorstellungskraft unabgeschwächt riesige Ameisenhaufen emsiger kleiner Menschen geblieben sind.

Diese Bevölkerungsentwicklung im siebenten Jahrhundert ist ganz gewiß aber auch ein Verdienst der ersten Tang-Herrscher, die dem Land lange Friedenszeiten zu bescheren wußten. Begründer der Dynastie ist Li-Shi-min (597–649), den wir unter seinem posthumen Kaisernamen Tai-tsung bereits erwähnten, ein Mann, von dem gesagt wird, daß kein Größerer je auf Chinas Thron gesessen habe und daß nur ihm die Bewahrung der neu gewonnenen Einheit Chinas zu verdanken sei.

Tatsächlich scheint die Wende vom sechsten zum siebenten Jahrhundert entscheidend für den chinesischen Staat gewesen zu sein; die neuen Reiche, die sich auf dem Boden des alten und einheitlichen Han-Reiches etabliert hatten, bestanden nun etwa so lange wie die Han-Dynastie selbst. Der kurze Rausch der Wiedervereinigung unter den Sui drohte zu verfliegen, als der Sohn des Einigers sich in sinnlosen Kämpfen fern in Korea verausgabte und die große Erbschaft verspielte. Dieses Beispiel brachte die eigentliche Gefahr, denn es diskreditierte die neu errungene Einheit, es gab den Partikularisten recht, die in einem geeinten China keinen Fortschritt sahen oder sehen wollten. Insofern ist die Annahme berechtigt, daß es nach dem ruhmlosen Niedergang der Sui-Dynastie vielleicht überhaupt keine Einigungsbestrebungen mehr gegeben hätte, daß China in drei oder vier großen Reichen weitergelebt hätte, in denen die beträchtlichen Stammesunterschiede zwischen den Nord- und Südchinesen, aber auch zwischen Chinesen und Einwanderern wiederum zum Tragen gekommen wären.

Die Tang-Dynastie entstand also im richtigen Augenblick, und sie bewirkte eine so feste Verankerung des Einheitsgedankens im chinesischen Volk, daß er in allen späteren Krisen stärker blieb als die Auflösungstendenzen. Es hat stets starke Kräfte gegeben, die einmal gegen den Norden, einmal gegen den Süden wirkten, die das große Reich auseinanderdrängten und stammesmäßig einheitlichere Teilreiche als die bessere Lösung empfahlen; daß keine dieser Ideen dauernden Erfolg hatte, verdankt China den Tang.

Über die Anfänge so bedeutender Herrscherhäuser gehen selbst dort Geschichten um, wo man nicht so erzählfreudig ist wie in China. Der erste Tang-Herrscher, wenn auch militärisch gesehen nicht der Begründer der Tang-Macht, war Li Yüan, Prinz des westlichen Liang-Staates, Sohn eines Herzogs der nördlichen Chou, Enkel eines Herzogs der westlichen Wei. Die seit alters vornehme, im Staatsdienst verschiedener Teilreiche zu Ansehen gelangte Familie zeigt also, daß kundige Politiker und Verwaltungsfachleute noch immer wanderten, und für Li Yüan und seinen Sohn bedeutete dies, nicht nur weite Teile Chinas zu kennen, sondern in ihnen auch bekannt zu sein.

Seit 618 herrschte Li Yüan, während sein Sohn sich noch mit den letzten Prätendenten um die Kaisermacht herumschlug. Er gilt manchen Historikern als schwach und unschlüssig, vor allem wohl, weil sie ihn am militärischen Genie seines Sohnes messen. Indessen dürfte es stimmen, daß Li Yüan ein tüchtiger Verwaltungsfachmann war, der in den acht bis zehn Jahren, in denen er an der Macht war, das Feld für seinen Sohn bereitete; er stärkte die Zentralgewalt, vereinheitlichte das Münzsystem und stellte die Steuererhebungen auf das neue Großreich um. Zumindest muß er außerdem ein guter Schütze gewesen sein, denn seine Frau, die wunderschöne Tochter des Herzogs Tou I, gewann er bei einem Wettschießen mit Pfeil und Bogen: er schoß einer Scheibe, die wie ein Pfau aussah, mit zwei Schüssen beide Augen aus...

Li Yüans Hauptverdienst um den Sohn und das Reich bestand jedoch zweifellos darin, daß er die außerordentliche Begabung des Generals Wei Cheng (581–643) erkannte. Ein Mann aus kleinen Verhältnissen, sehr früh vollkommen verwaist und daher ohne Hilfe von Verwandten aufgewachsen, wurde der wichtigste Berater und spätere Adoptivsohn (618) Li Yüans. Dieser war es, der nach Jahrzehnten, in denen Wei Cheng wie sein zweites Ich und sein Gewissen um ihn gewesen war, beim Tod des treuen Generals die Worte sagte: »Man kann eine Kupferplatte als Spiegel benützen, man kann in der Vergangenheit einen Spiegel für die Zukunft erblicken und die Meinung eines Mannes als Spiegel des eigenen Verhaltens in allen Angelegenheiten. Diese drei Spiegel habe ich stets sorgsam beachtet, doch nun, da Wei Cheng tot ist, habe ich einen davon verloren.«

Li Yüan hatte die Verwaltung reformiert, Wei Cheng Bilanz gezogen, indem er als Präsident die Kommission für die Geschichtsschreibung über die (eben besiegte) Sui-Dynastie leitete; Li-Shi-min, der spätere Kaiser Tai-tsung, erkämpfte sich sein einheitliches Großreich und die Geltung seiner Person vom Aralsee bis Japan, vom Amur bis zum Mekong. Nach den Rivalen seines Vaters besiegte er seine eigenen, nämlich zwei Brüder, und vernichtete auch die in China immer noch sehr starken feudalen Tendenzen. Dazu blieben ihm natürlich auch die Auseinandersetzungen mit den traditionellen Feinden Chinas im Norden und im Westen nicht erspart. Nur im fernen Korea hatte er die gleichen Mißerfolge zu verzeichnen wie der zweite und damit letzte Kaiser der Sui-Dynastie.

Tai-tsung war in seinem persönlichen Leben außergewöhnlich einfach und bescheiden, hatte aber starke geistige Interessen. So setzte er sich zum Beispiel für die Anerkennung der Astronomie (damals von Astrologie kaum zu unterscheiden) als exakter Wissenschaft ein. Er kämpfte auch dann um Ziele, wenn sie nicht leicht durchzusetzen waren. So bemühte er sich, in den zahlreichen chinesischen Provinzen ergebene und treue Beamte mit den nötigen Lokalkenntnissen an die Stelle jener Familien zu setzen, die sich im Lauf einiger Generationen ein Anrecht auf solche Gouverneursposten erworben zu haben glaubten.

Was aber am meisten an Tai-tsung überrascht, das sind die in verschiedenen Quellen übereinstimmend berichteten menschlichen Züge, eine echte Fürsorge für das Millionenvolk, das sich ihm anvertraut hat, Überlegungen, die bis in kleinste Einzelheiten gehen und den Versuch darstellen, die einer zentralen Verwaltung stets innewohnenden Tücken und Gefahrenquellen durch zweckdienliche Vorschriften zu mildern. So verrät uns zum Beispiel die Anordnung, daß sich jeder Richter mit einem Todesurteil an drei verschiedenen Tagen ernsthaft beschäftigen müsse und daß er an diesen Tagen keine Unterhaltungen besuchen, keine berauschenden Getränke und kein Fleisch zu sich nehmen dürfe, eine Einstellung zum kleinen Volk, die von der bisheriger chinesischer Machthaber entschieden abweicht. Und wenn gegen Ende der Tang-Zeit ein Rebell hunnischer Herkunft in jahrelangen Kriegen Hunderttausende, ja vielleicht eine Million Chinesen abschlachten wird, so kann man daraus ermessen, welch glückhafte Phase das chinesische Volk in den eineinhalb friedlichen Jahrhunderten in der großen Zeit der Tang-Herrschaft erlebte.

Diese im ganzen Ablauf chinesischer Geschichte einzig dastehende Zeit eines zumindest inneren Friedens bei ausgezeichneter Verwaltung hob mit dem Jahr 626 an, als Tai-tsung seine rebellierenden Brüder besiegt hatte. Sie endete auch nicht, als dieser große Kaiser starb. Denn erstens hatte eine so lange und erfolgreiche Regierungszeit das Vertrauen des Volkes in das Herrscherhaus nachhaltig gestärkt, und zweitens sprang eine hochbegabte Frau in die Bresche, als sich zeigte, daß Kao-tsung, der Nachfolger, nur ein schwacher und wenig urteilsfähiger Herrscher sein würde. Sie hieß Wu Chao (625–705), war Tochter eines Offiziers und mit zwölf Jahren als Konkubine in den Harem Tai-tsungs eingetreten. Beim Tod des Kaisers war sie mit den übrigen Damen des Serails ins Kloster gegangen, wie dies der Brauch war, hatte es dann aber verstanden, die Aufmerksamkeit des Nachfolgers auf sich zu lenken, und war in seinen Harem aufgenommen worden. Sie war schließlich erst Mitte zwanzig und eine vielgerühmte Schönheit.

Über ihren Weg zur Alleinherrschaft gibt es eine ganze Reihe Legenden, Anekdoten und Überlieferungen, die – selbst wenn die schaurigsten erfunden sein sollten – zeigen, daß sie in ihren Mitteln keineswegs wählerisch war. Da wurden Prinzen ermordet, eine Kaiserin in einem Weinfaß ersäuft, Puppenkaiser auf den Thron gesetzt und Prätendenten kurzerhand aus dem Weg geräumt, in so großem Stil, wie es etwa die gleichzeitig in Frankreich herrschenden Merowinger für nötig hielten. Das sind Einzelheiten, die allenfalls einen Romancier interessieren könnten. Für die weitere geschichtliche Entwicklung Chinas ist wichtig, daß die Tang-Verwaltung mit ihren ausgezeichneten Gouverneuren und Ministern stark genug blieb, den Angriff der nunmehrigen Kaiserin und ihrer Günstlings-Clique abzuwehren.

Wu Chao, deren Regierungsgeschick selbst ihre Gegner nicht bestreiten, herrschte ein halbes Jahrhundert und mehr über China mit soviel Kraft und Umsicht, daß den Nutzen schließlich doch wiederum die Tang-Dynastie hatte. Als die greise Kaiserin im einundachtzigsten Lebensjahr bereits entmachtet starb, war der Weg frei für Li Lung-chi, einen energischen Tang-Prinzen, der – nach bewährtem Muster – zunächst seinen Vater auf den Thron setzte und danach von 712 bis 756 selbst herrschte, ehe mit seinem Tod (762) zwar nicht die Dynastie, aber doch ihre große und glanzvolle Zeit zu Ende ging.

Li Lung-chi, später oft auch Ming Huang-ti genannt, begann seine Herrschaft mit Aufrufen und Verordnungen, die den Luxus eindämmen sollten. Er verbot den Hofdamen, Edelsteine und Spitzen zu tragen, und ließ auch einige Seidenfaktoreien schließen, die vor allem für den Inlandbedarf gearbeitet hatten. Die staatlichen Gelder, die durch die lange Friedenszeit frei wurden, wandte er an, um auch in den Dörfern Schulen zu errichten. Vermutlich hat in keiner Epoche außer der mongolischen die innere Verwaltung mit der Steuereinhebung so gut funktioniert wie in den fünfzehn Provinzen, in die Ming Huang-ti sein Reich geteilt hatte.

Um 740 verzeichnete China einen Wohlstand wie nie zuvor. Der in euphorischer Zufriedenheit in seinem Palast regierende Herrscher begann, sich den Vergnügungen zuzuwenden, auf die er Anspruch zu haben meinte. Sein mächtiger Minister Li-lin fu nahm ihm nicht nur ein Gutteil der Staatsgeschäfte ab, sondern bürdete sich auch all die Ängste auf, die einen Herrscher umgeben. Während der Kaiser unbesorgt becherte und sich mit schönen Frauen und geistvollen Poeten umgab, lebte sein Erster Minister in seinem Palast in anhaltender Angst, ermordet zu werden, schlief jede Nacht in einem anderen Raum und hatte seine sechs Töchter so abgerichtet, daß sie durch ein geheimes Fenster jeden beobachteten, der den Ministerpalast betrat.

Ming Huang-ti hingegen ließ seinem zweifellos künstlerisch zu nennenden Temperament die Zügel schießen. Er schrieb Gedichte, die sich selbst in dieser großen Epoche sehen lassen konnten, er gründete ein Konservatorium, in dem begabte junge Chinesen beider Geschlechter in Musik und Komposition unterrichtet wurden, und er verfiel beinahe ungehemmt in alle Arten des Aberglaubens, wie sie sich im religiösen Wirrwarr des großen Reiches schon manchem seiner Vorgänger als Versuchung angeboten hatten.

Ming Huang-ti hatte also nicht die kämpferische Größe und unbeugsame Rechtschaffenheit eines Tai-tsung, und er hatte wohl auch nicht die leidenschaftliche Herrscher-Energie, wie sie die in ihrer bösen Genialität einzigartige Wu Chao beseelte; er war eben nicht der erste Kaiser und war auch nicht mehr von jenem halbirren Geltungstrieb besessen, wie ihn eine Konkubine braucht, wenn sie aus dem Kloster auf den Thron gelangen will. Er war der unbestrittene Kaiser, der Herr aller Chinesen, der Sohn des Himmels. Ein wenig von dieser göttlichen Bonhomie floß zumindest in seiner zweiten Lebenshälfte dann wohl auch in die Seelen seiner Gefährten, mit denen er in seinem Palast endlose Nächte zubrachte.

Wie fern erscheinen nun die Zeiten einer engherzigen Etikette, die einem Kaiser nur bestimmte Worte und Gesten gestattete; wie gelöst gibt sich in diesem großen Jahrhundert der Mann, der kaum noch Mensch ist, der für Millionen seiner Untertanen auf den Stufen zu den Götterthronen steht und sich doch nicht scheut, den Pinsel zu ergreifen und die Verse zu Papier zu bringen, die sein lallender Zechkumpan Li-tai-po ihm diktiert.

Ming Huang-ti und Li-tai-po sind ein Freundespaar von so köstlicher Einzigartigkeit, daß sich etwa der Großherzog Karl August von Weimar und der Geheimrat von Goethe tausend Jahre nach ihnen geradezu gravitätisch-altväterlich ausnehmen, während der Kaiser und sein trinkfreudiger Dichter die ewige Jugend für sich gepachtet zu haben schienen. China hat diese größte Epoche seiner Dichtkunst nie wieder erreicht, geschweige denn übertroffen; in annähernd dreizehnhundert Jahren konnte es keinen Lyriker den Großen des achten Jahrhunderts, den Dichtern Li-tai-po und Thu fu, an die Seite stellen. Das ist so, als wären die Gudrunsage die größte deutsche Dichtung, das Gedicht von Beowulf das größte Erzeugnis britischer Poesie und die Sequenz auf die heilige Eulalia aus dem Kloster von Saint-Amand der Gipfel französischer Dichtkunst geblieben. Fünfhundert Jahre, ein Halbjahrtausend wird das Abendland brauchen, ehe Dante das Gleichgewicht zwischen West und Ost wieder herstellt.

Die Frage, ob Li-tai-po oder Thu fu der Größere sei, beschäftigt die Chinesen noch heute, denn die Intelligenz, die Fachwelt hat in Thu fu die größere Kunst entdeckt und die feinere Poesie, während das Volk sich für Li-tai-po begeistert, das rastlose Genie, das seine unvergleichliche Begabung mit vollen Händen ausgab und einen Reichtum verströmte, der in all den Jahrhunderten seither nicht an Glanz verloren hat.

Li-tai-po wurde im Jahr 700 oder kurz danach in Pa-hsi (Ssuchuan) geboren und scheint mit der kaiserlichen Dynastie Tang entfernt verwandt gewesen zu sein. Seine Familie war jedoch nicht vermögend, sondern hatte in jeder Generation verschiedene Beamtenstellen inne, so daß es möglich ist, daß Li-po (wie er als Kind hieß) in einer chinesischen Stadt Ost-Turkestans zur Welt kam und in Pa-hsi dann aufwuchs. Nach Jahrhunderten, in denen verschiedene Kaiser dem Buddhismus huldigten und diese Lehre großen Einfluß in China erlangte, ist Li-tai-po vom Beginn seiner Entwicklung an Taoist. Er soll sogar taoistische Weihen genommen haben, und die Gruppierungen, in die er sich begibt, pflegen stets taoistische Traditionen. Neben dieser Beziehung zur chinesischen Volksreligion sind bei ihm starke Interessen für die Alchimie, für Mythologie und Legenden erkennbar, dazu ein beherrschendes Naturgefühl und ekstatische Selbstaussagen, die alle anderen Themen – Zeitgeschichte, soziale Problematik, ja sogar Liebe – in den Hintergrund treten lassen.

Die Biographie dieses wohl größten chinesischen Dichters nachzuzeichnen wäre sehr mühsam, denn Li-po, der sich schon mit zehn Jahren als Dichter fühlte, lebte so unstet wie vor und nach ihm viele andere große Geister. Er wanderte viel im Süden und Osten des Landes, er präsentierte sich an verschiedenen Höfen, konnte aber keine feste Beamtenstelle erlangen oder – wenn sie ihm gegeben wurde – durch längere Zeit halten; denn Disziplin, an einem Ort zu bleiben, regelmäßigen Geschäften nachzugehen, war naturgemäß nicht seine starke Seite.

Dennoch stimmt es nicht, daß er niemals ein Amt erlangte. Kaiser Ming Huang-ti gab ihm eine Sinekure, also ein Gehalt ohne nennenswerte Pflichten, ja er zeichnete ihn auch durch ein Ehrengewand aus, und man sah es dem großen Dichter sogar nach, wenn er im Trunk dieses Ehrengewand nicht sonderlich sorgsam behandelte. Nicht sehr wählerisch in seinem Umgang, geriet Li-tai-po gelegentlich auch in die Gesellschaft aufsässiger Prinzen; das brachte ihn vorübergehend ins Gefängnis, aber im Grunde hielt sein Kaiser an ihm fest, weihte ihm die langen Abende und Nächte und mit Li-tai-po auch seinem jüngeren Freund und kongenialen Wandergefährten Thu fu.

In seinen Ehen hatte Li-tai-po ebensowenig Glück wie nach ihm Dante oder Shakespeare, und auch im Umgang mit seinen

Mitmenschen beging er manchen Fehler. Sind sich auch alle seine Zeitgenossen über die unvergleichliche Wirkung seiner Persönlichkeit einig, so unterschätzte Li-tai-po doch die Gefahren, die von Neid und Haß ausgehen können: Als er auf eine Haremsdame am Hof Ming Huang-tis einige besonders schöne Zeilen gedichtet hatte, befahl der Kaiser Kao li-shi dem obersten Eunuchen, dem Dichter die Schuhe auszuziehen. Diese Demütigung verzieh Kao dem Dichter nie; er brachte Yang kuei-fei, die schöne Lieblingsfrau des Kaisers, gegen Li-tai-po auf, so daß dieser mit seinen sieben Gefährten den Kaiser um Urlaub bat. Die *Acht Unsterblichen der Becherrunde,* wie man sie genannt hatte, verabschiedeten sich reich beschenkt, aber für Li-tai-po war damit die glücklichste Zeit doch vorbei. Er geriet in oppositionelle Kreise, suchte mit einem Verwandten ein ruhiges Refugium und starb im Jahr 762 in Taiping (Anhui) der Legende nach im Rausch: er soll sich aus einem Boot gebeugt haben, um die in den Wellen gespiegelte Scheibe des Mondes aufzufischen. Die Chinesen sind überzeugt, daß ihn sogleich Delphine in die Lüfte, in die Unsterblichkeit entführten.

Thu fu überlebte ihn nur um wenige Jahre. Er hatte zwar viele Jahre in der Nähe Li-tai-pos zugebracht, aber nie eigentlich zu der kaiserlichen Trinkrunde gehört. Ruhiger und gefestigter als der große Freund, gelang es ihm, verschiedene Ämter auszuüben, nur den Posten eines Gouverneurs in einer Stadt der Provinz Shensi sah er als Verbannung an, verzichtete und nahm im letzten Jahrzehnt seines Lebens sein Wanderdasein wieder auf. Er starb im Jahr 770 einen ähnlich merkwürdigen Tod wie Li-tai-po: Bei der Besichtigung alter Ruinen in Hu-kuang überraschte ihn eine Überschwemmung. Er blieb acht Tage lang von Wasser umschlossen in einem halb verfallenen Tempel, wurde zwar gerettet, starb aber nach der ersten Nahrungsaufnahme.

Obwohl auch die chinesischen Romane und Novellen sich viele Leser im Westen erworben haben, ging der stärkste Einfluß, den chinesische Literatur je ausübte, doch wohl von Li-tai-po aus, wobei es zur Betrübnis der Sinologen kaum eine Rolle spielte, ob er nun tatsächlich wortgetreu übersetzt wurde. Angesichts der ungeheuren Schwierigkeiten, die poetischen Zeichen eines chinesischen Gedichts in eine andere Sprache zu übertragen, hing die Wirkung Li-tai-pos im Westen weitgehend von den Glücksfällen mehr oder weniger genialer Nachdichtungen ab. Mochten Hauser und Bethge und mancher andere auch besser chinesisch können, das Genie des großen Chinesen erschloß sich dem deutschen Volk doch aus den schöpferischen Annäherungsversuchen, die der Dichter Klabund unternahm:

Ich hocke müßig in der Nacht. Der Mond erglänzt.
Einsiedler spielt im Wind die weiße Laute.
Der Wind stöhnt wie ein Kind, für das man Medizinen braute
Und das bestraft wird, wenn es heut die Schule schwänzt.
Der Mond beschwatzt leichtfertig Allerleigewölk. So schlanke Hände
Von Frauen streicheln Teich und Andacht und Gelände.

Diese Übertragungen waren es, in denen Li-tai-po am stärksten wirkte und den Expressionismus so deutlich beeinflußte, daß man zum Beispiel in dem eben zitierten Gedicht die zweite Zeile durchaus für einen Vers Georg Trakls halten könnte; aber auch bei Paul Boldt, Georg Heym, Jakob van Hoddis und anderen finden sich deutliche Anklänge an die bei aller Sanftheit doch so starken lyrischen Figuren des großen Chinesen.

Thu Fu, der das Glück hatte, neben ihm zu leben, und der Li-tai-pos Größe wohl am besten ermessen konnte, weil er ihm ja nur wenig nachstand, dieser jüngere Gefährte schrieb das Gedicht, in dem er nicht nur des Größeren gedenkt, sondern auch des Kaisers (genannt: der Unsterbliche), der wie vor ihm kein anderer mit Dichtern lebte und Li-tai-po liebte:

Man nennt dich unversiegbaren Tropfenfall
Himmelgleich –
Vor deiner Verse Hall
Zerspellt des Kriegers Speer, zerfällt des Kaisers Reich
Du bist die Sonne, der wir im Zenith begegnen.

Du bist Gewitter, wenn die Wolke kracht.
Als Tränen läßt du deine Verse niederregnen –
Es liest sie der Unsterbliche im Mondenschein bei Nacht,
Lächelt und weint und meint, Er habe sie erdacht.

Der seiner Herrenrunde beraubte Monarch geriet immer tiefer in die Einflüsse, die seit jeher in den kaiserlichen Palästen regierten – die Macht der Frauen und der Eunuchen. Kao li-shi errang unheilvolle Bedeutung als eine der Schlüsselfiguren für die schwerste Krise der Tang-Dynastie überhaupt. Sichtbarer aber und damit auch für den Historiker auffälliger ist die Rolle, die Ming Huang-tis Favoritin , die schöne Yang kuei-fei, um die Mitte des achten Jahrhunderts in China spielte.

Sie kam aus einer angesehenen Familie: Ihr Vater war Vorsitzender des Kriegsrates gewesen und in den Adelsrang eines Herzogs erhoben worden. Yang kuei-fei trat 735 etwa zwölfjährig in den Harem des Prinzen Shou ein, des achtzehnten Kaiser-Sohnes (woraus man durch einfache Multiplikation ermitteln kann, daß ein kaiserlich-chinesischer Haushalt Hunderte von Konkubinen umfaßte). Hier sah sie Ming Huang-ti, der Kaiser, und war von ihrer Schönheit ebenso angetan wie von ihren körperlichen Reizen, denn sie war unter allen berühmten Schönheiten der chinesischen Geschichte die einzige, der man eine gewisse Fülle nachsagt (*the only fat lady* schreibt der ungalante Giles). Bald mußte der Sohn hinter den Wünschen des Vaters zurückstehen, und Yang kuei-fei nahm an den Abendgesellschaften mit den Dichtern und der Favoritin Mei-fei teil. Diese war eine besonders geistvolle Frau, die bei allen Gesprächen mithalten konnte, so daß die schöne Yang kuei-fei sich zurückgesetzt fühlte und sich aus Verzweiflung immer wieder betrank.

738 jedoch starb Mei-fei, und nun war der Weg frei. Yang kuei-fei rückte an die erste Stelle aller Haremsdamen, und der Kaiser ließ seinen Begierden die Zügel schießen. Nun durfte Yang kuei-fei ihren berühmten lasziven Tanz beim abendlichen Bankett vorführen, und wenn sie im Heißwasserbecken des Sommerpalastes nackt badete, ließ Ming Huang-ti die Blicke nicht von ihr, so daß er völlig in ihren Bann geriet.

Eine intelligentere Favoritin hätte daraus eine echte Herrschaft über den alternden Kaiser machen können, aber Yang kuei-fei war schön, genußsüchtig und verspielt, nicht mehr, so daß sie eher zum Werkzeug von Verwandteninteressen und Günstlingen wurde als eine eigenständige, persönliche Opposition. Sie schob einen Vetter in hohe Positionen, was es immer gegegeben hatte, ohne daß dies das große Reich ernsthaft gefährdet hätte, aber sie zeichnete auch einen Tatarengeneral ungewisser Herkunft mit ihrer Gunst aus, weil er sehr geschickt den harmlosen Hofnarren spielte, sich wegen seiner unmäßigen Fettleibigkeit von ihr hänseln ließ und es scheinbar gutmütig duldete, daß sie – vielleicht eben, weil sie auch nicht besonders schlank geraten war – seine Fülle in allerlei Spielchen bei Hofe zur Schau stellte.

Dieser fette Günstling hieß An Lu-shan und war nicht (wie man zum Beispiel bei Lo Duca lesen kann) mit der Favoritin verwandt, sondern entstammte der nichtehelichen Verbindung einer Turk-Schamanin mit einem Offizier der chinesischen Grenztruppen. Da er lange Zeit mit seiner Mutter herumgezogen war, verstand er schon als junger Mann sechs verschiedene Barbarensprachen. Das rettete ihm das Leben, als er 733 wegen Diebstahls totgepeitscht werden sollte, ja der Präfekt nahm ihn sogar in seine Dienste, und 741 finden wir An Lu-shan als Waffen- und Pferde-Kommissar in Ping-lu. Geschickt und verschlagen, wie er war, bestach er alle von Ping-lu in die Hauptstadt reisenden Boten und Beamten, von ihm nur in den höchsten Tönen zu sprechen, und so erhielt der in der Provinz immer höher gestiegene Kommissar endlich 747 ein hohes Amt in der Hauptstadt.

Yang kuei-fei war nun zwei- oder dreiundzwanzig Jahre alt und eine voll erblühte Schönheit. An Lu-shan machte ihr auf tolpatschige Barbarenart den Hof, was sie und ihre Damen höchlichst amüsierte, ja sie soll den dicken Türken sogar einmal in einem Kinderwagen durch den Palast gefahren haben.

Während alle Welt von seiner Harmlosigkeit und Ergebenheit überzeugt war, rüstete An Lu-shan dort, wo er Truppenkommissar gewesen war, und in den angrenzenden Präfekturen eine ihm vollkommen hörige und schlagkräftige Armee aus. Er konnte es unbemerkt tun, da er trotz seiner Hofämter die Posten in der Provinz nie aufgegeben hatte und weil in Ping-lu und rundherum immer noch die von ihm bestochenen Kreaturen saßen. Die in der langen Friedenszeit beschäftigungslosen Mannschaften und Offiziere ließen sich willig drillen und hofften auf einen neuen Feldzug. An Lu-shan ging so weit, die Festung Hsiun-wu erbauen zu lassen, angeblich gegen die Nomadenstämme im Norden, in Wirklichkeit jedoch als geheimen Stützpunkt seiner Rebellion, in dem er Vorräte, Waffen und Pferde zusammenzog. Er hatte den Oberbefehl über drei Gouvernements, so daß er bei diesen umstürzlerischen Aktivitäten so gut wie gar nicht mehr kontrolliert werden konnte.

755 schlug er los, angeblich gegen einen Banditen, der eine große Räuberschar um sich gesammelt hatte. Nun freilich erkannten seine Widersacher bei Hofe die Gefahr, denn das Aufgebot An Lu-shans war für eine simple Ordnungsstreitmacht denn doch zu gewaltig. Die kaiserlichen Truppen, die An Lushan entgegengeworfen wurden, waren unzureichend geübt und schlecht ausgerüstet, sie hatten keine Chance. Ming Huang-ti und sein Hof flohen nach Shensi. Auf dieser überhasteten Flucht ohne Vorräte und Waffen kam es in einem kleinen Ort zu einer Meuterei der kaiserlichen Garde: die Soldaten beschuldigten Yang kuei-fei, an all dem Unheil Schuld zu tragen, und verlangten ihre Auslieferung. Kaiser Ming Huang-ti hatte nicht mehr die Kraft, sich zu widersetzen; um seiner Geliebten jedoch das Ende in den Armen der aufgebrachten Soldaten zu ersparen, bat er Kao li-shi, den Chefeunuchen, Yang kuei-fei zu erdrosseln. Einige ihrer Schwestern, die ebenfalls dem kaiserlichen Harem angehört hatten, und ihr Vetter, den sie protegiert hatte, wurden jedoch der Truppe ausgeliefert und starben unter langen Qualen.

Ming Huang-ti hat sich von diesem Schicksalsschlag nie wieder erholt; er blieb ein gebrochener Mann, auch als An Lu-shan – durch eine Hautkrankheit beinahe erblindet – in seinem Zelt ermordet worden war. 756 dankte Ming Huang-ti zugunsten seines Sohnes Li-Tang ab, für den so tüchtige Generale wie Kuo Tzu-i und andere in harten, viele Jahre währenden Kämpfen das Reich zurückgewannen, oft mit Hilfe von Turkvölkern, zentralasiatischen Truppen, ja sogar arabischen Verbänden. Die Tang-Dynastie war damit wieder hergestellt, aber ihren früheren Glanz hat sie nicht wieder zurückgewonnen. Ihre Macht verlor sie erst in dem Jahr, da eine neuerliche Rebellion abermals einen Tang-Kaiser aus der Hauptstadt Chang An vertrieb, das war 881.

Gestalten und Geschehnisse wie diese müssen in einem Volk, das soviel historischen Sinn hat wie die Chinesen, lange nachwirken. Dazu kam, daß die Geschichte der Yang kuei-fei und ihres kaiserlichen Liebhabers eine hervorragende dichterische Gestaltung fand, und zwar in der *Ballade vom langen Leid* des Po Chü-i (772–846). Dieser bedeutendste Dichter der nächsten, auf Li-tai-po folgenden Generation machte den Ruhm der Tang-Dichter vollkommen, weil er zu der genialen lyrischen Blüte unter Kaiser Ming Huang-ti nun eine Art kongenialer Reflexion gesellte, in der die Geschehnisse der großen Zeit den Chinesen in wohlklingenden Versen noch einmal nahegebracht wurden. Er selbst hat die lange Ballade nicht als sein bestes Gedicht geschätzt, aber sie ist sein bei weitem berühmtestes und bis heute beliebt gebliebenes Werk. In sechsundvierzig fünfzeiligen Strophen spricht er von der schönen Yang kuei-fei und wie sie den Kaiser für sich gewann. Auf Jahre des Glücks folgt das plötzlich hereinbrechende Unheil:

Sie schmückte sich
in goldenen Gemächern;
zusammen tranken sie
zur Nacht im Jadeturm
und stimmten in den Frühling ein.

Die kaiserliche Huld
bedachte ihre Vettern und Kusinen
mit Ämtern und mit Gütern.

Und alle Eltern wollten da
fortan nur Töchter haben.

Im Licht der blauen Wolken lag
das Winterschloß, und überall
ertönte festliche Musik,
als dort bei Lied und Tanz
die Zeit zerstob.

Doch eines Tages unterbrach
das Trommeln der Soldaten, das
wie Erdbeben klang,
die Melodie
vom Feder-Kleid und Regenbogen-Mantel.

Es folgt der Aufruhr der Garde, der Tod der Favoritin. Dort, wo man meint, das Gedicht sei zu Ende, beginnt es erst an Tiefe zu gewinnen. Die eigentliche Handlung hat den Kaiser als Mittelpunkt; sein langes Leid um die schöne Tote erklärt den Titel, sein Versuch, sie mit Hilfe eines Schamanen aus dem Jenseits zurückzuholen, ist ein bemerkenswertes Stück lyrischen Totenkults und unserer Sage von Orpheus und Eurydike durchaus ebenbürtig.

Mit Po Chü-i und dem großen Prosaschriftsteller Han-Yü (768–824) kommt in der Folgegeneration der großen Lyriker und ihrer dem Taoismus zuneigenden Vereinigung wieder die strengere Moral der Konfuzianer zu bedeutenden künstlerischen Bekundungen.

Po Chü-i macht sich gelegentlich über das Tao-te-king ausgesprochen lustig, und Han-Yü, ein konservativer Oppositioneller von hervorragenden literarischen Gaben, gefährdete seine Position und seine Sicherheit durch die Polemik gegen den Buddhismus und die kaiserlichen Ehrungen für buddhistische Reliquien.

Beide Autoren bewährten sich auch im praktischen Leben in weit höherem Maß als Li-tai-po oder Thu fu: Po Chü-i errang als

Gouverneur einer notleidenden Provinz durch die strikte Anwendung seiner moralischen und verwaltungstechnischen Prinzipien so bedeutende Erfolge, daß dieser Bezirk, als er ihn verließ, zu den blühendsten Chinas gehörte, und Han-Yü brachte es trotz häufiger Kritik an der Regierung bis zu dem hohen Amt eines Vorsitzenden der Riten-Kommission.

Dank dieser Dichter und Schriftsteller erscheint die Tang-Zeit künstlerisch vor allem durch die Literatur gekennzeichnet, während wir aus der Han-Zeit die bedeutenderen bildnerischen Dokumente besitzen. Das rührt nicht zuletzt daher, daß der unter den Tang-Kaisern nun mächtig einströmende Buddhismus sehr viele fremde Stilelemente und Gefühlsgehalte nach China gelangen ließ, die in der Malerei und Bildhauerei der Tang-Zeit als westliche, als hellenistische oder indische Einflüsse auftauchen und das Erscheinungsbild der traditionellen chinesischen Kunst verändern.

Vor allem aber muß man aus der hellenistischen, iranischen und indischen Ornamentik und den entsprechenden Techniken schließen, daß nicht nur die Gegenstände dieser Bildhauerkunst aus dem Ausland kamen, sondern auch die Künstler selbst. Erinnern wir uns an die riesigen Klosterbauten, von denen die Indienpilger in ihren Reiseberichten sprechen. Die Steinmetzen, die dort am Werk gewesen waren, Männer also aus Khotan, Baktra oder der Turfan-Oase, haben vermutlich auch im chinesischen Kaiserreich gearbeitet. Als in der späteren Tang-Zeit Mittelasien und Teile Zentralasiens von den ausschwärmenden mohammedanischen Kriegerscharen heimgesucht wurden, versiegte die Infiltration vom Westen her, während zugleich Kaiser Ming Huang-ti, wie seine dichtenden Freunde, seine Sympathien dem Taoismus zuwandte. Der herrschenden buddhistischen Kunstrichtung war somit der Boden entzogen, und wir besitzen aus der ganzen Epoche nur wenige bemerkenswerte Einzelleistungen, die ihre Entstehung kaiserlichen Vorlieben verdanken wie die berühmten Mongolenpferde, die Kaiser Tai-tsung, ein großer Pferdeliebhaber, als Grabskulptur in Auftrag gab.

Diese Kunstpause ist überraschend, denn es fehlt nicht an Anregungen. Gerade in der Tang-Zeit sind mehr Ausländer in China als je zuvor: Türken, Tibeter, Armenier und Perser in den großen Städten Innerchinas, Araber, Inder und Juden in den Hafenstädten. Der große Austausch geht weiter, die Einflüsse vom Westen her multiplizieren sich, und in Melanesien tauchen – von Neuguinea bis in den neuseeländischen Raum – Repliken auf frühchinesische Kunst auf, wie Douglas Fraser überzeugend nachgewiesen hat. Das Volk der Mitte ist nicht nur zu seinen Nachbarn, sondern auch zu Nachbarkontinenten in fruchtbare wirtschaftliche und geistige Beziehungen getreten.

Chang An, die hungernde Stadt

Seit den ältesten Zeiten lagen die Hauptstädte des chinesischen Reiches auf einem vergleichsweise sehr kleinen Raum eng beisammen, so daß die Ruinen alter Residenzen den blühenden neuen Metropolen benachbart blieben. Die Shang-Städte am Rand der großen Ebene sind von Lo-yang nicht viel mehr als hundert Kilometer entfernt, und Lo-yang wiederum liegt nur dreihundertfünfzig Kilometer stromabwärts von Chang An, der Hauptstadt der Tang-Dynastie. Das sind Entfernungen, die – vom ganzen China aus gesehen – all diese alten Zentren als beisammen liegend erscheinen lassen, so daß sie einen geschlossenen Kernraum bilden, den der Hwangho durchfließt.

Für den modernen Europäer, dem sich mit dem Begriff China Städtenamen wie Peking, Kanton, Shanghai oder auch Hongkong verbinden, ist das überraschend. Das Zentrum Chinas liegt an die zweitausend Jahre lang mitten im Land, tief drinnen, mehr als tausend Kilometer vom Meer. Ja es rückt im Lauf der Zeit nicht etwa nach Osten, gegen die Küste zu vor, sondern wandert nach Westen, vom Ozean weg und tief hinein in die Berge, welche die zentralasiatische Wüstenlandschaft umschließen.

Solche Entwicklungen sind weder zufällig noch etwa – wie man es zum Beispiel für Mittelamerika angenommen hat – astrologischen Rücksichten entsprungen, sondern finden ihre Erklärung ganz einfach darin, daß für die Zeit bis etwa 1000 nach Christus selbst die Unsicherheit und die Schwierigkeit des Landverkehrs lieber in Kauf genommen werden als die Zufälle der Schiffahrt, von deren Unzulänglichkeiten uns die Indienpilger ein drastisches Bild gezeichnet haben. Obwohl der Landtransport vor großen Gütermengen oder gar Massengütern kapitulieren muß, erweisen sich die Karawanenrouten nach Zentralasien, nach Mittelasien und nach Indien für das Leben der Städte und die Politik der Kaiser als so wichtig, daß der bereits existierende, aber noch höchst unsichere Massengütertransport über See die Schwerpunkte nicht nach Osten zu verschieben vermag.

Während Lo-yang, die legendäre Altersresidenz des Laodsi, immer mehr zu einer ehrwürdigen Ruinen- und Gedenkstätte wird, entwickelt sich Chang An schon unter den Han-Kaisern zu einer echten Hauptstadt mit Mauern und Toren, mit Palästen und Bildungsstätten. Um 200 vor Christus hat die Stadt bereits zwölf Tore, Dutzende von öffentlichen Gebäuden und Palästen und eine Sternwarte. Sie bedeckt etwa dreißig Quadratkilometer und hatte zweifellos eine größere Einwohnerzahl als Rom, Alexandria oder Athen zur gleichen Zeit.

Unter den Tang-Kaisern hat Chang An seine Fläche mehr als verdoppelt und ist damit wesentlich größer als die heute an dieser Stelle liegende moderne Stadt Hsi-an-fu. Die Erweiterungsbauten haben sich im Süden an die alte Han-Stadt angeschlossen und eine im wesentlichen quadratische City gebildet, die innerhalb der Mauern 55-60 Quadratkilometer bedeckte. In der Mitte des Nordteils dieser Anlage befand sich die Palaststadt, an die außerhalb der Mauern, der Stadt nördlich vorgelagert, der große, dem Volk streng verbotene kaiserliche Park grenzte. Südlich der Palaststadt lag die Kaiserstadt, die zusammen mit den Palästen eine residentielle Zone von etwa 2,5 mal 1,4 km bildete. Darum herum erst wohnte das Volk an regelmäßig angelegten Straßen, die zu insgesamt zehn Toren führten. Ein elftes führte von der Palastgruppe in den verbotenen Park.

Weit außerhalb der Stadt, die offensichtlich innerhalb der Mauern größere Bauten nicht mehr aufnehmen konnte, bildeten sich zu allen Zeiten, auch schon in vorchristlichen Jahrhunderten, einzelne ausgedehnte Anlagen von Palästen und Lusthäusern. Noch ein Stück weiter hinaus ins Umland schoben sich die Ahnengräber und kleinen Grabstädte, die zum Teil nördlich des Wei-Flusses im Bergland lagen.

In der späteren Tang-Zeit war Chang An zweifellos bereits Millionenstadt, und zwar eine besonders schwer zugängliche Stadt, wenn man sie nicht von Zentralasien her, sondern aus dem übrigen China erreichen wollte. Denn der Wei-Fluß verhinderte durch seine Stromschnellen vor der Einmündung in den Hwangho z.B. den Wassertransport der beträchtlichen Mengen an Getreide, mit denen diese Million von Hauptstadt-Chinesen ernährt werden mußte. Es war eine Fronleistung ganz besonderer Art, die ungeheuren Getreidemengen aus den Schiffen auf Karren umzuladen und mühsam bergan zu transportieren. Und so, wie es beim Getreide sein mußte, verhielt es sich auch mit allen anderen Gütern, die aus dem Osten und Süden Chinas in die Hauptstadt geschafft oder dort für den Export in den Westen bereitgestellt werden mußten.

Bei einem Nahrungsbedarf von 1000 Gramm pro Tag und Person, der eher zu niedrig als zu hoch gegriffen ist, und der Annahme, daß etwa die Hälfte dieses Bedarfs in den Landwirtschaften der unmittelbaren Umgebung gedeckt werden konnte, bleiben noch immer Zufuhren übrig, die mindestens tausend Karren füllen mußten (es gibt Schätzungen, die von 1800 sprechen). Derlei funktionierte, solange in Chang An ein Kaiser saß, solange das Reich Frieden hatte und die Zentralgewalt über die nötige Autorität verfügte. Bei Unruhen, Bürgerkriegen, aber auch bei Seuchengefahr oder größeren Unwettern, geriet die große Menschenansammlung in Chang An jedoch sogleich in Bedrängnis. Man gewinnt sogar den Eindruck, daß die Bauern in solchen Zeiten die Einwohner der Hauptstadt nicht ungern dafür büßen ließen, daß nun wieder einmal schwierigere Zeiten heraufgekommen waren. Und wenn wir lesen, daß im Jahr 742, in der glücklichsten Zeit des Kaisers Ming Huang-ti, in Shang An nicht weniger als 360000 Familien mit annähernd zwei Millionen Menschen gezählt wurden, dann vermag man sich vorzustellen, welche Not hier wenige Jahre später einziehen mußte, als 755 der Kaiser floh und das ganze Land im blutigen Bürgerkrieg gegen den Tatarengeneral An Lu-shan ertrank.

Da dies alles den Menschen erst klarwurde, wenn sie selbst eine Notzeit in der Hauptstadt erlebt hatten (und es gab Zeiten, da selbst in den kaiserlichen Palästen der Hunger umging), ließ die Anziehungskraft der Kaiserstadt jahrhundertelang nicht nach. Der chinesische Bauer im flachen Land, für den der Kaiser so fern war wie ein Gott, war dabei weniger in Gefahr, der Versuchung zu erliegen, als die vielen wandernden Intellektuellen. So war Shang An während seiner Blüte auch ein geistiges Zentrum des großen Reiches, in dem etwa achttausend junge Menschen studierten.

Die Bildung, die sie in sich aufnahmen, stand durchaus in der Tradition des großen Konfuzius. Keine andere Vorbildung hätte den Studenten für das in seinen alten Überlieferungen beharrende Verwaltungssystem hinreichend vorbereitet. Zwischen der Verwaltung der Han-Zeit und jener der Tang-Zeit gab es trotz der dazwischenliegenden fünfhundert Jahre erstaunlich viele Übereinstimmungen, so wie ja auch im europäischen Staats- und Rechtsdenken bis heute die römischen Traditionen ihre Bedeutung, ja sogar einen gewissen Basis-Charakter bewahrt haben. In den Phasen, da die Kaiser dem Buddhismus zuneigten oder da der Taoismus – wie unter Ming Huang-ti – eine größere Rolle spielte, führte diese auf Konfuzius und seiner rationalen Praxis fußende Verwaltung ein beinahe autonomes Leben. Dem Staatsganzen war so, was immer sich auch ereignete, eine bemerkenswerte Kontinuität garantiert.

Es ist erstaunlich, daß selbst relativ primitive Eroberervölker wie etwa die Tungusen und später die Kitai diesen Umstand erkannten und sich zunutze machten. Selbst in einem geschwächten China, wenn zumindest die nördliche Hälfte von den kriegstüchtigen Nomadenvölkern beherrscht wurde, finden wir dann ähnliche Verhältnisse vor wie – prinzipiell gesprochen – im fünften und sechsten Jahrhundert des Abendlandes, Zeiten, in denen die Macht längst bei den Germanen liegt, während die Verwaltungen von Byzanz bis Toledo und von Syracusa bis Paris noch nach der griechisch-römischen Praxis arbeiteten.

Aber eben die Tatsache, daß die Tang-Verwaltung nun in einem großen Reich weitgehend autonom und nach dem Muster der Zentralprovinzen funktionierte, schuf nach Umwälzungen die Möglichkeit, eine neue, geographisch günstiger liegende Hauptstadt zu wählen.

Chang An war zwar für Reiterarmeen schwer erreichbar, was sich bisher als entscheidender Vorteil erwiesen hatte, lag andererseits aber etwa fünfhundert Kilometer nordwestlich der Reisanbau-Grenze. Bei einer Einwohnerzahl von zwei Millionen entstand so das Problem, sehr viele Menschen mit der vergleichsweise teuren Getreidezufuhr zu versorgen, obwohl sich der Reis als Volksnahrungsmittel im Osten und Süden Chinas inzwischen längst bewährt hatte.

Die Entscheidung in dieser Streitfrage fiel von außen und damit schneller als unter den Chinesen selbst, die ja an ihren Traditionen in besonders hohem Maß hängen. Den einen Anstoß gab die Bevölkerungsentwicklung selbst. Bis zum Ende der Tang-Zeit war das südliche China, der Raum am Jangtsekiang und südlich davon, noch eine Art Entwicklungsland. Wer hierherzog, konnte nicht nur mit Steuererleichterungen rechnen, sondern auch damit, verhältnismäßig viel Land zu erhalten. Zudem bot es einen gewissen Vorteil, nicht so nahe am Hof zu wirtschaften, waren es doch vor allem die kaiserlichen Prinzen, die mit ihrem Anrecht auf die Steuererträge von jeweils zehntausend Familien den stärksten Druck auf die Pachtwirtschaft ausübten. Prinzipiell war es natürlich gleichgültig, wo ein Bauer seiner Steuerpflicht nachkam, praktisch aber ergab sich angesichts der Korruption unter der Beamtenschaft eine gewisse Erleichterung bei wachsender Distanz zur Hauptstadt. Aus diesen, aber auch aus klimatischen Gründen hatte sich die Bevölkerung in den

Reisanbaugebieten stärker vermehrt als in dem nördlicher gelegenen Kerngebiet des alten Reiches. Sie war im Süden auch von den Einfällen der Nomaden weitgehend verschont geblieben, weil deren große Reiterarmeen Mühe hatten, breite Flüsse und ausgedehnte Sumpfgebiete zu bezwingen.

Vom Süden und vom Norden her, aus wirtschaftlichen und aus militärischen Notwendigkeiten, wurde der neuen Dynastie der Sung-Kaiser der Verzicht auf das alte Shang An nahegelegt.

Hundert Jahre nach dem Ende der Tang, nach Wirren und Kämpfen in allen Teilen Chinas, sollen im Jahr 960 Soldaten ihren General im Schlaf mit einem gelben Gewand bekleidet und zum Kaiser ausgerufen haben. Was wohl beweist, daß General Tschao Kuang-yin von sich aus nicht den Ehrgeiz hatte, die harte Befriedungsarbeit und die langwierigen Kämpfe um den Thron auf sich zu nehmen.

Tatsächlich brauchte es zwanzig Jahre, ehe er sich mit Recht als Alleinherrscher fühlen durfte, und in gewissem Sinn hatte er damit doch nur den etwa gleichzeitig erstarkten Kitan-Nomaden den Weg bereitet, weil sie in der Dynastie, die man die Nördlichen Sung nennt, nun auf einen nach schweren Bürgerkriegen abgekämpften Gegner stießen.

Diese Kitan sind der erste von drei großen Nomaden-Bünden, die in den nun folgenden vier Jahrhunderten das Schicksal Chinas bestimmen, aber auch ihrerseits von den Chinesen aufs stärkste beeinflußt werden. Der Gesamtvorgang ist, ein Halbjahrtausend später ablaufend als im Abendland, eine ungemein interessante Parallele zu europäischen Entwicklungen: Nördlich der chinesischen Grenze beobachten die Kitai sehr genau, was in China vor sich geht. Durch Händler, durch Flüchtlinge und durch den unsterblichen Typus des wandernden Verwaltungsfachmanns erhält der Hetman Apaoki die Möglichkeit, aus seinen militärischen Erfolgen gegen andere Nomaden ein geschlossenes Reich aufzubauen, das sich von der Westmongolei bis nach Korea erstreckt und sich nach dem Fluß Liao nennt.

Seine militärische Macht beruht auf den Kitan selbst, die hervorragende Reiter und entschlossene Kämpfer sind. Ihnen haben sich als Fußvolk verschiedene andere randchinesische Völkerschaften zugesellt, aber auch viele Marodeure der chinesischen Armee selbst, die im befriedeten Sung-Reich keine Zukunft mehr haben. Organisation und Verwaltung des Liao-Staates aber sind chinesisch in den Grenzen nomadischer Gewohnheiten. So kann Apaoki sich zeit seines Lebens für keine bestimmte Hauptstadt entscheiden, und so kommen die nun vom Norden losbrechenden Eroberer immer wieder in die Versuchung, aus dem unterworfenen Kulturland ungeheure Weiden für ihre Pferde und andere Viehherden zu machen.

Noch glauben die Sung, diesen Horden aus dem Norden überlegen zu sein, deren Hauptmacht sich nicht in einer gefestigten Nation begreifen läßt, sondern lediglich in der *ordo*, den Elite-Einheiten der Reiterei. Ein Halbjahrhundert der Kämpfe folgt, die hin und her wogen, keine wirkliche Entscheidung bringen und zu einem Friedensschluß führen, der eine Epoche beendet und darum auch eingehend studiert wurde: Im Frieden von Shan-yüan im Jahr 1005 anerkennt der Sung-Kaiser die Liao-Dynastie als jüngere Brüder. Das ist eine hauchdünne Überlegenheit, das ist eine Konstruktion, die dem Kaiser seine Rolle als Himmelssohn gerade noch rettet, weil der Konkurrent ja kein Fremder, sondern eben ein adoptiertes Mitglied der einen auserwählten Familie ist. Ob die Kitan diese Finessen voll durchschaut haben, darf bezweifelt werden. Sicher ist, daß der Friede auch ihnen Vorteile bringt: An der langen Grenze wird nun eifrig Handel getrieben, und die Chinesen bezahlen einen Bruchteil dessen, was Krieg oder auch Rüstungen sie kosten würden, als Tribute an die kriegerischen Brüder vom Liao-Fluß.

Daß die Kitan ihre Eroberungsgelüste zügelten, mochte seinen Grund auch darin haben, daß in ihrem Rücken ein zweiter Nomadenbund entstanden war – ein natürlicher Vorgang angesichts der sichtbaren Erfolge des Liao-Bundes: alle, die draußengeblieben waren, strebten nun nach Aktions-Gemeinschaften ähnlichen Musters. Die Zeiten, da man in kleinen Horden gegen einzelne Karawanen noch Erfolge erzielen konnte, waren längst vorbei. Nach fünfzehnhundert Jahren kannten die großen Gegner einander wie Geschwister und hatten voneinander auch soviel angenommen, daß Überraschungserfolge auszuschließen waren. Also entstand etwa um 1115, nur zehn Jahre nach dem großen Friedensschluß, der Jurdschenbund, auch das *Goldene Reich Kin* genannt. Den Sung-Kaisern kam diese Entwicklung durchaus gelegen: Die nahen Liao übten einen sanften, aber ständigen Druck aus, die Tributzahlungen demütigten die Chinesen ebenso wie der Gedanke, daß es nun einen Barbarenkaiser geben sollte. Also wurde das Reich Kin mit chinesischer Beraterhilfe zu einem Gegner der Liao-Nomaden aufgebaut.

1123 kam es zum großen Revanchekrieg. Dabei zeigte sich, daß die Reiter aus dem Reich Kin ausgezeichnet kämpften und alle Schlachten gewannen. Der Kitan-Reiterei gelang es in ihrer Wut über den Verrat des kaiserlichen Bruders aus der Sung-Dynastie, immerhin die Chinesen an der ganzen Front zu besiegen. Das half ihnen allerdings nichts; ihr Reich unterlag dem Reiche Kin. Die neuen nomadischen Herren des Nordens waren nun die Jurdschen.

Die Dynastie der nördlichen Sung jedoch hatte ausgespielt, die Verbündeten aus dem Reich Kin fielen nach dem ersten Gegner auch über den Bündnispartner her und stießen im Jahr 1130 sogar bis zur Hafenstadt Hangtschou vor, in die sich die Sung-Regierung geflüchtet hatte (seit 1127 daher: Südliche Sung, bis 1276).

Dieses Hangtschou, das früher die Namen Li-an, Quinsay und andere trug, wird somit zur ersten Hauptstadt Chinas, die am Meer liegt, und die Hauptstadt der Südlichen Sung ist auch die erste, von der die übrige Welt und vor allem die Europäer sich eine Vorstellung bilden können. Quinsay nämlich ist um diese Zeit längst ein Begriff für die gesamte Seefahrt zwischen dem Roten Meer und dem Pazifischen Ozean. China ist nicht mehr zu entdecken, es ist ein Mekka für die Handelsflotten der Araber und Malayen und für die Geschäfte der Syrer, Inder, Juden und Perser. In den Portulanen des Mittelalters mindestens so prominent wie Kalikut, der (mit Kalkutta keineswegs identische) Umschlaghafen an der indischen Küste, löst Quinsay das ältere südchinesische Cattigara als wichtigsten Hafen ab. Es wird diese einzigartige Rolle eines chinesischen Tores zur Welt bis zum Jahr 1860 beibehalten, als der Taiping-Aufstand eine neue Epoche der Beziehungen zwischen China und dem Westen einleitete.

Hangtschou oder Quinsay ist auch die erste chinesische Stadt, die Christoph Columbus zu erreichen hoffte, als er in Unkenntnis der Existenz eines amerikanischen Kontinents seinen Westweg begann. Diese Gewißheit wiederum hatte ihre Ursache in dem wohl folgenreichsten Reisebericht der Weltgeschichte, dem *Buch des Marco Polo,* im Gefängnis zu Genua einem Pisaner auf französisch diktiert; seine glänzendsten Passagen sind der Stadt Quinsay gewidmet:

»Nach der allgemeinen Schätzung hat die Stadt hundert Meilen im Umfang (d.h., sie bedeckte mit ihren Vororten ein Areal von etwa 40 mal 40 km). Ihre Straßen und Kanäle sind sehr weit, und es gibt daselbst Marktplätze, die eine außerordentliche Ausdehnung haben, weil sie eine ungeheure Menschenmenge aufnehmen müssen. Auf der einen Seite der Stadt liegt ein See mit frischem, klarem Wasser (Si-hu, der westliche See), auf der anderen Seite aber ein Strom, dessen Wasser durch zahlreiche große und kleine Kanäle in die Stadt geleitet wird (der Tsientang südlich des alten Hangtschou). Auf diese Weise wird aller Schmutz aus der Stadt geleitet, und zwischen den Häusern schwebt eine reine und gesunde Luft. Die Schneisen zwischen den Häusern sind so breit, daß sie sowohl die Kanäle mit ihren Schiffen als auch die Straßen mit den Wagen und Karren aufnehmen können. Man sagt allgemein, daß die Zahl der Brücken, der großen und der kleinen, sich auf zwölftausend belaufe. Die, welche die Hauptkanäle überspannen und in Verbindung mit den Hauptstraßen stehen, haben so hohe und mit solcher Kunst aufgerichtete Bogen, daß Schiffe mit ihren Masten darunter wegfahren können, während zur gleichen Zeit Menschen und ihre Wagen darüber hinziehen.«

Marco Polo berichtet danach von der sinnvollen Einteilung der Märkte, die an drei Tagen jeder Woche abgehalten werden.

Die Marktplätze sind voneinander jeweils fünf bis sechs Kilometer entfernt und bieten bis zu fünfzigtausend Menschen Platz; an den breiten Zufahrtsstraßen zu den Märkten erheben sich Lagerhäuser aus Stein, die auch den fremden Kaufleuten zur Verfügung stehen. So reiche Lagermöglichkeiten waren notwendig, weil die kaiserliche Einfuhrordnung vorschrieb, daß nichts verkauft werden dürfte, bevor der Kaiser es gesehen und darauf geboten habe, sofern es ihn interessierte. Da das Meer nur etwa vierzig Kilometer entfernt ist, bringen täglich die Barken Unmengen von Fischen auf die Märkte, aber selbst diese reichen Anlieferungen sind stets schnell verkauft – ein Detail im Bericht des Venezianers, das zeigt, wieviel Zufuhren diese großen chinesischen Städte brauchten. Selbst auf dem Wasserweg waren Millionenstädte nicht leicht zu versorgen, weswegen zum Beispiel an Fleisch ziemlich unterschiedslos alles gegessen wurde, was überhaupt in die Stadt gelangte.

»Jeder von den zehn Marktplätzen ist mit hohen Wohngebäuden umgeben, in deren unteren Geschossen sich Kaufläden befinden, wo alle Arten von Waren lagern und verkauft werden, so unter anderem Spezereien, Gewürze, Perlen und anderer Schmuck... Die Straßen, die mit den Marktplätzen in Verbindung stehen, sind zahlreich, und in einigen von ihnen gibt es kalte Bäder, in denen Diener beiderlei Geschlechts bereit sind, die Abwaschungen bei Männern und Frauen vorzunehmen. Es gibt in diesen Badeplätzen auch Zimmer, die mit warmem Wasser versehen sind, zum Gebrauch für die Fremden... Alle Einwohner pflegen sich täglich zu baden, meist vor den Mahlzeiten.«

Man versteht, was Marco Polo an dieser Stadt so begeistert: der wirbelige Betrieb, der ihn an Venedig erinnert, die Kanäle, die Brücken, die Fremden – von denen es nicht wenige geben muß, wenn es eigene hygienische Einrichtungen für sie gibt –, aber auch eine gewisse Freizügigkeit der Sitten, für die Venedig im ganzen Abendland berühmt war, weil die Dogen eben der Meinung waren, eine Handelsrepublik dürfe nicht allzu prüde sein. Nun, in Quinsay war man es offensichtlich auch nicht:

»In anderen Straßen befinden sich die Wohnungen der Kurtisanen, deren Zahl so groß ist, daß ich es gar nicht wage, sie zu nennen. Und nicht allein bei den Märkten, deren Lage für ihren Aufenthalt am geeignetsten ist, sondern in jedem Teil der Stadt sind sie zu finden, prächtig herausgeputzt und außerordentlich parfümiert, in schön eingerichteten Häusern und umgeben von zahlreichen Dienerinnen. Diese Frauenzimmer sind erfahren, ja geradezu vollkommen in den Künsten der Verlockung und Betörung, die sie schmeichlerisch für die Personen eines jeden Standes anzuwenden verstehen, so daß Fremde, die einmal ihre Reize gekostet haben, in einen Zustand der Verzauberung versetzt werden und von ihren buhlerischen Künsten so berückt sind, daß sie die Bestrickung nie wieder verwinden können: berauscht von diesen sinnlichen Genüssen kehren sie in ihre Heimat zurück und erzählen, sie seien in Quinsay gewesen, und fortan sehnen sie sich nach dem Augenblick, in dem sie wiederum in dieses Paradies gelangen.

In anderen Straßen liegen die Wohnungen der Ärzte und der Astrologen, die auch Unterricht im Lesen und Schreiben und in vielen anderen Künsten erteilen; ihre Zimmer liegen in den Häusern, die den Marktplatz umgeben. Auf den entgegenstehenden Seiten dieser Plätze stehen zwei große Gebäude, wo die von Seiner Majestät bestellten Beamten sich befinden, um sogleich Kenntnis zu nehmen von irgendwelchen Mißhelligkeiten, die sich zwischen fremden Kaufleuten und Chinesen oder aber unter den Einwohnern von Quinsay selbst erheben könnten.

Auf jeder Seite der Hauptstraße, die Quinsay in seiner ganzen Länge durchzieht, befinden sich große Paläste und Wohnhäuser mit ihren Gärten; neben diesen Wohnungen liegen die Geschäfte der Handwerker, die dort auch arbeiten, und zu jeder Tagesstunde gewahrt man erstaunliche Menschenmassen, die den verschiedensten Berufzweigen angehören, sich durch diese Straßen schieben, so daß es unmöglich erscheint, den Lebensunterhalt für sie alle herbeizuschaffen... So erfuhr Marco Polo (der von sich in der dritten Person spricht) von einem Beamten, der bei Seiner Majestät Zoll angestellt ist, daß der tägliche Bedarf an

Pfeffer sich auf 43 Lasten beläuft, die Last zu 110 Kilogramm (also rund vier Tonnen und somit wohl nicht nur der örtliche Verbrauch, sondern die beim Zoll täglich durchgehende Pfeffer-Menge).«

Seine Majestät, von der Marco Polo so ergeben spricht wie ein Untertan, ist zu dieser Zeit, also am Ende des dreizehnten Jahrhunderts, kein Chinese mehr, sondern der Mongolen-Großkhan Kublai (1214–94), ein Enkel Dschingis-Khans. Wir erinnern uns: Nach dem Frieden mit dem Kitan-Bund vom Liao hatten die Chinesen diesen übermächtigen Nachbarn mit Hilfe des Reiches Kin abschütteln wollen. Aber nur die Jurdschen von Kin hatten gesiegt, die Chinesen waren geschlagen worden, und an die Stelle der Liao waren nun die Jurdschen als Herren über China getreten. Diesem Zustand versuchten die – machtlos gewordenen, aber listig gebliebenen – Kaiser der Südlichen Sung-Dynastie dadurch abzuhelfen, daß sie die Mongolen, das dritte der Nomadenreiche, zu einem Krieg gegen die Kin-Jurdschen ermutigten. Es kam ganz genau so wie eine Generation zuvor: Die Chinesen unterlagen an der Jurdschen-Front, aber die Mongolen blieben siegreich und eroberten unter Kublai-Khan zwischen 1259 und 1279 ganz China. Der Großkhan macht Peking zu seiner Hauptstadt, und wenn Hangtschou noch immer *Kinsse* (chinesisch für Hauptstadt) genannt wurde, obwohl seit 1264 Peking diese Hauptstadt war, dann verwirrte das zunächst einmal unseren Venezianer, der sich Kinsse (von Fremden Quinsay geschrieben) mit »Stadt des Himmels« übersetzte.

Immerhin wurde ihm, als er die unterhimmlische Stadt besuchte, vollends klar, warum die Sung-Dynastie den Mongolen zuletzt fast keinen Widerstand mehr geleistet hatte:

»Es bleibt nun noch übrig, von einem sehr schönen Palast zu reden, der früher die Residenz des Königs (Kaisers) Fakfur war. Seine Vorfahren (die Sung-Kaiser) hatten ein Landstück von zehn Meilen im Umfang mit Mauern eingeschlossen und in drei Teile zerlegt. Zu dem in der Mitte gelegenen ging man durch ein hohes Portal, und auf beiden Seiten befand sich eine prächtige Kolonnade auf einer sehr großen und ausgedehnten flachen Terrasse, deren Dächer von Pfeilerreihen getragen wurden, die mit dem schönsten Azur und Gold verziert waren.

Hier hielt Kaiser Fakfur an gewissen Tagen, die dem Dienste der Götzen gewidmet waren, jährlich Hof und gab seinen Großen, den ersten Magistratspersonen und den reichen Bürgern Quinsays ein Fest und ein Bankett.«

Marco Polo schildert dann den Zellenhof, der von zahlreichen kleinen Zimmern für den Harem des Monarchen umgeben war. Die Zahl Tausend brauchen wir dem Venezianer nicht abzunehmen, seiner großen Zahlen wegen nannten ihn seine Landsleute später ja dann spöttisch *Messer Millione.* Aber daß der machtlos gewordene junge Sung-Kaiser sich mit sehr vielen jungen Damen umgeben hatte, das ist nicht zu bestreiten:

»Zuweilen von seiner Kaiserin begleitet, zuweilen von einem Teil jener Frauen, besuchte er den See, um sich daselbst, in Barken, die mit Seide gedeckt waren, zu vergnügen und die Götzentempel, die am Ufer des Sees standen, zu besuchen. Die beiden anderen Abteilungen dieses Serails hatten die schönsten Anlagen: Haine, Gewässer, herrliche Gärten voller Fruchtbäume und auch Gehege für alle Arten von Jagdwild, wie Antilopen, Hirsche, Hasen und Kaninchen. Auch hier vergnügte sich der Kaiser in Gesellschaft seiner Damen, von denen einige im Wagen fuhren, andere zu Pferde saßen. Keine männliche Person durfte bei diesen Partien zugegen sein; indessen waren die Frauen geübt, mit Hunden die Tiere, die wir erwähnt haben, zu erjagen. Waren sie ermüdet, so zogen sie sich in die Lusthaine an den See-Ufern zurück, legten ihre Kleider ab und sprangen in das Wasser, lustig herumschwimmend, die einen dahin, die anderen dorthin. Der Kaiser aber sah diesem lieblichen Schauspiel zu. Darauf kehrten sie alle in den Palast zurück. Zuweilen ließ der Kaiser das Mittagsmahl in einem dieser Haine auftragen, wo die Zweige und das Laub der hohen Bäume dichten Schatten boten, und dieselben Damen umgaben und bedienten ihn. So brachte er seine Zeit hin unter den entnervenden Reizen seiner Frauen und in völliger Unkenntnis des Kriegshandswerks, und die Folge davon war, daß seine Weichlichkeit und seine Feigheit dem Großkhan erlaubten, ihn seiner glänzenden Herrschaft zu berauben und ihn schmachvoll vom Throne zu jagen.«

Das ist nun der Gesichtspunkt des Siegers, die Meinung eines Europäers, der am Hof des Mongolenkhans gelebt hat und die Chinesen vor der Eroberung gar nicht kannte. Darum sei berichtigt, daß auch viel größere Herrscher als dieser letzte Sung-Kaiser dem Mongolensturm erlagen, und daß Kublai-Khan selbst kaum weniger Frauen in seinem Serail hatte als jener Chao Ping (1271–79), den der Venezianer Fakfur nennt. Daran lag es wohl nicht. Die Chinesen hatten sich mit ihren letzten 20000 Soldaten und 1000 Schiffen durchaus standhaft gegen die Mongolen verteidigt, bis nur noch sechzig Schiffe übrig waren und die Yaishan-Insel, Schauplatz dieses letzten Kampfes, nicht mehr zu halten war. Und des Kaisers treuester General Wen Tien-hsiang (1236–83) – der an allen Fronten unermüdlich gegen die überlegenen Eroberer gekämpft hatte, dem seine Familie getötet worden war, der das Kunststück fertiggebracht hatte, aus mongolischer Haft zu entkommen –, der weigerte sich auch in dieser verzweifelten Lage ohne Schiffe und ohne Soldaten, die Insel zu übergeben, und unterzeichnete die Kapitulationsurkunde nicht.

Man brachte Wen Tien-hsiang nach Peking und wollte ihn zwingen, dem Großkhan zu huldigen, aber er weigerte sich und trat in einen Hungerstreik. Am achten Tag ließ Kublai ihn rufen und fragte ihn, was er eigentlich von seiner Zukunft erwarte.

»Ich habe Seiner Majestät, unserem Kaiser, die Treue geschworen, als er mir die Ehre erwies, mich zum Minister zu machen«, antwortete Wen Tien-hsiang, »und darum kann ich nicht zwei Herren dienen. Ich habe keinen anderen Wunsch, als zu sterben.«

Der Großkhan, kein Mann von vielen Worten, erfüllte ihm diesen Wunsch.

Die Mongolen: Politik der offenen Tür

Asien und das östliche Europa erleben im dreizehnten und vierzehnten Jahrhundert die letzte und umfassendste Machtanstrengung der Reitervölker. Die von Dschingis-Khan (1155–1227) geeinten Mongolenstämme setzen 1206 zu Eroberungen an, die an Schwungkraft und Schnelligkeit der Erfolge sogar noch die arabischen Eroberungen in der Zeit nach Mohammed übertreffen. Es ist, als hätten die Reiterarmeen der Steppenvölker geahnt, daß für ihre militärische Überlegenheit die letzte Weltstunde angebrochen ist. Die Feuerwaffen sind im Entstehen. In China werden die Mongolen ihnen sogar schon begegnen. Mit den Geschützen gewinnen auch die Stadtmauern an Bedeutung: der frei durchs Gelände schweifende Reitertrupp ist kein Schrecken mehr für die Siedlungen. Die Reiterverbände spielen ihre Rolle noch in den großen Feldschlachten, aber die gewaltige Woge des Schreckens, die blitzschnellen Eroberungsstürme über Grenzen hinweg, die brechen sich fortan an den Befestigungen oder aber an der Standhaftigkeit der schwer bewaffneten Ritterheere.

Der größte und letzte Triumph der Nomaden über die von seßhaften Völkern inzwischen aufgebauten Zivilisationen hat nicht nur einen ähnlichen Welt-Schrecken ausgelöst wie der Untergang des Römerreiches im fünften nachchristlichen Jahrhundert – auch der Verlust, den die gesamte Menschheitskultur durch die Zerstörungswoge der Mongolen erlitten hat, muß mit dem Untergang der antiken Zivilisation im Hunnen- und Germanenansturm verglichen werden.

Zwar waren es nicht die abendländischen Völker, die diesmal die Hauptlast des Angriffs zu tragen hatten, da dieser ja aus dem zentralen Asien kam und an den Ostgrenzen unseres kleinen Kontinents nicht mehr die volle Stoßkraft besaß. Aber der Verlust war, im großen gesehen, beinahe noch schmerzlicher, weil die blühendsten Kulturen des Hochmittelalters ja nicht das von Kriegen zerrissene Mitteleuropa aufzuweisen hatte, sondern der von seiner neuen Religion beflügelte Vordere Orient.

Was im Zweistromland, aber auch in Mittelasien zwischen Anatoliens Ostgrenzen und dem alten Baktra, durch die Mongolen vernichtet wurde, gehört zu den eindrucksvollsten Blüten der Kultur überhaupt. Es waren durchaus üppige Blüten etwa in Bagdad, über-merkantilisierte Stadtkulturen in Transoxanien und Baktrien; die Ergebnisse eines Halbjahrtausends gemeinsamen Aufschwungs in Staatsformen, Bildungsleben und Wirtschaftsaktivitäten.

Wie tief der Schock war, der in all diesen Ländern durch die Mongoleneinfälle und die rücksichtslose Raubpolitik der neuen Herren ausgelöst wurde, erweist sich vor allem aus ihrer Hinterlassenschaft: Der ganze uralte Kulturraum zwischen China und dem östlichen Mittelmeer hat seit den Mongolen kein Eigenleben mehr gefunden, in dem man ein echtes Wiederanknüpfen an die frühere Blüte erkennen dürfte. Die ganze so fruchtbare, in größten geistigen und künstlerischen Leistungen brillierende Völkerzone zwischen Syrien und dem Tarimbecken verfiel durch Dschingis Khan in jene Inferiorität gegenüber dem Abendland, die erst in unseren Tagen durch den geologischen Zufall der großen Erdölvorkommen langsam ausgeglichen wird. *Vor* Dschingis-Khan hatte sie nie bestanden, denn auch unter Alexander dem Großen, auch unter den Römern, war die kulturelle und militärische Eigenleistung dieser Völker stets bemerkenswert und vor allem auch für die abendländischen Sieger fruchtbar und befruchtend geblieben. Erst die Mongolen schnitten eine Entwicklung ab, die seit den Sumerern eine Schicht ehrwürdiger Kultur auf die andere gelegt hatte.

Um 1210 begannen die mongolischen Eroberer, sich auch für China zu interessieren. In einer so weisen Selbstbeschränkung, daß Wolfram Eberhard von einer geradezu modernen Taktik spricht, eroberten die Mongolen erst den chinesischen Norden und verbündeten sich mit den schon bisher starken Nachbarn Chinas in dieser Weltgegend, ehe sie den weiteren Vormarsch nach Süden, in das unbekannte China wagten. Es währte insgesamt etwa ein halbes Jahrhundert, bis die Mongolen die ihnen vertrauten Vorlande des Nomadengürtels verlassen und das eigentliche, städtische, dicht besiedelte China am Jangtsekiang ebenfalls unter ihre Botmäßigkeit gebracht hatten. Dann aber zeigte sich nicht nur, daß diese Herrschaft sehr fest im Sattel saß, sondern daß die Mongolen es auch verstanden, ihre Methoden den unterworfenen Völkern anzupassen. Hatten sie im Iran und im Zweistromland rücksichtslos geplündert und vernichtet, so begnügten sie sich angesichts eines unterworfenen Volkes von etwa sechzig Millionen Menschen mit der Bildung einer wohlbewaffneten Oberschicht, die, modernen Schätzungen nach etwa eine Million Mongolen ausmachte. Dabei sind die Hilfsvölker aus dem Nomadengürtel und aus Zentralasien bereits hinzugezählt.

Da die Mongolen zahlenmäßig zu schwach für die Eroberung eines so großen und dicht bevölkerten Reiches gewesen waren, hatten sie sich der Hilfe dieser geschlagenen Nomaden versichern müssen, die ohnedies nichts anderes wünschten, als an der Seite des offensichtlich Stärkeren in das reiche China hineinzureiten. Aber die Mongolen brauchten für Führungsaufgaben und für höhere Verwaltungsposten auch eine kleine Intelligenzschicht, die ihnen aus dem eigenen Volk nicht zur Verfügung stand. Sie wurde zunächst von Jurdschen und Kitan gebildet, die bereits seit einigen Jahren, ja zum Teil seit Generationen enge Kontakte zu den Chinesen unterhielten, deren Sprache beherrschten und vor allem den Aufbau des riesigen Kaiserreiches mit seiner Verwaltung studiert hatten. Für besondere wirtschaftliche Aktivitäten verpflichteten die Khane außerdem gelegentlich Araber, was ein Risiko bedeutete, denn die Araber hatten doch alle miterlebt, wie ihr glanzvolles Kalifenreich im Zweistromland durch Mongolen vernichtet worden war.

In der Zeit der Mongolenherrschaft, in der chinesischen Geschichte auch Yüan-Zeit genannt, gab es vier große Gruppen unterschiedlich behandelter Einwohner Chinas. Die erste und oberste umfaßte die Mongolen selbst. Sie waren die Herren, sie trugen Waffen, sie hielten zueinander und verfolgten alle anderen mit ihrem Argwohn. Die zweite Gruppe war die der Hilfsvölker, die immerhin wesentlich besser behandelt wurde als die nun folgenden zwei Gruppen der Nord- und der Südchinesen. Die Nordchinesen hatten es ein wenig besser, sie hatten sich nicht so lange gewehrt, sie standen schon länger unter der Mongolenherrschaft und hatten sich einigermaßen mit ihr arrangiert. Die Südchinesen hingegen, die Untertanen der südlichen Sung-Dynastie, hatten bis zum letzten Augenblick gekämpft und waren die eigentlichen Feinde, die Unterworfenen, denen man ihren langen Widerstand durch Härte vergalt.

Immerhin kamen die Chinesen, selbst die im Süden des Landes, glimpflich davon, wenn man bedenkt, daß manches andere Volk von den Mongolen vollkommen ausgerottet worden war, das heißt: bis auf einen so geringen Bestand reduziert wurde, daß die Überlebenden dann in irgendeinem Nachbarvolk aufgingen.

Diese grundsätzlich andere Behandlung der Chinesen hatte ihre Ursache wohl darin, daß sich die Mongolenkhane, von Temudschin bis zu Kublai, die bedeutendsten ihrer Berater aus China holten. Wenn diese auch oft keine Chinesen, sondern sinisierte Nomaden waren, so hatten sie doch den Einfluß der chinesischen Kultur in erster oder gar zweiter Generation kennengelernt und verfügten über eine echte Beziehung zum chinesischen

Volk. Nirgends sonst haben sich die Mongolen als Eroberer um solche engeren Kontakte zu den Unterworfenen bemüht.

Zwei dieser Männer, die, wenig genannt, doch Weltgeschichte machten, verdienen besondere Erwähnung. Der erste war Yehlü Chu-tsai, ein Kitan und Abkömmling der Herrscherfamilie von Liao, dessen Vater bereits hohe Ämter bekleidet hatte. Beim Einfall des Dschingis-Khan war Yehlü Gouverneur von Peking, beinahe zwei Meter groß und mit langem Bart ausgestattet, eine ehrfurchtgebietende Erscheinung. Als man ihn vor den Eroberer brachte, sagte Temudschin: »Du bist ein Kitan; meine Generale sind gekommen, um deine Feinde, die Chinesen, zu besiegen!« »Mein Vater und auch ich haben den Chinesen gedient«, antwortete Yehlü, »ich kann nicht sagen, daß sie meine Feinde sind.« Die imponierende Erscheinung Yehlüs und seine offensichtliche Furchtlosigkeit nahmen Dschingis-Khan für ihn ein; er blieb in der Umgebung des Eroberers bei den großen Zügen in den Westen und bewahrte Temudschin unter geschickter Ausnützung seines Aberglaubens vor dem Abenteuer eines Indien-Zuges, der zweifellos selbst die militärischen Möglichkeiten der Mongolen überfordert hätte.

Der große Kitan-Fürst blieb Temudschins intimster Berater, ja er durfte es sogar wagen, den immer ausschweifender werdenden großen Eroberer in seinen Orgien zurechtzuweisen und vom Trinken abzuhalten. Als im Jahr 1236 im mongolischen China das Papiergeld eingeführt wurde, war es Yehlü, der die Ausgabe auf einen Gegenwert von 100000 Unzen Silber begrenzen ließ, also auf einen Bruchteil der Geldmenge, die heute bei sechzig Millionen Menschen in Umlauf wäre. Er förderte die Literatur, schrieb selbst einen sehr geschätzten Reisebericht und erreichte eine gewisse Schonung der Konfuzianer und des ganzen Bildungsbetriebes, dem sie vorstanden.

Während seiner dreißig Dienstjahre unter den Mongolen trat er stets für Milde und Menschlichkeit ein, versuchte, Blutvergießen und größere Greueltaten zu verhindern, und blieb auch ein geschätzter Berater des Temudschin-Nachfolgers Ogotai (1185–1241), des dritten Sohnes, der dem großen Eroberer auf dem Steppenthron folgte. Erst nach 1241 hatte er Schwierigkeiten, weil er den blinden Machthunger von Ogotais Witwe mißbilligte und auch die Kühnheit besaß, es ihr zu sagen. An diesen Aufregungen soll er 1244 gestorben sein.

Der zweite dieser beinahe im Verborgenen für China, aber auch für die Menschlichkeit wirkenden Männer war ein buddhistischer Priester, der sich später jedoch dem Konfuzianismus zuwandte. Er hieß Liu Ping-chung und war bis 1274 der wichtigste Berater Kublai-Khans. Obwohl von geringer Herkunft, verstand er es, sich dem Großkhan nützlich zu machen, und führte ihn in die chinesische Geisteswelt ein. Erst 1264 erhielt er einen Platz im Kabinett, aber schon vorher gingen wichtige administrative Reformen und die Verbesserung der Lage der Konfuzianer auf seinen Einfluß zurück.

Sobald er Minister geworden war, widmete er sich mit voller Energie der sehr schwierigen, ja eigentlich unslösbaren Aufgabe, Kublai zu einem Chinesen zu machen. Er bewog ihn, die Reihe der Mongolenkhane als Yüan-Dynastie in die chinesische Geschichte einzuschieben, womit aus der Fremdherrschaft lediglich eine eigenartige Phase chinesischer Geschichte wurde. Er hatte den Gedanken, Peking zur Hauptstadt dieses Reiches zu machen, womit Kublai den Einflüssen der alten Mongolenresidenz Karakorum in der Gobi-Wüste entzogen wurde und wie ein chinesischer Kaiser in einer Palaststadt zu leben begann. Kleinere Reformen, die auf Liu Ping-chung zurückgehen, betrafen die Ordnung der Beamtenbezüge, der Beamtenhierarchie und der höfischen Zeremonien. Er starb unerwartet auf der Reise von Peking in die Sommerresidenz des Großkhans, die Stadt Xanadu, die acht Tagereisen weiter nördlich gelegen war.

Der in Europa bekannteste Berater Kublais, der Venezianer Marco Polo, spielt in der chinesischen Geschichte selbst keine Rolle, gewann indessen ungeheure Bedeutung für die Beziehungen zwischen China und dem Abendland. Marco Polo war zwar keineswegs der erste Europäer, der an den Hof eines Großkhans gelangte und gesund wieder heimkehrte. Die Mönche Pian del Carpini und Wilhelm von Roebroek (Rubruquis) hatten die weite Reise schon vor ihm erfolgreich durchgeführt, wobei sie allerdings die Steppenroute vom Schwarzen Meer nach Nordosten wählten, auf der sie zur Gänze in dem verkehrsmäßig wohlbetreuten Mongolenreich reisen konnten. Das ging verhältnismäßig schnell, brachte sie aber lediglich mit Nomaden in Kontakt. Da sie zudem auf den wenig zugänglichen Mangu Khan trafen, der vermutlich gar nicht begriff, was sie von ihm wollten, erschöpfte sich die Bedeutung ihrer Reisen im wesentlichen in den Informationen, die sie dem König von Frankreich und dem Papst über die Mongolen geben konnten.

Marco Polo (1254–1324) stand mit seiner Reise in einer ungleich fruchtbareren Tradition. Er war Bürger der alten Kaufmannsrepublik, die stets eine vom Abendland und auch vom Papst unabhängige Interessenpolitik betrieben hatte. Ging es dem Papst im wesentlichen darum, die mächtigen Mongolen, die das Kalifenreich vernichtet hatten, als Verbündete gegen die Sarazenen zu gewinnen und das Heilige Land endlich für das Christentum zu erobern, so waren die Venezianer – die dank ihrer uralten Beziehungen zu Byzanz ausgezeichnet über den ganzen Handel im Nahen und Mittleren Osten informiert waren – eher an Handelskontakten interessiert. Als Marcos Vater Nicolo Polo mit seinem Bruder Maffeo zum Großkhan reiste, traf er noch mitten in Persien ständige venezianische Handelsniederlassungen an. Die beiden weltgewandten Kaufleute wurden auch von Kublai ganz anders aufgenommen als etwa Carpini von Mangu Khan. Es gelang ihnen, sich verständlich zu machen; sie empfingen die Bitte um Lehrer aus Europa, und es bedeutete ein klägliches Versagen der Kirche, daß sie keine Mönche zur Verfügung hatte, die mit dem Mut und der Energie, wie wir sie etwa an den buddhistischen Indien-Pilgern kennengelernt haben, den Brüdern Polo und dem jungen Marco folgten, als diese drei den weiten Weg nach Peking zum zweitenmal antraten.

Die Route dieser zweiten Reise und ihre Zickzackführung zeugen von den Schwierigkeiten, denen europäische Reisende selbst in der Mongolenzeit gegenüberstanden; andererseits gleicht das Itinerar des Venezianers, wie wir es aus seinem unschätzbaren Bericht ablesen können, dem Inhaltsverzeichnis eines Wunderbuches, das in den Ländern des Kalifen und in den Szenerien von Tausendundeiner Nacht anhebt, quer durch Persien über das Dach der Welt ins Tarimbecken führt und am Ostrand der Wüste dann die Venezianer aller Sorgen enthebt, weil der Großkhan inzwischen von ihrem Herannahen erfahren hat und sie mit einer Eskorte empfängt.

Die Rückreise zur See führt durch andere Märchenländer über Annam nach Sumatra und über Ceylon und die Insel Sokotra in den Persischen Golf.

In den siebzehn Jahren zwischen 1275 und 1292 weilte Marco Polo, während Vater und Onkel ihren Geschäften nachgingen, am Hof des Großkhans, der an dem jungen Europäer ein väterliches Interesse genommen hatte. Das spricht für beide, schließt andererseits aber wohl irgendwelche Beraterfunktionen des Jünglings aus. Kublai unterhielt sich zwar mit den drei Venezianern über den Papstbrief, über das bedauerliche Ausbleiben der erbetenen Lehrer (die zwei, die man auf den Weg gebracht hatte, kehrten im Libanon aus Angst um ihr Leben um) und über die Verhältnisse in Europa. Solche und ähnliche Gespräche aber hat der universell interessierte Monarch mit Gesandten aller Nationen geführt, so wie er auch keineswegs dem Christentum oder dem Buddhismus zuneigte (was gelegentlich behauptet wird) und auch die Konfuzianer nur förderte, weil ihm der Nutzen dieser Tradition für die Verwaltung des großen China klargemacht worden war.

Immerhin erwarb sich Marco Polo das Vertrauen des Großkhans in beträchtlichem Maße; das führte dazu, daß der junge Venezianer, der keiner Palast-Clique angehörte, auf verschiedene Kontroll-Reisen durch das eroberte nördliche und später auch in das südliche China geschickt wurde. Er war zeitweise sogar kommissarischer Gouverneur und begleitete als Auge des Großkhans die mongolischen Truppen auf dem sensationellen Feldzug nach Hinterindien. Alles, was Marco Polo über diese

Reisen und über Burma berichtet, ist unschätzbar, weil andere Quellen zu diesen Ereignissen so gut wie gar nicht zur Verfügung stehen, und weil diese Länder erst vierhundert Jahre später von anderen Europäern besucht wurden.

Seine Berichte vermitteln jedoch auch zwei ungemein wichtige Gewißheiten. Die eine lautet: Auch das China der südlichen Sung-Dynastie war, ungeachtet seiner militärischen Schwäche und politischen Zwangslage, ein hochzivilisierter Staat, in dem das Geistesleben und die Künste ebenso blühten wie die bürgerliche Kultur, das Zeremoniell, die Wirtschaft. Und zweitens: Kublai, der Vollender des mongolischen Eroberungswerkes, war als Letzter der großen Khane keineswegs ein Barbar zu nennen, sondern ein Mann von starkem Geist, der allerdings über diesen geistigen Interessen und seiner Beschäftigung mit Religionen und Kulturen der unterworfenen Völker die oberste Verpflichtung jedes Eroberers nicht vergessen hatte: Er war militärisch hoch begabt, er war stets sprungbereit wie ein Tiger, er schlug, wenn Rebellionen drohten, mit ungeheurer Schnelligkeit zu und blieb bis ins hohe Alter unbeugsam, entschlossen und kriegstüchtig. Eigenschaften, die man von Philosophen auf dem Thron im allgemeinen nicht erwartet.

Von den zahllosen Einzelinformationen, die Marco Polo größtenteils nach eigenem Augenschein, oft aber auch vom Hörensagen gibt, wurden erhebliche Teile zunächst, im Europa des vierzehnten Jahrhunderts, nicht nur bezweifelt, sondern als Utopie verhöhnt. Inzwischen aber haben die Kommentatoren des Venezianers, voran Yule, und die neuere China-Forschung jedoch bewiesen, daß Marco Polo nirgends erfunden hat, sondern nur in einigen wenigen Punkten Mißverständnissen Raum gab (wie etwa über Quinsay, das er als Himmels-Stadt übersetzt, während das Wort doch nur Hauptstadt bedeutet). Daraus etwa zu folgern, er habe nicht Chinesisch gekonnt (!), ist ebenso absurd, wie ihm absichtliche Verfälschung der Zahlen aus politisch-pädagogischen Motiven zu unterstellen. Ein so hervorragender Kenner wie Wolfgang Franke ist z.B. überzeugt, der Venezianer habe nicht nur Chinesisch gesprochen, sondern auch

Mongolisch, Tungutisch und Tibetisch, vermutlich auch die Sprache der Uighuren.

Diese Unterschätzung des Venezianers in Europa, ja die Ignoranz, mit der seinen sensationellen Tatsachenmitteilungen begegnet wurde, erklärt sich Wolfgang Franke aus dem Umstand, daß das selbstzufriedene Europa ganz einfach an die Existenz anderer, gleich- oder höherwertiger Zivilisationen nicht zu glauben vermochte, eine Beschränkung des Weltbildes, wie wir sie auf der anderen Seite auch an den Chinesen feststellen mußten. »Nur ein kleiner Kreis von Gelehrten, zuerst in Italien und dann auch anderswo, erkannte allmählich, daß Marco Polos Bericht auf Wahrheit beruhe und daß es außerhalb des christlichen Abendlandes noch eine andere große, hochentwickelte Welt gäbe. Den Massen des Volkes blieb jedoch diese Erkenntnis noch lange fern.« (Franke)

Noch sehr lange, wie man hinzusetzen muß, denn bis in unsere Tage ist der Unterricht über das Entdeckungszeitalter ganz auf den europäischen Blickpunkt abgestellt: auf die stillschweigende Voraussetzung, daß das ganze Asien so lange unerheblich war, bis es durch Vasco da Gama und andere nach und nach »entdeckt« wurde. Eine groteske Verkehrung der Tatsache, daß Wirtschaftsleben und Seeverkehr rund um Asien ungleich intensiver waren als im europäischen Raum.

Liest man die Berichte einzelner Teilnehmer zum Beispiel an der ersten Indienfahrt Vasco da Gamas (der einen Seeweg fand, keinen Kontinent), so stößt man auf so köstliche Einzelheiten wie die Begegnung zweier christlicher Matrosen in einem indischen Hafen, die sich mit den Worten begrüßten: »Wie zum Teufel kommst denn du hierher?« – woraus folgt, daß die Aktiven, die Kaufleute und Seefahrer, längst alles wußten und alles kannten. Was nach Vasco da Gama kam, war lediglich die *Eroberung* dieses weiten Raumes, der bis dahin so gut ohne die Europäer ausgekommen war.

Wie tief in diesem Bereich die Kluft zwischen den üblichen Lehrplänen und den Tatsachen klafft, zeigt das bis heute unübertroffene Standardwerk des Stuttgarter Oberbibliothekars Wilhelm Heyd über die *Geschichte des Levantehandels im Mittelalter,* ein gelehrter Titel, der keine Vorstellung von den Wundern und Geschichten gibt, die sich in diesen zwei Bänden finden. Heyd zeigt, warum vor allem die Genuesen so sehr daran interessiert waren, daß Marco Polo, obwohl er ihr Gefangener war, Gelegenheit erhalte, sein China-Buch zu schreiben: genuesische Kaufleute waren nämlich die Hauptnutznießer dieser Informationen und brauchten sie auch am dringendsten, um die Konkurrenz der Venezianer in Schranken halten zu können.

Aus Venedig waren aufgrund der mündlichen Informationen Marco Polos, aber auch seines Vaters und Vatersbruders, verschiedene Kaufleute in den Osten aufgebrochen. Die Genuesen waren etwas später dran, weil sie eben das Buch abwarten mußten, holten aber alles nach. Andalo di Savignone vermochte sich – wenn auch nicht im gleichen Maß wie Marco Polo – das Vertrauen des Großkhans zu sichern und kehrte nach vielen China-Jahren ins Abendland zurück. 1338 segelte er noch einmal aus, und zwar auf venezianischen Schiffen bis Tana, jener damals sehr bekannten Handelsstadt am Don, in der Giosaphat Barbaro, der venezianische Reiseschriftsteller, jahrelang gelebt hatte.

Ein erfolgreicher italienischer Kaufmann unbekannter Herkunft war Pietro di Lucolongo, der im Jahr 1305 in Peking ein größeres Areal zum Bau einer christlichen Missionsstation erstand und der katholischen Kirche schenkte, ein Bauplatz bezeichnenderweise gegenüber dem Palast, in dem damals nicht mehr Kublai, sondern Temür-Khan (1294–1307) residierte. Heyd fährt mit einem Bericht über den Missionar Johannes von Montecorvino und seine Gefährten fort, aus deren Briefwechsel eindeutig hervorgeht, daß mindestens seit 1326 eine ständige Niederlassung der Genuesen in der Hafenstadt Zaytun (Chüanchou) bestand, ein Fondaco, wie ihn zum Beispiel die Deutschen in Venedig besaßen (heute das Postgebäude). Die Franziskaner kümmerten sich also nicht nur um die Chinesen, von denen angeblich schon in den ersten Jahren etwa zehntausend getauft wurden, sondern auch um die offenbar ziemlich zahlreichen Kaufleute aus christlichen Ländern (Zaytun... ubi fratres minores habent tres ecclesias pulcherrimas, optimas et ditissimas, balneum, fundacum, omnium mercatorum depositorium). Die an der Kathedralkirche von Zaytun tätigen (Suffragan-)Bischöfe wurden vom Großkhan besoldet, und zwar, wie der dritte von ihnen, Andrea de Perugia, nach Hause berichtete, ziemlich reichlich; der Betrag entsprach etwa 100 Goldgulden jährlich.

Das alles läßt erkennen, daß man die Mongolenzeit Chinas, die Herrschaft der Yüan-Dynastie, mit Recht als Chinas kosmopolitisches Zeitalter bezeichnen darf. Die Phase der Weltoffenheit, wie sie unter den Großkhanen herrschte, war zwar durch die natürlichen und geographischen Hindernisse eingeschränkt, auf die der chinesische Handel mit der übrigen Welt im Hochmittelalter stoßen mußte, hält im übrigen aber durchaus den Vergleich mit der kurzen Phase einer Politik der offenen Tür aus, zu der China nach dem Boxeraufstand von den Weltmächten gezwungen wurde. Denn das von den Mongolen regierte China hielt nicht nur über seine Seehäfen, sondern auch an der langen Grenze gegen Zentralasien seine Türen und Tore geöffnet.

Diese Tatsache verdient unsere Beachtung aber auch, weil die Waren- und Geldwirtschaft des Yüan-Reiches einen Wendepunkt der Wirtschaftsgeschichte überhaupt bezeichnet. Die Mongolen sind nämlich die ersten Herrscher, die den Einsatz von Papiergeld im großen Stil wagten und die der Welt vorexerzierten, worauf man dabei achten müsse (daß sie unangemessen hohe Papiergeldmengen in Umlauf brachten und an dieser dilettantischen Geldpolitik zugrunde gingen, ist ein Vorwurf, den die Spezialforschung inzwischen widerlegt hat).

Papiergeld gab es im nördlichen China bereits, als die ersten Konflikte mit Kitan und Jurdschen die Sung-Dynastie beschäftigten. Ursache dafür mag die Erschöpfung der Kupfervorkommen gewesen sein, und auch die unter verschiedenen Herrschern verfügten Konfiskationen von Kupfergeschirr zeigen, daß dieses Münzmetall außerordnetlich rar wurde. Eine weitere Kupfer-Verknappung trat durch die sehr viel Metall verschlingenden Buddha-Statuen ein, die im Lauf der Tang-Zeit in verschiedenen chinesischen Klöstern aufgetaucht waren.

Einer der in der »Verbotenen Stadt« und im Sommerpalast häufig anzutreffenden prunkvollen Thronsessel. Der Kranich im Vordergrund ist das Symbol für langes Leben. *(Michael Otte)*

Jade-Zepter »Yu-I«, Wunschzepter mit Sexualsymbolen (Hochzeits- und Geburtstagsgeschenk), 18. Jahrhundert. *(Archiv für Kunst und Geschichte, Berlin)*

Oben: Chinesisches Dorf in Terrassenlage. *(Michael Luther)*

Unten: Frisch angepflanztes Reisfeld in der Umgebung von Peking. *(Michael Luther)*

Teilstück des Kaiserkanals in Wusih, Provinz Kiangsu. Diesen insgesamt 1 600 Kilometer langen Kanal baute man im 6. Jahrhundert, um die Getreideversorgung der damaligen Hauptstadt Ch'ang An zu sichern. Er ist heute wieder auf weiten Strecken befahrbar. *(Michael Luther)*

Die ersten Papiergeld-Emissionen zeugen noch von großer Vorsicht, und auch Kublai-Khan scheint noch nicht wirklich überzeugt gewesen zu sein, daß man tatsächlich zu diesem Notbehelf greifen solle. Es kam zu einem in verschiedenen Quellen mit leichten Varianten, im Kern aber gleichsinnig geschilderten Gespräch zwischen dem Großkhan und seinem (uns schon bekannten) Minister Liu Ping-chung, bei dem der Konfuzianer ausführte: »Münzen gebraucht man im Yang, Papiergeld gebraucht man im Yin. China ist eine südliche und helle (Yang-)Gegend, die Sandwüsten sind ein nördlicher und dunkler (Yin-)Landstrich. Nun haben Eure Majestät den Aufstieg zum Herrschertum in den Sandwüsten genommen und sind dann als Herr herabgekommen in das chinesische Reich. Somit ist es schicklich, Papiergeld zu verwenden, so daß die Generationen der Söhne und Enkel es beibehalten werden.« (zit. nach Herbert Franke)

Inzwischen steht fest, daß Kublai praktisch kaum eine andere Möglichkeit hatte, als der Verwendung von Papiergeld zuzustimmen. Erstens hatte es dieses Zahlungsmittel, vermehrt durch gelegentliche Ausgabe von Geldscheinen auf Baumwolle oder Seide, bereits unter Dschingis Khan gegeben, und zum andern reichten angesichts der schnell wachsenden Bevölkerung und der Wirtschaft Metallvorkommen keiner Art in China für eine Versorgung mit Münzgeld aus. Auch das Papiergeld deckte nicht den Bedarf an umlaufender Währung, weswegen die alten Kupfermünzen im Volk immer noch kursierten. Erst in den letzten Jahren der Yüan-Dynastie, im vierzehnten Jahrhundert, wurde die Geldmenge im Verhältnis zum Warenangebot relativ reichlich, und die Preise stiegen, was seine Ursache jedoch auch in den hohen Steuern hatte, mit denen die Wirtschaft zu dieser Zeit belastet wurde.

Diese Steuern waren es gewesen, die – der Legende nach – China vor der Vernichtung gerettet hatten. Als Dschingis-Khan die Städte vernichten, die Bevölkerung ausrotten und das Land mit seinen Herden bevölkern wollte, soll Yeh-lü Chu-tsai ihm auseinandergesetzt haben, daß er von einem so großen Volk an Steuern sehr viel mehr Einnahmen haben werde, als aus einer einmaligen gigantischen Brandschatzung zu gewinnen sei, und das Jahr für Jahr. Das begriff Dschingis-Khan, und seither oblag es den Ratgebern der Mongolenkhane, diese Zusicherung wahr zu machen und für hinreichendes Steueraufkommen zu sorgen.

Yehlü hatte gewiß nicht gelogen, und die Sache hätte auch funktioniert, da die Mongolenkhane in ihren Bedürfnissen ja nicht anspruchsvoller waren als die Sung-Kaiser, und da eine Million Besatzungssoldaten nicht mehr kosten als ein großes stehendes Heer. Nur haben eben bis an die Schwelle der Neuzeit sehr viele jener Männer, welche die Steuern einzutreiben hatten, sich an den durch ihre Hände gehenden Summen oft recht rücksichtslos bereichert. Das waren zur Tang-Zeit die Verwaltungseunuchen gewesen, und unter den Großkhanen waren es die mit dem Rechnungswesen besonders vertrauten Araber.

Arabische Kaufleute gab es in allen größeren Städten Chinas; sie hatten ihren Glauben und durften Moscheen erbauen, so daß es in Zaytun und Quinsay gleich mehrere dieser Gotteshäuser gab. Das hätte ihnen niemand verübelt. Aber sie sahen in den Mongolen wie in den Chinesen Ungläubige, und darum erpreßten die Araber, soweit sie dazu Gelegenheit hatten, die Steuern in großer Härte von den Chinesen und betrogen bei der Ablieferung die Mongolen. Der mächtigste Mann dieser Araber-Clique war der General-Steuereinnehmer Achmed, ein Günstling Kublais, der in der Palaststadt von Peking residierte.

Im Jahr 1276 kam es in Peking fast zu einem Aufstand der unterworfenen Chinesen, dem gefährlichsten, dem sich Kublai je gegenübersah. Ein treuer Palasthauptmann erkannte die Gefahr rechtzeitig, löste Alarm aus, und die Revolte war niedergeschlagen. Achmed kam dabei ums Leben, sein ganzer Klan von Kindern, Vettern, anderen Verwandten und Landsleuten wurde entmachtet.

Nach Marco Polos ausführlicher Darstellung richtete sich diese chinesische Revolte nicht so sehr gegen Kublai als gegen den allmächtigen Günstling Achmed (bei Marco Polo Achmak genannt), der seine Machtposition nicht nur zur Bereicherung, sondern auch zu Ausschweifungen mißbrauchte, weswegen er auch als das erste Opfer der Verschwörer fiel:

»Entweder, weil die Leute begierig auf hohe Stellen waren oder weil sie sich vor Achmak fürchteten, wurden ihm die schönsten jungen Weiber geopfert, unter dem Titel von Gemahlinnen oder als Sklavinnen seiner Lüste. Er hatte fünfundzwanzig Söhne, welche im Besitze hoher Stellen waren, und einige von ihnen hatten, gestützt auf die Macht des Vaters, viele ehebrecherische und andere verbrecherische Handlungen begangen. Achmak hatte auch viele Schätze zusammengerafft, denn jeder, der eine Anstellung erhielt, fand es für notwendig, ihm ein Geschenk zu machen.

Zuletzt konnten die Eingeborenen des Landes, das heißt die Katajer (Chinesen) diese sich mehrenden Ungerechtigkeiten und die Abscheulichkeiten gegen ihre Familien nicht mehr ertragen und hielten Versammlungen ab, worin sie über die Möglichkeiten berieten, diesen mächtigen Mann umzubringen und einen Aufruhr anzuzetteln. Unter den Männern, die besonders in diese Verschwörung verwickelt waren, befand sich ein Katajer namens Cenku. Dieser, ein Befehlshaber über sechstausend Mann, war erbittert wegen der Schändung seiner Mutter, seines Weibes und seiner Tochter und tat sich mit einem Obristen namens Vanku zusammen, der über zehntausend Mann gebot.«

Man wollte auf ein gegebenes Zeichen alle erwürgen, die Bärte trugen, also alle Nichtchinesen, eine sizilianische Vesper, wie es deren einige in China gegeben hat, wo der Fremdenhaß, durch soziale Mißstände geschürt, von Zeit zu Zeit blutig aufbricht. Cenku gelang es tatsächlich, Achmed durch einen Schwertstreich zu töten, doch fiel Cenku durch den Pfeilschuß eines Gardeobersten namens Kogotai, also eines Mongolen, der sich den Aufrührern zunächst allein entgegenstellte. Daraufhin unterblieb das Signal zum allgemeinen Aufruhr. (Marco Polo II,8)

Was immer man Achmed-Achmak vorwerfen konnte: fest stand, daß er den schwierigen Großkhan mit großem Geschick behandelt hatte, deswegen war die Frage der Nachfolge sehr heikel. Die Araber schieden aus, die Südchinesen hatten keine

Chance, also schickte man einen relativ jungen Finanzfachmann ins Feuer, der eine Reihe interessanter Ideen geäußert hatte, um auf legalem Weg die Gelder herbeizuschaffen, an die der Großkhan nun einmal gewöhnt war und die Achmak darum rücksichtslos aus der Bevölkerung erpreßt hatte.

Dieser junge Minister hieß Lu Shi-yung. Er stammte aus Tsinan-fu in Hopei, also aus einer Region, welche die Mongolen bereits zu Beginn des dreizehnten Jahrhunderts erobert hatten, so daß Lu Shi-yung nicht mehr als potentieller Feind angesehen wurde. Durch Bestechung hatte er von Achmed die einträgliche Stelle eines Tee-Monopol-Kommissars in Kiangsi erhalten und brachte aus dieser Tätigkeit eine gewisse Vorliebe für indirekte Steuern mit: er zog es vor, durch Monopole und andere staatswirtschaftliche Maßnahmen Geld zu beschaffen und dafür den direkten Druck auf die Bevölkerung zu lockern. Dies brachte er in einer Audienz vor, bei der Kublai Gefallen an dem neuen Mann fand und ihm zuliebe einige Gegner der Reformen aus dem Kabinett entließ, so etwa den verdienten Kitan-Minister Wen-ti-kan. Das Hauptargument der Konservativen gegen die indirekten Steuern, gegen die hohen Beträge, die Lu Shi-yung aus dem Salz, dem Branntwein, einem staatlichen Getreidehandels-Monopol und anderen Maßnahmen ziehen wollte, lautete dahin, daß dies einem täglichen Scheren der Schafe gleichkomme (Tung Wen-yun), wobei die Tiere sich erkälten müßten und eingehen würden; jeder Schafhalter wisse, daß zweimal Scheren jährlich durchaus genug sei, man habe die Wolle, und die Tier blieben obendrein am Leben.

Der Großkhan freilich wußte, daß man so umwälzenden Reformen eine gewisse Zeit gönnen mußte. Er vertraute seinem jungen Minister, der – wie man aus heutiger Sicht sagen muß – seinerseits aber die Organisationsformen der Zeit überschätzte und die Trägheit eines Sechzigmillionenvolkes unterschätzt haben dürfte. Er rannte gegen uralte Bräuche an, die sich in ihrer Art bewährt und vor allem gut eingespielt hatten, vermochte seine Staatshandels-Ideen nicht durchzusetzen und erlag bald seinen Gegnern.

»Seine persönlichen Motive mögen... in keiner Weise selbstlos gewesen sein«, schreibt Herbert Franke, der sich mit diesem interessanten Mann eingehend beschäftigt hat; »er sah in der damaligen Finanzlage, als man nach neuen Männern und neuen Methoden suchte, eine Möglichkeit zu raschem Aufstieg. Andererseits dürfte die allgemeine ökonomische Situation von 1285 derart schwierig zu übersehen gewesen sein, daß wohl auch jeder andere an dieser Aufgabe gescheitert wäre.«

Gefangengesetzt, gestand Lu Shi-yung alsbald seine »Verfehlungen«, denn die Mongolen verfügten zu diesem Zweck über eben so sinnreiche Verfahren wie das chinesische Strafrecht. Zu lebenslangem Gefängnis verurteilt, wäre er eine Dauerbedrohung für seine Gegner und die Saboteure seiner Reformen geblieben, darum stellte man dem sparsamen Kublai die großen Summen vor, die der noch junge Minister in der Haft für die Verpflegung verbrauchen werde. Nach dieser Argumentation stimmte der Großkhan dem Todesurteil zu: Shi-yung wurde enthauptet und sein Fleisch zerschnitten, damit Schlangen und Vögel es fressen könnten. Die weiseren Kabinettsmitglieder wußten offenbar, warum sie sich nicht um eine Nachfolge auf dem Sessel des Finanzministers bewarben; die Yüan-Dynastie geriet von Jahr zu Jahr tiefer in wirtschaftliche Schwierigkeiten.

Die China beherrschenden Mongolen erscheinen uns in dieser Entwicklung, die dereinst den Sturz ihrer Herrschaft herbeiführen wird, wie die Zauberlehrlinge, die den großen Besen nicht mehr in seine Ecke zu dirigieren verstehen. Es fehlt ihnen, modern gesprochen, am Instrumentarium, um die Wirtschaft eines Sechzig-Millionenvolkes in den Griff zu bekommen, es fehlt ihnen aber wohl auch ganz einfach am Überblick. Bis dahin, bis zu dieser gewachsenen Krise, die sich durch die schnell wachsende Bevölkerung von Tag zu Tag verschärfte, hatten sie mit ihrer primitiv-zweckhaften Nomadentechnik und der Weltherrschafts-Erfahrung einiger Generationen in dem großen Land gute Arbeit geleistet.

Der innere Friede war vermutlich in keinem der dreißig Jahrhunderte chinesischer Kaiser-Herrlichkeit besser gesichert als unter Kublai-Khan und den tüchtigeren seiner Nachfolger. Die Verkehrsverbindungen und das Postreiter-System erregen noch heute unsere Bewunderung und gestatteten die Überbrückung großer und größter Entfernungen in Zeiten, die erst die Eisenbahn unterbot. Vor allem aber waren die Chinesen auf eine neue Fakultät ihrer eigenen Natur aufmerksam geworden – auf den Handel. Gewiß, es hatte schon zur Zeit der großen Han-Kaiser und in der Tang-Epoche internationalen Handel gegeben, aber er lag damals noch weitgehend in den Händen der Syrer, Araber, Armenier und Juden und war zur See den Malayen und Arabern überlassen. Nun, in dem sicheren und wohlerschlossenen China der Mongolenkhane, entdeckten die Chinesen ihre Begabung für Ein- und Ausfuhr, weil die kriegerischen Mongolen sich mit ihren Verwaltungs- und Militärfunktionen begnügten und die Wirtschaft den Chinesen überließen.

Weltweit gesehen ist die Intensivierung der Wirtschaft im dreizehnten und vierzehnten Jahrhundert ein Phänomen, an dem auch andere Völker, wie zum Beispiel die hansischen Kaufleute, die Venezianer und Genuesen, teilhaben; aber hinter all diesen Kaufleuten standen zahlenmäßig nur geringe Bevölkerungen, während in China sehr bald gewaltige Gütermengen bewegt werden mußten, gewaltige Geldmengen in Umlauf gerieten und das Gleichgewicht zwischen Ware und Geld auf einem Niveau erreicht werden mußte, wo sich alle bekannten Rezepte als untauglich erwiesen.

Brennpunkte dieses Geschehens waren die Städte, die in der Mongolenzeit Chinas erstmals ein deutliches Übergewicht über das flache Land erringen, weil auch sie dem ordnenden Verstand der Mongolen neue Organisations- und Lebensformen verdanken. Das chaotische Gewimmel frühmittelalterlicher Chinesenstädte ist der leicht überschaubaren Anlage neuer Residenzen gewichen, die schon unter Kublai-Khan bewußt so angelegt werden, daß die Kontrolle der Bevölkerung erleichtert wird. Die regelmäßige Anlage gestattet die übersichtliche Einteilung in fest abgegrenzte Viertel, über die spezielle Beamte gesetzt werden. Feste Stadtwachen-Einsätze sorgen für Ordnung, schnurgerade

Straßen bieten der im Notfall verfügbaren Reiterei weniger Schwierigkeiten als das Winkelwerk der gewachsenen alten Wohnviertel. Kublai-Khans Kambalu, das heutige Peking, verrät diese Grundsätze des Städtebaus noch ebenso deutlich wie eine ganze Reihe anderer Großsiedlungen.

Aber gerade diese Grundsätze zeigen uns auch den Pferdefuß. Die Mongolen erblickten in den Chinesen, vor allem in der stark angewachsenen Bevölkerung des südlichen China, noch immer Unterworfene. Die Verschmelzung zwischen den Mongolen und den Chinesen zu einem einzigen, der kaiserlichen Fürsorge gleichermaßen würdigen Staatsvolk fand nicht statt, konnte wohl angesichts der Eroberer-Mentalität dieser mongolisch-türkischen Herrscherstämme auch gar nicht zustande kommen. Vernachlässigte Völker aber geraten eben um so schneller ins Elend, je größer sie sind.

Diese Tatsache steht zu der von Marco Polo und anderen geschilderten Prosperität in einem nur scheinbaren Widerspruch, denn den Kaufleuten, den chinesischen wie den zahlreichen ausländischen Händlern, ging es ja recht gut. Sie verfügten zum erstenmal seit den großen Han-Kaisern über sichere Handelswege zu Land wie zur See. Sie hatten außer den Zöllen keine Steuern zu entrichten und konnten beinahe beliebige Preise verlangen, weil die Konkurrenz noch gering war und Absprachen leicht zu treffen.

Das Volk hingegen, seßhaft, machtlos, von den Mongolen mit Mißtrauen und Verachtung behandelt, durfte sie alle erhalten, die fremden wie die eigenen Herren, die Besatzung wie die Kollaborateure. China hatte eine große Zeit, es spielte eine Rolle in der Welt, es wurde bekannt bis Paris, Rom und Alexandria, aber den Chinesen selbst nützte das herzlich wenig: sie verarmten an ihrer großen Epoche, sie konnten die steigenden Preise und Steuern nicht mehr bezahlen, und sie sahen die Yüan-Kaiser immer schwächer werden, je länger die Mongolendynastie auf dem Thron blieb. Zum erstenmal erhebt sich darum das Volk, zum erstenmal führen namenlose Bauern, Schmuggler, Fischer die Aufstände, nicht ehrgeizige Generale oder machtlüsterne Prinzen. Und auch auf der anderen Seite hatte sich ein Wandel vollzogen, denn die Mongolen kämpften nicht um die Macht, wie es eine einheimische Dynastie getan hätte, sondern zogen sich langsam nach Norden zurück. Das große China aber, das unendliche Land, das ihnen nichts mehr zu geben vermochte als Unruhe und Gefahren, überließen sie wieder sich selbst.

Kambalu oder Khanbalik (Peking) zur Mongolenzeit

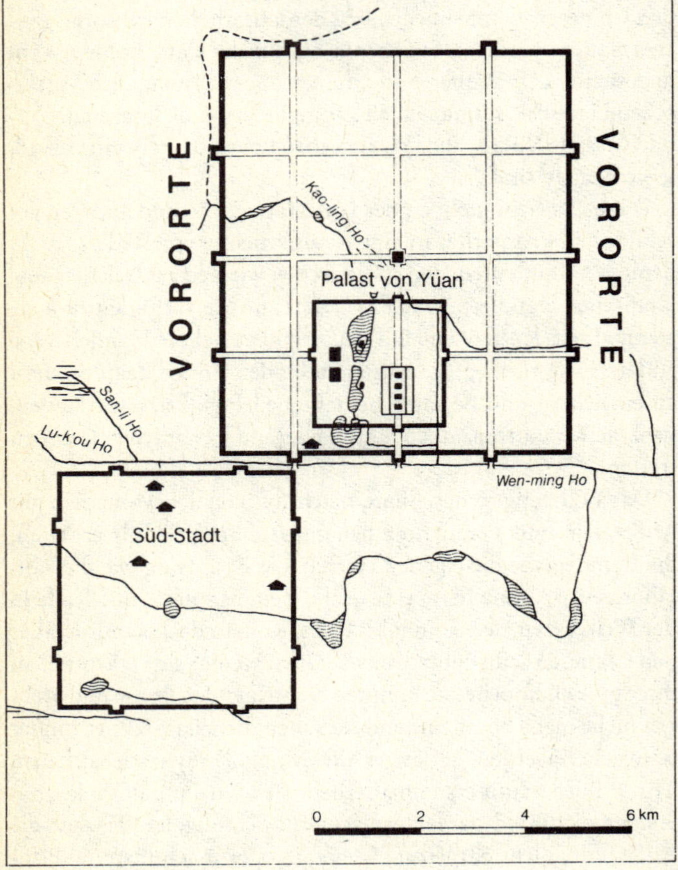

III

Die Dynastien der Ming und der Mandschu (1368–1911)

Das Mandschu-Reich und die europäischen Mächte (1644–1912 n. Chr.)

Ming-Kaiser und Mandschu-Khane

Wieder kam, fünfzehnhundert Jahre nach dem ersten Han-Kaiser, der Retter aus dem Nichts. Der Begründer der Ming-Dynastie war ein Bettelmönch, er wurde später der Bettler-König genannt. Als seine Eltern starben, war er noch so arm, daß er ihnen keine Särge kaufen konnte, sondern ihre Leichname in Strohmatten hüllte und in die Erde bettete.

Chu Yüan-chang, 1328 in Chung-li (Anhui) geboren, brachte seine Kindheit damit zu, Vieh zu hüten. Nachdem seine Eltern in der großen Hungersnot des Jahres 1345 gestorben waren, sah Chu Yüan-chang Vater und Mutter an sein Lager treten und glaubte im Traum deutlich zu vernehmen, daß sie ihn aufforderten, buddhistischer Priester zu werden. Er trat tatsächlich in ein Kloster in der Nähe von Feng-yang ein. Aber als nach einiger Zeit auch in diesem Kloster die Nahrungsmittel fehlten, mußten die Novizen weiterwandern. Chu Yüan-chang streifte drei Jahre lang ziellos durch das große Land, in dem an die acht Millionen Menschen ohne Nahrung waren, während der letzte Mongolenkaiser Shun-ti seine Kräfte in Ausschweifungen vergeudete und Rebellenbanden durch die Provinzen zogen, weil die Mongolen keine nennenswerte Ordnungsmacht mehr ausübten.

Einer der Rebellengenerale, der besonders wilde und unbeherrschte Kuo Tzu-hsing, war mit der Mutter des armen Wanderpriesters verwandt. Das brachte Chu Yüan-chang in den Bannkreis der Macht; er vermochte an der Seite seines Onkels seine militärische Begabung zu beweisen, und als Kuo Tzu-hsing 1355 starb, ging die Nachfolge in der Führung ohne Diskussion an Chu Yüan-chang über. Damit hatte der Bettelmönch nun eine Armee, die wir uns freilich nicht sonderlich glänzend vorstellen dürfen. Aber in einem Land, das in Chaos und Auflösung verfiel, konnte man nur entweder zugrunde gehen oder die Waffen tragen. Obwohl Mönch, obwohl mit den Ideen Buddhas aufgewachsen, setzte sich Chu Yüan-chang entschlossen an die Spitze seines zerlumpten und halbverhungerten Haufens. Den in anderen Provinzen auf ähnliche Weise herumstreifenden Horden lief er den Rang ab, indem er sich eine solide Machtbasis am linken Jangtse-Ufer schuf und von dort aus zur Eroberung von Peking aufbrach.

1367 gebot er schon über verschiedene Heeressäulen, die unter ihm ergebenen Anführern nach seinem taktischen Konzept operierten. 1368 fiel ihm Peking in den Schoß, aber auch die Provinzen Fukien, Kwantung, Kiangsi und Shansi ergaben sich. Als der letzte Mongolenkaiser 1370 im fernen Karakorum starb, war Hung Wu, wie er sich nun nannte, unbestrittener Kaiser von China und Begründer der neuen Dynastie Ming, wenn auch einzelne Großprovinzen wie zum Beispiel Yünnan erst später seiner Macht unterworfen wurden.

Damit hatte sich ein Vorgang schon zum zweitenmal abgespielt und war weltgeschichtliche Tatsache geworden, für den es in Europa überhaupt keine Parallele gibt; bis zur großen Französischen Revolution hatte es weder in Deutschland noch in Frankreich oder England Dynastien aus dem Nichts gegeben; selbst Könige ohne Hausmacht wie etwa Rudolf von Habsburg entstammten alten Adelsgeschlechtern. Das große chinesische Land, in dem die Zentralgewalt immer wieder in tiefste Ohnmacht verfiel, begünstigte dagegen das Aufkommen von Usurpatoren, die – sehr zum Segen des Volkes – ihre unverbrauchte Kraft in den Dienst eines neuen Beginns stellten.

Der Neubeginn der Ming freilich war Restauration. Hung Wu, der neue Kaiser, führte die Mode der Tang-Zeit wieder ein, machte zahlreiche Neuerungen der Mongolenzeit rückgängig und versorgte nach übler, aber uralter Tradition die Mitglieder seiner Familie mit Ämtern, Würden und Apanagen. Da er von Frauen und Konkubinen vierundzwanzig männliche Nachkommen hatte, wurden die Unterhaltszahlungen für sie alle bald so gewaltig, daß sie nicht nur Versorgungs-, sondern auch Transportprobleme aufwarfen, denn die Prinzen-Gehälter wurden in Korn entrichtet. Der Bettlerkönig hatte offenbar nicht vergessen, wieviel er in seiner Kindheit hatte hungern müssen.

Neben dieser Rückkehr zum Alten China stand allerdings auch eine mit beträchtlicher Energie durchgeführte Reform in der Verwaltung, die Erneuerung des Strafrechts (mit abermaliger Abschaffung der Verstümmelungs-Strafen), die Ausarbeitung eines allchinesischen Grundbuchs zur Besitzfeststellung, eine neue Geldpolitik und das wichtige Verbot an alle Eunuchen, öffentliche Ämter zu bekleiden. Buddhismus und Taoismus wurden gleichberechtigt und nebeneinander zu Staatsreligionen erklärt; die kurze Zeit der christlichen Hoffnungen war damit zu Ende, die Konfuzianer, die sich neben den Mongolenkhanen notgedrungen in Schweigen gehüllt hatten, durften wieder lehren, schreiben und dichten, kehrten aber noch nicht in die volle Geltung zurück. Über die neun Großprovinzen Chinas herrschten neun kaiserliche Prinzen...

Hung Wu zeigt uns damit deutlicher als jeder andere Herrscher vor ihm, wie stark die Macht der Tradition in China geblieben war, wie stark selbst ein Bauernjunge, der über den Buddhismus und ein paar glückliche Schlachten schließlich zum Kaiser geworden war, die Vergangenheit des großen Landes und die Verpflichtungen aus der langen Herrscherreihe der chinesischen Geschichte empfand, im Guten wie im Schlechten.

Schon unter Hung Wu begann viel von dem Institution zu werden, was die übrige Welt bald als typisch chinesisch bezeichnen sollte, jene Welt, die sich inzwischen für China zu interessieren begonnen hatte. Außer Missionaren kamen nun auch

Händler und Kapitäne in immer größerer Zahl: Portugiesen, Holländer, Franzosen zunächst, viel später erst die Nationen, die sich in der Folge als Chinas Schicksalsmächte erweisen sollten, die Engländer und die Amerikaner.

Wolfram Eberhard hat die Frage aufgeworfen, warum ein Mann wie Chu Yüan-chang in dem Augenblick, da er die Macht in Händen hielt, nicht an eine neue Regierungsform für das große China gedacht habe. Es ist die Enttäuschung, die etwa Beethoven im Jahr 1804 empfand, als der kometenhaft aufgestiegene Napoleon Bonaparte sich zum Kaiser krönen ließ, mit der einzigen neuen Nuance, daß er sich Kaiser der Franzosen, nicht Frankreichs, nannte. Gerade die Usurpatoren haben eben stets den Glanz der Legitimität am eifrigsten gesucht, gerade die Herrscher ohne Familie und Rückhalt haben die alte Karkasse ihrer gestürzten Vorgänger am dringendsten gebraucht. Die Mongolen übten längst keine Macht mehr in China aus, aber ihre Kaiser saßen noch zwanzig Jahre lang auf dem Thron in Peking, weil das Kaisertum eben eine Institution war, und diese Institution suchte auch Chu Yüan-chang, um Hung Wu zu werden, der erste Ming-Kaiser.

Wie stark und heilsam solche Traditionen sein können, beweist der Umstand, daß die Dynastie Ming trotz mancher Fehler am Anfang, trotz vieler Schwächen später, insgesamt zweihundertachtzig Jahre lang an der Macht blieb. Glückliche Maßnahmen und günstige äußere Umstände kamen ihr dabei zu Hilfe. Schon Hung Wu beseitigte die Vorrechte der ausländischen Händler und schuf eine bessere Verbindung zwischen Verwaltung und Kaufmannschaft, die dazu führte, daß die einheimischen Kaufleute der Regierung manches Transportproblem abnahmen. Die Dezentralisation, die Delegierung öffentlicher Verpflichtungen, wie sie der Getreidetransport darstellte, an eine Vielzahl privater Organisatoren erwiesen sich angesichts der Größe des Reiches als gute Lösungen. Auch bei den Handwerkern sahen die Ming-Kaiser bald ein, daß ein übersteigerter Zentralismus schädlich sei. Sie verzichteten auf die Monate in der Hauptstadt (erst Nanking, später Peking), die jeder Meister abzudienen hatte, auch wenn dies weite und zeitraubende Reisen erforderte, und gestatteten den Handwerkern, diese Fron-Verpflichtungen in Form von Steuern abzutragen. Damit verschwanden die Wanderhandwerker von Chinas Straßen, und in Tausende von Handwerksbetrieben kehrten Ruhe und geordnete Produktivität ein.

Die wichtigste unter allen günstigen Fügungen war jedoch die Entdeckung einer neuen, ergiebigen Reissorte aus Hinterindien, die sich von Fukien aus bald über den ganzen Süden Chinas, ja schließlich über die ganze chinesische Reisanbau-Zone ausbreitete. Sie war ungemein widerstandsfähig, gedieh auch in Trokkenzeiten einigermaßen und gestattete zwei reiche Ernten jährlich, wobei allerdings mehr Feldarbeit anfiel, weil neu angepflanzt werden mußte. Immerhin war damit die Hungersgefahr weitgehend gebannt, die Bevölkerung wuchs wieder, das Volk dankte den Göttern und dem Kaiser.

Das hört sich alles recht friedlich an und war es auch, wenn man – wie stets – von den gefährdeten Rändern absieht, den Nordgrenzen und den Küsten. Die Mongolen waren zwar beinahe kampflos gewichen, brachen seither aber immer wieder in kleineren Vorstößen nach China vor. Sie bildeten also eine Quelle ständiger Beunruhigung, so wie es eigentlich schon fast zweitausend Jahre vor ihrer Herrschaft der Fall war.

Auf eine neue Gefahr reagierten die Chinesen ungleich nervöser: auf die japanischen Seeräuber, die schon unter den Mongolenkaisern die langen Küsten Chinas beunruhigt hatten, die nicht etwa nur Schiffe angriffen, sondern, ganz wie die Wikinger, unversehens auftauchten, bei einer Siedlung anlegten, diese plünderten und wieder verschwanden. Es gibt Historiker, die den völlig gescheiterten, außerordentlich verlustreichen Versuch einer Invasion Japans unter Kublai mit dem japanischen Seeräuber-Unwesen in Zusammenhang bringen, doch kann dieser große Gedanke auch dem unbändigen mongolischen Eroberungsdrang entsprungen sein, der die chinesischen und mongolischen Truppen schließlich bis an den Irawadi vorstoßen ließ.

In der Zeit, in der die Seeräuber die Küsten beunruhigten und mongolische Raubscharen im fernen Norden die Herden wegtrieben, gewann China nach Süden Raum in dem Sinn, daß die eroberten Gebiete nun endlich systematisch besiedelt wurden. Das gegen die Hiung-nu erprobte Wehrdorf, die Wehrbauern-Gürtel in Chinas wildem Westen, bewährten sich auch im Süden, wo die Chinesen zwischen unterworfenen Völkern lebten, die man tatsächlich Barbaren nennen mußte. Die Angst vor dem Hunger noch immer in den Knochen, wanderten Bauernfamilien aus dem nördlichen und mittleren China nach Süden und siedelten sich dort als Pächter auf Landstücken an, die Adelige und Kaufleute erworben hatten und verwerten wollten.

In dieser Orientierung nach Süden und zum Meer hin unterscheiden sich die Ming-Kaiser mit ihrer Zeit von den großen Epochen der Han und der Tang. Die wichtigen Handelsstraßen, von den Han-Kaisern in heroischen Bemühungen freigekämpft, spielten nun, nach dem Ende des Mongolenreiches, keine Rolle mehr. Das großartige System der mongolischen Kurierstraßen, der Unterkunftshäuser, der Postpferde, das alles hatte für China jetzt wenig Bedeutung und kam auch dem Handel nicht mehr zugute, der diese Einrichtungen hatte nutzen dürfen. Hingegen schob sich vom Meer her eine neue Welt heran, die sich um die Aufmerksamkeit der Kaiser und um das geschäftliche Interesse der chinesischen Kaufleute mit Erfolg bemühte.

Nach beinahe hundertjährigen Versuchen hatten die Portugiesen endlich das Kap der Guten Hoffnung umrundet und mit Handelsflotten den Umschlaghafen Kalikut an der Malabar-Küste Vorderindiens erreicht. Damit waren sie in den Bereich der regelmäßigen chinesischen Handelsschiffahrt geraten. Emanuel der Große von Portugal bemühte sich energisch um einen Ausbau der indischen Basen, damit nicht nur die Umschlagzone für die wertvollen Gewürzladungen in seine Gewalt komme, sondern auch die Herkunftsländer selbst – die Sundainseln und die Molukken. Schon zwischen 1517 und 1520, also nur zwei Jahrzehnte nach Vasco da Gamas erstem Erfolg, finden wir die Portugiesen in Kanton und Nanking. Seit 1511 beherrschten sie auf der Malakka-Halbinsel den chinesischen Seeweg nach Vorderindien. Noch ehe das Jahrhundert zu Ende ging, hatten die Europäer auch auf Formosa und in Japan Faktoreien gegründet, hatten die Spanier die Philippinen in Besitz genommen und damit das große chinesische Kaiserreich zur See vollkommen eingeschnürt.

An dieser Einschnürung trugen die Chinesen bis zu einem gewissen Grad selbst Schuld, denn zumindest im vierzehnten Jahrhundert, als sie durch Marco Polo und andere Händler Kontakt mit Europa und Informationsmöglichkeiten besaßen, interessierten sie sich noch herzlich wenig für die Seefahrt. Auch in der frühen Ming-Zeit fehlte es noch an chinesischem Wagemut auf den Meeren. China war ungleich näher an den Gewürzinseln als die Europäer, und nichts wäre leichter gewesen, als sich diese Besitzungen zu sichern. Aber die Kaiser entsandten wohl große Flottenexpeditionen in die Sunda-See und in den Indischen Ozean, die ihren Führer, den Eunuchen Cheng Ho, unter die großen Seefahrer der Geschichte reihen; politische Konsequenzen wurden aus seinen kühnen und erfolgreichen Reisen jedoch nicht gezogen, so daß seine Gegner, die auf die großen Kosten solcher Expeditionen hinwiesen, bei Hof bald die Oberhand gewannen und die vorübergehende Aktivität zur See völlig einschlief.

Cheng Ho – er starb nach 1431 – bleibt gleichwohl eine bemerkenswerte Erscheinung und der Beweis für die Chancen, die ein einzelner Mann einer ganzen Nation eröffnen kann – im gleichen Maß etwa wie vor ihm nur Tschang Kien, der Erforscher der Westländer. Cheng Ho stammte aus Yünnan, also aus einer der Südprovinzen, während die meisten anderen Eunuchen aus dem Norden kamen. Vielleicht war das eine der Ursachen für sein Interesse an Siam, Kambodscha und Sumatra, wohin er zwischen 1405 und 1424 wiederholt segelte. 1425–30 war er Stadtkommandant von Nanking, zog aber 1430 mit seinem alten Gefährten Wang Ching-hung noch einmal aus, zu einer letzten großen Reise, die ihn bis an den Persischen Golf führte und China einen Vertrag mit Ormuzd einbrachte. Nach seinem Tod endete der Handel mit all diesen Ländern...

Das Verhalten dieses außerordentlichen Mannes im frühkolonialen Zeitalter wirft ein bezeichnendes Licht auf die Politik der Ming-Kaiser. Es stimmt zwar, daß sie sich nicht an der schwachen, von den Mongolen überrollten Dynastie Sung orientierten, sondern an der glanzvollen Herrschaft der Tang. Andererseits aber ist ihre Politik kein kämpferischer Imperialismus, sondern weist starke Stabilisierungstendenzen bei friedlichen Methoden auf: zu Lande durch die Siedlungsbewegung im Süden, zur See durch die Abwehrhaltung gegen die Japaner und eine lediglich auf Kontakte und Austausch, nicht auf Eroberung gerichtete Seehandelsentwicklung.

Vergleichen wir diese Grundeinstellung mit dem, was das gleichzeitige Europa uns vorführt, so muß klarwerden, daß die unmittelbare Konfrontation zwischen Europa und China zu einem ungünstigen Zeitpunkt erfolgt. Das Abendland wird an der Wende zum sechzehnten Jahrhundert überseeisch durch jene zwei Mächte repräsentiert, die gerade in schweren und verlustreichen Kämpfen eine Art Religionskrieg gewonnen haben: Spanien wie Portugal sind unmittelbar nach der *Reconquista,* nach der Säuberung der Iberischen Halbinsel von Mohammedanern und Juden, zu den ersten Großerfolgen auf den Weltmeeren gelangt. Sie können nicht anders als Indianern oder auch Asiaten in einer ähnlichen Haltung gegenübertreten wie den Mauren; sie befahren die Meere als Kreuzritter, und sie wollen keineswegs nur die kaufmännischen Kontakte mit der indisch-chinesischen Zone, sondern sie kommen als Eroberer, die für ihre Religion ebensoviel tun wollen wie für ihren Geldbeutel.

Diese Haltung hatten die bis dahin vereinzelt aufgetretenen christlichen Kaufleute naturgemäß nicht an den Tag gelegt; selbst die geistlichen Emissäre mußten sich tolerant geben, wenn sie in Karakorum, Peking, Nanking, Quinsay oder Zaytun mit Mohammedanern, Nestorianern, Buddhisten und Juden bei gemeinsamen Empfängen oder Verhandlungen an einem Tisch zusammentrafen. Das mochte so manchem, der innerlich nach der Inquisition gerufen hatte, schwergefallen sein, und Marco Polo spricht ja auch recht gnadenlos von den Buddhisten als Götzenanbetern. Für die Chinesen jedoch war das Bild auch nach dem Auftreten der ersten Christen noch das altvertraute: Religionen vertrugen sich, Händler aller Rassen und Nationen lebten in den Haupthandelszentren einträchtig beisammen, und als einst Kublai ein großes Streitgespräch zwischen Vertretern der vier größten Religionen anberaumte, da empfanden die Chinesen (deren Vertreter bei diesem Gespräch übrigens Sieger blieb) dies als völlig in der Ordnung: die Geschäfte hätten mit der Religion eben nichts zu tun.

Es brauchte daher eine ganze Weile, ehe das Ming-Reich die wahren Absichten der Portugiesen durchschaute, und fortan hatten die Portugiesen in China keine Chancen mehr. Statt die Ming-Politik der offenen Tür friedlich zu nützen wie alle anderen seefahrenden Völker rund um den Indischen Ozean, waren die Portugiesen auch in den chinesischen Häfen mit Waffengewalt aufgetreten und hatten den Frieden gestört. Man wurde argwöhnisch, und damit war die große Gelegenheit, die zweite für das Christentum in China günstige Weltstunde, ungenutzt verstrichen. Mit der Schiffsartillerie und dem Degen konnte man Kaffern imponieren, nicht aber einem Kulturvolk von sechzig Millionen Einwohnern, in dem es ein portugiesischer Seemann allenfalls bis zum Kuli bringen konnte, aber nicht weiter.

Diese Entwicklung ist um so bedauerlicher, als einzelne Portugiesen und in portugiesischen Diensten fahrende Italiener trotz der intoleranten Grundhaltung der iberischen Politik ihr persönliches Geschick und ihren Takt einzusetzen verstanden. Fernão d'Andrade zum Beispiel führte eine ganze Flotte erfolgreich in den Kantonfloß, trieb Handel, ohne zu landen, weil er die chinesischen Aversionen respektierte, und setzte einen Gesandten ab, der beim Kaiser von China für eine Verbesserung der Beziehungen sprechen und Mißverständnisse ausräumen sollte. Inzwischen jedoch waren die friedliebenden Chinesen so verstört, daß sie den Ärmsten, einen Apotheker namens Thomé Pirez, in einem Gefängnis der Hafenstadt zugrunde gehen ließen, ehe er auch nur ein Eckchen des Kaiserpalastes gesehen, geschweige denn Seine Majestät gesprochen hatte.

Erst 1557 fand man den Ausweg, den Portugiesen einen fest umgrenzten Bezirk einzuräumen, auf den sie beschränkt bleiben sollten. Damit war dem Drängen der Fremden endlich entsprochen, ohne daß die Chinesen von ihrem Sicherheitsbedürfnis und ihren Vorbehalten gegen die seltsamen Händler mit ihren vielen Kanonen entscheidend abrücken mußten. Das Pachtgebiet von Macao, für das von 1557 bis 1848 alljährlich 500 Taels an China bezahlt wurden, ist heute zu einem Kuriosum geworden, mit bescheiden-schmuckem Gouverneursgebäude, portugiesischer Flagge und Touristen aus dem sechzig Kilometer entfernten Hongkong, eine klimabegünstigte Verladerampe und Bankenzone von den Gnaden des roten China, da im Konfliktfall keine Macht der Welt Macao gegen die Nähe der siebenhundert Millionen Chinesen verteidigen könnte. Aber eben der Umstand, daß Macao über vierhundert Jahre lang seine Funktionen erfüllen konnte, beweist die Chancen des friedlichen Umgangs mit dem großen China, das es sich leisten kann, auf ein paar Quadratkilometer an der Kwantung-Küste zu verzichten.

Da Hongkong erst um die Mitte des neunzehnten Jahrhunderts, also dreihundert Jahre nach der Gründung Macaos, zu Bedeutung gelangte, war die kleine Konzession der Portugiesen ein wichtiger Stützpunkt für das ganze Abendland – nicht nur für die Wirtschaft, sondern vor allem für die Mission, zumindest die katholische. Obwohl wir heute im Rückblick sehen, daß zum Beispiel die Mohammedaner bei ihren missionarischen Bemühungen in Afrika wie in Asien ungleich erfolgreicher gewesen sind als das Christentum, müssen die aufs Ganze gesehen erfolglosen Bemühungen der ersten Missionare kurz erwähnt werden. Diese Pioniere und nicht selten Blutzeugen ihres Glaubens verdienen unser Interesse. Aber auch auf die Politik de Ming-Kaiser und die Einstellung der ersten Mandschu-Kaiser zum Christentum fallen von der Mission her interessante Schlaglichter.

Obwohl Giovanni de Montecorvino von dreißigtausend Bekehrungen gesprochen hatte, verschwand auch das Pekinger Christentum so spurlos in der Millionenflut der Chinesen, wie in den Jahrhunderten zuvor die Eindringlinge aus dem Norden und Westen aufgesogen worden waren. Es galt daher, praktisch von neuem zu beginnen, als in Macao ein kleiner gesicherter Hafen für christliche Schiffe zur Verfügung stand und damit auch ein erstes bescheidenes Kollegium für die Ausbildung von China-Missionaren.

Der einzige Orden, der in diesem Land echte Chancen hatte, waren die gebildeten und weltgewandten Jesuiten. Sie hatten die Geistlichen, die den spitzfindigen Konfuzianern im Gespräch gewachsen waren, sie hatten Männer, die das ganze Abendland würdig vertreten konnten, ohne mit ungeschlachtem Eifer die mißtrauischen, in ihre Formenwelt verliebten Chinesen zu verstimmen oder ihnen lächerlich zu erscheinen.

Einer der ersten in Macao ausgebildeten Missionare war Matteo Ricci, 1553 zu Macerata in der Provinz Ancona geboren und Schüler des bedeutenden Mathematikers und Astrologen P. Clavius. Chinesisch lernte Ricci in Macao, und 1583 finden wir ihn in Kanton, als Buddhist verkleidet, in einem kleinen Laden, wo er seine Kenntnisse und mitgebrachte Schaustücke nützte, um seinen Lebensunterhalt zu verdienen. Kurz vor dem Ablaufen seiner Aufenthaltsgenehmigung gelang es ihm, einen hohen Würdenträger für sich zu gewinnen. Der riet ihm nicht nur, statt der Buddhistentracht die Gewandung eines Gelehrten zu tragen, sondern bestimmte den Provinzgouverneur auch, Ricci längeren Aufenthalt zu gestatten.

Nach solchen ersten Erfolgen in den Hafenzonen strebte Ricci jedoch nach Peking, das inzwischen statt Nanking wieder zur Hauptstadt erhoben worden war (nicht zum Vorteil für die Ming-Dynastie, wie sich zeigen sollte). Ein Zufall oder ein Trick verschaffte Ricci eine persönliche Audienz beim Kaiser: Eine in Venedig kunstvoll gefertigte Tischuhr hörte einige Tage, nachdem Ricci sie als Geschenk hatte überreichen lassen, zu ticken und zu schlagen auf. Die Palasteunuchen und die Hofmechaniker des Kaisers waren gleichermaßen ratlos, also mußte man Doktor Li Ma-teu rufen, wie Ricci hier genannt wurde; er zog die Uhr auf, sie tickte und schlug, Seine Majestät winkte gnädig, und die Audienz war beendet. Beim zweiten oder dritten Aufziehen des Uhrwerks kam es schließlich zu ersten Gesprächen; der Kaiser – er hieß Wan-li – zeigte sich ungehalten über seine Gelehrten, die nicht einmal ein Ührchen in Gang setzen könnten, und gestattete Ricci, mit einigen anderen Jesuiten innerhalb der rosafarbenen Mauer, also in der Palast-Zone, Wohnung zu nehmen. Es kam zu häufigeren Begegnungen mit dem Kaiser, und Ricci hatte Gelegenheit, eine von ihm selbst gezeichnete Weltkarte zu erläutern, in der China eine schmeichelhafte Zentrumsposition einnahm und die anderen Erdteile und Länder immerhin verzeichnet waren. Diese Karte machte soviel Aufsehen, daß sich in den Jahrbüchern des Himmlischen Reiches darüber eine Eintragung findet, die ein ungnädiger Hofchronist offensichtlich nur vornahm, weil Seine Majestät an solchen Wunderlichkeiten Gefallen gefunden hatte:

»Während der Herrschaft des Kaisers Wan-li kam ein Mann aus dem Reiche Italia, Li Ma-teu geheißen, nach der Hauptstadt und verfertigte eine Generalkarte über alle Reiche. Er gab vor, die ganze Welt bestehe aus fünf Kontinenten; der erste heiße Ya si-ya (Asien) und umfasse hundert Reiche, von denen China das bedeutendste sei. Der zweite wird Eu-lo-pa genannt, mit siebzig Königreichen, der dritte Li-wey-ya (Lybien d.h. Afrika) mit hundert Reichen, der vierte Ya-me-li-kia (Amerika), und endlich der fünfte Me-wa-la-ni-kia (Maghellania, soviel wie Ozeanien). Dies sei nun alles Land der Welt und was dergleichen abenteuerliches und unkritisches Geschwätz mehr ist.

Der Tribut, den Li Ma-teu brachte, bestand aus einer Abbildung des Herrn des Himmels, der Mutter des Himmelsherrn und dergleichen Gegenständen, die sich durchaus nicht geziemen, aber dennoch angenommen wurden. Dazu brachte er auch Gebeine von Heiligen. Zu Zeiten der Tang-Dynastie erklärte Han-yü dergleichen für ein böses Zeichen und sagte, es sei unpassend, Knochen an den Hof zu bringen.

Die Sittenbehörde bat deshalb, man möge Li Ma-teu in sein Land zurücksenden und ihm nicht erlauben, in den beiden Hauptstädten Nanking und Peking frei mit den Chinesen zu verkehren. Es ward jedoch nicht darauf geachtet: Der Kaiser hatte vielmehr seine Freude mit dem Fremdling, gab ihm Wonung und Kost und beschenkte ihn reichlich.«

Dank allerhöchster Langweile im Palast durfte der Jesuit also noch ein Weilchen bleiben, die Bilder von Christus und Maria wurden in einem der vielen Säle des Palasts aufgehängt, die Reliquien erhielten einen schönen Platz, ja Seine Majestät ließ sich gelegentlich ein wenig vom Christentum berichten. Das mochte dem von Verfolgungen und Intrigen geplagten Jesuiten aus Macerata als großer Erfolg erschienen sein; Bedeutung hatte es keine. Die Zeiten, wo die Bekehrung eines Monarchen genügte, um das ganze Volk dem betreffenden Glauben zuzuführen, hatte es in China nie gegeben, und auch in Europa, wo man den einen oder anderen Slawenfürsten auf diese Weise oder unter Beeinflussung seiner Frau gewonnen haben mochte, waren sie inzwischen im Verblassen. Wessen Reich, dessen Religion war ein Grundsatz, der nicht einmal zwischen christlichen Bekenntnissen die Dinge ordnete; angesichts von sechzig Millionen Menschen und einer uralten und sehr eigenartigen geistigen Tradition hätte selbst ein glühend christlich gesinnter Kaiser nur für ein paar Jahre Unruhe stiften und ein paar Schriftrollen verbrennen lassen lönnen, mehr wäre nicht passiert.

Als Ricci nach der achten Eingabe der Sittenbehörde schließlich doch Peking verlassen mußte, hatte er in der Millionenstadt etwa zweitausend Christen hinter sich; in Nanking hatte inzwischen Pater Rocca einen hohen Beamten namens Dr. Siu bekehrt. Somit hatte sich, als der unbeugsame Ricci 1610 starb, an der Lage des Christentums in China nichts Entscheidendes verändert. Die Schneeball-Wirkung war ausgeblieben, die Chinesen überzeugten keine weiteren Chinesen, die winzigen Gemeinden starben ab, ehe rundherum neue Pflanzstätten entstehen konnten.

Diese Zäsur in den missionarischen Erfolgen der europäischen Mächte fiel zeitlich mit dem Niedergang der Ming-Dynastie zusammen, und den Anstoß für ihren Thronverlust lieferte dann, nach Jahrzehnten deutlicher Verwaltungs- und Regierungsschwäche, der historische Zufall einer isolierten Aktion – des Aufruhrs von Li Tse-cheng (1606–1645).

Li wurde in jungen Jahren Bürgermeister eines Dorfes in Shensi, weil schon sein Vater diesen Posten bekleidet hatte, schloß sich aber in der großen Hungersnot von 1627 einer der großen Banden an, die in den letzten Jahrzehnten des Ming-Regimes plündernd durch das Land zogen. Wohl ein Dutzend Jahre führte er dieses Leben, in dem er schnell zu Kommandostellen aufstieg, weil er ein geborener Soldat war und selbst die Briganten fühlten, daß es ihnen unter seiner Führung besser gehen werde als unter einem anderen. Den eigentlichen Aufstieg zum Volksführer und Rebellen mit politischen Zielen bewirkte aber erst sein Zusammengehen mit einem weiblichen Räuberhauptmann, einer ehemaligen Kurtisane. Dieses energische Mädchen zeigte ihm, daß mit Kämpfen allein wenig zu gewinnen sei: er müsse sich Anhänger schaffen. Sie machte ihm auch klar, daß es nicht damit getan sei, der Schrecken der Dörfer zu bleiben: viel mehr Sympathien würde er sich erringen, wenn er eine disziplinierte Armee gegen den Kaiser führte.

Fortan wurden die Rebellen unter Li Tse-cheng zu einer Art Paradetruppe unter Chinas Räubern und damit ein echtes militärisches Instrument. 1642 belagerte er Kai-feng Fu vier Monate lang und eroberte diese wichtige Stadt. 1644 proklamierte er sich als Gründer einer neuen Dynastie und erklärte die Ming für abgesetzt. In zwei Kolonnen stieß er nach Peking vor, und als er vom Süden her in die Stadt eindrang, erhängte sich der letzte Ming-Kaiser auf dem Wan-sui-Hügel seines Parks. Auch die Kaiserin scheint sich den Tod gegeben zu haben, denn es wird berichtet, daß Li Tse-cheng beide mit allen Ehren habe bestatten lassen, während seine Truppen die Kaiserstadt plünderten.

Danach aber beging er einen verhängnisvollen Fehler: Er nahm eine schöne Sängerin der Hauptstadt in seinen Harem auf, das heißt: er behandelte sie als Kriegsbeute, obwohl er sicherlich wußte, daß sie die Geliebte des einzigen fähigen Ming-Generals war (oder gewesen war). Dieser Offizier, er hieß Wu San-kuei, stand im Norden, an der Grenze zu den Mandschu-Khanen, mit einer schlagkräftigen Armee. Hätte er sich dem Rebellen Li angeschlossen, so hätte es keine Macht in China und an seinen Grenzen gegeben, die dieser Union zweier begabter Truppenführer gewachsen gewesen wäre. Aber die schöne Sängerin stand zwischen ihnen, und als Li sie auch auf Verlangen nicht herausgab, machte General Wu sich zu ihrem Rächer. Er lud die Mandschus ein, sich Chinas zu bemächtigen, und führte seine Truppen gegen den Rebellen.

Während der Kampf der ehemaligen Ming-Armee gegen Li immer mehr den Charakter eines privaten Rachefeldzuges annahm, strömten die Truppen der Mandschu-Khane ungehindert vom Norden her in China ein. Ihr Haupt war ein elfjähriger Knabe, für den Verwandte regierten. Die Mandschu hätten also von sich aus kaum die Initiative zu einer so gewaltigen Umwälzung ergriffen. Aber da ihnen General Wu den Weg bereitete, zögerten sie nicht. Chinas Nordteil fiel ihnen so gut wie kampflos zu, im Süden blieben etwa eineinhalb Jahrzehnte lang noch drei weitgehend selbständige Fürstentümer bestehen, deren wichtigstes General Wu für sich selbst in Besitz genommen hatte.

Inzwischen war der erfolgreiche Jesuitenmissionar Ricci einer Krankheit erlegen, und der Orden hatte einen jungen Freiherrn aus Köln nach China entsandt, den hochbegabten Pater Johann Adam Schall von Bell, aus dem altadeligen rheinischen Geschlecht, das seit dem sechzehnten Jahrhundert auch im Baltikum zu hohen Ehren (und freilich auch zu zaristischen Todesurteilen) kam. Schall von Bell bewies auch im geistlichen Gewand alle Tugenden seines tapferen Geschlechts. Er beherrschte das Chinesische vielleicht nicht so vollkommen wie Ricci, der zehn Bücher in dieser Sprache schrieb aber er hatte eine so starke persönliche Ausstrahlung, daß die letzten Ming- und später die ersten Mandschu-Kaiser sich seinem Zauber nicht entziehen konnten.

Wie der Astronom und Mathematiker Schall und seine italienischen Ordensbrüder Langobardi und Rho aus Macao Kanonen anforderten, um dem Wunsch des Kriegsministers nach

Hilfe gegen die Mandschutruppen zu entsprechen, wie diese Kanonen durch Bestechungen umgeleitet wurden und die Patres in Peking daraufhin selbst Kanonen gossen, das ist ein Filmstoff, neben dem alles verblassen müßte, was Hollywood jemals über China zustande gebracht hat. Pater Schall, von den Chinesen Tang Jo-wang genannt, reformierte den chinesischen Kalender, der arg in Unordnung geraten war, und besänftigte selbst den Rebellen Li Tse-cheng, als dieser noch vor den Mandschus in Peking eintraf und mit seinen Scharen die ganze Stadt plünderte.

Der jugendliche Mandschu-Kaiser Shun Chih, der von 1644 bis 1661 über China herrschte, fühlte sich von Pater Schall besonders angezogen, er bat ihn, sein Lehrer zu werden, und erhob ihn in den Rang eines Mandarins Erster Klasse (den höchsten Beamtenrang). Schall, der inzwischen zahlreiche Veröffentlichungen in chinesischer Sprache herausgebracht und einige Himmelsereignisse auf die Minute genau angekündigt hatte, nützte seine hohe Position ausschließlich für die Kirche und schuf den christlichen Gemeinden in verschiedenen chinesischen Städten ein so günstiges Klima, wie sie es weder vorher noch nachher jemals zu verzeichnen hatten.

Shun Chih war jedoch keineswegs ein schwacher Herrscher, der unter den Einfluß des klugen und hochgebildeten Jesuiten geriet (wie man dies in Europa ja nur zu oft erlebt hatte), es war vielmehr echte Freundschaft zwischen einem sehr jungen Monarchen und einem älteren Mann, dessen Chrakter ihn eben sehr deutlich von dem Intrigantenvolk im Kaiserpalast unterschied. Shun Chih beging für Schall auch keinen Verrat an seinem Land, wie gelegentlich behauptet wurde. Er vertrieb durch eine glänzende Seeoperation die durchaus christlichen Holländer aus Formosa und zeigte auch keine Nachsicht gegenüber Koxinga, dem gefürchteten Seeräuber, der 1659 bis Nanking vorstieß: Shun Chih schlug den Superpiraten und verbrannte ihm mehr als fünfhundert Dschunken.

Aber Shun Chih war ein sehr junger Kaiser, und er dachte an das lockere Leben im Palast viel öfter als an das Christentum seines Beraters Schall. So kam es auch in diesem Fall zu keiner Bekehrung, ja verschiedene Autoren vor allem aus dem Jansenistenkreis behaupteten, der junge Kaiser habe umgekehrt den alten Pater bekehrt und ihm gezeigt, wie schön das Leben an der Seite von Frauen sein könne, worauf Schall abgeschworen und geheiratet habe.

Es gibt dafür nicht den Schimmer eines Beweises, im Gegenteil: 1661 starb der junge kaiserliche Freund Schalls und machte damit die Jesuiten schutzlos. Eine nationale Gegenströmung, die nicht Kang-hsi, der jugendliche Nachfolger, trug, sondern einer seiner prinzlichen Erzieher, brachte Schall und seinen Gefährten Kerker und Drangsale aller Art, in denen sie wohl zugrunde gegangen wären, hätten sich nicht Himmel und Erde zur Rettung des großen Astronomen zusammengetan. In den kritischen Jahren 1664/65 gab es so seltsame Himmelserscheinungen, so beängstigende Erdbeben und schließlich noch einen Palastbrand, daß die abergläubischen Chinesen die Patres eilends freiließen; Johann Adam Schall von Bell starb jedoch schon wenige Jahre danach 1666 (nach anderen 1669), ohne die Heimat wiedergesehen zu haben.

Obwohl das Todesdatum Schalls nicht feststeht, weiß man, daß fünfhundert Christen seinem Sarg folgten. Als der junge Kaiser herangewachsen war und zu eigenem Urteil kam, ließ er den Freund und Berater seines Vaters rehabilitieren. Jenen Onkel aber, der ihn ins Gefängnis geworfen hatte, ließ Kang-hsi erdrosseln. Pater Verbiest, Schalls wichtigster Mitarbeiter in der Seelsorge, durfte die Missionsarbeit fortsetzen, der alte Konfuzianer und Jesuitengegner Yang Kuang-hsien wurde verbannt.

Der erste Ansatz der christlichen Missionsarbeit unter Pater Johannes de Montecorvino hatte die Mongolenzeit nicht überlebt; selbst Herders Kirchenlexikon sagt: »jede Spur verschwand«. Von Macao aus hatte man also neu beginnen müssen, die Jesuiten hatten große Erfolge erzielt, sich aber auch viel Kritik anderer Orden gefallen lassen müssen, die den Jesuiten vorwarfen, zu sehr auf die chinesischen Traditionen und Gebräuche eingegangen zu sein. Wie man es anders zu den 150000 chinesischen

Christen hätte bringen sollen, deren sich die Mission im Todesjahr Pater Schalls rühmen durfte, das wußte freilich niemand.

1699 wurde abermals die Erlaubnis erteilt, innerhalb des kaiserlichen Palasts eine christliche Kirche zu bauen (»Das Christentum ist gut, aber es darf nicht in China verbreitet werden«). Damit war vierhundert Jahre nach dem Kirchenbau Montecorvinos ein neuer ähnlicher Gunstbeweis erreicht worden, aber der große Erfolg, der Durchbruch zu Massentaufen, wie sie aus den Heiligengeschichten des Mittelalters bekannt sind, stellte sich in China nicht ein. Im Gegenteil: kaum irgendwo in der Welt ist in der Neuzeit soviel Christenblut vergossen, soviel Märtyrertum verzeichnet worden wie auf dem Boden Chinas. Das große Volk, die vielen Millionen Menschen verlockten zu immer neuen missionarischen Anstrengungen, aber immer neue Verfolgungen bewiesen, daß Chinas Land leichter zu erobern war als die geistige Welt der Chinesen.

Um die Wende zu unserem Jahrhundert zählte man in China – in dem noch immer die einstigen Mandschu-Khane als Kaiser auf dem Thron saßen – erst etwa 100000 evangelische Christen. Die katholischen Orden vermochten hingegen immerhin auf etwa eineinhalb Millionen Mitglieder in rund dreitausend verschiedenen Pfarren hinzuweisen. 60000 junge Chinesen besuchten christliche Schulen.

Ein halbes Jahrhundert später, am Vorabend der kommunistischen Revolution in China, schätzten westliche Beobachter, daß sich etwa ein Hundertstel der Bevölkerung zum Christentum, vor allem wohl in der Form des römischen Katholizismus bekenne – das waren damals also vier bis fünf Millionen Menschen, denen allein an Mohammedanern zehn Millionen gegenüberstanden.

Die Vergleichszahlen der großen chinesischen Religionen besagen nur wenig, weil es ein besonderer und sehr kennzeichnender Wesenszug des Chinesen ist, sich im Religiösen nicht so ausschließlich zu einer Konfession oder Religion zu bekennen wie wir Europäer, und glücklicherweise wurde es eben darum von ihm früher auch kaum je verlangt. Die drei großen Religionen, von denen der Konfuzianismus diese Bezeichnung eigentlich nicht verdient, haben soviel miteinander gemeinsam, haben sich im Lauf der Jahrtausende auch so stark einander angenähert und die Familien durchdrungen, daß der Chinese sich immer deutlicher scheute, einer dieser drei Lehren eine deutliche Absage zu erteilen. »The average Chinese tends to have something to do with any or all religions but adheres exclusively to none« drückt dies die *Encyclopaedia Britannica* aus.

Eben dieser Mangel an Exklusivität, diese starke Neigung zur gesamten geistig-religiösen chinesischen Tradition hat die Chancen westlicher Religionen in China naturgemäß stark vermindert. Es bleibt, wenn auch Episode, so doch ein geschichtlich bemerkenswertes Ereignis, daß sich der Machtantritt der Mandschu-Khane im Feuer von Geschützen vollzog, die unter der Anleitung jesuitischer Missionare gegossen worden waren.

Obwohl Jahrhunderte vergingen zwischen diesen ersten Mandschu-Kaisern – die allzu jung auf einen fremden Thron gerieten und Rat bei Fremden suchten – und den letzten Kaisern der Mandschu-Dynastie, so war mit diesem Auftakt doch ein Zeichen gesetzt. Denn unter dem Banner des Christentums sollten schließlich, im neunzehnten und zwanzigsten Jahrhundert, jene Interventionen vor sich gehen, die Chinas Isolierung gewaltsam aufbrachen und das Reich der Mitte ans Licht der Weltpolitik zerrten. Zu diesem Zeitpunkt aber waren nicht nur die Mandschu-Khane Chinesen geworden und setzten chinesische Tradition gegen weiße Machtgier. Auch die Mandschu-Beamten hatten sich in einem hohen Maß assimiliert und dem altchinesischen Ethos des Konfuzianismus unterworfen. Es sollte eine erstaunliche Widerstandskraft gegen alle westlichen Ideen und Versuchungen an den Tag legen, freilich auch jene bedenkliche Erstarrung des politischen Denkens in China bewirken, die das alte Kaisertum des Ostens gegenüber den anstürmenden imperialistischen Stoßtrupps des Europäertums in jener unelastischen, ja geradezu versteinerten Haltung verharren ließ, die schließlich zum Untergang des Kaisertums führte.

Pflaumenblüten in der Goldvase

Als zu Beginn unseres Jahrhunderts das Schlagwort von der *Gelben Gefahr* in Umlauf kam, bezog es noch niemand auf die heute so bedenkliche japanische Wirtschaftsaggression; die erste und nächste Gedankenverbindung, die sich dazu einstellte, war bei allen Europäern die der großen Zahl. Die Gelbe Gefahr verstand man als die individuell kaum ausgeprägte und schier unerschöpfliche Menge von Angreifern, denen sich die Soldaten Deutschlands, Großbritanniens und anderer europäischer Mächte im chinesischen Boxeraufstand von 1900 gegenübergesehen hatten. Dennoch war zu diesem Zeitpunkt die sogenannte Gelbe Gefahr rein zahlenmäßig nicht mehr in dem Maß akut wie ein Vierteljahrtausend vorher, am Ende der Ming- und am Anfang der Mandschu-Epoche. Damals hatte das Chinesische Kaiserreich nach sorgfältigen Berechnungen, die an der Harvard-University angestellt wurden, bereits mehr als 150 Millionen Einwohner, die ganze Erde aber nur 500. Führende Nationen wie das damals beinahe weltbeherrschende Spanien kamen noch mit fünf (!) Millionen Einwohnern aus, verfügten also nur über einen Bruchteil der Menschenmenge, über die jeder Ming- oder Mandschu-kaiser gebot, und Chinas Einwohnerzahl wuchs mit atemberaubender Schnelligkeit weiter.

Dieser demographische Vorgang wird fortan zum entscheidenden Faktum chinesischen Lebens überhaupt. Ohne daß die einzelnen Mandschu-Kaiser spektakuläre Initiativen entwickeln oder sich als überragende Herrscher profilieren, gewinnt China an Gewicht. Durch die Masse seiner Bevölkerung übt es Druck aus nach Westen, Süden und nach Osten, hinaus in den Pazifischen Raum. Ohne große Reformer-Persönlichkeiten erzwingen ganz einfach die Ernährungsprobleme die Reorganisation und den Aufschwung der Landwirtschaft, eine teilweise Umverteilung des Landbesitzes, eine intensivere Nutzung des vorhandenen Bodens. Transportprobleme verlangen den Ausbau der Wasserstraßen. Flüsse werden eingedeicht, um Neuland zu gewinnen und ihre Schiffbarkeit zu verbessern; alte Kanäle werden gesäubert, alte Schleusen verbessert. Gewaltige Dämme schaffen Neuland auch an der Küste des ostchinesischen Meeres.

Schon zur Ming-Zeit hatte eine Reorganisation der Verwaltung eingesetzt, um sie den gestiegenen Erfordernissen anzupassen. Scharen von Beamten verzeichnen im ganzen großen Land aufs neue und von Grund auf Familien, Besitztümer, Personenstand und Steueraufkommen. An der Spitze dieser ausgebreiteten und kaum zu übersehenden Aktivität gewinnen die Palasteunuchen und der Kaiser wieder an Bedeutung. Soviel Verwaltung und Zentralisierung müssen der Rolle zugute kommen, die das Zentrum spielt, auch wenn es für Chinas Volk sehr weit im Norden liegt, in Peking.

Das Individuum und sein Abenteuer, die weithin sichtbare Einzelleistung und das farbige Schicksal historischer Persönlichkeiten verblassen auf dem Hintergrund dieser termitenhaften Betriebsamkeit, die China im siebzehnten Jahrhundert viel deutlicher von Europa abhebt als etwa heute, da die Übervölkerung zum Weltproblem geworden ist. Überreichtum und Fülle herrschen aber auch auf dem Gebiet der Dokumente, der Chroniken, der Lebenszeugnisse und sonstigen Berichte. Schon während der

Yüan-Dynastie hatten die Chinesen ein Druckverfahren erfunden, das zwar nicht auf beweglichen Lettern basiert wie jenes des Meisters Gensfleisch, genannt Gutenberg – diese Lettern wären auch angesichts der zahlreichen verschiedenen Schriftzeichen unpraktisch gewesen –, das aber mittels geeigneter Papiere zu relativ schnell herstellbaren Bürstenabzügen fertig komponierter Seiten und Bogen gelangte.

Das ungemein schreibfreudige Volk der Chinesen sorgte fortan, da es nun auch noch so zahlreich geworden war, für eine Überfülle von schriftlichen Äußerungen, die sich trotz Bürgerkriegen, Feuersbrünsten und Erdbeben zu einem Gutteil bis heute erhalten haben und vor einigen Jahren von der Regierung der Volksrepublik in einem eigenen Archiv-Palast etwa dreißig Kilometer nordwestlich von Peking untergebracht wurden. Damit entstand auch für die Sinologen und für die Spezialisten der asiatischen Geschichte eine neue Lage. War bis zum Ende der Mongolenzeit das Quellenmaterial noch gut überschaubar, so daß sich die ernsthaften Darstellungen auf eine Kenntnis des Gesamtmaterials stützen konnten, so sind die modernen Erforscher der Ming- und der Mandschu-Epoche genötigt, umfangreiche Hilfsarbeiten anzusetzen. Kleine Armeen von Dissertanden knabbern inzwischen an der Papierfülle im ausgedehnten Archiv-Palast, aber die Auswertung dieser Erstlingsarbeiten für zusammenfassende Forschungen wird gewiß eine Weile auf sich warten lassen.

Angesichts dieser Schwierigkeiten erklärt sich die deutliche Zurückhaltung der Wissenschaft gegenüber der chinesischen Geschichte nach dem fünfzehnten Jahrhundert, und die Autoren, die diese Schwelle überschreiten, verraten eine gewisse Scheu vor bündigen Urteilen. Dazu kommt der unleugbare Umstand, daß die attraktive Individualität weitgehend fehlt, oder Randerscheinung bleibt und nicht sicher greifbar ist, wie die urplötzlich aus wirren Verhältnissen auftauchende faszinierende Gestalt des Piraten Koxinga, der ein Fürst in seiner Art war, ein Reich aufrichtete und zeitweise mehr Macht ausübte als hochgeborene Monarchen seiner Zeit.

Vor allem französische Gelehrte haben die große Epoche der Mandschu-Kaiser, also die hundert Jahre zwischen 1650 und 1750, gelegentlich mit Frankreichs *Grand Siècle* verglichen, mit der Herrschaft des 1715 gestorbenen Sonnenkönigs Ludwigs XIV. Das trifft zwar für eine ganze Reihe von Stilzügen beider Epochen zu, weil klassische Zeiten traditionsverpflichteter Herrschermacht eben immer etwas miteinander gemeinsam haben werden; aber es bleibt doch genug des Gegensätzlichen, weniger im Bereich des Herrschers selbst als in der höchsten Gesellschaft. Denn wenn im Frankreich von Versailles auch die Formen sehr viel bedeuteten, so hatte sich der Adel doch persönliche Freiheiten, geistige Unabhängigkeit und sogar die Möglichkeit zu individueller Aktion in ungleich höherem Maße bewahrt, als dies vom höchsten Beamtenadel rund um den Mandschu-Thron behauptet werden kann. Hier war im Lauf der Generationen eine spezifisch chinesische Ausprägung der Würde, der Verantwortung und der submissesten Machtausübung entstanden – die Figur des *Mandarins*.

Das Wort selbst, das inzwischen bis herauf zu Simone de Beauvoir so manche neue Bedeutung angenommen hat, ist malayisch und lautete *mantri*. Die Portugiesen haben es in die für den Europäer bequeme vokalreiche Form gebracht. Die Chinesen selbst bezeichneten diese Kaste der Würdenträger als Kwans oder Kuans. Die leuchtend gelbe Seide ihrer Roben, die großen Knöpfe daran, die Haltung der ganzen Persönlichkeit und ihre Sprache, die außer an der Küste das Hoch-Chinesisch des Mandschureiches wurde, dies alles hat sich den fremden Besuchern Chinas stark eingeprägt und wurde darum auch oft und ausgiebig beschrieben. Wichtiger aber war die innere Wirkung dieser Kaste, die dank ihrer Privilegien und ihrer engen Verbundenheit mit einem immerhin aus dem Norden eingewanderten Herrscherhaus das ganze große Reich und sein Volk wie ein verschworener Orden regierte. Es ist kein größerer Abstand denkbar als der zwischen dem schlichten Chinesen und dem Mandschu-Mandarin, und es war zweifellos diese seidene Phalanx zwischen Volk und Herrscher, sie sehr oft die ausgleichender Kontakte verhinderte.

Um so mehr beschäftigte sich mit ihr naturgemäß jene gebildete Schicht, die gleichsam im Vorhof der Macht verharrte, die alles sah und alles verstand und doch nicht zur eigenen Aktivität im politischen Sinn durchzustoßen vermochte – die Intellektuellen.

Den ersten Schritt taten wie so oft die Schriftsteller mit einer neuen literarischen Gattung, dem Roman. Es hatte frühe Vorläufer gegeben, antike Erzählmotive aus dem Mittelmeerraum, die auf den Seidenstraßen ins China der Han-Kaiser gewandert waren, aber auch ritterliche Geschichten, unsterbliches Erzählgut für alle Schichten, wie es auch das europäische Mittelalter kannte. Entscheidend wurde für den chinesischen Roman (wie den Roman überhaupt!) jedoch, daß sich das Lesebedürfnis meldete, und dafür sorgten seltsamerweise die von ihren Lagerfeuern und Karawansereien an endlose Erzählungen gewöhnten Mongolen. Während der mongolischen Yüan-Dynastie huldigten Millionen von Chinesen zunächst notgedrungen diesem Mongolengeschmack für handfeste Erzählungen, bis sie selbst die unterhaltsame literarische Gattung akzeptierten und mit ihren feineren chinesischen Valeurs erfüllten. So entstand, im Übergang von der Mongolen- zur Mingzeit, der chinesische Roman, vielleicht auch, weil trotz aller Versuche, an die große Tang-Zeit anzuknüpfen, den Ming-Kaisern nur eben diese literarische Gattung zuwuchs. Statt der großen Lyriker, die nun einmal nicht auf kaiserliches Dekret vom Himmel fallen, hatten das vierzehnte und fünfzehnte Jahrhundert große Erzähler. Sie führten jene neue literarische Form, die den Mongolen entgegenkam, die ihr Bedürfnis nach Geschichten, Sagen, Legenden und allerlei Histörchen befriedigte, auch schnell zu einem nachhaltigen Erfolg.

Das eine der beiden Werke, die im vierzehnten Jahrhundert ihren Triumphzug antraten, ist die *Erweiterte Geschichte von den Drei Reichen*, ein historischer Roman, der weit zurückgreift und in der chaotischen Epoche vor der Begründung der Tang-Dynastie spielt (vgl. S. 166). Der andere Roman ist auch in seinem Sujet ein Produkt der Mongolenzeit, das in den Tendenzen freilich schon auf die Ming-Kaiser zielt: der berühmte Roman *Die Räuber vom Liang-Schang-Moor,* chinesisch *Schui-hu Chuan,* was soviel bedeutet wie »Die Geschichte vom Flußufer«, ein Titel, den Franz Kuhn in seiner genialen Übersetzung jedoch nicht übernahm.

Held der Geschichte ist der Räuber Sung Chiang mit seinen sechsunddreißig Gefährten, der in der Zeit, da die Sung-Dynastie sich verzweifelt gegen die vordringenden Mongolen wehrte, in einem Sumpfgelände zwischen Hwangho und Liang-Schang-Berg operierte. Die Räuber sollen dort sogar Befestigungsanlagen errichtet haben, kämpften gegen die Regierung, zeitweise aber auch gegen andere Räuberbanden und hatten im Volk eine große Anhängerschaft.

In den ersten Jahren der Fremdherrschaft, als die Sung-Dynastie hinabgegangen war, entsann man sich dieses berühmten Räubers. Im Volk begannen allerlei Geschichten von ihm umzulaufen, kurz, die Legendenbildung setzte ein, und bald dichtete man ihm soviel Heldentaten an wie in England Robin Hood. Diese Legendenbildung, an der die Jahrhunderte mitwirkten, war es offensichtlich, die den Schriftsteller Shih Nai-an vor allem interessierte, denn sie gestattete ihm, die alte, halbvergessene Gestalt und ihre Schicksale in einen literarischen Angriff gegen die Korruption der Beamtenschaft und gegen den Dünkel der konfuzianistisch gesinnten Gelehrtenklasse umzumünzen.

Wie bei vielen Werken der älteren chinesischen Literatur war auch in diesem Fall nicht nur die Entstehungszeit, sondern auch die Autorschaft heftig umstritten. Hinsichtlich der Entstehung ist die Wissenschaft heute zu der salomonischen Einsicht gelangt, daß ein Volksbuch wie dieses sich gleichsam aus der Tiefe der Zeiten gebildet und zuletzt nur noch einen begabten Kompilator gebraucht habe. Und dieser war nicht, wie man lange Zeit annahm, der schon im zwölften Jahrhundert wirkende Lo Kuan-chung aus der Provinz Che-kiang, sondern der an der Wende vom dreizehnten zum vierzehnten Jahrhundert schaffende Shih Nai-an (oder nai-yen), von dessen Lebensumständen so gut wie gar nichts bekannt ist. Das Buch wurde in den darauf folgenden Jahrhunderten zunächst erweitert, doch ging diese umfangreichste Version verloren.

Die beliebteste Ausgabe, die sich zweihundertfünfzig Jahre lang in der Gunst der Chinesen behauptete, ist eine kommentierte Fassung von 1644, die es verstand, den Lesern der Mandschu-Zeit einen Helden aus dem elften Jahrhundert nahezubringen. Diese Fassung weist siebzig von insgesamt 120 existierenden Kapiteln auf, verdrängte alle anderen Ausgaben und blieb im Handel, bis sie gegen Ende des achtzehnten Jahrhunderts verboten wurde. Das inzwischen als geradezu klassisch geltende Buch befaßt sich nämlich so eingehend mit den Schicksalen und den Lebensumständen des kleinen Volkes, es nimmt so entschieden Partei für die Bauern und für die Rechtlosen gegen die etablierte und korrupte Gesellschaft, daß es dem Hof in der Niedergangszeit der Mandschu-Dynastie als nicht mehr tragbar, ja geradezu als gefährlich erschien.

Diese Tatsachen, also die realistische Schilderung des altchinesischen Volkslebens und die zum Verbot durch die Mandschu-Kaiser führende Tendenz, haben dem Buch neues Interesse gesichert, sobald China Republik wurde. Seit 1919 beschäftigte sich eine kleine, aber hochqualifizierte Forschergruppe mit dem Roman aufs neue, fand Bruchstücke und Nacherzählungen der umfangreichen Frühfassungen und publizierte im Jahr 1933 eine erweiterte oder besser in vollem Umfang wiederhergestellte Ausgabe von 120 Kapiteln.

Diese Fassung liegt der mit Recht berühmt gewordenen deutschen Version Franz Kuhns zugrunde, die zwar auch 120 Kapitel umfaßt, aber einige Kapitel des Originals subsumiert hat, weil sie der Handlung des Chin-ping-meh entsprechen. In der nun vollständigen und abgerundeten Fassung sind die Schicksale des Helden und seiner Räubergruppe voll überblickbar, und eine Einleitung gestattet aus einigen Andeutungen auch Vermutungen über den Verfasser. Er scheint aus der Provinz Honan zu stammen und war wohl ein vermögender Junggeselle, der in der uralten chinesischen Residenz Lo-yang oder nicht allzuweit davon ein Haus am Flußufer bewohnte. Der Weltmann und Lebenskünstler hatte oft gleichgesinnte Freunde um sich versammelt, und es lag nur nahe, daß in diesem Kreis häufig politisiert wurde. Um den geäußerten Ideen, Gedanken und kritischen Bemühungen um China ein unverdächtiges Mäntelchen umzuhängen, machte sich der hochgebildete Shi Nai-an die Mühe, die ihm vorliegenden oder erreichbaren Bruchstücke der uralten und oft erzählten Räubergeschichten zu einem großen Roman von einem chinesischen Robin Hood zu vereinen.

Die Verfolgungen seines Buches, die Vernichtung der Druckstöcke und die hohen Strafen, welche gegen die Drucker des unflätig genannten Buches verhängt wurden, hat Shi Nai-an nicht mehr erlebt: als das geschah, war er schon vierhundert Jahre tot...

Aus dem 22. und 23. Kapitel der *Räuber vom Liang-Schang-Moor* gestaltete gegen Ende der Ming-Zeit ein nicht mit Sicherheit bekannter Verfasser den außerhalb Chinas wohl meistgenannten chinesischen Roman *Chin-Ping-meh,* zu deutsch *Pflaumenblüten in der Goldvase* (die sehr erfolgreichen deutschen Ausgaben behalten jedoch den chinesischen Titel bei, nur wird er in diesem Fall meist mit K geschrieben.)

Auch dieses Buch gibt vor, Begebenheiten aus dem zwölften Jahrhundert zu schildern, als das schwache China sich gegen die Mongolen wehrte, doch wird in diesem Roman viel deutlicher, daß es sich um die Gesellschaft der Ming-Zeit handelt, auf die alle Tendenzen dieses berühmten Schlüsselromans abzielen. Kein anderes belletristisches Werk der Chinesen ist von so vielen Legenden umgeben, keines hat so seltsame Schicksale, kein anderes gewährt uns aber auch so tiefe Einblicke in das geheime Leben einer Gesellschaft, die sich aus Traditionen, Kastengeist, Zeremonien und Vorurteilen im Lauf der Jahrhunderte ein so kunstvolles Labyrinth aufgebaut hatte, daß eine gewisse Fluchtmöglichkeit nur noch in Richtung der allerintimsten Bereiche bestand.

Gegenstand des Buches sind die Karriere und die Liebesabenteuer eines reichen Lebemanns namens Hsi-men Ching, der sich seinen Aufstieg durch Bestechung und Intrigen erkauft und neben seiner Hauptgemahlin Mondmädchen noch fünf Konkubinen unterhält. Unter ihnen greifen Chin-lien (Goldlotos), Ping-erh (Vase) und Chun-mei (Frühlingsblüte) am stärksten in die Handlung ein. Goldlotos tötet den Helden schließlich durch die Überdosis eines Aphrodisiakums, seine Witwe aber läßt zur Sühne all der väterlichen Sünden den Sohn in ein buddhistisches Kloster eintreten. Die Konkubinen gehen zum Teil in den Kriegswirren von 1127 zugrunde.

Das Buch, dem die chinesische Kritik einen besonders geistvollen und gepflegten Stil nachrühmt, bietet neben seinem literarischen Wert und der psychologisch vertiefenden Schilderung der Personen ein vollkommenes Sittenbild der chinesischen Gesellschaft in der letzten Ming-Generation mit zahlreichen wertvollen Details, die uns genaue Einblicke in die Lebensweise der Oberschicht gewähren. So erkennt man zum Beispiel, daß die chinesische Frau zwar persönlich und durch ihre Familie nach wie vor beträchtlichen Einfluß auf das Verhalten, die Position und die Geschäfte des Gatten nehmen konnte, daß sie jedoch in der Öffentlichkeit nur selten in Erscheinung trat. Es galt als unschicklich, zu Gesellschaften die eigene Frau mitzunehmen; die bei solchen Gelegenheiten anwesenden Frauen waren Kurtisanen.

Diese Kurtisanen waren allerdings nicht schlichte Freudenmädchen, sondern oft geistvolle, fast stets gebildete Frauen von ausgezeichneten Umgangsformen, deren Gesellschaft Politiker, Gelehrte und Schriftsteller ebenso suchten wie etwa im alten Athen oder im Venedig des achtzehnten Jahrhunderts. Der durch die vielfachen Zwänge einer überalterten gesellschaftlichen Konvention in seiner Bewegungsfreiheit und vor allem seinen Kontaktmöglichkeiten auf das äußerste beschränkte Mann fand oft nur im Bordell oder in der Gesellschaft von Kurtisanen die Möglichkeit zum unbefangenen Gespräch und zu jenem privaten Ausgleich für die Liebedienerei bei Hof oder bei den Mandarinen, den er zur Erhaltung seines seelischen Gleichgewichts und seiner Selbstachtung unbedingt brauchte. Auch das Bordell ist dabei nicht ohne weiteres mit einem primitiven Freudenhaus gleichzusetzen (obwohl es auch solche gab), sondern wurde zu einer Begegnungsstätte von einem gewissen Niveau, in der man sich mit Freunden verabredete und stundenlang Gespräche führte, heiter-harmlos und gelöst, wie das anderswo kaum möglich war.

Für den dokumentarischen Wert, den wir heute dem Ching-Ping-meh beimessen, hatten die zeitgenössischen Obrigkeiten naturgemäß noch kein Organ. Sie stießen sich an der großen Anzahl recht deutlicher erotischer Szenen, obwohl diese für den abendländischen Geschmack ausgesprochen distanziert erzählt sind, in jener flächigen Manier, deren Naivität eine innere Beteiligung des europäischen Lesers weitgehend ausschließt. Bei uns gilt das Buch darum auch nicht als Pornographie, sondern wurde von renommierten Verlegern herausgebracht und von bedeutenden Fachleuten kommentiert. In China kursierte das Buch zunächst, das heißt an der Wende des sechzehnten zum siebzehnten Jahrhundert, in Handschriften, wurde 1610 erstmals gedruckt und 1687 von dem Mandschu-Kaiser Kang-hsi verboten. Gleichzeitig aber übersetzte ein Bruder dieses Kaisers das Werk in die Mandschusprache (ein relativ seltener Vorgang, denn die China beherrschenden Adeligen und Offiziere der Mandschu lasen im allgemeinen Chinesisch).

Diese mandschurische Fassung des Buches wurde erst 1708 gedruckt, vielleicht, weil sie ja keine so große Verbreitung erwarten durfte wie eine chinesische Ausgabe; 1789 aber wurden dann alle Ausgaben dieses Romans abermals verboten.

Inzwischen hatte das Chin-Ping-meh naturgemäß Sensation gemacht und die Phantasie des Volkes wie der Gelehrten beschäftigt. Man glaubte nun zu wissen, daß sein Verfasser der berühmte Dichter Wang Shih-cheng (1526–1593) sei, einmal, weil ein Buch dieses Ranges kein Amateur verfaßt haben konnte, zum andern aber, weil der Vater dieses Dichters ein Opfer des korrupten Staatskanzlers Yen Sung geworden war. Die Hauptfigur des Schlüsselromans soll der Sohn dieses Kanzlers sein, ein Mandarin namens Hsi Men, der durch sein ausschweifendes Leben bekannt geworden war. Das Buch ist in der gehobenen

Umgangssprache der Shantung-Provinz abgefaßt, bis auf die aus dem Original verlorengegangenen Kapitel 53–57, die später ersetzt wurden.

Grube sagt in seiner *Literaturgeschichte Chinas* «Niemand will es besitzen, aber jeder hat es; keiner will es gelesen haben, aber jeder kennt es«, Feststellungen, die auch auf manches andere Werk der erotischen Literatur von Petronius bis zur *Histoire d'O* zutreffen. Wichtiger ist es darum, wenn Franz Kuhn, der Übersetzer der am meisten verbreiteten deutschen Ausgabe, vom *Chin-Ping-meh* sagt, daß man seit Marco Polo aus keinem Buch der Weltliteratur mehr über China erfahren konnte als aus eben diesem Roman.

Die Mongolen hatten mit ihrer angestammten Vorliebe für Geschichten, die sich am Lagerfeuer erzählen lassen, den chinesischen Roman ins Leben gerufen, und ein Nomade, der schwarzbärtige Kitan-Herzog Yeh lü Chu-tsai, hatte mit seinem Bericht über die Reise in die westlichen Länder auch gleich ein Musterstück der neuen Prosaliteratur geschaffen.

Aber auch die dramatische Dichtung hat ein Seitenstück zu diesem Themenkreis, zu den großen Sittenschilderungen aus Chinas Gesellschaft, geliefert: den *Fächer mit der Pfirsichblüte*, chinesisch *Tao-hua-shan* des Dichters Kung Shang-jen, der im siebzehnten Jahrhundert lebte. Seine Heldin ist die Hetäre Li Hiang-kün, was soviel heißt wie »die duftige Edle«, die ebenso wie ihre Pflegemutter mit einigen Gelehrten eng befreundet war. Sie wohnte am Tsin-huai-Flüßchen, das durch einen Teil von Nanking fließt und bei den Kurtisanen besonders beliebt war, weil sie dort ein wenig abseits vom städtischen Treiben leben konnten. Die Handlung besteht darin, daß ein Gelehrter die schöne Kurtisane zwar heiraten möchte, aber nicht die Mittel dazu hat, und daß ein anderer, wegen Parteinahme für einen Rebellen gesellschaftlich geächteter Gelehrter ihm über einen Strohmann die nötigen Mittel zuspielt, um seine Lage zu verbessern und sich auf diese Weise aus der Isolation zu befreien.

Selbst wenn das *Chin-Ping-meh* nicht von jenem Wang Shih-cheng verfaßt wurde, der schließlich bis zum Justizminister aufstieg, so zeigen uns doch diese Sujets, zeigt uns die Absicht, die eigentlich jeder der großen Dichter dieser Epoche mit seinen Arbeiten verband, daß die Chinesen von ihrer Literatur Engagement erwarteten. Der große Li-tai-po hat, seinem eigenen Geständnis nach, niemals die rechte Freude an Kriegsgedichten gehabt, aber geschrieben hat er sie doch, und was sich seit der Tang-Zeit in China begab, wurde immer wieder Gegenstand der großen chinesischen Dichtungen. Die geglücktesten dieser Werke haben die Chinesen so geliebt, daß sie in jeder Generation neu bearbeitet und neu aufgelegt wurden, selbst wenn dies – wie im Fall des *Chin-ping-meh* – zweifellos nicht ganz risikolos war. Kaum ein anderes Volk vermengt in seinem geistigen Leben so leidenschaftlich Geschichte, Literatur und Selbstbewußtsein, kaum ein anderes bekennt sich so vorbehaltlos zu jenen Künsten, die ihm die Begegnung mit der eigenen Vergangenheit, mit den früheren Formen chinesischen Lebens gestatten.

Aus den Büchern, die das Leben unter den beiden letzten Dynastien widerspiegeln, geht hervor, daß sich das chinesische Bürgertum zu einem gewissen Wohlstand aufschwingen konnte, aber keineswegs jene eigenständige Bedeutung und jenes politische Gewicht erlangte, wie zum Beispiel in Mitteleuropa zur Zeit der Deutschen Hanse, die nach den puren Jahreszahlen der Ming-Epoche entspräche. Das hatte seine Ursache darin, daß es zwar in China sehr viele und viel größere Städte gab als in Europa, daß sie aber bei weitem nicht jene Selbständigkeit erlangten, die dem Bürgertum Gewicht gab und weitgehende Handlungsfreiheit sicherte.

Die deutsche Stadt des Mittelalters entstand nicht selten aufgrund von Verträgen, die eine Gruppe von Kaufleuten mit dem Landesfürsten abgeschlossen hatte und aus denen sie von vornherein Sicherheiten und Freiheiten empfing, als Gegenleistung für ihren Kapitaleinsatz. Wuchs solch ein Gemeinwesen, so waren die Familien, die es trugen, oft freier und mächtiger als mancher Adelige, und die erfolgreichsten Sippen, die Fugger, Thurzo, Welser und andere, haben dies durch ihre weltweiten Geschäfte schließlich auch bewiesen.

In der chinesischen Stadt herrschte immer und in allem der *Mandarin,* der Beauftragte des Kaisers. Darum strebten zum Beispiel die Missionare immer wieder in die Residenz und in die Nähe des Kaisers, darum blieb aber auch die Zusammenarbeit der Kaufleute mit fremden Importeuren und Aufkäufern für das China der Ming- und der frühen Mandschu-Zeit durchaus peripher. Der chinesische Kaufmann wurde reich, aber er vermochte mit seinem Reichtum nicht aufzusteigen, er konnte ihn eigentlich nur für seinen privaten Luxus, für das Wohlleben und nicht selten für Ausschweifungen einsetzen. Selbst die Kapitalanlage in Grund und Boden, die in der Ming-Zeit noch Erfolg versprochen hatte, weil die Kaufleute leicht Pächter für ihr Land gefunden hatten, verlor nach und nach an Reiz, weil die Neulandgebiete angesichts der wachsenden Bevölkerung immer weiter weg von den großen Handelsstädten lagen und die Verkehrsverhältnisse sich nicht nachhaltig gebessert hatten.

Besser als die Menschen reisten im China der Mandschu-Kaiser die Waren. Denn nun, da viele Millionen von Menschen auf die Zufuhren angewiesen waren, bedeutete es eine Lebensfrage, die wichtigsten Transportwege wie zum Beispiel den großen Kaiser-Kanal in gutem Zustand zu erhalten. Er verband die Systeme des Hwangho und des Jangtse, wobei allerdings in der Provinz Kiangsi einige Landrücken durch Kulis oder Karrentransport überwunden werden mußten. Das Hauptgebiet der Wassertransporte war der Süden, die Region um Kanton, wo es auch ausgebaute Küstenstraßen gab. Hinaus aufs Meer aber wagten sich die Mandschu-Kaiser weniger gern als die Herrscher des Ming-Zeitalters; sie waren nun einmal Menschen vom Festland, aus den großen Wüsten, und wenn in dieser Zeit, im siebzehnten und achtzehnten Jahrhundert, eine Dschunkenflotte bis Malakka gelangte, dann war das schon eine Sensation.

Angesichts dieser Lage konnte es gar nicht anders sein: die Fremden mußten kommen, wenn sich ein fruchtbarer Austausch ergeben sollte. Obwohl die erste Unbefangenheit aus der Mongolenzeit längst dahin war, obwohl die Kaiser von China noch fest überzeugt waren, turmhoch über den Fremden zu stehen – seit Marco Polo hatte das Abendland vor allem im Militärischen doch beträchtlich aufgeholt, ja China zweifellos überholt. Die Chinesen begriffen, daß auch wenige Schiffe aus Europa eine echte Gefahr repräsentierten.

Aus diesem Grunddilemma heraus begann das jahrhundertelange charakteristische Schwanken der chinesischen Außen- und Handelspolitik. Die innere Entwicklung Chinas war langsamer vor sich gegangen als Europas Aufschwung von der Renaissance zum Rationalismus. Religiös, literarisch und politisch der Vergangenheit verbunden wie kein anderes Volk, begriffen die Chinesen die starken Wandlungen nicht, die sich im Westen vollzogen hatten. Die wenigen Missionare, die Jesuiten aus Italien, Deutschland und später vor allem Frankriech, waren wohl auch nicht die Männer, die den Staat der Mandarine über europäische Fortschritte und Entwicklung wirklich zureichend aufklären konnten.

Immerhin brachten die Franzosen mit angeborenem Takt bessere Verträge nach Hause als die Briten. Colbert, der große Minister des Sonnenkönigs, war fest entschlossen, die Sympathien, die sich französische Missionare errungen hatten, auch für die Handelsbeziehungen auszunützen, und begründete eine Faktorei in der Stadt Wang-Pu. Aber nun waren die Europäer schon beinahe alle an den chinesischen Küsten versammelt; es gab für die zuerst Gekommenen keine nennenswerten Privilegien mehr, und selbst Völker, die auf den Meeren keine sonderliche Rolle spielten wie die Preußen und die Österreicher, fühlten sich als wichtige europäische Mächte zu einer Präsenz in China verpflichtet.

So kam es im achtzehnten und neunzehnten Jahrhundert zu einer neuerlichen Begegnung zwischen China und Europa, auf einer breiteren Front als im Hochmittelalter, aber unter völlig veränderten Vorzeichen. Das China der Mongolenkhane war eine weltbeherrschende Macht gewesen, erfüllt mit einer dem damaligen Europa weit überlegenen geistigen Substanz. Die

Han- und die Tang-Kaiser hatten eben eine Großmacht geschaffen und geführt, während das von der Völkerwanderung aufgerissene Europa sich um diese Zeit eben erst mühsam konsolidierte.

Nun, im achtzehnten Jahrhundert, hatte Europa erfolgreich Distanz zum Mittelalter gewonnen und die jahrhundertelange Bevormundung durch die Kirche endlich durchbrochen. Die Grundsätze der Vernunft, der Humanität und sogar einer gewissen demokratischen Mitbestimmung begannen an die Stelle der überalterten absolutistischen Doktrinen zu treten. Das erwachte Europa, von kräftigem Merkantilismus beschwingt und durch die Errungenschaften der Waffentechnik den Chinesen überlegen, traf auf eine Monarchie, die in ihrer inneren Schwäche verzweifelt an den Formen hing und in ihrer Unsicherheit auch die nötigsten Reformen nicht in Angriff zu nehmen wagte, als könne man die Zeit auf diese Weise zum Stillstand bringen.

Der Niedergang eines Staates trotz so schnellen Anwachsens seiner Bevölkerung wirkt nicht nur rätselhaft, sondern beinahe beängstigend. Das von seinen Traditionen paralysierte China des achtzehnten und neunzehnten Jahrhunderts wirkt wie ein eigensinniger Greis, der sich nötigen Eingriffen widersetzt, dank seiner Mumifizierung jedoch trotzdem nicht stirbt.

Die Erklärung muß in der Tatsache gesucht werden, daß die Mandschu trotz einer seit 1644 etablierten Herrschaft eben keine Chinesen geworden waren, ja sich der Vermischung standhaft widersetzt hatten. Mischehen waren lange Zeit verboten, und wenn dieses Verbot auch, wie alle chinesischen Gesetze, immer wieder umgangen oder übertreten wurde, so verhinderte es doch die große Verschmelzung, die der Herrscherkaste frisches Blut und das nötige Animo hätte zuführen können. Auch im täglichen Leben waren die Berührungen zwischen Eroberern und Unterworfenen noch immer sehr dürftig. Die Mandschu durften lediglich als Beamte und Soldaten tätig sein. Es gab zwar die sogenannten *Banner*, gemischte chinesisch-mandschurische Truppenteile unter der Führung von Mandschu-Offizieren, aber dieser Berührung im militärischen Bereich entsprach keine gleichwertige Zusammenarbeit auf dem zivilen Sektor. Die aus dem Süden stammenden chinesischen Beamtenanwärter hatten ungleich härtere Ausleseverfahren zu bestehen als die Mandschu, wurden gegen Mandschu-Konkurrenten stets zurückgesetzt und erhielten lediglich von den in Chinas stark bevölkertem Südteil anfallenden freien Stellen ein durchaus unzureichendes Kontingent.

Dieses ungerechte System wirkte sich im Lauf der Generationen sozial zuungunsten der Chinesen aus, unter denen eine breite arbeitslose und unzufriedene Intelligenzschicht entstand. Letzlich aber waren doch die Mandschu geschädigt, weil die chinesischen Beamten dank dieser Ausleseverfahren naturgemäß durch die Bank fähig und hochqualifiziert waren, während die Mandschu-Beamten aufgrund ihrer Herkunft eine leichte Karriere hatten und sich angesichts der ihnen sicheren Posten auch nicht sehr intensiv auf diese Laufbahnen hatten vorbereiten müssen.

In diesen mit enttäuschten, wütenden und trotzigen Hochbegabten aus alten Familien durchsetzten chinesischen Südprovinzen wuchs eine Opposition heran, die in jedem europäischen Land längst einen Aufruhr angezettelt hätte. In China aber, in dem uralten und noch als Mumie unverletzlichen Kaiserreich, begnügten sich einige Generationen mit leisem Murren und mit der echt chinesischen Opposition eines literarischen Lamentos. Wir haben es in einem Roman vor uns, der später als die berühmten Werke über die Geschichte der Drei Reiche oder das Chin-Ping-meh kommt, diesen beliebten Klassikern an Bedeutung jedoch nicht nachsteht: *Der Traum der Roten Kammer*, chinesisch *Hung-lou meng*.

Der Roman erschien gegen Ende der Regierungszeit des Kaisers Chien-lung (1736-1796), der eine strenge Zensur eingeführt und insgesamt mehr als zweitausend Titel chinesischer Literaturwerke auf einen Index gesetzt hatte. Dieser Umstand hatte den Autor zweifellos zu großer Vorsicht genötigt, und darum ist die in dem Roman enthaltene Kritik der chinesischen Zustände, der Mandschu-Gesellschaft und der Lage der Beamtenschaft auch als behutsam zu bezeichnen. Nach neuesten Forschungen muß man jedoch annehmen, daß der Autor selbst eine schärfere Kritik im Auge gehabt hatte, die jedoch durch eine spätere Bearbeitung gemildert wurde.

Als Verfasser steht heute der um 1715 geborene Tsao Chan fest, ein Chinese, dessen Familie sich jedoch frühzeitig mit den Mandschus arrangiert hatte und zunächst auch manche Vorteile daraus ziehen konnte, wie zum Beispiel die Aufnahme einiger Tsao-Männer in die Banner-Armeen. Im Roman kündigt sich der Untergang dieser angesehenen Familie dadurch an, daß ein Sohn mit einem Jadestückchen im Mund geboren wird. Dieser wunderliche Held, in dem man autobiographische Züge Tsao Chans erkannte, gibt sich Rechenschaft von dem allgemeinen Niedergang. Einer Dekadenz, die sich zunächst nur unterschwellig in den Todessehnsüchten und der Überempfindlichkeit einzelner Familienmitglieder, in Krankheiten und Selbstmord vollzieht. Auch der Held wird, obwohl er die schwierige Beamtenprüfung besteht, von dieser phantastischen Entwicklung angesteckt, beschließt, der Welt zu entsagen, und weiht sich dem Buddhismus.

Um die Mitte des Jahrhunderts hatte der Verfasser achtzig Kapitel des großen Romans vollendet, in denen die ganze kunstvolle Komposition vorbereitet ist und eine Reihe von Nebenhandlungen die Häufung der Katastrophen ankündigt. 1764 starb Tsao Chan, und ein Verwandter namens Kao E setzte das Werk fort, wobei er auch in die bis dahin vollendeten Teile eingriff. Es scheint, daß er das Ende milderte, denn obwohl es auch in den nun noch folgenden vierzig Kapiteln Katastrophen genug gibt – Tod einer Heldin, Brand, wirtschaftlichen Ruin, Verlust des wunderbaren Jadesteins und so weiter –, scheint der eigentliche Schöpfer und Planer des großen Buches doch an eine deutlichere Schilderung jener Zusammenbrüche gedacht zu haben, die sich damals in nicht wenigen einst bedeutenden Familien ereigneten.

Seiner zahlreichen Geheimnisse wegen ist der *Traum der Roten Kammer* ein Lieblingsthema der chinesischen Literaturkritik, liegt aber bis heute in keiner westlichen Sprache wirklich vollständig vor. Eine russische Ausgabe von 1958 gilt mit 1800 Seiten als die einzige komplett zu nennende nichtchinesische Edition, eine bemerkenswerte Frucht der inzwischen zur Historie gewordenen chinesisch-russischen Freundschaft...

Ein Detail des Romans hat besondere Aufmerksamkeit erregt: Der Verfasser schildert ausführlich und liebevoll einen Musengarten, in dem die Erinnyen offensichtlich schweigen und der Untergang aufgehalten oder doch ausgesperrt zu sein scheint. Dieser Garten existierte tatsächlich, und zwar zu Nanking, in der Konkurrenzhauptstadt am Jangtse, und er gehörte dem Dichter Yüan Mei (1715–1797), der, im gleichen Jahr geboren wie der unglückliche Romancier vom *Traum der Roten Kammer,* wohl als das antipodische Genie zu Tsao Chan angesprochen werden kann. Yüan Mei war Poet, seine zahlreichen Gedichte sind tief, feinsinnig, gelegentlich elegisch, meist aber durch einen charmanten Humor gekennzeichnet, wie ihn Spätzeiten nicht selten hervorbringen.

Yüan Mei lebte ebensolang wie der zwar kunstsinnige, aber doch auch engherzig-schulmeisterliche Kaiser. Dieser große Dichter suchte jedoch nicht die Nähe des Hofes wie enst Li-taipo, sondern stahl sich sogar aus seiner Beamtenkarriere rechtzeitig davon, um noch etwas von seinem Leben zu haben. Als Gouverneur von Nanking hatte er nicht nur ausgezeichnet regiert, sondern sich wohl auch ein gewisses Vermögen erworben; als er darum nach längerer Krankheit anderswohin versetzt wurde, brach er einen Streit mit einem Vorgesetzten vom Zaun und durfte danach, aller Ämter enthoben, in sein Haus zu Nanking zurückkehren, dessen Garten vor allen anderen berühmt war. Hier widmete er sich den chinesischen Lieblingslastern, den jungen Mädchen und der Kochkunst. Er nahm Schülerinnen an (was ihm damals aus den verschiedensten Gründen verübelt wurde), lebte in dieser erotischen Akademie in bester Laune und ungetrübter Schaffensfreude dahin und erwarb sich durch ein köstliches Kochbuch den Ruf eines chinesischen Brillat-Savarin. Man konnte unter den Mandschu-Kaisern also auch glücklich werden, wenn einem das Schicksal von Volk und Land nicht allzusehr am Herzen lag...

Die Zeit der Geheimbünde

Langlebige Herrscher erzeugen Perioden trügerischer Stabilität. Als Chien-lung 1795 abdankte, hatte er sechzig Jahre lang regiert, und all jene, die China nur von außen betrachteten – und das waren in diesem Jahrhundert schon ziemlich viele Kaufleute, Missionare, Kapitäne –, mußten den Eindruck einer glanzvollen Herrschaft gewinnen. Aber die Exotik blendete; nicht alles, was glänzte, war Gold, und unter den undurchsichtigen Mienen der Mandarine verbarg sich schon die Angst.

Man kennt das Motiv des alten Bären, den die Hunde gestellt haben; es hängt noch in manchen Jagdschlössern an der Wand: Hinter sich die Felsen, in denen irgendwo seine Höhle klafft, wehrt sich Meister Petz mit erlahmenden Tatzenhieben gegen die ihn umkläffende Meute. An diese Situation muß man denken, wenn man die weltpolitischen Aktivitäten des neunzehnten Jahrhunderts betrachtet und das große Reich der Mitte in seiner scheinbaren Ruhe zwischen Kosaken und Kanonenbooten, zwischen Rebellen, die sich in Geheimbünden zusammengeschlossen haben, und der den gewaltigen Reichskörper von innen her schwächenden Korruption vor allem in den Küsten- und Randprovinzen.

Da die Bevölkerungszahlen weiter wuchsen, ging auch die innerchinesische Wanderung weiter, der seit tausend Jahren anhaltende Zug nach dem Süden, in dem der Reis die Menschen am Leben hielt und der Widerstand der ansässigen Völkerschaften nie sonderlich hartnäckig gewesen war. Jedenfalls hatten sie alle, die sich in den Süden aufmachten, hier eher leben können als in den Weiten des Nordens, der den mongolischen Raubscharen und den Turkvölkern preisgegeben war oder doch innerhalb einer Generation mindestens einmal solch blutige Grenzkriege zu erdulden hatte.

Nun, in der zweiten Hälfte des achtzehnten Jahrhunderts, zeigte sich zum erstenmal, daß auch die Aufnahmefähigkeit des Südens begrenzt war. Auch in Yünnan und Kiangssi ließen sich keine Menschen mehr unterbringen. So stießen die Mandschu-Truppen, die ohnedies Beschäftigung brauchten, nach relativ langen Friedenszeiten einerseits nach Burma vor, andererseits aber auch über die nordwestlichen Grenzen in jene Gebiete Zentralasiens, um die sich etwa zur gleichen Zeit auch die zu imperialistischen Initiativen erwachten zaristischen Armeen bemühten. Die Auswanderung aber wandte sich – was einer Revolution glich – nach und nach vom Süden ab und jenem Norden zu, den die Mandschu selbst entvölkert hatten, als sie nach China gezogen waren.

Von der Welt kaum beachtet, vollzogen sich chinesische Verschiebungen, deren zahlenmäßige Bedeutung zweifellos die der europäischen Völkerwanderung weit übertraf. Man schätzt, daß nach der Auffüllung des chinesischen Südens etwa fünfundzwanzig Millionen Chinesen in den mandschurischen Nordosten Chinas zogen und damit die Heimat der regierenden Dynastie in Besitz nahmen. Die Mandschu-Khane hatten China erobert, die Chinesen aber die Mandschurei. Die flinken Shantung-Leute erzeugten in der Mandschurei eine beispiellose wirtschaftliche Blüte...

Auch im Westen waren die Chinesen zunächst durchaus erfolgreich. Die große Schlacht in Zentralasien, mit der die Heere der Mandschu im Jahr 1755 den Frieden an dieser Front erzwangen, beweisen immerhin, daß zwar die Beamtenschaft unter der langen Herrschaft dieser Dynastie an Einsatzfreude und Integrität verloren haben mochte, daß sich aber die Armee selbst schwierigsten Unternehmungen wie den Kriegen gegen Kalmükken, Kasaken und anderen zentral-asiatischen Unruhestiftern doch noch gewachsen zeigte. Die chinesischen Erfolge in diesem Bereich haben zweifellos die russische Expansion nach Zentralasien um ein volles Jahrhundert hinausgezögert.

Dann aber kam sie trotz des Krimkriegs und britischer Abmahnungen Schlag auf Schlag. Das von meist mohammedanischen Fürsten regierte Kleinstaaten-Konglomerat Mittelasiens war den im Krimkrieg an modernen Waffen geübten russischen Armeen nicht gewachsen: 1865 eroberte General Tschernjajew das Khanat von Kokand mit der Stadt Taschkent; bald darauf zog Romanowskij in Buchara ein, obwohl die dortigen Mohammedaner den Heiligen Krieg gegen die Russen ausgerufen hatten. Die Quittung dafür war eine Kriegs-Kontribution von zwei Millionen Rubeln und die Einnahme von Samarkand, der alten Residenz des hinkenden Timur. Aufstände brachten nur noch drückendere Maßnahmen, Chiwa und Ferghana wurden annektiert, und die Russen wären vermutlich noch weiter marschiert, hätten nicht die Briten Afghanistan besetzt und die Chinesen zur Rettung von Kaschgar und des ganzen Tarimbeckens militärisch interveniert.

Zu diesem Zeitpunkt war das Mandschu-Reich bereits ein lebender Leichnam, aus dem sich die europäischen Mächte wie die Aasfresser die besten Hafenplätze und die günstigsten Handelsverträge in geradezu unappetitlicher Weise herausschnitten. Wenn dieses ohnmächtige Riesenreich mit einer kaum glaublichen letzten Anstrengung in dem stets umkämpften chinesischen Westen noch einmal aktiv wurde, so zeigt uns das die Kraft der Traditionen und der ererbten Verpflichtungen, die auch die Mandschu-Kaiser empfanden, obwohl es eigentlich um die Gebiete ging, die unter den großen Han-Kaisern an China kamen. China war eben keine See-Nation, keine Weltmacht und international nicht sonderlich interessiert. Um so mehr aber wurde Chinas Westgrenze als eine dauernde Verpflichtung empfunden, und dies erklärt uns, warum das Ili-Gebiet von damals bis heute umstritten geblieben und zu einer ewig schwärenden Wunde geworden ist.

Wenn es in jener damals zwischen den Zarenarmeen und den Mandschutruppen umkämpften Zone eine besondere landschaftliche Perle gab, so war dies das Tal des Ili-Flusses, der aus der chinesischen Landschaft Kuldscha nach Westen fließt und sich in einem Delta in den Balkasch-See ergießt. Kuldscha ist neben Ferghana die wichtigste Pfortenlandschaft am Westrand des Tarimbeckens; sie führt geradenwegs an die Oasenkette heran, die Zentralasien gangbar macht, sie birgt einen der ältesten Handelswege Chinas nach dem Westen. Die Chinesen haben es bis heute nicht verwunden, daß die Russen sich nach 1860 dieser fruchtbaren und verkehrswichtigen Zone bemächtigten und 1881 nur einen Teil davon zurückgaben. Darum ist es nicht verwunderlich, daß der Ili-Fluß auch in den Forderungen wieder auftauchte, die das China Mao Tse-tungs an die Sowjetunion richtete: was waren das für Genossen, die wider besseres Wissen anderen Genossen das vorenthielten, was doch nur die Zarengenerale geraubt hatten.

Die russische Zange aber hatte zwei Backen, und wenn die Zarenarmeen bei Kaschgar und am Ili hatten zurückweichen müssen, so konnten sie in der alten Mandschu-Heimat bei Charbin und Mukden um so tiefer in die Flanken des großen chinesischen Reiches vorstoßen: 1858 bis 1860 gelang den Russen die Eroberung des Amurbeckens und der dazugehörenden Küstenprovinz am Pazifischen Ozean, insgesamt zwei Millionen Quadratkilometer, die heute eine ungeheure strategische und verkehrspolitische Bedeutung für die Sowjetunion haben. Da sich damals aber der russisch-japanische Gegensatz anbahnte, da die Verhandlungen Sachalin und die Kurilen betrafen und die große Queen Victoria im fernen England immer so tat, als reiße der Zar mit jeder neuen Eroberung ihr selbst ein Stück aus dem ehrwürdigen Leib, hatten die Mandschu-Kaiser womöglich gar nicht den Eindruck, daß es um China gehe. Das erkannten erst die kommunistischen Führer einer anti-imperialistischen chinesischen Volksrepublik.

Es sah damals so aus, als verlasse das kaiserliche China sich auf seine Größe, als betrachte es all diese Ereignisse als ephemer, da sie sich nur an den Rändern zutrugen und von Peking ziemlich weit entfernt waren. Diese Tendenz, zumindest zwischen Peking und den Fremden eine möglichst große Distanz zu schaffen, war zweifellos die Ursache dafür, daß sich der gesamte Außenhandel zur See über den Hafen von Kanton abwickeln mußte und die anderen Häfen lediglich der Dschunkenschiffahrt vorbehalten blieben. Quinsay (Hangtchou), der Welthafen der Mongolenzeit, war zu nahe an Peking gelegen. Kanton hingegen lag ganz weit im Süden, es hatte in den Portugiesen von Macao und den Briten in Hongkong europäische Nachbarn; darum wurde es gleichsam zu einer geopferten Zone, die am anderen Ende des Reiches und in jenem Bereich lag, den die Mandschukaiser ohnedies nie gemocht hatten, weil sie die Sprache der Südchinesen nicht verstanden.

Hier also durften die Fremden Handel treiben, aber sonst auch nichts. Es war ihnen verboten, Chinesisch zu lernen: man wikkelte alle Geschäfte in Pidgin-Englisch ab, einer *lingua franca* der Hafenorte zwischen Singapur, Manila, Kanton und Formosa, in der englische, malaiische und chinesische Worte im *petit-nègre*-Satzbau, aber chinesischer Sprachmelodie aneinandergereiht wurden. Sie ist seit den Tagen Joseph Conrads und Gerstäckers wieder verschwunden, beherrschte aber jahrzehntelang diesen kuriosen Handel, der sich zwischen der halben Welt auf der einen Seite, einem Halbdutzend ausgewählter chinesischer Kaufleute auf der anderen Seite abspielte.

Es war also kein Staatshandel im heutigen Sinn, sondern eher die Einschaltung einer Quarantäne. Die sogenannten Hong-Kaufleute, die einzigen, die mit Fremden Handel treiben durften, mußten ihrerseits durch ungeheure Abgaben und Bestechungssummen die Beamten der Staatsverwaltung und diese selbst an ihren Geschäften beteiligen. Einige, die weniger gerissen waren als die Kanton-Mandarine, gingen an ihrem Monopol zugrunde, andere, die es offenbar verstanden, Schmiergelder richtig zu dosieren, erwarben sich ungeheure Vermögen. Wu Tun-yüan, ein vor allem mit den Briten recht glücklich handelnder Hong-Kaufmann, war einer der wenigen, die sich gelegentlich in die Karten schauen ließen, und in einem Augenblick besonderer Offenherzigkeit bekannte er einem Gast aus dem Abendland, daß sein Vermögen sich auf etwa sechs Millionen Pfund belaufe. Nach der einzig zutreffenden Methode der Kaufkraft-Umrechnung sind das etwa zweihundert Millionen DM. Im ersten Drittel des vorigen Jahrhunderts, als sich überall in den kapitalistischen Ländern die Vermögen erst bildeten, muß Wu Tun-yüan einer der reichsten Männer der Welt gewesen sein...

Damals erschienen die Europäer in Kanton und erst recht in Peking noch als Bittsteller. Sie sandten Geschenke und höfliche Briefe, und die Mandschu-Kaiser antworteten aus den Höhen ihres Himmelsthrones etwa so (Brief aus dem Jahr 1804 an König Georg III. von England):

»Das Königreich Ihrer Majestät liegt jenseits der Meere und ist von dem Unseren sehr weit entfernt, aber es kennt seine Pflichten und gehorcht seinen Gesetzen und betrachtet aus der Ferne den Ruhm Unseres Reiches, wobei es mit besonderem Respekt die Vollkommenheit Unserer Regierung bewundert. Ihre Majestät hat Botschaften hierher geschickt, damit Wir sie lesen; Wir finden, daß sie von gerechten Gefühlen der Wertschätzung und Verehrung diktiert wurden, und haben Uns darum entschlossen, die Geschenke anzunehmen, die diesen Briefen beigefügt waren.

Was jene Ihrer Untertanen anlangt, die Eure Majestät hierher entsandt hat, um Handel zu treiben, so müssen wir Ihre Aufmerksamkeit auf den Umstand lenken, daß Unsere himmlische Regierung über alle Menschen aller Nationen voll Nächstenliebe und Wohlwollen wacht, und daß wir auch Ihre Untertanen mit der größten Herablassung und Zuneigung behandeln; es gibt somit keinerlei Grund zu irgendwelchen besonderen Maßnahmen Eurer Majestät zu ihren Gunsten.«

König Georg III. war zweifellos einer der beschränktesten Monarchen, die je auf einem Thron saßen (und das will etwas heißen); aber daß dieser himmlische Dünkel mit den üblichen diplomatischen Mitteln nicht mehr zu brechen sein würde, das hat offenbar auch er begriffen. England ließ von Botschaften, mit denen die Franzosen ausgestochen und die Briten in besondere Rechte eingesetzt werden sollten, immer mehr ab und besann sich auf eine Reihe wirksamerer Möglichkeiten, die denn auch das Leben im Inneren des so vollkommen regierten Kaiserreichs verändern sollten.

Das erste und nächste Ziel dieser energischen britischen Politik mußte darin bestehen, in China einen Bedarf zu wecken, der zu einem Ausgleich der Handelsbilanzen mit dem Kaiserreich führen würde. Die mehr als dreihundert Millionen Chinesen lieferten nämlich der übrigen Welt beachtliche Mengen von Tee und Seide, kauften aber selbst nichts, was irgendwie ins Gewicht fallen konnte, von den westlichen Handelsnationen. Das erklärte sich aus der Struktur des Reiches, die einer kleinen Oberschicht ein Leben in Luxus gestattete, mit dem naturgemäß auch gewisse Importe verbunden waren. Nennenswerte Importmengen kommen aber auf der ganzen Welt nur zustande, wenn Güter des Massenkonsums im Spiel sind, und die chinesischen Massen waren im kaiserlichen China so autark wie heute.

Der Welthandel kennt solche Situationen, und in der Vergangenheit, als man die ungeschminkten Methoden noch schätzte, haben sie stets zu Kriegen geführt. Als *Arabia felix,* das glückliche Arabien, ins Römerreich kostbare Duftstoffe und Kosmetika lieferte, aber den Römern nichts abkaufte, sammelte sich im heutigen Yemen und in Hadramaut ein gewaltiger Silberschatz an. Ein römischer Feldherr namens Aelius Gallus, der mit Waffengewalt die Handelsbilanz ausgleichen und all diese Gelder zurückholen wollte, erlitt auf der Wüstenroute nach Saba, der sogenannten Weihrauchstraße, so fürchterliche Niederlagen durch Sonne und Sand, daß die Römer fortan lieber bezahlten, als zu dem Geld auch noch ihre Truppen zu verlieren.

Heute, da die Ölstaaten rund um den Persischen Golf wiederum ungleich mehr exportieren, als sich durch die Gegenlieferung von einigen Luxusautos kompensieren ließe, versuchen die Weltmächte, durch Waffenlieferungen ein wenig von dem hereinzubekommen, was für das Erdöl in den Nahen und Mittleren Osten fließt. Haben sie dabei auch kein besonders gutes Gewissen, so können sie sich immerhin König Georg III. und seinen Ministern gegenüber als Unschuldslämmer betrachten. Er fand auf der Suche nach Importwaren für China nämlich nichts Besseres als – das Opium!

Die Rauschdroge aus dem Milchsaft der Mohnkapsel hatte sich durch den Islam in Asien verbreitet. Mohammed hatte seinen Jüngern den Alkohol verboten, während sie andererseits Aufputschmittel brauchten, um sich auch nach den Eroberungskriegen noch als die Helden der östlichen Welt fühlen zu können. Seit den prunkvollen Hofhaltungen mohammedanischer Fürsten in Indien, also etwa seit dem sechzehnten Jahrhundert, wurde dort Mohn zur Opiumgewinnung im großen Stil angebaut; die Chinesen importierten Opium zunächst jedoch nur als Arzneimittel, seit dem siebzehnten Jahrhundert dann auch, um es zu rauchen. Die Briten, die sich im Lauf des achtzehnten Jahrhunderts Indien unterwarfen, errichteten in Bengalen das Opium-Monopol zugunsten der Ostindischen Handelskompanie und begannen nun in eigener Regie mit dem Opiumexport nach China.

Die Zahlen stiegen seit 1773 langsam an und erreichten um 1820 Mengen, die Chinas Regierung zu einem Verbot der Opiumeinfuhr nötigte. Das Ergebnis läßt sich denken: Die *East-India-Company* verdiente fortan noch mehr an dem gefährlichen Gift, denn nun blühte an Chinas langen Küsten der Schmuggel. Zu den hohen Preisen kamen die Bestechungssummen für die Hafenkommissare in den für Ausländer verbotenen Schmuggelplätzen wie Amoy oder Futschou.

Zur Ehre der Briten muß gesagt werden, daß man zumindest im Mutterland diese Entwicklung mit gemischten Gefühlen beobachtete. Die Opposition gegen diese rücksichtslose Vergiftungspolitik mit Hilfe der Dschunkenpiraten wuchs um so schneller, als ja nur ein kleiner Prozentsatz der Engländer an den Aktien der East-India-Company verdiente. Als dann 1837 die ebenso pausbäckige wie sittenstrenge Queen Victoria auf den Thron kam, war diese Politik nicht mehr zu retten. Die 1834 begonnene Demontage der East-India-Company wurde vollendet, die Aktionäre erhielten eine Fest-Dividende als Entschädigung, und China wurde, damit alles seine Richtigkeit habe, durch einen schnellen Krieg gezwungen, das Verbot der Opiumeinfuhr wieder aufzuheben.

Der Krieg entbrannte an 20283 Kisten Opium, die ein energischer chinesischer Regierungskommissar (auch solche gab es) beschlagnahmt hatte. Er hieß Lin Tse-hsü und war 1838 Kaiserlicher Kommissar und 1839 Vizekönig von Hukuang geworden. Als er nun Opium im Wert von (damals) zehn Millionen Dollars beschlagnahmte und die Briten den Krieg erklärten, wurde er von dem ängstlichen Kaiser Taokuang (1820–1850) eilends abgesetzt. Lin blieb dennoch, wo er war, leitete den Widerstand gegen die Briten und befehligte auch die todesmutige, wenn auch chancenlose Dschunkenaktion gegen die britischen Kreuzer *Volage* und *Hyacinth*. Er gab erst auf, als die Engländer durch die Einnahme der Bogue-Forts jeden weiteren Widerstand aussichtslos machten.

Im Verlauf der Kampfhandlungen dieses Krieges hatten die Engländer Kanton blockiert, eine der Chusan-Inseln erobert und so wichtige Häfen wie Amoy, Ningpo, Wusung und Schanghai okkupiert. Von dort dampfte eine kleine Britenflotte den Jangtse hinauf und beabsichtigte, Nanking zu beschießen (4. VIII. 1842), worauf schon am 29. August Frieden mit dem übermächtigen Gegner geschlossen wurde.

So nichtswürdig der Anlaß dieses Krieges gewesen war, so weitreichend waren seine Folgen. Der Koloß China, der bis dahin nur Außenpositionen in Burma und im Nordosten preisgegeben, andere Grenzen, wie den zentralasiatischen Westen, aber erfolgreich verteidigt hatte, dieser imperiale Koloß stand also tatsächlich auf tönernen Füßen und hatte, wie sich nun zeigte, den dampfgetriebenen Kriegsschiffen der Weltmächte mit ihrer geballten Feuerkraft nichts entgegenzusetzen.

Die Briten hatten fortan nicht nur Hongkong für alle Zeiten, sondern auch freien Zutritt in Kanton, Amoy, Futschou, Ningpo und Schanghai. Lin Tse-Hsü jedoch wurde verbannt und degradiert. Er verschwand für einige Jahre im Ili-Distrikt, wo er sich plötzlich nicht mehr dem britischen, sondern dem russischen Imperialismus gegenübersah.

Aber die Stunde seiner Rückkehr ist nicht fern, denn in dieser Jahrhundertmitte braucht China niemanden dringender als diesen Typus des hochqualifizierten und unbeugsam kaisertreuen Beamten, wie Lin ihn repräsentiert. Für ihn sind die Mandarine nicht nur bestechliche Popanze, und die Kaiser stehen ihm über jeder Kritik. Er sieht, dank seiner Bildung, was sie im Lauf der Jahrhunderte für China getan haben, nicht nur die Han und Tang, auch die Ming und Mandschu. Die Taten der Ahnen sind für ihn eine Kette, die nicht abreißt: Unter den Ming-Kaisern wurde die Geschichte der mongolischen Yüan-Dynastie geschrieben, unter den Mandschu-Kaisern die offizielle Geschichte der Ming-Dynastie. Die Kaiser des achtzehnten und neunzehnten Jahrhunderts sind hochgebildete Fürsten, die zum Teil selbst schriftstellerisch tätig sind, die gewaltige wissenschaftliche Vorhaben befehlen und finanzieren, die Sammlung aller Texte, die Redaktion monströser Enzyklopädien. Vizekönig Lin ist fest überzeugt, daß die hellhäutigen Soldaten und Matrosen auf den fremden Schiffen von all dem überhaupt keine Ahnung haben, daß sie geschickte Barbaren sind, die mit einigen Maschinerien gut umzugehen verstehen, aber wann hätte je eine Maschine aus einem Barbaren einen Menschen gemacht!

1846 ist Lin wieder Gouverneur, und zwar in Shensi, und seit 1847 finden wir ihn als Vizekönig, also im alten Rang, über die Provinzen Yünnan und Kweitschou gesetzt. Dort leben Chinesen mit Mohammedanern zusammen, und eine starke Hand tut not, um den inneren Frieden zu sichern. Lin schafft es; seine Gerechtigkeit und Umsicht stellen die Ruhe wieder her, dann aber erreicht ihn auf dem Krankenlager eine kaum glaubliche Meldung: Nicht die Mohammedaner, sondern Christen, chinesische Christen, hätten in Kiangsi mit einer Revolte begonnen, die sich schnell ausdehnte.

Lin Tse-hsü erfährt nicht mehr viel über die Rebellen, die sich Taiping nennen, was soviel bedeutet wie Großer Friede; er weiß nur, daß Missionare dabei ihre Hand im Spiel haben und daß dieser neue Geheimbund, der so plötzlich aktiv wird, eine chinesische Übersetzung der Bibel als heiliges Buch mit sich führt. Lin Tse-hsü stirbt auf dem Weg zum Kampfplatz, und so bleibt es ihm erspart, bei der Niederwerfung des Taiping-Aufstandes Schulter an Schulter mit Engländern und Franzosen gegen seine eigenen Landsleute kämpfen zu müssen.

Taiping, Großer Friede, *Tinkwok,* Himmelskönigreich, das sind die Worte, welche die so plötzlich aus dem Raum um Kanton hervorquellenden Rebellenarmeen vor der Schlacht rufen, wohlklingende Worte, so wie ja auch die alten Geheimbünde Chinas, der Bund der Gelben Turbane, der Bund vom Weißen Lotus, um geheimnisvolle Wortklänge bemüht gewesen waren. Bei den Taiping-Rebellen aber scheint es doch etwas anderes zu sein. Das Christentum, das seit einigen Jahrhunderten an die Pforten Chinas klopft, hat endlich Einlaß gefunden. Kirchen zu bauen, Missionsstationen zu eröffnen, hier ein paar hundert, dort ein paar tausend zu taufen und in Schulen zu unterrichten, das macht in einem Volk von dreihundert Millionen nichts aus, so gut wie nichts. Zum erstenmal ist nun so etwas wie eine Kettenreaktion entstanden, weil unter den Menschen, die der protestantische Missionar Karl Friedrich August Gützlaff bekehrte, ein feinnerviger, für Eingebungen empfänglicher Halbgebildeter war, ein Mann namens Hung Hsiu-chüan aus der Kuangtung-Provinz.

Gützlaff, 1803 zu Pyritz in Pommern geboren, war eine bemerkenswerte Erscheinung, kam schon mit dreiundzwanzig Jahren nach Batavia, wo er Chinesisch lernte, übersetzte dann in Bangkok die Bibel ins Siamesische und wirkte seit 1831 in China selbst, wobei er sich auf die Heranbildung von Predigern spezialisierte, die ihren Landsleuten die protestantische Lesart des Christentums mundgerecht machen sollten.

Wenn wir erfahren, daß auch Hung Hsiu-chüan sich ganz besonders für das Predigen, das Erzählen, das Überzeugen interessierte – er war zeitweise berufmäßiger Wahrsager –, so wird uns klar, daß diese beiden Männer einander irgendwann begegnen mußten. Jeder stand an der Spitze einer Organisation, die Gützlaffs war die Mission mit ihrem Ausbildungsplan, die Wungs war ein Konglomerat halbchristlicher Sekten in loser Verbindung mit dem ausgedehnten, wenn auch nicht mehr sehr aktiven Geheimbund der Triade.

Gützlaffs Temperament, seine imposante Persönlichkeit, sein weltweites Register an Argumenten weckten Hung zu einer Nachahmung unter anderen Vorzeichen, zum Ummünzen dieser Predigerschulung ins Chinesische, also in die Geheimbündelei. Hung hatte schließlich eine Menge Menschen hinter sich, seinen eigenen Klan, von seinem Vater präsidiert, die christlichen Gruppen der Triade und die zahllosen Gegner der Mandschu-Kaiser, die sich im weltoffenen Kanton zusammengefunden hatten, weil sie hier vor Peking sicher zu sein meinten.

Im Juli 1850 kam es zu den ersten großen Kampfhandlungen zwischen den Orten Kuei-ping und Yung-an. Hung, der zwar die Bibel ständig mitführte und sich zeitweise als einen Bruder des Heilands ausgab, hatte den Protestantismus nicht rundweg übernommen, sondern einige Glaubenssätze, die den Chinesen besonders verständlich waren, herausgestellt und durch im weitesten Sinn kommunistische Ideen ergänzt. Damit begeisterte er in seiner ekstatischen Beredsamkeit die schnell wachsenden Scharen seiner Anhänger, wurde selbst von Visionen heimgesucht, empfand sich als Auserwählten und verstand diese Überzeugung auch seiner Rebellenarmee zu vermitteln.

Am 11. März 1853 wurde Nangking erobert, nach einer Reihe anderer Städte im Jangtse-Tal. Hung marschierte weiter, bis seine Truppen insgesamt sechshundert Städte in sechzehn (von insgesamt achtzehn) chinesischen Provinzen erobert hatten, wenn auch nicht alle dauernd in der Gewalt der Rebellen blieben. Überall, wo die Taiping-Leute hinkamen, wurden die buddhistischen Tempel, aber auch die Insignien des Taoismus zerstört und verbrannt. In Städten und auf dem flachen Land wurde geplündert, und Hung sah sich selbst in Nanking als den Herrn eines neuen China, das seine Tore den Fremden und dem Christentum öffnete, große soziale Reformen einleitete und dem alten Kaisertum ein für allemal den Garaus machen wollte.

Dazu wäre es jedoch nötig gewesen, nach Peking zu marschieren, wie dies alle Rebellen vor Hung Hsiu-chüan getan hatten. Er aber zog es vor, in Nanking zu blieben, als Sohn des Südens das Jangtse-Tal nicht zu verlassen und nur zwei Heeressäulen unter erprobten Generalen gegen Kaiser Taokuang zu senden, der sich den Beinamen *Fülle des Segens* zugelegt hatte.

In dieser unerklärlichen Scheu, sich dem Kaiser zum Kampf zu stellen, sehen die meisten Historiker den Grund dafür, daß Hung letztlich doch nicht reüssierte. China wurde nun einmal vom Norden aus regiert, das war eine alte Weisheit, die nach dreitausend Jahren auch ein Schwärmer wie Hung hätte begreifen müssen. Die Sympathien der Bevölkerung, die im Süden den Taiping-Truppen soviel Zulauf gebracht hatten, stellten sich im Hwangho-Bereich überhaupt nicht ein. Ja die zahlreichen Zerstörungen vor allem in den Tempeln weckten nur die allgemeine Abneigung gegen die Rebellen.

Diese verhängnisvolle Konzentration auf Nanking ist um so weniger zu begreifen, als Hung sich – wie sollte es auch anders sein – als einen Nachkommen der Ming ausgab, als einen jener im Verborgenen geborenen Prinzen, die den Nachstellungen der Mandschu entgangen waren. Da die Mandschu-Kaiser noch immer als Usurpatoren und als Fremde galten, war diese Behauptung eine der wichtigsten Voraussetzungen für Hungs Siege.

Eine weitere war natürlich die Kampfkraft der Truppe selbst. Hung hatte seinen Soldaten zwar das Glücksspiel und das Opium verboten, aber zweifellos nahmen die Taiping-Rebellen andere Rauschdrogen, die sie zu besinnungslosem Fanatismus anstachelten. Dies hatte zur Folge, daß die Mandschutruppen bis 1864, also beinahe eineinhalb Jahrzehnte lang, keine nennenswerten Erfolge gegen die Rebellen erzielen konnten.

Hungs Leute gingen langhaarig, aus Protest gegen die kahlen

Schädel mit dem Zopf, wie sie das offizielle China verlangte, und Hung selbst gerierte sich in Nanking als Kaiser, mit dreißig Gattinnen und hundert Konkubinen – Attribute, ohne die sich offenbar ganz China einen Kaiser nicht vorstellen konnte. Je länger er regierte, desto deutlicher kamen die politischen Momente dieser Revolte zum Vorschein. Es gab Taiping-Führer, die jene beiden Zeichen, die *Großer Friede* bedeuteten, als *Große Gleichheit* lasen. Es kam zu Landverteilungs-Aktionen, und überall, wo die Taiping-Rebellen herrschten, erhielten die Frauen gleiche Rechte wie die Männer. In diesen Tendenzen und in der breiten Verwurzelung im chinesischen Volk darf man den Grund dafür erblicken, daß sich die marxistische Geschichtsschreibung Chinas für die Taiping-Revolte der Langhaarigen etwa im gleichen Maß interessiert wie die Marxisten im Westen für Spartakus und die Bauernkriege.

Trotz dieses wichtigen und heute als zentral gewerteten politischen Aspekts empfindet man den Taiping-Aufstand als einen Hinweis auf einen religiösen Notstand. Daß ein Visionär und Berufspredriger wie Hung solchen Zulauf finden, daß er mit solchem Fanatismus auf den Schild gehoben werden konnte, daß die Rebellen mit einer von europäischen Offizieren wiederholt bestätigten außerordentlichen Tapferkeit kämpften, das alles zeigt uns ein echtes Verlangen nach einer neuen Lehre, nach Glauben, vielleicht nach Erlösung.

Es ist sicher, daß der Taoismus, die alte Volksreligion der Chinesen, nur noch den alleruntersten Schichten genügen konnte, nur noch auf einer magisch-animistischen Stufe des Aberglaubens als ausreichend empfunden wurde. Die zweite große Religion, der Buddhismus, kannte und kennt keinen Ahnenkult, an dem den Chinesen selbst heute, in der Volksrepublik, zweifellos gelegen ist. Und Konfuzius hatte vielen Generationen von Gelehrten und Beamten eine Moral und dem Kaiserstaat seine Räson gegeben, dem Volk aber herzlich wenig. Welche Chance für das Christentum – aber eben für ein chinesisches Christentum, denn wenn ein Volk auf der Welt Anspruch auf seine eigene Religion hat, dann zweifellos die Chinesen mit ihrer Verwurzelung in Überlieferungen, in der Familie, im Boden und in einer uralten Weltsicht, die sich neuen Ideen eben nur zaudernd öffnet.

Was den Taiping-Aufstand für die Regierung in Peking so gefährlich machte, war sein zeitliches Zusammenfallen mit schweren ostwestlichen Verwicklungen. Affären, die damals alle Zeitungen füllten, heute aber zu recht vergessen sind, hatten England und Frankreich den Vorwand zu einer gemeinsamen bewaffneten Intervention geliefert, die sich – da der chinesische Süden in der Hand der Taiping war – von vornherein gegen Peking richtete. Obwohl militärisch hoffnungslos unterlegen, bewies die kaiserliche Regierung Mut, allerdings auch Verschlagenheit. Aber warum sollten sie nicht die alten Waffen Asiens einsetzen, wenn die Gegner so rücksichtslos von den neuen Waffen Europas Gebrauch machten?

Schlagwortartig berichtet, hatte der neuerliche Konflikt folgende Stationen: 1856 Vernichtung der chinesischen Flotte durch die Briten. 1857 Eingreifen Frankreichs. Beschießung von Kanton und Übergabe der Stadt am 29. Dezember. 1858 alliierte Kriegsschiffe fahren in den Peiho ein und nehmen die Forts von Taku; nach dem weiteren Vordringen bis Tientsin im Juni 1858 Friedensverhandlungen unter Einschaltung der (neutralen) Russen und Amerikaner. 1859 Bruch der vorläufigen Vereinbarungen durch die Chinesen, Rückschlag der Briten und Franzosen unter großen Verlusten, daraufhin 1860, »zur Wiederherstellung des Ansehens der westlichen Mächte«, entscheidende militärische Großaktion der Verbündeten, die nach harten Kämpfen zu dem Sieg von Palikiao (21.9.1860) führen. Der Kaiser hatte den Fremden fünfzigtausend Soldaten entgegengeworfen, darunter dreißigtausend Reiter, die größte Militärmacht, die China seit mindestens hundert Jahren hatte aufbieten müssen. Aber die siebentausend Briten und Franzosen unter Cousin-Montauban siegten dank ihrer besseren Bewaffnung und weil der fähige Franzose sich als Kavalleriegeneral von den Mandschu-Reitern nicht verblüffen ließ. Napoleon III. machte ihn dafür zum Grafen von Palikiao.

Da Kaiser Hienfong im August 1861 starb und sein Nachfolger Kitsiang erst sechs Jahre alt war, regelte sein Vormund Prinz Kong die fortan gemeinsame Strategie der Mandschu und der Westmächte gegenüber den Taiping-Rebellen – denn den Siegern war begreiflicherweise daran gelegen, die im Friedensvertrag errungenen Handelsvorteile und Garantien nun nicht durch den Sieg einer Rebellenarmee mit höchst ungewissen politischen Zielen wieder aus der Hand geben zu müssen.

Die Gegner von gestern kämpften also nun Schulter an Schulter, und man muß Briten wie Franzosen zubilligen, daß sie diese heikle Aufgabe ausgezeichneten Männern anvertrauten. Cousin-Montauban, der Sieger von Palikiao, zählte an seinem großen Tag vierundsechzig Jahre und machte darum dem britischen Commander Gordon Platz, der noch keine dreißig Jahre alt war. Charles George Gordon (1833–1885), neuntes Kind einer Offiziersfamilie, hatte sich auf den Schulen ebenso schlecht benommen, wie dies später bei Winston Churchill der Fall sein sollte. Er zeigte sich aber dem neuen Milieu und den ungewohnten Aufgaben in einem unerwarteten Maß gewachsen.

Der Krieg gegen die Taiping-Rebellen mußte von den Flüssen und Wasserstraßen aus geführt werden, da sich die Schiffsartillerie noch immer am leichtesten bewegen ließ. Die Rebellen aber leisteten an jedem befestigten Punkt so herzhaften Widerstand, daß in Gordon, einem fairen Briten und geborenen Soldaten, die Achtung vor dem unterlegenen Gegner von Monat zu Monat wuchs. Als am 29. 11. 1863 mit Sutschou der militärische Hauptstützpunkt der Rebellen fiel, kam es darum zum Bruch zwischen der kaiserlich-chinesischen Armee und den Briten: Gordon hatte in Verhandlungen den Rebellen Schonung für den Fall der Übergabe versprochen, der Chinesengeneral, der ohne Gordon die Stadt niemals erobert hätte, begann jedoch gleich mit einem großen Köpfeabschlagen. Gordon zog sich daraufhin mit seinen Truppen zurück und blieb annähernd ein Jahr lang neutral, bis er endlich – auf amerikanische Vermittlung hin – wieder eingriff: – wie er sagte, weil andernfalls das Land noch sechs Jahre Bürgerkrieg hätte in Kauf nehmen müssen.

Insgesamt soll China in den Unruhen und Kriegen zwischen 1840 und 1864 an die drei Millionen Menschen verloren haben. Die grausame kaiserliche Justiz feierte einen letzten blutigen Triumph in wahren Orgien des Köpfens: allein in Kanton zählte man damals 70000 Enthauptungen binnen acht Monaten!

Cousin-Montauban kehrte mit Ehren beladen nach Frankreich zurück, wo er sogar einmal vierundzwanzig Tage lang Regierungschef war. Gordon suchte und fand sein Schicksal in Afrika, verteidigte Khartoum vom März 1884 bis Januar 1885 gegen die fanatischen Anhänger des Mahdi und wurde am 26. 1. 1885 von den Mahdisten getötet, als ein Opfer einer britischen Regierung, die beinahe ein Jahr brauchte, um eine Befreiungstruppe nach Chartoum zu entsenden.

In Gordons China-Tagebuch finden sich, so jung dieser hochbegabte Mann damals auch noch war, einige Sätze, die als Schlüssel des Verständnisses für ein Reich dienen können, das im achtzehnten Jahrhundert noch die Bewunderung der (meist französischen) Missionare gefunden hatte, nun aber im Westen nur noch auf Verachtung und erbitterte Gegnerschaft stieß; Gordons Duldsamkeit beweist, daß oft die Frontsoldaten, die dem Gegner mit der Waffe in der Hand gegenüberstehen, für ihn am meisten Verständnis aufbringen:

»Die Chinesen sind ein wunderliches Volk. Sie verhalten sich gegen jede Veränderung so ablehnend, daß ich mir Sorgen um sie mache. Es ist eine vielumstrittene Frage, ob wir das Recht hatten, einzugreifen, als es galt, die Rebellion zu unterdrücken... Wenn wir versuchen, die Chinesen plötzlich zu Reformen zu drängen, dann werden sie sich, wie ich glaube, zur Wehr setzen und mit der Hartnäckigkeit eines Schweins (*sic*) Widerstand leisten. Sobald dann der Druck von ihnen genommen ist, werden sie wieder in ihre alten Sitten zurückfallen. Führen wir sie aber langsam vorwärts, dann werden wir finden, daß sie höchst williger Natur und leicht zu dirigieren sind...«

Das sind für einen jungen Offizier sehr weise Worte, aber die Geschichte läßt sich nun einmal die Tempi nicht vorschreiben. Nanking war erobert, der Bruder Jesu, wie er sich nannte, der arme Visionär Hung, hatte von seinen hundertunddreißig Frauen Abschied genommen und Gift geschluckt, und die Köpfe seiner Anhänger rollten schnell in den Sand.

Jedem unbefangenen Beobachter der chinesischen Vorgänge war inzwischen klargeworden, daß die Welt einer langen Agonie beiwohnte, wobei die Krisen, die den verlorenen Riesenkörper schüttelten, immer dichter aufeinander folgten. Seit dem Opiumkrieg gegen England hatte es kein Jahrzehnt ungetrübten Friedens mehr gegeben, und auch jetzt, da die Taiping-Revolte endlich niedergeschlagen war, da die Fremden selbstzufrieden im eroberten Gesandtschaftsviertel in Peking saßen und die chinesischen Häfen offen dalagen wie klaffende Wunden, auch jetzt kehrte noch keine wirkliche Ruhe ein.

Angesichts der siebzigtausend Hinrichtungen von Kanton hatten sich zahlreiche Rebellen in die Berge zurückgezogen und hielten sich dort bis 1868. Andere waren nach Süden ausgewichen, in Tonkin, also dem späteren Französisch-Indochina, einmarschiert und bildeten dort die Kader des jahrzehntelang aktiven Geheimbunds der Schwarzen Flaggen (*Pavillons noirs*). Sie erwiesen sich als furchtbare Gegner der Franzosen, als es 1880 bis 1885 zum französisch-chinesischen Konflikt um Annam kam. Luu-Vinh-phuoc, der unbeugsame Feind der Franzosen, war ein Führer der *Schwarzen Flaggen,* aber angesichts seines hartnäckigen Kampfes gegen die Fremden unter ihrem Vizeadmiral Courbet verlieh Kaiser Kuang-Hsü dem einstigen Rebellen den Rang eines Generals.

1894/95 war es Korea, um das es ging. China und Japan kreuzten die Klingen wegen der Schutzherrschaft über die große Halbinsel. Sie hatte den Chinesen niemals Glück gebracht; die Feldzüge nach Korea waren – welche Dynastie immer sie unternommen hatte – stets besonders kostspielig, verlustreich und blutig gewesen, ohne jemals einen Dauererfolg zu bringen.

Die Begegnung mit Japan an jenem Jahrhundertende bewies obendrein, daß dieses Inselreich, das die Chinesen noch immer mit ihrer Verachtung straften, die Zeichen der Zeit ungleich besser verstanden hatte als die Mandschu-Kaiser in Peking. Japan hatte sich mit einer geradezu wilden Entschlossenheit daran gemacht, den Rückstand Asiens in der Industrialisierung und in der Waffentechnik aufzuholen. Es blieb gegen das größere China siegreich, vermochte aber die Früchte seines Sieges nicht einzubringen, weil sich die Weltmächte schützend vor China stellten. Rußland, Frankreich und Deutschland protestierten gegen die Abtretung der südmandschurischen Halbinsel Liaotung mit dem wichtigen Hafen Port Arthur an Japan. Die nächsten Jahre zeigten deutlich, warum dieser Protest erfolgt war: Deutschland besetzte Kiautschau und schloß nach sanftem Druck auf China mit dem resignierenden Kaiser Kuang-Hsü einen Pachtvertrag über das Hafengebiet von Tsingtau. Das Zarenreich sicherte sich Port Arthur und England Wei-hei-wei.

»Wir sind gerne bereit, in Ostasien den Interessen anderer Großmächte Rechnung zu tragen, in der sicheren Voraussicht, daß unsere eigenen Interessen gleichfalls die ihnen gebührende Würdigung finden. Mit einem Worte: wir wollen niemand in den Schatten stellen, aber wir verlangen auch unseren Platz an der Sonne.« (Fürst Bernhard von Bülow in der Reichstagssitzung vom 6. Dezember 1897.)

Da die Welt nicht mehr so leer war wie in den Zeiten des Marco Polo, als die Nationen nebeneinander friedlich durch Asien wallten, mußten die Weltmächte um ihre Plätze an der Sonne bald kämpfen.

Der chinesische Widerstand, der in Tonking und in Chinas Bergen weiterlebte, war auch in den großen Städten nicht tot, und er wurde auch in den Hafenorten nicht dadurch ausgerottet, daß nun bewaffnete Matrosen der verschiedenen Mächte auf den Kais patrouillierten. Vermutlich konnten die europäischen Mächte an den Frieden überhaupt nur glauben, weil sie die Zusammenhänge, das Weiterwirken nicht so deutlich überblickten wie wir heute aus der historischen Sicht. Daß der große Sun Yatsen, der Begründer der chinesischen Republik, von einem der hervorragendsten Taiping-Generale abstammt, kann noch ein Zufall sein. Daß jedoch die Proklamationen Hungs nach der Eroberung von Nanking soviel von dem vorwegnehmen, was sich in den ersten Aufrufen der Republik, aber auch der Volksrepublik wiederfinden wird, das zeigt uns die Chinesen als ein Volk, das nicht nur rings um den Thron traditionsverbunden und ahnentreu ist, sondern in dem auch die Opposition von weither kommt, aus den Jahrhunderten herauf, Jahrhunderten *vor* Karl Marx.

An der Spitze dieses oppositionellen Kampfes standen Bünde, die man mit Recht Geheimbünde nennen kann, ganz einfach, weil offene Rebellion drastische Strafen nach sich zog. Nach den GelbenTurbanen, dem Weißen Lotos, der Großen Gleichheit und den Schwarzen Flaggen kam nun also jener bekannteste aller Geheimbünde, den das Europa der Jahrhundertwende ahnungslos *die Boxer* nannte. Tatsächlich bedeutet das chinesische Zeichen für diesen Bund wörtlich übersetzt: *Übungen für den Boxkampf,* aber dieser Boxkampf hatte und hat mit dem, was Ray Sugar Robinson oder Joe Louis darunter verstanden, nur sehr wenig zu tun, es handelt sich nämlich um nichts anderes als um Kung Fu, in Japan auch als Karate bekannt.

Der fremdenfeindliche Geheimbund der Jahrhundertwende, der sich auf viele Millionen von Chinesen stützte, praktizierte eben jene Kunst, die wir inzwischen alle aus den sogenannten Eastern-Filmen bis zum Überdruß kennen und die in zahlreichen europäischen Städten mehr oder minder richtig gelehrt wird.

In den zur Legende gewordenen *Hundert Tagen von Peking* konnte man aus den Fenstern des umzingelten Gesandtschaftsviertels der Hauptstadt die fanatischen Boxer sehen, wie sie mit dem Dolch in der Hand die Kriegstänze des Kung-Fu-Reglements aufführten und sich dann mit dem Schrei »Tod den Mandschu und den Fremden« ins Gewehrfeuer stürzten. Angesichts dieser todeswütigen Angriffe und der schier unerschöpflichen Zahl der anrennenden Chinesen schlugen die ersten Versuche, das Gesandtschaftsviertel freizukämpfen, fehl. Die durch Japaner verstärkten europäischen Truppen mußten sich nach Tientsin zurückziehen. Damals tat der britische Kommandeur Lord Seymour den seither zum Sprichwort gewordenen Ausspruch *The Germans to the Front* (Die Deutschen an die Front). Darum hing im Sternsaal des königlichen Schlosses zu Berlin der stets andächtig betrachtete Historienschinken des braven Karl Röchling, auf dem zu sehen war, wie die deutsche Marineinfanterie daraufhin die Spitze des Befreiungstrupps einnahm.

Ein anderes jener markigen Worte, die damals den armen Chinesen entgegengeschleudert wurden, sagte vier Wochen nach Lord Seymour Seine Majestät Kaiser Wilhelm II. in Hamburg bei der Einschiffung der deutschen Korps, die als Strafexpedition die Ermordung des deutschen Gesandten von Ketteler rächen sollten:

»Eine große Aufgabe harrt eurer: Ihr sollt das schwere Unrecht, das geschehen ist, sühnen. Die Chinesen haben das Völkerrecht umgeworfen, sie haben in einer in der Weltgeschichte nicht erhörten Weise der Heiligkeit des Gesandten, den Pflichten des Gastrechts Hohn gesprochen. Es ist das um so empörender, als dieses Verbrechen begangen worden ist von einer Nation, die auf ihre uralte Kultur stolz ist. Bewahrt die alte preußische Tüchtigkeit, zeigt euch als Christen im freudigen Ertragen von Leiden, mögen Ehre und Ruhm euren Fahnen und Waffen folgen, gebt an Manneszucht und Disziplin aller Welt ein Beispiel. Ihr wißt es wohl, ihr sollt fechten gegen einen verschlagenen, tapferen, gut bewaffneten, grausamen Feind. Kommt ihr an, so wißt: Pardon wird nicht gegeben, Gefangene werden nicht gemacht. Führt eure Waffen so, daß auf tausend Jahre hinaus kein Chinese mehr es wagt, einen Deutschen scheel anzusehen...«

So mancher Deutsche, der in den letzten Jahren nach Peking pilgerte, hätte dies wohl kaum so erhobenen Hauptes getan, wäre ihm diese Rede noch erinnerlich gewesen. Aber auch die Zeitgenossen nahmen sie Wilhelm II. übel, und vor allem die Engländer zitierten das *Pardon wird nicht gegeben* zwischen 1914 und 1918 beinahe täglich in irgendeinem Blatt. Dabei hatte der in seinen Improvisationen besonders unglückliche und dennoch leidenschaftlich säbelrasselnde Monarch gewiß sagen wollen, daß die Chinesen keinen Pardon geben, keine Gefangenen machen würden. Aber ein Redner ist eben auch für die Mißverständnisse verantwortlich, die seine Ausdrucksweise möglich macht.

Selbst die Deutschen an der Front mit ihrer preußischen Tüchtigkeit hätten jedoch die in der britischen Botschaft und einigen wenigen anderen Gebäuden zusammengedrängten Diplomaten, ihr Personal und die chinesischen Christen nicht vor den Boxern und den kaiserlichen Truppen retten können, wäre man sich auf chinesischer Seite über den einzuschlagenden Kurs schlüssig gewesen. Da gab es eine Kaiserin-Witwe, die es mit den Boxern hielt (und damit deren Gegnerschaft gegen die Mandschudynastie in reinen Fremdenhaß ohne Beimischungen umwandelte). Und da gab es westlich orientierte Prinzen, mit denen man reden konnte. So erlebten also die Eingeschlossenen bange Tage und hatten auch Verluste durch Beschießungen und Entbehrungen, das große Massaker jedoch blieb aus:

»Abends erfolgte ein furchtbarer Angriff von den Chinesen«, schreibt Paula von Rosthorn, Mitglied der österreichischen Diplomatengruppe, unter dem 13. August 1900 in einem Brief. »Sie schossen mit Kanonen und Gewehren von acht Uhr abends bis drei Uhr morgens, ein wütendes Schnellfeuer. Da auf einmal hörten wir von Osten her Geschützdonner, bald darauf auch näheres und ferneres Gewehrfeuer und das regelmäßige Ticken eines Maschinengewehrs. Das war der erste Gruß von unseren Entsatztruppen. Ihr könnt euch denken, welchen Eindruck das auf uns gemacht hat! Endlich, endlich!

Am 14. August um zwei Uhr nachmittags erschienen die ersten Befreier, mehrere Regimenter Sikhs (indische Elitetruppen der Briten). Sie kamen durch den Ausfluß des großen Kanals unter der Stadtmauer... Bald darauf kamen die Amerikaner, Engländer, spät abends auch noch Japaner und Russen. Der Jubel war ein unbeschreiblicher, ein Hurrarufen ohne Ende. Und auch auf seiten der Ankommenden gab es freudige Überraschung, denn sie hatten nicht erwartet, uns noch am Leben zu finden. Man hatte schon seit einiger Zeit angenommen, daß wir alle massakriert worden seien, und an gutem Willen dazu hatte es den Chinesen auch sicher nicht gefehlt.«

Die schlechte Meinung der Europäer über ihre Gegner rührte vor allem von dem Gesandtenmord her und vom Überfall auf eine Gruppe von Unterhändlern, die aus Offizieren bestanden hatte und teils getötet, teils in Kerkern langsam umgebracht worden war. Es floß also nicht sehr viel Blut bei diesem Aufstand, aber die weltweite Indignation war größer als je zuvor, wobei sich auch die Interventionsmächte Kritik gefallen lassen mußten. Daß die Deutschen in achtzehn Gefechten gegen reguläre chinesische Truppen und in fünfzehn Scharmützeln mit den Boxern insgesamt nur 128 Mann verloren, aber über dreihundert Tote durch Ruhr und Typhus zu beklagen hatten (aus neuntausend Erkrankungen!), deutet die Schwierigkeiten an, denen sich auch gute Truppen bei jedem Einsatz in Fernost gegenübersahen. Weitere Komplikationen ergaben sich aus der immer deutlicher werdenden Rivalität der Weltmächte, die sich zwar für China zu einem Verzicht auf Einzelaktionen verpflichtet und gemeinsames Vorgehen beschlossen hatten, nun aber doch immer häufiger aus der Reihe tanzten – die Russen in ihrem Verlangen nach der Mandschurei und der Charbin-Mukden-Eisenbahn, die Briten in der Absicht, Hand auf Shanghai zu legen und die chinesischen Eisenbahnbauten im Küstengebiet unter ihre Kontrolle zu bringen. Wie wenig sie alle die künftigen Entwicklungen vorauszuahnen vermochten, geht aus dem Umstand hervor, daß die dem chinesischen Kaiserreich auferlegte sehr hohe Kriegsentschädigung (rund eineinhalb Milliarden Goldmark) in Raten abgetragen werden sollte, die sich bis ins Jahr 1940 erstreckten – vier Jahrzehnte statt des einen, das dem chinesischen Kaisertum noch vergönnt war!

Noch während der Verhandlungen über diesen komplizierten Friedensschluß, die sich bis zum Dezember 1901 hinzogen, waren neue Unruhen ausgebrochen, an deren Spitze ein angeblicher Nachkomme des Taiping-Kaisers Hung stand. Und wenn auch sie keine größere Bedeutung erlangten, so steht es doch fest, daß die großen revolutionären Bewegungen, die einerseits den Taiping-, andererseits den Boxeraufstand mitgetragen hatten, auch jene tiefen Zäsuren überlebten, wie sie die weltgeschichtlichen Ereignisse der nächsten Jahre setzten.

Der Russisch-Japanische Krieg, der mit einem vollständigen Sieg der Japaner endete, gebar die erste gelbe Weltmacht und lenkte die internationale Aufmerksamkeit ein wenig von den Chinesen ab. Ihrem agonisierenden Großreich begegneten die Weltmächte fortan mit weniger Argwohn als den so schnell aufgestiegenen Japanern, die vor allem zur See, also auf einem Kampfplatz, wo man alle Gelben als Dschunkenpiraten abqualifiziert hatte, einen triumphalen Sieg errungen hatten: Noch ohne Luftaufklärung und trotz schwierigen Wetters in der Tsushima-Straße hatten die Japaner die um den halben Erdball gedampfte baltische Flotte des Zaren abgefangen und unter geringfügigen eigenen Verlusten auf den Grund des Ostchinesischen Meeres geschickt. Die Russen hatten dabei fünftausend, die Japaner 113 Tote...

Die verschlungenen Traditionen der chinesischen Geheimbünde bestanden weiter, nun wirklich geheim, weil die großen revolutionären Machtkämpfe das politische Bild Chinas beherrschten. »Entgegen allem Anschein, der vor allem den westlichen Besucher täuschen könnte, verschwindet in China nichts von einem Tag zum anderen«, sagt Serge Hutin in seinem Buch *Les sociétés secrètes en Chine*. Und tatsächlich müssen sich die Franzosen in den folgenden Jahren vor allem in Indochina mit den nach Süden abgewanderten chinesischen Geheimgesellschaften am längsten herumschlagen.

Aber auch in China selbst geben die Triade, die im Taiping-Aufstand ihre größten Erfolge hatte, und die sogenannten Boxer nicht auf. Unter der Bezeichnung *Rote Spieße* machen sie noch 1930 in Ssetschuan und in Hopei von sich reden und spielen eine gewisse Rolle auch noch bei Mao Tse-tungs Langem Marsch. Ja es gibt Autoren, die sie mit ihren aggressiven Chören, mit ihrem gymnastischen Revolutionärsgehabe noch in der Flut der Transparente und Wandzeitungen der Kulturrevolution von 1966 wiedererkennen wollen: »Läßt uns das nicht alles an die Boxer denken, für die – und das ist eine wichtige Feststellung – bereits um 1900 *rot* die heilige Farbe war?« (Hutin)

Vielleicht erklärt es manche Gegensätze zwischen westlichem und östlichem Kommunismus, daß jener Weise namens Li Ping-meng, auf den die ersten Boxergruppen zurückgeführt werden, der sie unterwies und erzog, von seinen Zeitgenossen nicht etwa mit Karl Marx verglichen wurde, sondern mit dem aufrecht nationalgesinnten Turnvater Jahn.

Aus solchen und anderen Verwandtschaften, Beziehungen und Filiationen ergibt sich zwangsläufig die Frage nach der gelegentlich behaupteten *revolutionären Kontinuität.* Man kann sie bejahen, weil sie mit der Rolle einzelner Persönlichkeit in alten Geheimbünden *und* nationalen Aufstandsbewegungen ebenso zu tun hat wie – auf der anderen Seite – mit summarischen Hinweisen auf ähnliche Ziele etwa im Taiping-Aufstand und im chinesischen Kommunismus. Und so viel ist gewiß klar geworden, daß die chinesischen Revolutionen mit der Mehrzahl unserer europäischen Volksbewegungen nur sehr wenig zu tun haben. Ging es im Abendland in den meisten Fällen gegen eine Regierung, einen Minister oder bestimmte Maßnahmen, wobei der König oder Kaiser stets ehrfurchtsvoll ausgespart, ja das geheime Ziel aller Kleinleutehoffnungen blieb, so haben die Volksbewegungen im großen chinesischen Staatswesen demgegenüber stets einen furchtbaren und blutigen Ernst gehabt. Meistens entstanden sie aus ausgedehnten Hungersnöten, wurden dadurch geboren, daß Hunderttausende nur die Wahl hatten, in ihren leeren Scheunen zu verhungern oder sich auf die Straßen des Reiches zu begeben und gegen Peking zu ziehen. Und je näher diese Revolutionen der Gegenwart sind, desto deutlicher lassen sie erkennen, daß es nicht um ein paar Gesetze und ein paar Verbesserungen geht, sondern um einen neuen Staat und ein neues Staatsverständnis.

Das erklärt sich zweifellos aus dem Umstand, daß die Mandschu-Kaiser ein Vierteljahrtausend lang mit jener Unnahbarkeit und Unwandelbarkeit herrschten wie die Pharaonen Jahrtausende zuvor. Während die ganze Welt zu Staatsformen gefunden hatte, die dem Volk direkt oder indirekt Mitsprachemöglichkeiten gewährten, herrschte in Peking noch an der Schwelle zum zwanzigsten Jahrhundert ein Absolutismus reinster Prägung, der durch seine orientalisch-despotischen Attribute nur noch anachronistischer wirkte.

Die hochgebildeten französischen Missionare berichteten mit vornehm gedämpfter Indignation von Kaiser Kien-longs *concubine odorante*, einer jungen Prinzenwitwe aus Turkestan, deren zarter Körperduft den durchaus gebildeten und feinnervigen Mandschu-Kaiser geradezu verrückt machte. Er ließ ihr mitten in der verbotenen Stadt einen eigenen Palast mit einer Moschee errichten, aber sie vermochte trotz allem nichts für ihn zu empfinden; als er auf einer seiner langen Reisen fern von Peking weilte, befahl die Kaiserin der muselmanischen Schönen, sich zu erdrosseln, und die Konkubine griff gehorsam, ja beinahe erleichtert nach der Seidenen Schnur, die sie von allen Gewissensbissen gegenüber Allah und dem verstorbenen Gatten befreite.

Außerhalb des Palastes stand zum Beispiel das Strafrecht in einem so deutlichen Gegensatz zu der ausgefeilten Etikette, der Bildung der Gesellschaft und den Umgangsformen, daß die Fremden auch in diesem Bereich die Chinesen als besonders rätselhaft empfanden. Da gab es die Bastonade, gab es ganze Serien von Prügelstrafen und immer wieder auch den langsamen Tod, bei dem der Übeltäter auf offener Straße skalpiert und verstümmelt und danach dem Pöbel überlassen wurde.

Beinahe harmlos wirken dagegen archaische Elemente, die sich ebenfalls hartnäckig im Schoß der Familie gehalten hatten, so die aus dem konfuzianischen System unwandelbar weiterwirkende väterliche Strafhoheit über alle Familienmitglieder. Sie war zwar unter den Mandschu-Kaisern (und wirkungslos auch schon vorher) so weit eingeschränkt worden, daß die Tötung eines schuldig gewordenen Familienangehörigen inzwischen als verboten gelten durfte; tat es ein Vater aber doch, so fand er stets milde Richter. Verkaufte er aber Söhne oder – was häufiger war – Töchter, ließ er sie als Sklavinnen oder in der Prostitution zugrunde gehen, so regte sich keine Hand gegen ihn. Selbst gegenüber der Ehefrau war er der kaum eingeschränkte Herrscher, der nicht weniger als sieben Gründe zur Auswahl hatte, wenn er sie verstoßen wollte, und der sich so viele Konkubinen neben ihr ins Haus nehmen konnte, wie es sein Vermögen eben zuließ. Wurde sie dann eifersüchtig, so war bereits einer der sieben Verstoßungs-Gründe gegeben...

Zustände und Verhältnisse wie diese können keineswegs der Mandschu-Verwaltung angelastet werden; die Mandschu-Kaiser sind lediglich dafür verantwortlich, daß diese überkommenen Mißstände nicht wenigstens nach und nach beseitigt wurden. Und als sich von einem Kaiser zum anderen nichts Entscheidendes änderte, ja die Bevölkerung und ihre Not ebenso wuchsen wie ihr Verwaistsein, da mußte sich eine latente Unzufriedenheit mit immer wiederkehrenden Verzweiflungsausbrüchen einstellen. Man könnte dies eher eine Permanenz der Revolution als eine Kontinuität nennen, weil die Ursachen für revolutionäre Bewegungen bis 1911 stets gegeben waren. Organisation, Zusammensetzung und Methode der oppositionellen Eruptionen waren jedenfalls stärkerem Wechsel unterworfen als der Nährgrund, in dem sie alle gemeinsam wurzelten.

IV

Der lange Marsch in neue Zeiten (1912 bis heute)

Die Stufen der Revolution

Wer immer sich ganz unbefangen mit dem modernen China beschäftigt, mag sich zunächst fragen, was denn ein Menschenalter Kommunismus in einem Land bedeutet, das auf eine viertausendjährige Geschichte zurückblicken kann. Der Europäer, der sich nur schwerlich eine so lange und kontinuierliche Geschichte vorzustellen vermag, neigt vielleicht der Auffassung zu, die letzten Jahrzehnte in der chinesischen Geschichte und Gesellschaft seien nur von relativem Gewicht.

Ein solcher Verdacht trügt. In den letzten fünfzig Jahren hat sich in China eine Wandlung vollzogen, die ohne Parallele in der Weltgeschichte sein dürfte. Da fand nicht *eine* Revolution statt – vergleichbar etwa mit der russischen von 1917 –, da lief eine ganze Kette von Revolutionen und Revolten ab, die im neunzehnten Jahrhundert anfing und auf immer neue Stufen gehoben noch das zwanzigste erfüllte. Und niemand, der die aktuelle Szene jenes Riesenreiches beobachtet, würde behaupten wollen, heute sei die Periode der Revolution endgültig zum Stillstand gekommen. China, das vierzig Jahrhunderte lang sich bemühte, den Eindruck der Ruhe und Vollkommenheit zu erwecken, ist im neunzehnten, spätestens aber im zwanzigsten Jahrhundert ein Synonym für Revolution geworden. Das begann 1911 und setzte sich in der 4.-Mai-Bewegung 1919 fort, wurde 1949 aber in eine radikal neue Richtung gelenkt, als die Gründung der Volksrepublik erfolgte. In deren wechselvoller Geschichte fanden wiederum Revolutionen, mitunter auch Revolten statt, als berühmteste und einschneidendste wohl die Kulturrevolution Mitte der sechziger Jahre. Und auch die chinesische Gegenwart ist nicht frei von Revolution; so nennt man heute den Kampf gegen die sogenannte Viererbande um die Mao-Witwe Tschiang Tsching ganz ungeniert ebenfalls eine Revolution, und wenn es nach Mao ginge, so würde das Rad der Weltgeschichte sich weiterhin um die Nabe Revolution drehen.

Bei alledem darf nicht übersehen werden, daß das revolutionäre China nicht nur sich selbst verändert hat, sondern darüber hinaus die internationale Szene. Damit stellt es sich auch als Herausforderung an uns noch in der Zukunft dar. Da ist ein Land in die Weltpolitik eingetreten, das neue Wege zu beschreiten versucht, und unabhängig davon, ob diese neuen auch die besseren sind, scheinen sich die übrigen Staaten diesem Modell stellen zu müssen, das neben vielen Fehlentwicklungen auf jeden Fall doch eines bleibt: eine große Provokation.

Auch das kommunistische China trennt sich nicht von seiner Tradition: man hat den Taiping-Aufstand als Vorstufe der revolutionären Aktivitäten des zwanzigsten Jahrhunderts reklamiert, und die offiziellen chinesischen Geschichtsdarstellungen weisen ungeniert auf die Revolutionen am Anfang dieses Jahrhunderts hin als notwendige Voraussetzungen des kommunistischen Erfolges. Dabei ist diese Kontinuität nur allzu konsequent. Bei allen Erhebungen des neunzehnten und frühen zwanzigsten Jahrhunderts ging es im wesentlichen um nationale Widergeburt, um Modernisierung, um das Abschütteln fremder Macht und um jenen fast spezifisch chinesischen Traum von der Großen Harmonie, der sich wie ein roter Faden durch die Geistesgeschichte zieht, von Menzius bis Mao Tse-tung.

Die Revolution von 1911, die das Ende der Mandschu-Dynastie und den Beginn einer kurzen republikanischen Phase für China brachte, wäre also unzutreffend charakterisiert, würde man sie mit vergleichbaren europäischen Revolutionen im gleichen Zeitraum messen. Sie brachte eben nicht nur das Ende einer politischen Herrschaft, die durch eine neue zu ersetzen war; sie war identisch mit dem Zusammenbruch des Konfuzianismus, jener vieldiskutierten, staatstragenden und zähen Philosophie, die nun mit einemmal abgeschafft wurde und die zunächst nur ein Vakuum zurückließ, in das sich neue Theorien mit unterschiedlicher Intensität drängten.

Der Konfuzianismus, so hat Otto Franke bereits 1927 befunden, und der konfuzianische Staat sind seit der Revolution von 1911 tot. Aber was trat an seine Stelle? Es genügt nicht, wenn man darauf hinweist, daß Sun Yat-sen freiwillig das Amt des Staatspräsidenten an den sicher befähigten, aber nur pragmatisch denkenden Yüan Shih-kai abtrat. Es sagt auch nicht genug, daß das China nach 1911 in einen revolutionären Süden und einen reaktionären Norden zerfiel. Es mag da schon richtig sein, wenn man China mit einem alten Mann vergleicht, der sein ganzes Leben lang bestimmten Ideen, Moralvorstellungen und Utopien nachgehangen hat und der nun am Ende feststellen muß, daß alles falsch war und durch eine neue Philosophie ersetzt werden muß.

Wer heute Kritik an der Politik Sun Yat-sens übt, weil sie es nicht vermocht hat, das geistige Vakuum zu füllen, der übersieht vielleicht, wie überaus schwierig es sein muß, eine jahrhundertelang gepflegte Theorie gewissermaßen über Nacht durch eine neue zu ersetzen. Das Genie Mao Tse-tungs hat später unter anderem darin bestanden, daß er in der Lage war, die soziale Problematik der chinesischen Gesellschaft mit einer Philosophie des Mit-Leidens zu verknüpfen, die von jeder Chinesin und von jedem Chinesen als Philosophie der Hoffnung verstanden wurde. Insofern hat das Vakuum von 1912 und den folgenden Jahren die ideologischen Voraussetzungen für den Sieg der Gedanken Maos geschaffen.

Die Vernichtung des konfuzianischen Staates war ein Faktum,

das nicht übersehen werden konnte, ebensowenig wie die Tatsache, daß der neue republikanische Staat zu einem »Amboß der Weltgeschichte« werden sollte, um den sich die alten und neuen Großmächte streiten würden, ohne ihn jemals in Besitz nehmen zu können. Typisch für die politische Entwicklung war aber auch gewesen, daß die Revolution 1911 ohne Massen vor sich gegangen war, also in erster Linie eine Intellektuellenrevolution, die deshalb Erfolg hatte, weil das alte Staatsgebilde ohnehin in allen Fugen krachte.

Es gehört zur Tragik der Männer der Revolution von 1911, daß sie nicht imstande waren, eine Politik an den Nöten der Bevölkerung zu orientieren, sondern ihrer Schreibtischillusion nachhingen und diese mit der Wirklichkeit verwechselten. Auch Sun Yat-sen muß sich diesen Vorwurf gefallen lassen. Zwar wird auch er heute von der Volksrepublik als Vater des modernen China verehrt, aber vermutlich hat er mehr durch sein Scheitern als durch seine aktiven Leistungen zu dieser Vaterschaft beigetragen. Daß er und sein Kreis immerhin ahnten, was ein modernes China braucht, geht ja auch daraus hervor, daß Mao später selbst auf die Lehre Suns verwiesen hat und darauf, daß die Ereignisse nach 1911 das Klima für die »eigentliche« Revolution vorbereiten halfen.

Auf Drängen der USA und Japans war China im August 1917 in den Krieg gegen die Mittelmächte eingetreten, obwohl das Land ganz andere Probleme als die Lösung internationaler Konflikte hatte. Nach dem Tod Yüan Shih-kais 1916 komplizierte sich die innenpolitische Situation Chinas immer mehr, und mächtige *Warlords* wie der in der Mandschurei waltende Marschall Tschiang Tso-lin trugen dazu bei, daß das Ausland den Eindruck erhielt, man habe es hier mit einem kranken Riesen zu tun, mit dem man machen könne, was man wolle. Insofern war man vielleicht überrascht, als sich in China ein Nationalismus durchsetzte, der auch seine außenpolitischen Folgen haben sollte.

Was unter der Bezeichnung *4.-Mai-Bewegung* in die Annalen der Revolution eingegangen ist, schien zunächst nur eine inner-

Li Tai Po, chinesischer Holzschnitt. *(Archiv für Kunst und Geschichte, Berlin)*

Johann Adam Schall von Bell (1592–1666), christlicher Missionar, der in China die Sternkunde einführte und Ratgeber am Kaiserhof in Peking war. *(Archiv für Kunst und Geschichte, Berlin)*

Chinesische Revolution: Großgrundbesitzer warten auf ihre Verurteilung als Volksfeinde und Verräter. Aufnahme von 1953. *(Archiv für Kunst und Geschichte, Berlin)*

Oben: Karikatur gegen die »Viererbande« im Herbst 1976. Aus dem Sarg heraus diktiert der verstorbene Lin Piao der Witwe Maos, Chiang Ch'ing, und ihren drei Bundesgenossen die nächsten politischen Ziele. *(Michael Luther)*

Unten: Anbringen einer Wandzeitung in Peking, die zum Studium der Werke Marx', Lenins und Mao Tse-tungs auffordert. *(Michael Luther)*

chinesische Angelegenheit ohne weitreichende Folgen zu sein. Die äußeren Umstände sind heute fast belanglos und rasch erzählt: Als eine am Krieg gegen Deutschland beteiligte Macht nahm China an der Pariser Friedenskonferenz 1919 teil – allerdings mit zwei einander bekämpfenden Delegationen: die eine repräsentierte das revolutionäre, die andere das konservativ-nationale China. Beide Delegationen indes hofften auf die Rückgewinnung von Gebieten, die im Zusammenhang mit den berühmten einundzwanzig Forderungen an Japan abgetreten worden waren. Man überreichte eine Forderung von sieben Punkten und hoffte insbesondere auf die Unterstützung von US-Präsident Wilson, der ja eine vorurteilslose Schlichtung aller kolonialen Fragen zugesagt hatte. Es nützte jedoch nichts, daß beide chinesischen Delegationen in bezug auf die nationale Frage zusammenarbeiteten; es nützte auch nichts, daß chinesische Studenten, die in Europa studierten, sich mit den Forderungen ihrer Delegationen solidarisierten: China hatte auf der Pariser Friedenskonferenz kein Glück. Die übrigen Konferenzteilnehmer wiesen die chinesischen Forderungen zurück, und über Shantung, auf das die Chinesen große Hoffnungen gehabt hatten, waren sich England, Frankreich und Japan in geheimen Vereinbarungen bereits einig geworden. Die Artikel 156 bis 158 des Versailler Vertrages entsprachen denn auch keineswegs den chinesischen Erwartungen, ja sie waren ein Schlag ins Gesicht des aufkommenden Nationalismus.

Spontan versammelten sich Studenten der Staatsuniversität Peking kurz nach Bekanntwerden der Pariser Vereinbarungen zu einer Protestkundgebung auf dem Platz des Himmlischen Friedens, zogen mit Transparenten durch die Stadt, auf denen Forderungen wie »China ist das China der Chinesen« oder »Nehmt die chinesischen Rechte in Shantung zurück« standen, und schließlich stürmte man Regierungsgebäude, verprügelte einige der Pariser Delegierten und machte seinem Unmut mit lautstarken Parolen wie »Bestraft die Vaterlandsverräter!« Luft. Die Folge war, daß die Regierung in Peking versprach, den Friedensvertrag nicht zu unterzeichnen. Einige Politiker traten von ihren Ämtern zurück, das war alles.

Oder doch nicht? Die 4.-Mai-Bewegung, eine nationale Erhebung inmitten der innenpolitischen Zersplitterung, war, aufs ganze gesehen, viel mehr, als die äußeren Ereignisse nahelegen. Zum erstenmal in der chinesischen Geschichte traten hier nicht nur junge Intellektuelle auf den Plan, sondern auch Arbeiter, die sich in verschiedenen Städten mit den jungen Rebellen solidarisierten und der allgemeinen nationalen Bewegung anschlossen. Damit trat eine Bevölkerungsschicht in die politische Arena, die nur wenige Jahrzehnte später das Antlitz des Landes entscheidend umzugestalten half. Es kann nicht verwundern, wenn Mao Tse-tung in seiner berühmten Schrift *Über die neue Demokratie*, die im Grunde nichts weniger als seine Revolutionstheorie darstellt, die Bewegung des 4. Mai 1919 in den Kontext der proletarischen Weltrevolutionstheorie stellt und sie als die Antwort der chinesischen Jugend auf den »Ruf Lenins« bezeichnet. In erster Linie handelt es sich um eine nationale, in zweiter Linie um eine anti-konfuzianistische Bewegung, die ihre Fortsetzung dann in der Kulturrevolution der sechziger Jahre fand!

Mao schreibt: »Die Bewegung des 4. Mai richtete sich sowohl gegen den Imperialismus wie gegen den Feudalismus. Ihre hervorragende historische Bedeutung liegt in einem Wesenszug, wie ihn die Revolution von 1911 noch vermißt hatte, nämlich in ihrem konsequenten, kompromißlosen Kampf gegen den Imperialismus und den Feudalismus...« Die Bewegung des 4. Mai war eine Antwort auf den Ruf der damals angebrochenen Weltrevolution, auf den Ruf der Revolution in Rußland und auf den Ruf Lenins. Ihre Schwäche habe darin bestanden, daß Arbeiter und Bauern nur in ungenügendem Maß an ihr teilgenommen hätten, aber als Kulturrevolution sei sie »groß und gründlich« wie nie eine zuvor in der Geschichte Chinas gewesen.

Man muß den Ausführungen Maos nicht in allen Punkten folgen, aber man darf ihm zustimmen, daß in einer Zeit der Generalskriege die 4.-Mai-Bewegung so etwas wie ein nationales Sammelbecken wurde und damit über den aktuellen Anlaß hinausreichte. Immerhin war jetzt nicht nur die politische, sondern auch die wirtschaftliche Situation ganz anders als 1911. Seit dem

Krieg hatte die Bedeutung der industriellen Arbeiterschaft zugenommen; das Ende des Konfuzianismus brachte eine Umstrukturierung des chinesischen Bildungssystems mit sich; die Beamtenschaft mußte sich nach einer neuen Legitimation umsehen; und die Ereignisse in Rußland erweckten den Eindruck, als könnte es zu einer Neuregelung der Beziehungen zwischen beiden Ländern – und dabei auch zu einer Bereinigung der Grenzfrage – kommen.

Der chinesische Nationalismus ist die Grundvoraussetzung für den Zusammenhalt des Riesenreiches; das haben die alten Kaiser ebenso gewußt wie später Mao, der Revolutionär. Im Gegensatz zum europäischen Nationalismus war er stets als Reflex auf eine Unterdrückung durch ausländische Mächte entstanden. Da sich die Chinesen mit einigem Recht von den Amerikanern und Japanern betrogen sahen, suchten sie sich durch neue Eindungen zu stärken und fanden diese einerseits in der nationalen Solidarität und zum anderen in der allmählichen Hinwendung zur soeben gegründeten Sowjetunion, die ja auch den Eindruck erweckte, als sei sie bereit, über die »ungleichen Verträge« von Aigun und Tientsin zu verhandeln (was indes bis auf den heutigen Tag ausblieb ...).

Die Hinwendung zum Nationalismus konnte natürlich nicht ausreichen, um die chinesischen Wünsche zu erfüllen; das mußte man spätestens anläßlich der Washingtoner Flottenkonferenz 1921/22 schmerzlich feststellen. Zwar erhielt China nach langwierigen und demütigenden Bitten die deutschen Teile von Shantung zurück, aber politisch und wirtschaftlich blieb es das Ausbeutungsobjekt der starken Nachbarn, vor allen Dingen Japans, das ja später entscheidend in das innerchinesische Schicksal eingreifen sollte. Das Ausland war im Grunde froh, den Status quo im pazifischen Raum aufrechterhalten zu können, aber man übersah, daß die internationale Brüskierung in China langfristig gesehen Abwehrkräfte gegen die Beeinflussung von außen hervorbringen mußte. Kein anderer als Sun Yat-sen selbst hat das gesehen, als er im März 1921 vor dem Exekutivkomitee der Kuomintang ausführte:

»Was bedeutet das Wort Nationalismus? Nach dem Sturz der Monarchie und der Errichtung des republikanischen Regimes sind in dem Territorium, das von den fünf Nationalitäten (Chinesen, Mandschus, Mongolen, Tataren und Tibetern) bewohnt wird, eine große Zahl von reaktionären und religiösen Elementen aufgetaucht; und hier liegt die Wurzel des Übels... Diese Rassen sind nicht stark genug, um sich selbst zu verteidigen, aber sie könnten sich mit den Chinesen vereinigen und einen einzigen Staat bilden. Wir werden eine vereinigte chinesische Republik errichten, damit alle Völker eine einzige mächtige Nation bilden.«

Und dann folgen Sätze, die zeigen sollen, daß der hier angedeutete chinesische Nationalismus sich nicht *gegen* andere Völker und Nationen richtet, sondern als Beispiel der nationalen Wiedergeburt verstanden werden will – eine Argumentation, die sich bis in die politische Theorie Mao Tse-tungs fortsetzt, der ebenfalls den chinesischen Nationalismus als Bestandteil des proletarischen Internationalismus interpretiert hat:

»Noch leiden viele Völker unter ungerechter Behandlung. Das chinesische Volk muß die Mission auf sich nehmen, diese Völker von ihrem Joch zu erlösen, entweder durch direkte Unterstützung oder indem es sie unter dem Banner einer einzigen chinesischen Nation vereint. Das würde ihnen die Gelegenheit bieten, das Gefühl der Gleichheit von Mensch zu Mensch und einer gerechten internationalen Einstellung zu genießen... Jeder, der sich China anschließen will, muß als Chinese betrachtet werden. Das ist der Sinn des Nationalismus – eines positiven Nationalismus, dem wir unsere besondere Aufmerksamkeit widmen müssen.«

Die 4.-Mai-Bewegung hat noch nichts mit Sozialismus zu tun, und die Kommunistische Partei ist auch erst zwei Jahre später gegründet worden. Dennoch darf man davon ausgehen, daß die Oktoberrevolution in Rußland 1917 und die Revolution 1919 in China die Voraussetzungen für die Etablierung einer kommunistischen Partei geschaffen haben. Mao hat selbst darauf hingewiesen, daß die Salven der Oktoberrevolution den Marxismus nach China gebracht hätten. In seinem autobiographischen Bericht gibt er an, daß er im Sommer 1920 in der Theorie und bis zu einem gewissen Grade auch in der Praxis zum Marxisten geworden sei. Das ist eine Entwicklung, die er mit einer ganzen Reihe von Zeitgenossen teilte und die dann zur Gründung der Kommunistischen Partei Chinas führte, jener politischen Kraft, die durch alle Fährnisse einer Abhängigkeit von Moskau ging, sich mit der *Kuomintang* arrangierte oder arrangieren mußte und die dann doch über jene größere Logik verfügte, die notwendig war, um den Sieg und damit die Macht in China zu erringen.

Im Jahre 1894, Mao war gerade geboren worden, schloß der bis dahin erfolgreiche Arzt Dr. Sun Yat-sen seine Praxis, um Politiker zu werden. Sun hatte bei amerikanischen und englischen Professoren studiert, war über die sozialen und politischen Veränderungen des Westens gut unterrichtet und begann sich allmählich mit der sozialen und politischen Situation seiner Heimat zu beschäftigen. Ursprünglich auf einen kleinen Kreis von Freunden und Bekannten beschränkt, erkannte er bald die Notwendigkeit einer größeren Organisation, um die umfangreichen Probleme seines Landes in Angriff nehmen zu können. Mit jugendlichem Enthusiasmus gründete er eine Gesellschaft zur Erneuerung Chinas, einen Klub revolutionärer Intellektueller, deren vornehmliches Ziel der Sturz der Mandschus war. Die Revolution gelang im Jahre 1911, nachdem zuvor verschiedene andere Revolten gegen den Herrscher niedergeschlagen worden waren. Sun sah sich während der Kampfzeit gezwungen, das Land zu verlassen. Erst ging er nach Europa – wie viele andere chinesische Politiker auch, beispielsweise Tschou En-lai oder Tschu Teh –, später in die Vereinigten Staaten, wo ihn die Nachricht von der geglückten Revolution gegen die Mandschus erreichte. Nach seiner Rückkehr erreichte Sun, daß sich verschiedene revolutionäre Gruppen zu einer neuen Partei vereinigten, der Kuomintang, welche die Nationalversammlung im revolutionären Nanking beherrschte. Dennoch gab Sun in weiser politischer Überlegung die vorläufige Präsidentschaft an den stärkeren Yüan Shih-kai ab.

Zwischen den verschiedenen politischen Gruppen innerhalb der Kuomintang und ihrer politischen Exponenten gab es jahrelang politische Richtungskämpfe, in deren Verlauf Sun Yat-sen nicht immer erfolgreich war. Er mußte von verschiedenen Seiten Hilfe beschaffen, mehrmals aus Kanton fliehen, und einmal konnte er sich nur knapp einem Attentat entziehen. Trotz seiner vielseitigen Begabungen fehlte es ihm an diplomatischem Geschick, um die rivalisierenden Gruppen in seiner Partei an einen Tisch zu bringen. Das hatte zur Folge, daß der Einfluß der Kuomintang von Jahr zu Jahr zurückging – und tatsächlich sind ja die eigentlichen Matadore der 4.-Mai-Bewegung nicht aus seiner Partei hervorgegangen. Erst ab 1923, als sich die Kuomintang an Moskau zu orientieren begann und die Komintern verschiedentlich politische Berater nach Peking entsandte, kam so etwas wie eine Reorganisation der Partei zustande. Die Kuomintang, ursprünglich als »Chinesische Nationale Volkspartei« gegründet, wurde in den folgenden Jahren nach sowjetischen Grundsätzen reorganisiert. Die Komintern-Beauftragten Joffe, Woitinskij und ab 1923 der berühmte Borodin berieten Sun in allen Organisationsfragen, ließen ihm aber in Fragen der Theorie weitgehend freie Hand. Der Gund dafür mag einmal in der Tatsache zu sehen sein, daß die Situation in Moskau um diese Zeit noch durchaus unklar war, zum anderen war ausschlaggebend, daß Sun Yat-sen sich stets als revolutionärer Doktrinär verstand und nicht bereit war, einmal bezogene theoretische Positionen aufzugeben. Heute weiß man, daß seine Prinzipien sich durchaus mit marxistischen Perspektiven vereinbaren ließen – auf welche Kontinuität wieder einmal Mao selbst hingewiesen hat.

Das größte Problem für die Kuomintang, das sich aus der Moskau-Orientierung langfristig ergeben sollte, war wohl darin zu sehen, daß die Partei ab 1923/24 mit der Kommunistischen Partei Chinas zusammenarbeitete, weil auch diese von Moskau den »Befehl« zur Zusammenarbeit mit der Kuomintang erhalten hatte. Daraus ergaben sich wiederum Richtungskämpfe für beide Parteien, die erst dadurch beendet wurden, daß Tschiang Kai-shek, der nach Suns Tod die Macht in der Kuomintang eroberte und durch militärische Strafexpeditionen absicherte, die Partei auf einen nationalistisch-konversativen, das heißt antikommunistischen Kurs brachte. Dadurch wurden einmal die Beziehungen mit Moskau gestört – obwohl bekanntlich Stalin bis zuletzt die Kuomintang und nicht die Kommunistische Partei Chinas unterstützte –; zum anderen, und das scheint wichtiger, weil von dauerhafter Bedeutung zu sein, löste sich die Kommunistische Partei Chinas aus der Umklammerung einer größeren Partei, emanzipierte sich auch zahlenmäßig und konnte es sich ab 1937 leisten, eine Einheitsfront mit der Kuomintang gegen Japan einzugehen.

Sun Yat-sen hat diese Entwicklung nicht mehr miterlebt. Er starb im Alter von neunundfünfzig Jahren in Peking an den Folgen einer Krebserkrankung. Seither haben sich die beiden Richtungen der chinesischen Politik – die Tschiangs und die Maos – darum bemüht, sein Erbe anzutreten, denn bei aller Erfolglosigkeit in der praktischen Politik war Sun zweifellos ein brillanter theoretischer Kopf. Beinahe vergleichbar ist er mit dem amerikanischen Präsidenten Woodrow Wilson, dessen primäre Leistung ebenfalls mehr an den Ideen als an ihren praktischen Konsequenzen gemessen werden kann.

Sun Yat-sen, der das durch das Ende des Konfuzianismus geschaffene Vakuum erkannte, begann schon in früheren Jahren Überlegungen für einen eigenständigen Weg Chinas in die moderne Welt anzustellen. Nach den vergeblichen Hoffnungen, die die Chinesen in die USA gesetzt hatten, und in einer Zeit, da sich die Kuomintang organisatorisch an der Sowjetunion zu orientieren begann, baute er an einer Theorie, die die Unabhängigkeit des Landes geistig und politisch wahren sollte. Aus ihr mußte auch hervorgehen, daß der chinesische Weg stets anders als der aller anderen Länder sein würde.

Das Ergebnis seiner Anstrengungen war die *Theorie von den Drei Volksprinzipien*, die auch heute noch jedes chinesische Schulkind hersagen und vielleicht sogar erläutern kann. Auf dem ersten Kongreß der Kuomintang 1924, auf dem die Komintern-Funktionäre ermächtigt wurden, eine kuomintangeigene Militärakademie aufzubauen (auf der sich dann beispielsweise Tschou En-lai qualifizieren sollte), legte Sun seine Volksprinzipien dar und erläuterte sie.

Es kann nicht verwundern, daß das erste Prinzip *Nationalismus* lautete. Selbstbestimmung des Volkes war das große Schlagwort der Nationen nach dem Ersten Weltkrieg; ein Land wie China mußte es begierig aufnehmen und in ein politisches Programm umzumünzen versuchen. Nationalismus bei Sun bedeutete aber nicht nur im politischen Sinn nationale Wiedergeburt, sondern darüber hinaus auch Neubesinnung auf die Errungenschaften der chinesischen Geschichte und Kultur.

Daß die Kritik an Konfuzius, dem *Theoretiker der Fremdherrschaft und der Menschenfresserei,* hier eine besondere Rolle spielte, versteht sich fast von selbst. Sie ist Anfang der zwanziger Jahre mit neuem Material und manchmal sogar mit einem neuen Argument vertieft worden. Eine der stärksten Leistungen auf diesem Gebiet war das *Tagebuch eines Irrsinnigen* von *Lu Hsün,* einem revolutionären Schriftsteller, von dem Mao Tse-tung stets nur in höchster Anerkennung sprach: »Er war der Oberkommandierende der chinesischen Kulturrevolution, war nicht nur ein großer Schriftsteller, sondern auch ein großer Denker und ein großer Revolutionär... Lu Hsün war der korrekteste, tapferste, standhafteste, treueste, feurigste, bis dahin beispielloseste Nationalheld an der Kulturfront.«

Die Tatsache, daß Sun in seinem Prinzip Nationalismus auch das Problem der »ungleichen Verträge« zwischen Rußland und China aus dem neunzehnten Jahrhundert bedachte, ist in den vergangenen eineinhalb Jahrzehnten zur Genüge von der chinesischen Führung erwähnt worden; genützt hat auch das nichts.

Das zweite Prinzip Sun Yat-sens betraf die *Volksherrschaft,* manchmal auch die *Lehre von den Rechten des Volkes* genannt. Wie auch Mao zwanzig und dreißig Jahre später, war Sun nicht der Auffassung, daß die Volksherrschaft die Voraussetzungen für die totale individuelle Freiheit schaffen könne. Allein die Nation dürfe über die volle Freiheit verfügen, und jeder einzelne müsse seine Freiheit der nationalen opfern. Mit Recht ist darauf hingewiesen worden, daß gerade in diesem Prinzip die Voraussetzungen für das totalitäre System geschaffen worden sind. Aber es wäre ein typisch abendländischer Irrtum, zu erwarten, Sun hätte einen Freiheitsbegriff entwickelt, wie er aus der europäischen Geschichte hervorgegangen ist. Sun wollte ja gerade eine Theorie, die der Besonderheit der chinesischen Situation entsprach.

Das wurde besonders deutlich bei seinem dritten Prinzip, das den *Lebensunterhalt des Volkes* zum Inhalt hatte. Die Situation der chinesischen Bevölkerung, vor allem auf dem Lande, konnte gar nicht ernst genug genommen werden. Ziel jeder chinesischen Innen- und Wirtschaftspolitik mußte es sein, den sozialen Ausgleich herzustellen; das war auch Sun klar. Nur: Wer sollte das machen und wie? Sun hat dazu eine Reihe von Vorschlägen unterbreitet, die allesamt von der politisch-ökonomischen Entwicklung überrannt wurden.

Die Französische Revolution war mit der Parole: Freiheit, Gleichheit, Brüderlichkeit angetreten, Sun Yat-sen mit der Parole: Nationalismus, Volksherrschaft, Lebensunterhalt des Volkes. Stets hat er darauf hingewiesen, daß diese Prinzipien nicht losgelöst voneinander verwirklicht werden könnten, sondern nur integriert, und doch ist es sein Nachfolger Tschiang gewesen, der die soziale Komponente in dieser Theorie amputiert hat.

Der eigentliche Erbe von Sun Yat-sens *Drei Volksprinzipien* war Mao Tse-tung; er stellte sie auf die neuen Wirklichkeiten im China der vierziger Jahre um. Indem er die Lösung der sozialen Frage in den Vordergrund der Anstrengungen rückte, gelang ihm auch jener politische Durchbruch, der Sun versagt bleiben mußte.

Es scheint, daß Sun die Unvollständigkeit seines Denkens und Handelns geahnt hat. In seinem vielgerühmten Vermächtnis jedenfalls hat er sich als ein Mann erwiesen, der Vision und Politisch-Machbares durchaus zu verknüpfen weiß – nur war es da zu spät: »Vierzig Jahre habe ich meine Kraft für die nationale Revolution eingesetzt. Ihr Ziel ist die Erlangung der Freiheit und Gleichberechtigung für China. Aus meiner vierzigjährigen Erfahrung weiß ich zutiefst, daß zur Erreichung dieses Zieles die Volksmassen aufgeweckt werden und sich mit den Völkern der Welt verbinden müssen, die uns gleichberechtigt behandeln, um gemeinsam zu kämpfen. Jetzt ist die Revolution noch nicht vollendet. Alle meine Kameraden müssen anhand der von mir verfaßten Bücher... ihre Anstrengungen fortsetzen, um die Durchführung zu erreichen.«

Und da ist noch ein letztes Mal der unverbesserliche Theoretiker: Er glaubt, die Bücher würden die Wirklichkeit beeinflussen; für die Wirklichkeit unseres Jahrhunderts gilt es wohl umgekehrt: Erst kommt die Praxis, aus der man Theorie gewinnen kann. So jedenfalls hat es Mao gesehen, so hat er es gemacht, und so hat er gesiegt. Nur durch die Verwandlung der Drei Volksprinzipien anhand praktischer Erfahrungen wurden sie zu mehr als nur zu Lehrsätzen für Kinder und Greise, wurden sie zu einem Stück revolutionärer Realität.

»Aus einem Funken kann ein Steppenbrand entstehen.« Es gibt wohl keine bessere Illustration dieses Mao-Satzes als die Entstehung und Entwicklung der Kommunistischen Partei Chinas aus dem Nichts des Jahres 1921 zu einem machtvollen Faktor in der heutigen internationalen Politik. Wie in vielen Staaten der Welt, wirkte Lenins Oktoberrevolution auch in China. Zwei radikale Intellektuelle, Chen Tu-hsiu und Li Ta-chao, die von der Revolution 1911 gründlich enttäuscht worden waren, wandten sich den neuen Möglichkeiten, die sich aus Moskau anboten, zunächst begeistert zu und ließen sowjetische Kommissare nach Peking und Shanghai kommen. Sie sollten ihnen bei der Organisation von kommunistischen Zirkeln behilflich sein, wofür die Kommunistische Partei Chinas bereit war, mit großer Zustimmung Lenins Imperialismustheorie zu akzeptieren.

Noch im Jahre 1920 wurden in Peking und Shanghai Arbeitergruppen gebildet, die Vorläufer der späteren Parteizellen. Im Ausland studierende chinesische Studenten beteiligten sich ebenfalls an externen Parteigründungen, so Tschou En-lai, Tschen Ji, Teng Hsiao-ping und Li Li-san. Alle diese Aktivitäten konnten erst im Juli 1921 in Shanghai unter einen Hut gebracht werden, als in einer Mädchenschule der Gründungskongreß der Kommunistischen Partei Chinas abgehalten wurde. Kongreß war allerdings ein zu großes Wort für eine Gruppe von nur zwölf Delegierten, und von einer Partei konnte auch kaum die Rede sein, denn es waren nicht einmal hundert Mann, die in ihr organisiert waren. Ein Konflikt, wie er heute die internationale kommunistische Bewegung beherrscht, schien sich jedoch schon damals anzubahnen: Die Moskauer Zentrale schickte zwar ihre Komintern-Funktionäre nach China, aber im Grunde war nach Ausschaltung der Gruppe um Trotzkij niemand bereit, an einen möglichen Erfolg der Kommunisten in China zu glauben. Also setzte die Moskauer Zentrale systematisch auf die Kuomintang als die Vertreterin der nationalen Erhebung, und die Kommunisten mußten zusehen, wie sie ihr Schiffchen zum Schwimmen brachten.

Schon kurz nach ihrer Gründung wurde der Kommunistischen Partei Chinas durch die Komintern nahegelegt, die Zusammenarbeit mit der Kuomintang zu suchen. Über die Diskussionen innerhalb der Partei gibt es heute nur noch unzureichende Quellen. Jeder Versuch, den Standpunkt Mao Tse-tungs festzulegen, führt höchstens zu Hypothesen. Sein Biograph Stuart R. Schram vermutet, auch er habe zu der Gruppe von Funktionären gehört, die sich für eine bedingte Zusammenarbeit mit der Partei Sun Yat-sens aussprachen. Was hätte man auch anderes tun können?

Als Borodin im September 1923 die Reorganisation der Kuomintang vornahm, leitete er damit zugleich auch den Prozeß der Integration der beiden Parteien ein, die sich ab 1923 zur sogenannten Ersten Einheitsfront formierten. Die Kommunistische Partei Chinas konnte von Glück sagen, daß es ihr gelang, ein Sechstel der Führungspositionen in den gemeinsamen Gremien zu erhalten, denn die Partei verfügte auch im Spätsommer 1923 erst über dreihundert Mitglieder, während die Kuomintang immerhin auf hundertfünfzigtausend verweisen konnte. Das vielleicht wichtigste Ergebnis dieser vierjährigen Zwangsehe war für die Kommunistische Partei Chinas wohl die Möglichkeit, sich in aller Ruhe weiter zu organisieren: im November 1925 hatte sie dann auch zehntausend Mitglieder. Damit begann sie eine eigenständige politische Kraft zu werden, und das konnte einem Mann wie Tschiang Kai-shek, der sich nach dem Tode Sun Yatsens zum Chef der Kuomintang aufgeworfen hatte, durchaus nicht recht sein, zumal er sicher nicht ohne Nervosität beobachtet hatte, daß die Kommunisten schon ab 1923 örtlich Aufstände, Streiks und Protestdemonstrationen organisierten. Da meldeten sich Kräfte, denen es vorsorglich zu wehren galt.

Ähnlich wie später Mao Tse-tung ist der Name Tschiang Kaisheks Synonym für ein Programm. In der Provinz Chekiang geboren, besuchte er schon in jungen Jahren eine chinesische, später eine japanische Militärakademie. Beim Ausbruch der Revolution 1911 schloß er sich Sun Yat-sen an, in dessen Auftrag er 1923 nach Moskau ging, wo er den Aufbau der von Trotzkij gegründeten Roten Armee studierte. Als er nach China zurückkehrte, baute er auf Veranlassung Suns die berühmte Militärakademie von Whampoa auf, deren politische Abteilung von Tschou En-lai, dem späteren Ministerpräsidenten der Volksrepublik, geleitet wurde.

In wenigen Jahren gelang es Tschiang, auf der Militärakademie eine neue Generation von Offizieren heranzubilden, sozusagen die Elite der Revolutionsarmee, mit deren Hilfe er bald darauf gegen die Separatisten-Generale Mittel- und Nordchinas vorging. Bereits im August 1926 wurde Wuhan genommen; anschließend zog Tschiang mit seinen Truppen weiter nach Osten und brachte im Frühjahr 1927 seine Heimatprovinz Chekiang und Süd-Kiangsu mit Shanghai und Nanking in seine Macht. Der Siegeszug schien unaufhaltsam, und Mitte 1927 sah es so aus, als könne das auseinanderstrebende und -fallende Reich unter Tschiang noch einmal geeint und damit gerettet werden.

Die Kommunistische Partei Chinas war inzwischen nicht untätig geblieben. Zwar hatte sie weniger Anteil an den Siegen Tschiangs, aber auf dem Gebiet der ideologischen Aufklärung der Arbeiter und Bauern waren durchaus beachtliche Erfolge zu verzeichnen. In einem wenig bekannten Text Maos aus dem Jahre 1926 heißt es: »Der Erfolg einer Partei hängt notwendigerweise von der Tatsache ab, daß sie einen Schwerpunkt besitzt. Der Schwerpunkt der Kuomintang liegt verborgen inmitten der zahllosen Massen unserer ausgebeuteten Bauernschaft. Die Propagandaabteilung muß die Aufmerksamkeit der Parteigenossen unentwegt auf diese Tatsache lenken.«

Daraus geht unzweideutig hervor, daß Mao neben der Notwendigkeit militärischer Aktivitäten die ideologische Arbeit klar in den Vordergrund stellte. Die Kommunisten bemühten sich in der Tat um Aufklärung, aber auch um revolutionäre Aktivitäten, die sich, entsprechend der damals noch dogmatischen Auslegung des Marxismus-Leninismus, zunächst auf die Arbeiter in den Industrie- und Hafenstädten Shanghai, Kanton und Wuhan beschränkten.

Seit dem Mai 1925 riß im Industrie- und Handelszentrum Shanghai die Kette der kommunistischen Streiks nicht mehr ab. Tschiang war nicht bereit, diesem Treiben tatenlos zuzusehen, und die Kommunisten sahen sich auch innerhalb der Parteiengemeinschaft einem zunehmenden Druck seitens des größeren Bruders ausgesetzt. Zwar hätte man unter diesen besonderen Umständen die Fraktionsgemeinschaft auflösen können, aber Stalin, der auf dem Höhepunkt seiner Auseinandersetzungen mit Trotzkij angelangt war, wollte dem nicht zustimmen und verdonnerte die Genossen zum Verbleib. So wurden sie, um mit einem Bild zu sprechen, wie zwischen zwei Mühlsteinen zerrieben. Tschiang begann nach dem 20. März 1926 mit einer Verhaftungs- und Terrorwelle gegen die Kommunisten und die übrige Bevölkerung Shanghais, die Tausende den Kopf kostete und die noch lange als abmahnendes Beispiel in dem Bewußtsein der Bevölkerung haften blieb.

Das war das Schizophrene an dieser historischen Situation: Während sich die Kommunisten vor den wütenden Truppen Tschiangs in die Wüsten und Wildnisse flüchteten, hielt Stalin ungeniert an seinem Bündnis mit China fest, womit er ja eigentlich Henkersknechtsdienste leistete. Der proletarische Internationalismus war wie weggeblasen, die nüchterne Rechnung der Machthaber bestimmte die Stunde. Zwar hat das Arrangement zwischen Stalin und Tschiang nicht allzulange gehalten, aber es reichte doch, um die Kommunisten an den Rand ihrer Vernichtung zu führen. Und während sich diese verzweifelt nach einer neuen politischen Plattform umsahen, eroberte Tschiang, nun auf der Höhe seiner Macht, die Stadt Peking. Wie einst die großen Kaiser, konnte er sich als die Personifikation der nationalen Einheit feiern lassen, und um das Maß vollzumachen, wählte er, einen alten Wunschtraum Sun Yat-sens verwirklichend, Nanking zur neuen Residenz. Dort wollte er regieren bis zum Ende seiner Tage...

Das Jahr 1927 bedeutet eine wichtige Zäsur in der modernen Geschichte Chinas. Es zeigt den endgültigen Sieg Tschiang Kaisheks und damit des rechten Flügels der Kuomintang an, aber es signalisiert darüber hinaus auch die Reorganisation der Kommunistischen Partei Chinas; dank Mao gewann jene neue Theorie, welche zwanzig Jahre später zur endgültigen Etablierung der kommunistischen Macht führen sollte. Das Jahr 1927 verdeutlichte aber auch die Fehler der sowjetischen China-Politik. Mao hat dies 1956 – zum erstenmal und noch sehr vorsichtig – formuliert: »Stalin hat China gegenüber einiges falsch gemacht... Zur Zeit des Befreiungskrieges wollte er uns erst die Revolution verbieten...« Die Grundlage für diesen Sieg, der von Stalin wie Tschiang vereitelt werden sollte, bildet die Behandlung der chinesischen Bauernfrage.

»Stellen Sie sich das Leben der Bauern richtig vor«, sagte Mao einmal zu seinem Gesprächspartner André Malraux. »Dieses Leben ist nie gut gewesen, vor allem, wenn das Militär auf dem Lande lebte. Es ist nie schlimmer gewesen als in den letzten Jahren der Kuomintang. Die Verdächtigen lebendig begraben; die Bäuerinnen, die als Hündinnen wiedergeboren zu werden hofften, um weniger unglücklich zu sein; die Hexen, die ihre Götter anriefen und dabei wie in einem Sterbelied sangen: ›Tschiang

Kai-shek komm herbei!‹ Die Bauern haben fast nichts vom Kapitalismus gesehen: sie hatten einen Feudalstaat vor sich, den die Maschinengewehre der Kuomintang verstärkten.

Der erste Teil unseres Kampfes ist ein planloser Bauernaufstand gewesen. Es ging darum, den Pächter von seinem Grundherrn zu befreien; nicht um Freiheit der Rede, um Wahlrecht, um Versammlungsfreiheit: es ging schlicht um die Freiheit, am Leben bleiben zu dürfen. Viel mehr als um die Eroberung der Freiheit ging es um die Wiedergeburt brüderlicher Gemeinschaft! Die Bauern hatten dies ohne uns unternommen oder waren im Begriff, es zu unternehmen. Doch oft aus reiner Verzweiflung. Wir haben in ihnen Hoffnung geweckt... Weil wir die Hoffnung lebendig erhalten wollen, darum haben wir den Guerillakrieg so weit entwickelt, wie wir konnten – viel mehr, als um der Strafexpeditionen willen. Alles ist aus der Besonderheit der jeweiligen Lage hervorgegangen: wir haben den Bauernaufstand organisiert, wir haben ihn nicht entfacht. Die Revolution ist ein Drama der Leidenschaft; wir haben das Volk nicht dadurch gewonnen, daß wir an seine Vernunft appellierten, sondern dadurch, daß wir die Hoffnung, das Vertrauen und den Brudersinn zur Entfaltung brachten. Angesichts der Hungersnot bekommt der Wille nach Gleichheit für alle die Kraft eines religiösen Gefühls. In der Folge – im Kampf um den Reis, um den Boden und die durch die Landreform geschaffenen Rechte – haben die Bauern die Überzeugung gewonnen, daß sie kämpfen, damit sie und ihre Kinder leben können.

Wenn ein Baum wachsen soll, braucht man den rechten Samen und den rechten Boden: wenn Sie in der Wüste säen, wird der Baum nicht wachsen.«

Hier hat man den ganzen Mao, hier spricht ein Mann, der weiß, wovon er redet, und der weiß, wie man solche Erfahrungen in die politische Praxis umsetzt. Mao stammte aus einer Bauernprovinz, aus Honan. Schon Anfang der zwanziger Jahre wanderte er mit einem guten Freund von Dorf zu Dorf, um die Lage der Bauern zu studieren und sie über ihre Möglichkeiten aufzuklären. Verschiedentlich bemühte er sich auch um lokale

Aufstände, die jedoch stets rasch erstickt werden konnten. Dennoch, so heißt es, sei es ihm gelungen, bis Anfang 1927 über hunderttausend Bauern in mehr oder weniger geheimen Bünden zu organisieren.

Die Bauern spielen in der marxistisch-leninistischen Theorie eine eher bescheidene Rolle, und auch Mao hat sich nur zögernd zu einer Neuorientierung bekannt. Obwohl er um die konkrete Situation seiner Landsleute wußte, veröffentlichte er – mehr oder weniger noch unter der Abhängigkeit von Moskau – im Februar 1926 eine *Analyse der Klassen in der chinesischen Gesellschaft,* worin er das (verschwindend geringe) chinesische Industrieproletariat zur Hauptkraft der revolutionären Bewegung ernannte; später hat er diese dogmatische Auffassung stillschweigend revidiert.

Die Bauernbewegung in China ist keine kommunistische Erfindung; schon die Taiping-Revolution, aber auch die Kuomintang hatte sich, mitunter sogar erfolgreich, mit dem Problem beschäftigt. Aber Mao war der erste, der erkannte, daß eine längst fällige Revolution nicht nur für, sondern durch die Bauern selbst gemacht werden mußte: die Bauern waren die eigentliche revolutionäre Hauptkraft. Nach Maos eigenen Erhebungen besaßen nur zehn Prozent der Bevölkerung über siebzig Prozent des bebaubaren Bodens. Der überwiegende Teil der Menschen lebte in abhängigen Stellungen; sie waren Pächter, Kleinbauern und arme Bauern ohne jedes eigene Land. Die Bevölkerungsmehrheit stöhnte unter den hohen Zinsen und sonstigen Abgaben, das Land wurde nur unzureichend bestellt, moderne Maschinen oder Düngemittel konnte sich niemand leisten, und eine Hungersnot löste die andere ab.

Eine ununterbrochene Folge von Erbteilungen hatte das große chinesische Ackerland in eine Unzahl winziger, unökonomischer Parzellen zergliedert, von denen immer mehr Menschen leben mußten. Hinzu kam, daß das Militär seit dem Revolutionsjahr 1911 herrschaftlich über weite Landgebiete verfügte, sich von der Landbevölkerung ernähren ließ, Felder und Bewässerungsanlagen verwüstete und nicht eben zur Stabilität der Moral beitrug. Räubereien nahmen überhand, denn manchen armen Bauern und entlassenen Soldaten blieb nichts anderes übrig, als den Lebensunterhalt durch Straßenraub zu erwerben. Dazu kamen die Seuchen, die Heuschrecken, die Dürrekatastrophen, die Millionen von Menschen an den Rand des Grabes brachten. Das China, das man so oft als das Land der verfeinerten Kultur bezeichnete, war in Wirklichkeit ein gigantisches Feld des Elends, der Unterdrückung, von Mord, Räuberei und Totschlag – und es schien ein Land ohne Hoffnung zu sein.

Mao wußte das alles aus eigener Erfahrung, und als er im März 1927 seinen berühmten *Untersuchungsbericht über die Bauernbewegung in Honan* vorlegte, klang schon die Einleitung wie ein Fanfarenstoß: »Mit dem ganzen Gerede gegen die Bauernbewegung muß rasch Schluß gemacht werden, und alle falschen Maßnahmen der revolutionären Behörden in bezug auf diese Bewegungen müssen schleunigst abgeändert werden.« Das traf direkt die orthodoxen Mitglieder der Kommunistischen Partei Chinas, die immer noch glaubten (wie einst Mao selbst), erst ein Industrieproletariat sei in der Lage, die Revolution zu machen. Mao stellte fest, daß die breiten Massen der Bauern sich erhoben hätten, um ihre historische Mission zu erfüllen. Auf dem Lande müsse es zu einer gewaltigen revolutionären Aufwallung kommen, denn die Bauern seien die Vorhut der Revolution.

Das waren neue Positionen, die erst allmählich und nicht ohne Widerstände innerhalb der Kommunistischen Partei Chinas akzeptiert wurden. Der Parteichef Li Li-san zum Beispiel hielt dieses revolutionäre Konzept für einen Verrat an Moskau. Aber schließlich hat Mao sich doch durchgesetzt, denn was er sagte, stimmte ganz einfach; es war »aus der Besonderheit der jeweiligen Lage« hervorgegangen. Im nachhinein spielt es keine Rolle, daß Maos erster Versuch, seine neue Erkenntnis in die Praxis umzusetzen, scheiterte: sein »Herbsternte-Aufstand« in der Heimatprovinz Honan war ein glatter Fehlschlag, genauso wie die Streiks in Shanghai ein Desaster zur Folge gehabt hatten. Man mußte eine neue Taktik entwickeln, die durch die theoretischen Anstrengungen Maos ja bereits vorgegeben war.

Das Wiedererstarken der Kommunistischen Partei nach dem Debakel von 1927 wirkt wie ein Wunder, und das ist es wohl auch. Mit den zerstreuten Resten der Partei zog sich Mao an die Grenzen seiner Heimatprovinz zurück, wo er sich um neue Planungen bemühte. Hilfreich war ihm dabei weniger der auf die dogmatische Linie eingeschworene Li Li-san; statt dessen vertraute er sich einem anderen Mann an, der als Oberbefehlshaber des Langen Marsches in die Geschichte der chinesischen Revolution eingehen sollte: Tschu Teh.

Beide, Mao und Tschu, die Dick Wilson die »Zwillingssterne am Guerillafirmament« genannt hat, stammten aus armen Bauernfamilien, hatten einen ähnlichen Lebensweg und handelten 1927 nicht nur gegen den Willen Moskaus, sondern auch gegen den der eigenen Partei. Tschu wird von seinen Biographen als ein Mann von außerordentlichen Fähigkeiten geschildert; vielleicht gehörte dazu auch, daß er Mao schon bei der ersten Begegnung als seinen politischen Mentor anerkannte, und Mao selbst akzeptierte den neuen Weggenossen als überaus sensiblen, weitsichtigen, vorsichtigen und organisatorisch unübertrefflichen Gefährten.

Dieses Gespann reorganisierte die Partei und baute eine Rote Armee auf, mit deren Hilfe man eine Utopie in die Tat umsetzte – was Tschiang Kai-shek nicht wenig beunruhigte. Mitten im Jahre 1928, als man annehmen sollte, die Kommunisten würden sich nach ihren Niederlagen nun endlich auflösen, wagten Mao und Tschu den Sprung nach vorn: sie errichteten in der Provinz Kiangsi eine Sowjetrepublik nach russischem Vorbild. Kiangsi sollte so etwas wie ein Brückenkopf für Gesamtchina werden, aber zunächst ging es natürlich ums nackte Überleben. Als Schwerpunkt hatte man das entlegene Bergland der Provinz gewählt, in das auch die gutausgerüsteten Truppen Tschiangs nur unter großen Mühen vordringen konnten.

Eine Kuomintang-Offensive folgte der anderen, und die Rote Armee mußte das Äußerste wagen, um nicht schon in den ersten Tagen der militärischen Auseinandersetzungen geschlagen zu werden. Indes: hier begann sich Maos Guerilla-Taktik, die er später in den Höhlen von Yenan zu einem ganzen System ausgebaut hat, zu bewähren: »Wenn der Feind vorrückt, ziehen wir uns zurück. Wenn der Feind hält und lagert, beunruhigen wir ihn. Wenn der Feind einer Schlacht auszuweichen versucht, greifen wir an. Wenn sich der Feind zurückzieht, verfolgen wir ihn.«

Die Roten hielten sich recht gut, und vielleicht hätten sie noch länger standgehalten, wenn nicht auf Veranlassung von Parteichef Li Li-san Mao in seinen eigenen Reihen boykottiert worden wäre. Aber Mao gab nicht auf, im Gegenteil. 1931 ernannte er Kiangsi zur chinesischen Räterepublik, und in der Folge konnte er seine Position auch deshalb ausbauen, weil immer mehr Genossen von der Richtigkeit *seiner* Strategie überzeugt waren. Li Li-san, der orthodoxe Kommunist, wurde allmählich an die Wand gedrückt.

Die Probleme waren damit aber nicht gelöst. Tschiang verstärkte seine militärische Pression, unter anderem unterstützt und beraten durch deutsche und amerikanische Militärs, und unternahm eine Reihe von bedrohlichen Einkreisungsfeldzügen um Kiangsi, welche die Lage in der Brückenkopfrepublik von Woche zu Woche bedenklicher gestalteten. Was sollte man in dieser Situation tun? Mao hat wohl nicht lange gezögert und die Theorie vom aktiven Rückzug durchgesetzt.

Am 1. Oktober 1934 traten die Truppen der Roten Armee unter der Führung von Mao und Tschu den legendären Langen Marsch in den Nordwesten Chinas, nach Yenan, an, der sie durch die Provinzen Honan, Kueichou, Yünnan, Sikiang und Kansu führte. Im Laufe dieses Marsches, der eine Distanz von elftausend Kilometern bewältigte und nach Edgar Snows Berechnungen über hunderttausend Menschen das Leben kostete, hielten die Kommunisten in Tsunyi (im Januar 1935) eine Konferenz ab, auf der Mao endgültig zum neuen Führer der Partei ernannt wurde.

»Der Lange Marsch ist ein Feldzug, wie ihn die Geschichte noch nicht gekannt hat. Zwölf Monate lang wurden wir einerseits aus der Luft tagtäglich von Dutzenden Flugzeugen aufgespürt und mit Bomben belegt und andererseits auf dem Boden von einer starken Armee mit hunderttausend Mann eingekreist, verfolgt, aufgehalten und abgeriegelt, und wir stießen unterwegs auf unzählige Schwierigkeiten und Gefahren; wir haben uns aber auf die Beine gemacht und mehr als zwanzigtausend Li zurückgelegt, sind kreuz und quer durch elf Provinzen gezogen. Der Lange Marsch ist ein Propagandatrupp, der die rund zweihundert Millionen zählende Bevölkerung in den elf Provinzen darüber aufgeklärt hat, daß nur der Weg der Roten Armee der Weg zu ihrer Befreiung ist.«

So Mao Tse-tung, der Stratege. Am Ende des Langen Marsches sollte Mao Tse-tung, der Dichter, schreiben: »Der Lange Marsch ist auch eine Sämaschine, die über die elf Provinzen unzählige Samen ausgestreut hat, die aufgehen, grünen, blühen, Frucht ansetzen und in Zukunft die Ernte bringen werden.«

Der Lange Marsch, diese große Bewährungsprobe der Revolution, ist als einer der gewaltigsten militärischen Züge in die Weltgeschichte eingegangen. Hinter dieser Formel verbergen sich Leiden und Entbehrungen, Hunger, Verzweiflung und wieder neuer Mut; dahinter verbergen sich beinahe aussichtslose militärische Auseinandersetzungen mit der Übermacht der Kuomintang-Truppen, die mit unerbittlicher Härte den Revolutionären nachsetzten; dahinter verbergen sich unzählige Heldentaten, die niemand aufgezeichnet hat; und dahinter verbirgt sich auch der Sieg, an den doch alle glaubten, die da durch die trokkenen, endlosen Grassteppen oder die Felder des ewigen Schnees tappten.

Die Truppen hatten nie genug zu essen; ohne die Hilfe der Bevölkerung, die sich ihnen teilweise anschloß, wären noch mehr verhungert, als ohnedies das Leben lassen mußten. Sie zogen durch Gegenden, die nie zuvor ein Mensch betreten hatte, und wenn sie vazierende Nomaden trafen, wurden sie beinahe wie Wilde angestarrt. Sie hatten keine Medizin, und die Pferde, die man aus Kiangsi mitgenommen hatte, wanderten langsam, aber sicher in den Militärkochtopf, wo sie eine dünne Suppe für Tausende abgaben.

Dennoch ist der Lange Marsch ein Heldenepos, die Geschichte von Heldenmut, Solidarität und beinahe übermenschlicher Kraftanstrengung; und er ist die Geschichte jener Großen Hoffnung, die Mao unermüdlich in den Truppen wachhielt. Diese Hoffnung lautete: Wir werden siegen, und der Sieg wird die Befreiung Chinas vom Feudalismus und vom japanischen Imperialismus (der ab 1937 wieder massiv einsetzte) bringen.

Der Lange Marsch ist eine Kette von Heldentaten, die in China heute jedes Schulkind kennt, egal ob es sich dabei um die Feldzüge um Kueitschou oder um die Überquerung des reißenden Tatu-Flusses in Nordwestchina am Rande der Provinz Szetschuan handelt. Diese Flußüberquerung ist zweifellos das aufregendste Stück des Langen Marsches und darum wohl auch durch einen Augenzeugenbericht festgehalten. Der Tatu, ein wilder Bergfluß, wurde in der Nähe der Stadt Luting von einer berühmten Hängebrücke überspannt, die aus zwanzig schweren Eisenketten bestand. Die Ketten waren so dick wie der Durchmesser einer Reisschüssel, und auf der anderen Seite des Flusses, der an dieser Stelle dreihundert Meter breit ist, lag die von Kuomintang-Truppen besetzte Stadt. In Erwartung der Kommunisten hatte der Feind bereits alles bestens vorbereitet: die Holzplanken waren zum größten Teil entfernt, so daß sich in einer Länge von zweihundert Metern nur die Ketten über den reißenden Wassermassen schwangen, die hundert Meter tiefer vorüberschossen. Der Leiter des Angriffes Yang Tschen-wu berichtet:

»Um vier Uhr nachmittags wurde die Offensive begonnen. Der Regimentskommandant und ich selbst leiteten die Operation am Brückenzugang. Alle Trompeten des Regiments bliesen zum Angriff, wir schossen aus allen unseren Waffen. Die Granateinschläge und die Rufe ›Tötet! Tötet!‹ erschütterten das ganze Tal. Die zweiundzwanzig Helden des Stoßtrupps, eine Maschinenpistole oder einen Karabiner in der Hand, einen Säbel auf dem Rücken und zwölf Granaten am Gürtel, stürmten hinter Liao Ta-tschu vorwärts. Sie gingen auf der äußeren Kette und hielten sich an der oberen Kette, die als Geländer diente, fest… Als der Stoßtrupp am anderen Brückenende angekommen war, brach das Feuer am Westtor der Stadt Luting aus. Der Feind wollte unseren Vormarsch durch ein Feuer aufhalten und uns mit seinem Artilleriefeuer vernichten. Der halbe Himmel rötete sich, die Brücke verschwand in einer dicken Rauchwolke.

Das war ein entscheidender Moment. Vor dem brennenden Stadttor schienen unsere zweiundzwanzig Helden zu zögern. Die Männer rund um den Regimentskommandanten und ich rief ihnen zu: ›Genossen, der Sieg hängt jetzt von diesem Augenblick ab!‹

›Greift an, habt keine Angst vor dem Feuer!‹

›Wartet nicht! Der Feind ist verloren! Schießt!‹

Bei diesen Rufen fanden unsere Helden die Kraft, ihren Mut und ihre Entschlossenheit wieder... Nach zweistündiger erbitterter Schlacht war die Mehrzahl der Feinde getötet und der Rest auf der Flucht. In der Abenddämmerung waren alle unsere Truppen im Stadtinnern, und die Brücke war unter unserer Kontrolle.«

Das war ein großartiger Sieg, wie die Welt heute weiß. Aber waren es nicht auch großartige Siege, die sie in der Einsamkeit und Weite des Landes über ihre Feinde und über sich selbst erfochten? Edgar Snow, von dem die ausführlichste Reportage über die Taten der Roten stammt (in seinem ungemein reichen Buch *Roter Stern über China*), hat auch das gesehen.

»In den Grasländern gab es zehn Tage lang keine menschlichen Behausungen. Fast ununterbrochener Regen fällt in diesem Sumpfland, deshalb konnte man das Zentrum dieses Gebiets nur durch einen Irrgarten enger Fußpfade durchqueren, die nur den eingeborenen Bergbewohnern bekannt waren, die die Roten führten. Die Verluste an Tieren und Menschen stiegen. Viele brachen im unheimlichen Meer nassen Grases zusammen und verschwanden in den Tiefen des Sumpfes außerhalb der Reichweite ihrer Kameraden. Es gab kein Feuerholz, sie mußten ihren Weizen grün und ihr Gemüse roh essen. Es gab keine schützenden Bäume, und die nur leicht ausgerüsteten Roten hatten keine Zelte. In der Nacht kauerten sie unter zusammengebundenem Strauchwerk, das nur einen kärglichen Schutz gegen den Regen bot. Aber auch diese Bewährungsprobe überstanden sie siegreich, jedenfalls besser als die Weißen Truppen, die sie verfolgten, sich verirrten und mit nur einem Bruchteil intakter Truppen zurückkehrten. Die Rote Armee erreichte nun die Kansu-Grenze. Immer noch lagen mehrere Schlachten vor ihnen; jede Niederlage konnte endgültig über ihr Schicksal entscheiden. Weitere Nanking-, Tungpei- und Moslem-Truppen hatte der Feind in Süd-Kansu mobilisiert, um sie aufzuhalten; aber sie brachten es irgendwie fertig, alle diese Blockaden zu durchbrechen... Fußkrank, müde und an der Grenze dessen, was Menschen ertragen können, erreichten sie schließlich Nord-Shensi gerade unterhalb der Großen Mauer. Am 20. Oktober 1935, ein Jahr nach dem Aufbruch in Kiangsi, verband sich die Vorhut der Ersten Frontarmee mit der Fünfundzwanzigsten, Sechsundzwanzigsten und Siebenundzwanzigsten Roten Armee. Es waren weniger als zwanzigtausend Überlebende, die sich dort zusammenfanden und sich die Bedeutung ihrer Leistung vergegenwärtigten.«

Es begann die Periode der langen Einsamkeit in der Höhlenstadt Yenan; es begann für Mao auch die Zeit der intensiven theoretischen Arbeit. Hier entstanden seine wichtigsten theoretischen Schriften zur Guerillataktik und zur Strategie der Revolution in unterentwickelten Ländern. Von hier aus schuf er sich aber auch die Basis für alle weiteren politischen und militärischen Unternehmungen. Zwar gingen er und seine Partei 1937 eine Zweite Einheitsfront mit der Kuomintang ein, um den Bestand der Nation gegenüber der japanischen Aggression zu sichern, aber das Ziel blieb nach wie vor die Eroberung der Macht über ganz China. Hier kam den Roten zweifellos der »Sämaschinen-Effekt« des Langen Marsches zugute. Waren Kommunisten zu Beginn der zwanziger Jahre noch weitgehend unbekannt, weil unbedeutend, so hatten sie sich im Gegensatz zur Kuomintang, die sich ständig und stetig von den Zielen Sun Yat-sens entfernte, eine breite soziale Basis geschaffen, die den Sieg in den Bereich des Möglichen rückte.

Durch den Langen Marsch und die Standhaftigkeit ihrer Bemühungen hatten sich die chinesischen Kommunisten die Gunst des Schicksals verdient. Sowohl die Japaner als auch das Kriegsende 1945 erwiesen sich Mao und seinen Mitstreitern als günstig, während Tschiang Kai-shek von der Masse der Arbeiter, ja des ganzen Volkes als mitverantwortlich für alles Unglück angesehen wurde, das China seit den dreißiger Jahren heimgesucht hatte.

Als Japan aufgeben mußte, waren plötzlich auch Waffen im Land, die Kommunisten bekamen sie an allen Fronten schneller in die Hand als die Nationalchinesen, ja Tschiangs kampfunlustige Soldaten, die nach ihren Familien verlangten, verkauften nicht selten die Ausrüstung ganzer Kompanien an die Kraft, die als einzige nicht kompromittiert war, die als einzige den Chinesen eine Zukunft versprechen konnte.

Trotz rücksichtsloser, ja verzweifelter Rekrutierungen läßt sich schon um die Jahreswende 1948/49 erkennen, daß Tschiangs Truppen zur Verteidigung der Hauptstadt Peking nicht ausreichen. Die kommunistische Armee zieht sich beinahe ungehindert um die Stadt zusammen, wie dies chinesische Rebellen-Armeen schon so oft getan haben, und die Eingeschlossenen verharren in der alten Kaiserstadt ebenso paralysiert wie vor ihnen die Monarchen der alten Dynastien. Für die wenigen Plätze in ausfliegenden Passagiermaschinen werden Unsummen geboten, bis sich im Januar 1949 Resignation ausbreitet, ja erste Hoffnungen aufkeimen: Eine Proklamation hat das Ende der Feindseligkeiten angedeutet, aber auch die Schonung der Stadt, ihrer Einwohner, Einrichtungen und Gebäude.

Der große Wandel kommt so unhörbar, als dämpfe der Januarschnee selbst den Klang der Abschüsse und Einschläge, und doch ist die Dramatik, ist die geheime Spannung in dem großen Geschehen ungeheuer. »Der sogenannte Eiserne Vorhang fiel nahezu geräuschlos vor Pekings politischer Bühne«, telegraphiert der Schweizer Journalist Walter Bosshard am 25.1.1949 an sein Blatt. »Wer die Entwicklung nicht aufmerksam verfolgte, kann selbst heute den erfolgten Regimewechsel kaum feststellen. Die Manöver um die Übergabe Pekings an die Kommunisten stellen ein klassisches chinesisches Spiel dar, das niemand das Gesicht verlieren ließ und das zugleich die Stadt vor Schaden bewahrte, so daß heute die Bevölkerung vielleicht in verfrühter Begeisterung auf den Einzug der neuen Herren wartet.«

Mao Tse-tung hat gelernt, er hat als Junge schon die Geschichte von den Drei Reichen gelesen, und er hat in der Einsamkeit von Yenan Muße gehabt, den Taiping-Aufstand zu studieren. Er weiß, daß China im Süden gärt, aber im Norden regiert wird; er weiß, daß der Visionär Hung seinen entscheidenden Fehler damit beging, sich auf Nanking zu beschränken, statt nach Peking zu marschieren. Darum stehen die Kommunisten nun, ausgerüstet mit japanischen, amerikanischen und alten sowjetischen Waffen, vor der Stadt, von der sie seit zwanzig Jahren träumen. Allein dieser Sieg sagt über Mao schon sehr viel aus, denn er kommt wohl in erster Linie daher, daß Mao stets von der Richtigkeit seines Zieles und seiner Methoden überzeugt war. Unbeirrbar hat der Landmann aus Honan so lange weitergekämpft, bis die Eroberung von Peking ihm die Chance bot, auch ein so großes Volk wie das chinesische von diesem alten Zentrum aus von der Richtigkeit dieser Gedanken, dieser Ziele und dieser Methoden zu überzeugen. Man müsse sich, sagte Mao noch kurz vor der Proklamation der Volksrepublik, immer nach einer Seite neigen, entweder nach der Seite des Imperialismus oder nach der Seite des Sozialismus. Nichts sei gefährlicher, als einfach auf dem Zaun zu sitzen, denn: »Der wahre Fortschritt, der die Welt der Menschen regiert, liegt in der radikalen Veränderung.« Die Revolution hatte eine neue Stufe erreicht.

Auf dem Weg zur großen Harmonie

Als Mao Tse-tung am 1. Oktober 1949 auf dem Platz des himmlischen Friedens in Peking stand und formell die Volksrepublik China verkündete, sprach er auch von China als dem unbeschriebenen Blatt. Er sei entschlossen, ein flammendes Gedicht darauf zu schreiben; die Chinesen müßten sich auch vor Augen halten, daß ihre Revolution ein Modell sein müsse für alle Länder und Völker, die sich in einer ähnlichen Situation befänden wie China zwischen den Revolutionen. Die Volksrepublik solle nicht nur eine neue Form der politischen Ordnung darstellen; sie berge die Voraussetzungen für eine neue Gesellschaftsordnung und damit für einen neuen Menschen in sich. Die Revolution sei 1949 nicht vollendet, sondern zunächst nur auf eine neue Ebene gehoben worden; viele müßten noch folgen, um das Ziel, den Kommunismus, zu verwirklichen.

Gut zwanzig Jahre später besuchte der italienische Schriftsteller Alberto Moravia die Volksrepublik. Nach seiner Rückkehr antwortete er auf die Frage, was ihm am meisten aufgefallen sei: »Die Armut.« Welch ein Widerspruch zwischen Anspruch und Wirklichkeit, möchte man meinen; welch ein Mißverständnis des Maoismus, muß man ergänzen. Mao hat niemandem in China versprochen, ihn reich zu machen; ein Fahrrad ist auch heute noch ein beinahe unerschwinglicher Besitz. Mao versprach zugleich weniger und mehr: Zunächst sollte es niemanden mehr geben, der hungerte; keine Analphabeten; keine reichen Unterdrücker; keine allmächtige Bürokratie; keinen über alle Kritik erhabenen Parteiapparat.

Viele dieser Vorhaben sind mehr oder weniger durchgeführt, andere nicht. China, das wegen seiner Größe und Menschenmassen oft als unregierbares Land bezeichnet worden ist, ist geeint – und eines dieser einigenden Bande ist das, was man Maoismus oder die Gedanken Mao Tse-tungs nennt. Mao hat es vermocht, das durch die Abschaffung des Konfuzianismus gerissene Loch mit einer neuen Theorie zu füllen, die jedoch mehr sein wollte als eine Weltinterpretation: sie sollte und soll einen wesentlichen Beitrag zur Veränderung der Welt, des Menschen und der Natur leisten.

Jedem China-Besucher fallen unzählige Wandzeitungen, Mao-Bücher lesende Studenten, diskutierende Arbeiter, Parolen auswendig schreiende Kinder auf – fürwahr ein merkwürdiges Bild, das den Eindruck einer totalen Politisierung der chinesischen Gesellschaft vermittelt. Kein Wunder also, wenn Klaus Mehnert auf seiner China-Reise kurz nach dem Ende der Kulturrevolution immer wieder gesagt wurde, man tue alles um der Ehre des Vaterlandes und des Großen Steuermannes Mao Tsetung willen. Kein Wunder aber auch, daß sich immer wieder Widerstand gegen diese geistige Fortsetzung der Revolution in China mobilisierte, ja nach Maos Tod im September 1976 deutlicher akzentuierte.

Wie Marx kennzeichnet Mao ein konsequentes Desinteresse an reiner Theorie, was ihm im Zusammenhang mit seiner bäuerlichen Herkunft immer wieder vorgehalten wurde. Er hat sich selbst darüber Rechenschaft abgelegt, als er 1963 fragte: »Woher kommen die richtigen Ideen der Menschen? Fallen sie vom Himmel? Nein. Sind sie dem eigenen Gehirn angeboren? Nein. Die richtigen Ideen der Menschen können nur aus der gesellschaftlichen Praxis herrühren, nur aus dem Produktionskampf, dem Klassenkampf und dem wissenschaftlichen Experiment – diesen drei Arten der gesellschaftlichen Praxis.« Diese Verbindung von Theorie und Praxis, kennzeichnend für den ganzen Maoismus wie auch für den chinesischen Weg zum Sozialismus, hatte sich in der Zeit des Bürgerkriegs wie auch in der Periode der Einheitsfront bewährt. In der nun folgenden Zeit der Volksrepublik indes hat sich wiederholt erwiesen, daß Mao mit seiner Hoffnung, das kommunistische Endziel und damit den kommunistischen neuen Menschen möglichst bald zu erreichen, allzuoft über das Machbare der Praxis hinausvisiert hat, und er selbst ist es gewesen, der dafür wiederholt zur Rechenschaft gezogen worden ist.

Im Gegensatz zu Marx und Engels, die die Klassenverhältnisse aus objektiv vorgegebenen ökonomischen Verhältnissen ableiteten, entwickelte Mao die Theorie, der Klassencharakter sei wesentlich vom Bewußtsein des einzelnen abhängig, und also bestimme nicht das Sein das Bewußtsein, sondern umgekehrt: das Bewußtsein bestimme das gesellschaftliche Sein. Konkret kann das heißen, daß es selbst in einer sozialistischen Gesellschaftsordnung Klassenunterschiede, weil Klassenfeinde geben kann, denen durch Selbstkritik einerseits und die permanente Bewußtseinsrevolution andererseits zu begegnen sei. Die 1965 eingeleitete Kulturrevolution sollte nach Maos Verständnis nur *eine* Revolution von vielen kommenden sein, um die Gesellschaft von ihren antagonistischen Widersprüchen zu befreien. Der chinesische Revolutionär, wie Mao ihn verstand, ist ein permanenter Revolutionär; die Revolution ist der Inhalt seines Lebens. Der Mao-Biograph Schram hat darauf hingewiesen, daß die Theorie der ununterbrochenen Revolution »zutiefst den grundlegenden Zügen von Maos Persönlichkeit« entspricht: »Sie erwuchs aus dem prometheischen Drang, die Natur zu unterwerfen, aus dem leidenschaftlichen Bedürfnis, den Menschen zu wandeln, aus jener seltsamen Mischung von humanistischen und totalitären Motiven.« Noch der zweiundachtzigjährige Parteivorsitzende erklärte seinem Besucher Helmut Schmidt nicht ohne Stolz: »Ich bin eine Kämpfernatur.«

Maos Theorie der permanenten Revolution verfolgt zwei Ziele: die schnelle Umgestaltung der Gesellschaft und die Umwandlung der Natur, und beide stehen in einer engen Verbindung zueinander, die Mao in seinen berühmten Schriften über den Widerspruch noch verstärkt hat. Genaugenommen taucht der Begriff Widerspruch nur in zwei Titeln von Maos Schriften auf, aber die Theorie selbst zieht sich wie ein roter Faden durch sein ganzes Denken und also auch durch sein Werk. Die Welt ohne Widerspruch wäre für Mao das Reich des Todes, nicht des Lebens. Da er diese Gedanken jedoch in erster Linie in Richtung auf die Praxis denkt, bedeutet das, daß Mao den Widerspruch als Bestandteil der permanenten Revolution begreift, denn der Widerspruch ist ebenso ewig und unendlich, wie die Revolution ewig und unendlich ist.

Mao ging es also nicht darum, den Widerspruch als solchen zu vernichten; seine Politik nach 1949 versuchte viel eher, die Klassenwidersprüche in der Gesellschaft zu eliminieren. Dazu brauchte er sowohl eine Agrarreform in den Gebieten, die bislang von der Kuomintang verwaltet worden waren, wie auch den Beginn einer allmählichen Industrialisierung. Im Bildungssystem wurde vom amerikanischen System auf das sowjetische umgeschaltet und der Erziehung der Massen immenser Wert beigemessen.

Es ist unbestreitbar, daß die Kommunisten in wenigen Jahren unglaubliche Erfolge vorweisen konnten, die auch dann beispiellos sind, wenn man den Preis dieser Erfolge mitberücksichtigt: also jenen Blutzoll, der in China auch nach 1949 zu zahlen war. Daß niemand mehr verhungerte, daß die Seuchen durch die Einführung eines neuen ärztlichen Versorgungssystems – die sogenannten Barfüßerärzte – gebannt wurden, daß die Alphabetisierung in wenigen Jahren einen vollen Erfolg melden konnte, das war schon etwas und verdeckte manche Schwächen des Systems, die erst später beim Namen genannt werden konnten.

Die Chinesen waren immerhin wach genug, um über all diesen Erfolgen auch die Probleme zu sehen. Eines davon war die Frage, ob Maos Gedanken, diese »geistige Atombombe« (Alain Peyrefitte), wirklich gezündet hatten. Da durfte man durchaus skeptisch sein, zumal sich die chinesische Politik, aus inneren und äußeren Gründen, mehr als genug am sowjetischen Vorbild orientiert hatte. Obwohl Industrie und Landwirtschaft bereits Mitte der fünfziger Jahre voll sozialistisch verwaltet wurden und die Kommunistische Partei auf eine intensive agitatorische Tätigkeit in der chinesischen Gesellschaft zurückblicken konnte, blieb es für die Spitzen in Partei und Staat augenscheinlich, daß noch eine ganze Reihe bürgerlich-kapitalistischer Bewußtseinsinhalte tradiert wurden. Welche Folgen solche versäumten Bewußtseinsveränderungen haben konnten, lasen die Chinesen zwar erst ab dem Jahr 1966 in der Parteizeitung *Honggi,* also mitten in der Kulturrevolution, worin über das negative Beispiel Sowjetunion vermerkt war: »Nach der Errichtung sozialistischer Produktionsverhältnisse versäumte es die Sowjetunion, ernsthaft eine proletarische Kulturrevolution durchzuführen. Die bürgerliche Ideologie nahm überhand und korrumpierte die Gehirne der Menschen. Sie untergrub unmerklich die sozialistischen Produktionsverhältnisse. Nach Stalins Tod wurde die öffentliche Meinung durch die Gruppe der Chruschtschow-Revisionisten offener im konterrevolutionären Sinne geformt.«

Damit war die chinesische Position klar: die Sowjetunion hatte versäumt, zur Revolution an der Basis eine zweite im Bewußtsein der Menschen zu gesellen; deshalb habe sie den Anspruch, Führungsmacht im internationalen sozialistischen Lager zu sein, verwirkt.

Alles, was sich in China nach 1949 in den Bereichen Politik, Wirtschaft und Kultur abspielte, läßt sich unter dem Stichwort *Zwei Linien* zusammenfassen: die eine, von Mao geführte, vertrat die Auffassung, Ziel des sozialistischen Aufbaus müsse die Schaffung der kommunistischen Gesellschaft sein; die andere, pragmatische Richtung lief darauf hinaus, nach der Periode der Revolution nun die des friedlichen Aufbaus einzuleiten. Beide Richtungen haben einander immer wieder bekämpft. Zu Lebzeiten Mao Tse-tungs ist es ihm, nimmt man alles in allem, gelungen, seine Linie durchzusetzen, wenngleich sie durchbrochen war von einer Periode der allmählichen Entmaoisierung: er hat sich gegen den Pragmatiker Liu Shao-chi durchgesetzt, gegen Teng Tsiao-ping. Den Pragmatiker Tschou En-lai, den Waffengefährten aus der Zeit des Langen Marsches, hat er stillschweigend gewähren lassen. Nur: wie verhalten sich »die Chinesen« dazu? Ist nicht trotz ideologischer Kleinarbeit und agitatorischer Kampagnen die Vermutung angebracht, daß China wie der Durchschnittschinese auf die Dauer nicht bereit und in der Lage ist, ständig auf den Höhen der politischen Askese und der Revolution zu wandeln? Setzt sich nicht doch eines Tages der Genosse Trend oder die menschliche Natur oder wie immer man es nennen will durch? Die Chinesen wissen es möglicherweise selbst nicht und antworten mit einem Vielleicht oder Vielleicht nicht...

Der durch Chruschtschows Geheimrede auf dem XX. Parteitag der Kommunistischen Partei der Sowjetunion 1956 eingeleitete Prozeß der Entstalinisierung hat in vielen sozialistischen Ländern, vor allem in Polen und Ungarn, zu der vorschnellen Auffassung geführt, damit werde eine Phase der innenpolitischen Liberalisierung eingeleitet. Der ungarische Volksaufstand vom gleichen Jahr wurde mit Hilfe sowjetischer Panzer zerschlagen. Obwohl Ungarn sehr weit weg war, fragte sich auch Mao, ob sich nicht etwas Ähnliches in China ereignen könnte. Wie wäre dem zu begegnen? Und was könnte man tun, um die Voraussetzungen eines solchen Volksaufstandes zu beseitigen?

Mao antwortete auf diese Fragen mit einer seiner berühmten Reden: Am 27. Februar 1957 sprach er *Über die richtige Behandlung von Widersprüchen im Volke*. Die theoretischen Positionen dieses Referats spielen hier keine Rolle; entscheidend ist, daß Mao, um zu verhindern, daß sich Widersprüche zwischen die Partei und die revolutionären Massen schöben, zu einer umfassenden Kritik und offenen Diskussion der Parteipolitik aufforderte. Das war einmalig. Einmalig war aber auch die Reaktion in der chinesischen Gesellschaft auf Maos Aufruf: »Laßt hundert Blumen blühen, laßt hundert Denkrichtungen miteinander streiten!«

Diese Hundert-Blumen-Kampagne von 1957 eröffnete eine ganze Welle der Kritik, die weit über das hinausging, was Mao vermutet haben mag. Da gab es nicht nur Leute, die in voller Freiheit ihren Unmut über die chinesische Innenpolitik der letzten Jahre äußerten; entscheidender, weil gefährlicher für das System war, daß sich einige der Blumen als ausgesprochen stachelige Kakteen entpuppten: die Pressezensur wurde beklagt, die Bevormundung der Hochschullehrer durch die Parteikader, die Übermacht des Staatsapparats, und schließlich wagten sich sogar Stimmen hervor, die die Absetzung Mao Tse-tungs als Konsequenz seiner falschen Politik forderten. In Wuhan forderten Studenten die Rückkehr Tschiang Kai-sheks und zerschlugen das örtliche Parteibüro.

Das alles hatte die Partei und hatte Mao nicht erwartet. Was sollte man in einer so schwierigen Situation tun, die ja doch mit aller Deutlichkeit zeigte, daß das kommunistische System in China durchaus nicht von allen Bevölkerungsschichten toleriert, geschweige denn akzeptiert wurde? Immerhin war Maos Position in der Partei so stark, daß er seinen Vorschlag, die Flucht nach vorn anzutreten, in die Tat umsetzen konnte; das heißt, er ließ die Kritik an seiner Person als Rechtsopportunismus brandmarken und schlug eine Politik der Linksorientierung in Richtung auf die Fortsetzung und Vollendung der Revolution ein.

Was folgte, war eine Experimentierphase, die China zeitweise an den Rand des wirtschaftlichen und politischen Ruins führte. Im Grunde aber war sie nichts anderes als das typische Produkt des revolutionären Parteiführers, der seinem Volk mit seiner mehrmaligen Überquerung des Jangtse (1965) gezeigt hatte, daß seine Willenskraft ungebrochen war.

Die »rechtsopportunistischen Auswüchse« der Hundert-Blumen-Kampagne wurden mit allen Mitteln gekappt – an die Stelle der Liberalisierung traten Reglementierung und teilweise auch Terror. Aber das reichte offenbar nicht aus. Innerhalb der Kommunistischen Partei Chinas wurden heftige Diskussionen über die neue Generallinie der Politik geführt, und auf dem zweiten Plenum des VIII. Parteitages im Mai 1958 setzte sich Mao voll durch. Er verkündete eine neue Phase der gesellschaftlichen Entwicklung, propagierte voller Enthusiasmus die Nähe des kommunistischen Zeitalters und läutete somit die Politik der *Drei Roten Banner* ein. Zwar weiß man heute, daß Mao mit heftigem Widerstand zu kämpfen hatte, unter anderem personifiziert durch die Parteifunktionäre Liu Shao-chi, Teng-Hsiao-ping und Marschall Peng Te-huai – die alle später politisch kaltgestellt wurden –, aber letzten Endes haben ihm der Partei- und Staatsapparat zugestimmt, um den Bestand des Staates nicht zu gefährden.

Die Politik der Drei Roten Banner wäre unverständlich ohne den Hinweis auf Maos stürmische Sehnsucht nach der Verwirklichung des Kommunismus. Nach dem Debakel der Hundert-Blumen-Kampagne wollte er China möglichst rasch aus der Phase des Sozialismus in die des Kommunismus hinüberführen, und dazu pflanzte er die Drei Roten Banner auf: Generallinie, Großer Sprung nach vorn und Volkskommunen.

Die Generallinie sollte ein Mischsystem zentraler und dezentralisierter Verwaltung der Wirtschaft etablieren. Gleichzeitig wollte man die landwirtschaftliche Produktion, aber auch die Produktion von Industrieerzeugnissen fördern. Immerhin propagierte ja der Große Sprung, die nationale Volkswirtschaft Chinas wolle bis 1972 die Pro-Kopf-Erzeugung Großbritanniens an schwerindustriellen Produkten ein-, wenn nicht gar überholen. Ein gigantisches Vorhaben, ein gigantischer Irrtum.

Im ganzen Land wurden, um die Stahlerzeugung sicherzustellen, Hinterhofhochöfen aufgebaut, in denen Wohn- und Produktionsgemeinschaften, ja auch Schulen Altmetall einzuschmelzen versuchten. Zunächst hatte es den Anschein, als sollte diese Stahlkampagne erfolgreich sein, aber bald stellten sich die Nachteile des Hochofenprojektes ein: Es wurden Unmengen an Brennmaterial verfeuert, die Bevölkerung erlitt durch den ständigen Rauch gesundheitliche Schäden, und schließlich wußte niemand so recht, wohin mit dem eingeschmolzenen Metall: die Organisation klappte also wieder einmal nicht.

Erfolg und Nichterfolg des Großen Sprungs nach vorn entschieden sich jedoch nicht im Bereich der Produktion, sondern an der Entwicklung des dritten roten Banners, der Volkskommunen. Die Parteizeitungen propagierten neue Formen des mitmenschlichen Zusammenlebens und der Zusammenarbeit. Die alte Form der Familienstruktur sollte zugunsten des Kommunesystems abgeschafft werden. Im ganzen Land wurden unter der Parole »Übergang zum Kommunismus« Volkskommunen eingerichtet, in denen je etwa fünftausend Haushalte zusammengefaßt waren. Alles sollte gemeinschaftlich getan und verantwortet werden, von der Bewältigung der Verwaltungsaufgaben bis zur Kindererziehung, von der täglichen Arbeitsleistung bis zur Freizeitgestaltung. Die Individualität des Menschen sollte zugunsten seiner Sozialität zurückgeschraubt und schließlich ganz aufgehoben werden. Modellkommunen wurden errichtet, die sich eigene Verfassungen gaben; Produktionsbrigaden zeigten, daß Einigkeit stark machte, und insgesamt gesehen hatte man zunächst durchaus den Eindruck, der Große Sprung könne gelingen.

Aber das Tempo der Umstrukturierung war viel zu schnell gewesen. Noch Ende 1958 zeigte sich der Parteiführung, daß in manchen Provinzen statt der Selbstverwaltung das Chaos herrschte. Zu leiden hatten vor allem diejenigen, die nicht am Produktionsprozeß teilnehmen, also die Kinder und die Alten. In den Kindergärten fehlten Öfen, die alten Leute hatten keine Mäntel, das Personal in den Altersheimen konnte die unhygienischen Zustände nicht beseitigen und so weiter. Aber es kam noch schlimmer. An die Stelle der Drei Roten Banner traten die drei bitteren Jahre, die China in eine Wirtschaftskrise warfen, und das bedeutet bei einem Land mit einer so immensen Bevölkerungszahl: in eine große Hungersnot. Was sich also zunächst so gut angelassen zu haben schien, mündete in eine nationale Katastrophe. Und wieder begann die Suche nach den Schuldigen.

Wie stets, bekamen erst die kleinen Parteifunktionäre ihre Prügel ab. Aber das reichte nicht aus, um wieder Herr der Lage zu werden. So rang man sich in der Führung der Kommunistischen Partei Chinas zu einer Generaldebatte durch, dem später berühmt gewordenen Wuhan-Plenum. Man stellte es den Kommunen frei, ob sie weiterarbeiten oder sich auflösen wollten. Unter dem freundlichen Stichwort Readjustierung wurde nichts anderes unternommen als eine Generalrevision der von Mao selbst eingeleiteten Politik. Auch der Vorsitzende selbst mußte da einige Federn lassen. Zwar verschonte man ihn bis auf Ausnahmen mit einer Generalabrechnung, aber die Tatsache, daß er das Amt des Staatspräsidenten an Liu Shao-chi abgab und daß der konservative Marschall Peng Te-huai sich erlauben konnte, eine recht unverhüllte Kritik am Vorsitzenden Mao zu üben, das alles deutet darauf hin, daß Mao gerade noch mit einem blauen Auge davongekommen war. Sein hochfliegender Optimismus, sein Idealismus hatten Schiffbruch erlitten.

Was folgte, waren nicht nur für Mao, sondern auch für ganz China bittere Jahre. Auf der Parteikonferenz von Lushan im Jahre 1959 mußte sich Mao noch einmal in das Sperrfeuer der Kritik begeben, als Verteidigungsminister Peng ihn in einem offenen Brief mit aller Schärfe kritisierte. Zwar konnte es Mao, vermutlich weil er die Vertrauensfrage stellte, erreichen, daß der Verteidigungsminister abgewählt wurde und auf einem Staatsgut verschwand, aber er mußte sich mit einem Kompromiß mit Liu Shao-chi, dem Pragmatiker, und Teng Hsiao-ping, dem ebenfalls pragmatisch orientierten Parteigeneralsekretär, zufriedengeben. Die zwei Linien der chinesischen Politik hatten sich wieder mit aller Deutlichkeit gezeigt, nur daß es diesmal die Pragmatiker waren, die sich mit ihrer Politik des allmählichen Wachstums durchsetzten, während Mao für eine Zeitlang von der Bildfläche verschwand. In China begann eine Phase der entmaoisierung, die erst durch die Ereignisse der Großen Proletarischen Kulturrevolution unterbrochen werden konnte.

Es war die Politik Lius, die das Antlitz des revolutionären China in den folgenden Jahren prägte. Gemäß der später berühmt gewordenen These Tengs: »Egal, ob die Katze schwarz oder weiß ist, Hauptsache, sie fängt Mäuse« sollte nicht die Fortsetzung der Revolution Ziel der Politik sein, sondern der Aufbau der nationalen Volkswirtschaft zur internationalen

Konkurrenzfähigkeit. Dazu brauchte man Ruhe, Kontinuität, Technologie, Geld, aber keine Springer, keine Revolutionäre. Liu, der stets zum vorsichtigen Kompromiß mit Mao bereit war, organisierte die Zusammenarbeit der »Rechten« innerhalb der Partei, besetzte viele Stellen in der Verwaltung und Bürokratie neu und kümmerte sich zunächst wenig darum, daß mit der Ernennung Lin Piaos zum neuen Verteidigungsminister ein Mann auf die politische Bühne trat, der bald als designierter Nachfolger Mao Tse-tungs bezeichnet wurde. In der Kulturrevolution sorgte er mit Hilfe der Volksbefreiungsarmee für Ordnung. Schließlich aber, 1971, wurde er angeblich bei einem Putschversuch gegen Mao ertappt und kam auf der Flucht ums Leben...

Der Große Sprung war ein Sprung in die Illusion gewesen, der der chinesischen Bevölkerung viel Leid und Unannehmlichkeiten gebracht hat. Wer jedoch meinte, Mao sei damit endgültig als Großer Steuermann disqualifiziert, mußte Mitte der sechziger Jahre erkennen, daß dieser nach wie vor bereit und in der Lage war, seine Vorstellungen durchzusetzen. Geholfen hat ihm dabei die Jugend Chinas, die nach dem Ende des Bürgerkriegs geboren war. Sie wußte von der Revolution nichts, als daß sie ein großes Ziel habe – die Große Harmonie.

Von Mao stammt der nicht eben originelle, aber zutreffende Satz über die chinesische Jugend: »Die Welt ist euer, wie sie auch unser ist, doch letzten Endes ist sie eure Welt. Ihr jungen Menschen, frisch und aufstrebend, seid das erblühende Leben, gleichsam die Sonne um acht Uhr oder neun Uhr morgens. Unsere Hoffnungen ruhen auf euch. Die Welt gehört euch, Chinas Zukunft gehört euch.«

Wer so redet, weiß, daß seine Zeit gekommen ist. Seit Mitte der sechziger Jahre rissen Äußerungen Maos nicht mehr ab, in denen er an sein baldiges Ende erinnerte; Edgar Snow gegenüber meinte er: »Ich werde bald Gott sehen.« Das war im Januar 1965; im November 1975, ein knappes Jahr vor seinem Tod, sagte er zu seinem Gast Helmut Schmidt: »Ich habe bereits eine Einladung von da oben erhalten.« Wer wird sein Erbe sein, und wie wird er dieses Erbe verwalten? Das waren Fragen, die den alten Revolutionär beunruhigten und zu neuen Taten schreiten ließen, die China erneut in einen Sturm trieben und an den Rand des Chaos. Zusammen mit der chinesischen Jugend versuchte er, das Land aus der durch Liu (dem später als »abscheulichen Verräter der Revolution und chinesischen Chruschtschow« gebrandmarkten Staatspräsidenten) eingeleiteten Restaurationsphase herauszureißen und erneut in revolutionäre Bewegung zu bringen. Das Mittel dazu war die Kulturrevolution, eigentlich *Große Proletarische Kulturrevolution,* die Fortsetzung der 4.-Mai-Bewegung nach fünfzig Jahren.

Nach Mao ist die Kulturrevolution keine isoliert zu sehende Erscheinung, sondern der organische Bestandteil der politischen, gesellschaftlichen und ökonomischen Entwicklung. Sie ist ein Stadium der ununterbrochenen Revolution. Mit ihr sollte das Ende der Entmaoisierung und der Restauration eingeleitet und zugleich der kollektive Nachfolger Maos, die revolutionäre Jugend, für die Aufgaben der Zukunft vorbereitet werden. Das *Rote Buch*, von Lin Piao aus den Schriften Maos zusammengestellt, wurde zum Leitfaden der sozialistischen Entwicklung des Landes und zur Voraussetzung aller Teilbereiche des gesellschaftlichen Lebens. Bis es soweit war, mußte das Haus erst einmal gründlich umgebaut und der Schmutz der Vergangenheit beseitigt werden.

Nach Maos eigenen Angaben beherrschte die Kommunistische Partei Chinas im Oktober 1948 etwa fünfunddreißig Prozent der gesamten chinesischen Bevölkerung. In den Städten waren die Prozentzahlen sogar noch niedriger. Als ein Jahr später die Volksrepublik gegründet wurde, waren die Widersprüche da: Um die Ordnung einigermaßen aufrechterhalten zu können, war die Partei gezwungen, die alte Kuomintangverwaltung in der Wirtschaft, aber auch im Erziehungs- und Bildungswesen zu übernehmen. Die übernommenen Funktionäre und Beamten waren ideologisch und auch sonst unzuverlässig, und sie bildeten für den Fortbestand des Sozialismus in China eine nicht zu unterschätzende Gefahr. Mao hat das selbst gesehen und in dem Referat über die Lösung der Widersprüche klar formuliert.

Auf seine Weisung hin sollten die Jugendlichen zu tüchtigen Funktionären für alle Erfordernisse ausgebildet werden – die politische Unterweisung blieb auf der Strecke. Zwar wurden Verhaltensmaßregeln für Mittelschüler erlassen, aber die Jugendlichen sahen sich um ihren revolutionären Auftrag betrogen und inszenierten noch 1957, also in der Hundert-Blumen-Zeit, einen Anti-Partei-Sturm, der in die Annalen der Volksrepublik eingegangen ist. In einer Massenbewegung wollten die Jugendlichen das alte Bildungssystem zerschlagen, aber die Partei kam ihnen mit der Umwälzung des Bildungswesens noch 1958 zuvor. Von nun an wurde als oberstes Ziel die Hebung des sozialistischen Bewußtseins bezeichnet; Hand- und Kopfarbeit sollten chancengleich eingestuft werden; und überhaupt bemühte man sich um eine neue Verbindung von theoretischer und praktischer Unterweisung. Damit schienen die Spannungen zwischen den Jugendlichen und der Partei abgebaut.

Die ideologische Entspannung dauerte aber nur bis zum September 1962, als Mao auf dem zehnten Plenum des VIII. Parteitages erneut zum Klassenkampf aufrief. Er erklärte, Demokratie sei lediglich ein Mittel, und die Freiheit müsse mit Disziplin verbunden sein. Die Erziehung zum Klassenkampf sei so lange notwendig, bis das Stadium des Kommunismus erreicht wäre. Gerade den Jugendlichen komme die Aufgabe zu, den Klassenkampf zu mobilisieren, denn sie hätten die Erfahrungen der Revolution und des Langen Marsches ja nicht gemacht; sie müßten ihre eigenen revolutionären Erfahrungen sammeln.

Es wäre falsch anzunehmen, daß alle jungen Chinesen Mao begeistert gefolgt sind, im Gegenteil! Eine zahlenmäßig nicht erfaßbare Gruppe interessierte sich beispielsweise weniger für die Revolution als vielmehr für Blue Jeans und Transistorradios aus Hongkong – und das zu einer Zeit, wo der Staatspräsident Liu ebenfalls das Prinzip der Produktivität zur Aufgabe Nummer eins erklärt hatte. Erst als die Roten Garden, vermutlich aus einer Schüler- und Studentengruppe in Peking hervorgegangen, auf den Plan traten, schienen die Voraussetzungen gegeben, sowohl die rechten, revisionistischen Politiker als auch die abweichlerischen, westlich orientierten Jugendlichen zur Räson zu bringen.

Die Roten Garden rekrutierten sich aus linksgerichteten jungen Leuten, die vom Sozialismus bisher zuwenig gesehen zu haben glaubten. In der Frühphase der Kulturrevolution, also um die Wende 1965/66, wurde Peking zur Hauptkampfszene erklärt. Eine »Fünfer-Gruppe der Kulturrevolution des Zentralkomitees der Kommunistischen Partei Chinas« übernahm die Leitung und richtete ihre Aktivitäten unmittelbar gegen die sogenannten antisozialistischen und kapitalistischen Vertreter in der Partei. Zum Klassenfeind Nummer eins wurde Liu Shao-chi erklärt, zum Feind Nummer zwei Teng Hsiao-ping, der im Gegensatz zu Liu später, ab 1973, wieder aus der Versenkung auftauchte, in der April-Krise 1976 erneut von der Oberfläche verschwand und im August 1977 plötzlich abermals da war.

In einem Brief an Parteichef Mao lehnten die Roten Garden jede »bürgerlich-revisionistische Politik« ab und beriefen sich dabei auf die Lehre des Vorsitzenden selbst. In der Tat: Die Ziele und die Bewegung der Roten Garden sind von diesen selbst ausgegangen, das heißt, Mao ist erst nach der Konstituierung der Rebellen-Organisationen zu ihnen gestoßen; noch im August 1966 wurde er zum Oberkommandierenden der Rebellen ernannt. Damit stand er an der Spitze der Kulturrevolution.

Auch heute noch weiß niemand genau zu sagen, wie weit sich die Kulturrevolution auf das Land ausdehnte. Einige sagen, es habe sich dabei wieder um eine »Revolution ohne Massen« (R. Hoffmann) gehandelt, andere, wie der Schwede Jan Myrdal und Klaus Mehnert, berichten von einer sturmartigen Verbreitung der kulturrevolutionären Ideen über das ganze Land. Wie immer dem auch sei, die Auseinandersetzungen liefen nicht nur im Bereich der Theorie ab. Die Roten Garden lieferten sich innerfraktionelle Auseinandersetzungen, inszenierten Straßenschlachten. Als Mao die gefährliche These ausgab, das ganze Land müsse in eine ideale Pariser Kommune verwandelt werden, befand sich China zwischen Chaos und Anarchie.

Die Revolution 1966/67 ist also keineswegs eine einheitliche oder gar kontrollierte Welle gewesen, sondern war im Gegenteil ständig in der Gefahr, die Ufer zu überspülen. In dieser Situation bewährte sich die Zusammenarbeit Maos und Lin Piaos auf das beste. Lin gelang es nicht nur, mit Hilfe der Volksbefreiungsarmee allmählich wieder Ordnung in das Chaos zu bringen. Er schaffte es auch, daß die Studenten und Schüler alsbald wieder an ihre Ausbildungsstätten zurückkehrten und die Soldaten als Vorbilder für die Jugendlichen anerkannt wurden. In sogenannten Entbitterungskampagnen wurde Kritik und Selbstkritik geübt, der Ökonomismus Liu Shao-chis, der in der Kulturrevolution seinen Posten verloren hatte, als Revisionismus gebrandmarkt und die alten hierarchischen Strukturen in Wirtschaft, Bildung und Verwaltung abgeschafft.

Der vermutlich entscheidendste Punkt in den Diskussionen der Kulturrevolution wurde in Wandzeitungen, auf öffentlichen Veranstaltungen und in den Schulen kampagnenmäßig behandelt: die Frage nach der Vorrangigkeit der gesellschaftlichen vor den individuellen Interessen. Die ganze Politik des jetzt als Chruschtschow-Revisionist verschrieenen Liu Shao-chi war darauf abgestellt, daß der Mensch auch an sich selbst denkt, daß er ökonomische Interessen hat und nicht nur vom Klassenkampf träumt. Mao hingegen ließ all das als parasitären Subjektivismus erklären und predigte die Priorität des gesellschaftlichen Engagements. Daß er formal über Liu siegte, heißt aber noch nicht, daß sich seine Vorstellungen in die Politik der nächsten Jahre verwandelten, denn genaugenommen hat die Kulturrevolution ihr Ziel – eine Bewußtseinsrevolution herbeizuführen – insofern verfehlt, als sie auszuufern drohte und nur mit militärischem Einsatz kanalisiert werden konnte. Zwar konnte Mao nach der Revolution auf ein personell revidiertes Establishment in der Partei blicken, und es ist auch richtig, wenn man festhält, daß Mao der einzige Führer einer kommunistischen Partei gewesen ist, der mit Hilfe der Massen die Revolution in die eigene Partei hineingetragen hat – aber die Sorge um seine revolutionäre Nachfolge ist er damit doch nicht losgeworden.

Er überlebte den als Nachfolger ausersehenen Lin Piao, er

mußte zur Kenntnis nehmen, daß unter Tschou En-lais schützender Hand der in der Kulturrevolution entmachtete Teng noch einmal auf die politische Bühne trat. Es ist ihm, wie man heute weiß, nicht gelungen, den Nachfolger in den Sattel zu heben, der den Maoismus für die Zukunft erhalten würde. Immerhin ist der in der Kulturrevolution groß gewordene und von Mao als Nachfolger etikettierte Wang Hung-wen, ein junger Revolutionär aus Shanghai, nach Maos Tod im September 1976 als einer der Haupträdelsführer der sogenannten Viererbande um die Mao-Witwe Tschiang Tsching kaltgestellt worden. Und ob der jetzt amtierende Partei- und Staatschef Hua Kuo-feng wirklich *der* Mao-Nachfolger ist, das darf wohl bezweifelt werden...

Also wieder eine Phase der Entmaoisierung, diesmal die letzte, da China heute ohne Mao, den Großen Steuermann, existiert?

Jeder, der sich mit China beschäftigt, weiß um die Problematik selbst einer bescheidenen Prognose, denn die Entwicklung in China hat mehr als einmal alle Voraussagen widerlegt. Dennoch mehren sich die Anzeichen in der chinesischen Politik – von der Öffnung nach Westen bis zur Parteireaktion auf die jüngsten Arbeiterunruhen in Shanghaier Fabriken –, daß China in eine Periode des »revolutionären Wellentals« eintritt mit einer allmählichen Restauration jener Politik, die mit den Namen Liu Shao-chi, Teng Hsiao-ping und nicht zuletzt Tschou En-lai selbst verknüpft ist. Das heißt: Von den Zwei Linien könnte auf eine sehr lange Dauer diejenige vorwalten, die China in ruhigere Bahnen lenkt als in den letzten Jahrzehnten.

Wäre das das Ende des Maoismus?

Der amerikanische Psycho-Historiker Robert Jay Lifton hat darauf vor Jahren bereits mit einem interessanten Hinweis geantwortet. Mao, so schreibt Lifton, könne zwar sterben, aber der Maoismus, der zum Bewußtseinsinhalt von Millionen geworden ist, die trotz der vielen Winkelzüge der chinesischen Politik den Erfolg von Maos Politik jeden Tag auf ihrem Teller sehen, der Maoismus bleibe. Jeder Revolutionär strebe nach Unsterblichkeit, Karl Marx so gut wie Mao Tse-tung. Jener habe eine Theorie entwickelt, nach der sich heute die halbe Welt orientiert; dieser sei zum Vater eines neuen, hoffnungsvollen China geworden, das aus einem Jahrhundert des Bürgerkrieges in die Arena der internationalen Mächte aufgerückt ist. Die Unsterblichkeit des Revolutionärs Mao Tse-tung sei gesichert, solange China einen Weg gehe, der sich in Richtung auf das von Mao gewiesene Ziel bewegt.

Wenn diese amerikanische Hypothese stimmen sollte, werden sich Maos Nachfolger mit ihr einzurichten haben; das heißt, einen Prozeß der Entmaoisierung, wie es die Entstalinisierung gewesen ist, wird es so schnell nicht geben, auch wenn China in Zukunft eine Politik der allmählichen Evolution praktiziert, ohne Sprünge, ohne Kulturrevolution, ohne Mao.

Ein chinesisches Modell?
Ein Epilog

Woher rührt unser Interesse an China? Bis vor wenigen Jahrzehnten noch war der Name des Landes identisch mit der Vorstellung einer sehr hohen, sehr alten Kultur, aber von den politischen Entwicklungen dieses Riesenreiches hat man nur sehr wenig gewußt. In den letzten Jahren jedoch hat sich unser China-Bild entscheidend gewandelt. Dabei spielt nicht nur die Tatsache eine Rolle, daß das fernöstliche Land mehr und mehr zu einem Faktor in der internationalen Politik gworden ist. Das Interesse an China, ja wohl auch die zeitweilig zu verzeichnende China-Begeisterung haben ihre Ursache gewiß auch darin, daß dieses Land an einem neuen Gesellschaftssystem laboriert, welches als Herausforderung auch bis in das alte Europa wirkt. Selbst wenn man unterstellt, daß das chinesische Modell nicht auf europäische Verhältnisse übertragen werden kann – unsere Neugier bleibt, und das ist gut so.

Immerhin darf nicht unterschlagen werden, daß die als traditionell gut bezeichneten Beziehungen zwischen China und Deutschland beispielsweise viele Jahrzehnte lang durch Arroganz und Unverständnis getrübt waren – von dem beleidigenden

Schlagwort von der »Gelben Gefahr« über Wilhelms II. Bremerhavener Rede bis zu Kiesingers Wahlkampfwort »Ich sage nur China, China, China«. So ist es nur zu begrüßen, wenn man sich heute um eine Annäherng an China bemüht, die gleichbedeutend ist auch mit einem Wandel unseres China-Bildes und der China-Literatur, die zu diesem Bild beiträgt. Schon vor Jahren hat Joachim Schickel, »um ein China von innen bittend«, auf die Notwendigkeit einer vorurteilsfreien Beschäftigung mit China verwiesen, und nach dem Abflauen des kalten Krieges Anfang der sechziger Jahre hat unser Interesse, hinter die Große Mauer und hinter die Große Methode Maoismus zu blicken, durchaus erfreuliche Früchte getragen. Es mag zudem sein, daß dieser Wandlungsprozeß auch eingeleitet oder doch zumindest erleichtert wurde durch die sich wandelnde Stellung Chinas in der Welt: von einem Land, das der Bürgerkrieg ausgezehrt hat, zu einer Atommacht, die in der internationalen Politik heute nicht mehr übersehen werden kann.

Wenn Mao in seinem großen Aufsatz *Über die demokratische Diktatur des Volkes* im Juni 1949, also zum achtundzwanzigsten Jahrestag der Gründung der Kommunistischen Partei Chinas, darauf hingewiesen hat, China müsse sich »nach einer Seite neigen«, so ließ er keinen Zweifel daran, daß diese Seite die Sowjetunion war, das Land, das sich nun nicht als ausgesprochenes sozialistisches Bruderland erwiesen hatte, das aber nach dem Sieg der Kommunisten in China bereit schien, dem neuen Partner helfend unter die Arme zu greifen. China wurde zwar nicht, wie die ostmitteleuropäischen Länder, ein Satellit Moskaus, aber Mao erklärte freimütig, man müsse von der Sowjetunion und ihrer Partei lernen – eine Meinung, die er in den fünfziger Jahren versteckt, später dann öffentlich widerrufen hat. Nachdem sich die Vereinigten Staaten auf eine Asienpolitik geeinigt hatte, die Taiwan, also das Nationalchina Tschiang Kai-sheks, als allein rechtmäßigen chinesischen Staat anerkannte, blieb den Roten nichts anderes übrig, als sich mit der Sowjetunion zu arrangieren. Im Staatsvertrag der beiden Länder von 1950 zeigte sich die Sowjetunion denn auch großmütig: Man schickte Techniker, ganze Fabriken und einen Kredit, der allerdings um ein gutes Drittel niedriger war, als die Chinesen gewünscht hatten. Überdies waren die Konditionen rabiat genug: China verpflichtete sich zur Warenabnahme und ließ zu, daß sich die Sowjetunion jene Bodenschätze holte, die man zu Hause gerade brauchte.

Zu allen diesen Praktiken haben die Chinesen, ihrer schwachen Position eingedenk, geschwiegen. Erst 1960, zum neunzigsten Geburtstag Lenins, erschienen in der chinesischen Presse einzelne Artikel, die Kritik an den sowjetisch-chinesischen Beziehungen, vor allen Dingen aber Kritik an der von Chruschtschow verantworteten sowjetischen Innenpolitik übten. Der sowjetische Parteichef reagierte spontan wie immer. Er ließ sämtliche Techniker abziehen, und da diese alle Pläne mitnahmen, blieben viele Projekte, Staudämme, Eisenbahnlinien, Fabriken unvollendet – bis die Chinesen aus der Not eine Tugend machten und mit eigener Kraft die unfertigen Anlagen vollendeten.

Der offene Bruch zwischen den großen Bruderländern erfolgte aber erst drei Jahre später mit dem Briefwechsel zwischen der Führung in Peking und in Moskau, der heute unter dem Titel *Polemik über die Generallinie der internationalen kommunistischen Bewegung* einen dicken Band füllt. Da sich die Chinesen jetzt wirtschaftlich und militärisch stark und sicher fühlten, luden sie die Russen zu einer Generaldebatte über die Ziele der internationalen kommunistischen Politik ein. Sie kritisierten sowohl die von Chruschtschow eingeleitete Politik der Friedlichen Koexistenz mit dem Westen als auch die sowjetische Wirtschafts- und Innenpolitik als kleinbürgerliche Rückkehr zum Kapitalismus. Aber der Hauptvorwurf betraf die sowjetischen Beziehungen zu den Entwicklungsländern. Die Chinesen behaupteten nämlich, daß die sowjetische Entwicklungspolitik nichts anderes sei als Sozialimperialismus, ein Imperialismus unter sozialistischem Vorzeichen, nicht viel besser demnach als die kapitalistische Entwicklungspolitik. Statt die Entwicklungsländer zu Bastionen der Weltrevolution aufzubauen, seien die Sowjets nur an Ausbeutung und guten Geschäften interessiert. Man habe da ja selbst einige schlechte Erfahrungen gemacht, etwa mit dem Staatsvertrag von 1950.

Auf solche Vorwürfe hat die Sowjetunion so gut wie überhaupt nicht reagiert, und so war es an den Chinesen, die Konsequenzen aus diesem Schisma zu ziehen. Hatte nicht Mao bereits im Juli 1936 Edgar Snow gegenüber betont: »Die Chinesische Revolution ist ein Schlüsselfaktor in der internationalen Situation. Wenn die Chinesische Revolution zur vollen Herrschaft gelangt ist, werden die Massen vieler kolonialer Länder dem Beispiel Chinas folgen und selbst einen eigenen gleichartigen Sieg erringen.«? Hatte er nicht 1949 nach der Gründung der Volksrepublik in einem Telegramm an den indischen Kommunisten Ranadive die Hoffnung ausgesprochen, Indien werde dem Beispiel Chinas folgen und das Joch der Unterdrückung abstreifen? Und hat er nicht noch 1965 gesagt, solange es Unterdrückung gebe, so lange werde es auch Revolutionen geben?

1946 hatte Liu Shao-chi erstmals auf den Modellcharakter der chinesischen Revolution hingewiesen. Jetzt, nach dem Bruch mit der Sowjetunion, versuchte China eine Politik aufzubauen, die diesem Anspruch gerecht werden sollte. Zwar wissen wir heute, daß diese Politik weitgehend gescheitert oder eingestellt ist, aber die zahlreichen Versuche, die unternommen worden sind, wie auch die umfangreichen Theorien, mit denen man die neue außenpolitische Strategie belastete, zeigen, daß es den Chinesen durchaus ernst war mit einer Außenpolitik, die sich als Bestandteil der Weltrevolution begriff.

So verstanden, spielte es für die praktische Politik keine Rolle, daß zwischen Maos Indien-Hoffnung und Tschous Indien-Abkommen von 1954 ein Widerspruch klaffte, der auch nicht durch jene fünf Thesen zur friedlichen Koexistenz abgedeckt werden konnte, die Tschou En-lai anläßlich dieses Abkommens formulierte. Aber es war schon ein Erfolg, daß sich die afro-asiatischen Staaten 1955 auf der Bandung-Konferenz trafen und über einen eigenen Weg jenseits von USA und Sowjetunion nachdachten. Obwohl sich Tschou En-lai Ende 1962 auf eine zweieinhalbmonatige Afrikareise begab, womit er die afro-asiatische Solidarität wiederherstellen und die Voraussetzungen für eine Neuauflage der Bandung-Konferenz – diesmal in Algier – für das Jahr 1965 plante, hatte er wenig Glück. Zwar hörte ihm jeder afrikanische Staatsmann gern zu, wenn der elegante, weltgewandte Tschou von den chinesischen Erfolgen und Zielen plauderte, aber als der Ministerpräsident am Abschluß seiner Reise auf einer Pressekonferenz in Mogadischu, der Hauptstadt von Somalia, behauptete, er habe den Eindruck, Afrika sei reif für die Revolution, da waren die Afrikaner stolz genug, um dem entgegenzuhalten, man mache durchaus eigene Revolutionen. Importieren wolle man Technologie, aber keine Revolution. Der Export des chinesischen Modells schien damit gescheitert.

Zur gleichen Zeit, als sich in China die Wehen der Kulturrevolution bemerkbar machten, veröffentlichte Lin Piao einen Artikel zum zwanzigsten Jahrestag des Sieges der Chinesen über die japanische Aggression: *Es lebe der Sieg im Volkskrieg!* Kaum ein politischer Text hat soviel Furore gemacht wie dieser. In Anlehnung an die historischen Erfahrungen der Kommunisten im Bürgerkrieg und unter Benutzung der Guerilla-Theorie Mao Tsetungs stellte der Marschall die kühne These auf, Maos Theorie von der Einkreisung der Städte durch die Dörfer habe heute, international gesehen, immer noch ihre Gültigkeit. Die Städte der Welt seien die reichen Industrienationen (einschließlich der Sowjetunion), und die Dörfer der Welt seien die armen Staaten und Völker, die sich gegen die Übermacht des Feindes, der mit militärischer und ökonomischer Unterdrückung aufwartet, zur Wehr setzen müßten. Die internationale Befreiung und damit die Weltrevolution könne erst dann kommen, wenn sich die Dörfer der Welt gegen die Städte der Welt verbündeten, sie einkreisten und ihnen den Hahn der wirtschaftlichen Abhängigkeit zudrehten (wie es ja in der Ölkrise 1973/74 geschehen ist). Lin führte als Beispiel den Kampf des vietnamesischen Volkes gegen die amerikanische Übermacht an und behauptete, daß die Vietnamesen über kurz oder lang die Amerikaner besiegen würden – was sich 1975/76 dann tatsächlich ereignete.

Die Einkreisung der Städte durch die Dörfer: das ist in der Tat die theoretische Grundlage der Beziehungen Chinas zu anderen Entwicklungsländern. Die Volksrepublik, die selbst noch ein Entwicklungsland ist, begann nach dem Scheitern von Tschous Afrikapolitik und nach dem Ende der Kulturrevolution bescheiden, aber unübersehbar, eine eigene Entwicklungspolitik in afrikanischen, asiatischen und lateinamerikanischen Staaten aufzubauen, in Indonesien, Tansania, Sambia, Peru. Brückenköpfe werden diese Länder genannt. Ähnlich wie einst Kiangsi, die rote Republik inmitten des von der Kuomintang regierten chinesischen Festlandes, sollen diese Brückenkopfstaaten durch eine Politik des *selfreliance* Modellcharakter für ihre Nachbarstaaten annehmen, und auf diese Weise könnte sich, so die Chinesen, allmählich eine internationale sozialistische Solidarität entfalten, die in der Lage wäre, Abhängigkeit, Unterdrückung und Armut zu überwinden.

Im Gegensatz zu den sechziger Jahren weiß man heute, daß solche Prozesse, wenn sie überhaupt gelingen, sehr lange Zeit brauchen. Man richtet sich in China darum auf langes Warten ein. Möglicherweise setzen sich aber auch in der chinesischen Außenpolitik jene Kräfte durch, die solche weltrevolutionären Erwartungen völlig abschreiben und mehr an einem Import westlicher Technologien interessiert sind. Die Westöffnung Chinas, die Tschou En-lai Ende der sechziger Jahre einleitete und die 1972 mit der Aufnahme diplomatischer Beziehungen zu den Vereinigten Staaten einen ersten Höhepunkt erreichte, mag ein Hinweis auf eine solche Revision der chinesischen Politik sein. Aber bei einem Staatswesen wie China lassen sich für den Weg nach dem Westen auch ganz andere Motive denken. Auf der einen Seite hat man in Peking mit Beunruhigung und scharfer Kritik zur Kenntnis genommen, daß die Sowjetunion auch 1968 noch nicht bereit schien, sozialistischen Ländern einen eigenständigen Weg der politischen Entwicklung zu gestatten: die CSSR-Invasion und Breshnews These von der »begrenzten Souveränität sozialistischer Staaten« haben in Peking als Schock gewirkt und Tschou zu der Bemerkung veranlaßt, die Sowjetunion praktiziere nicht mehr allein den Sozialimperialismus, sondern sei jetzt zum Sozialfaschismus übergegangen – wohl die schmählichste Bezeichnung, die sich für sozialistische Politik finden läßt. Was sollte demnach verhindern, daß die Sowjetunion eines Tages in die Volksrepublik China einfällt? Gewiß, dieser Verdacht mag übertrieben sein, aber ebenso gewiß ist das große Sicherheitsbedürfnis der Chinesen nach den Stürmen der Kulturrevolution.

Nach solchen Überlegungen lag es nahe, sich den USA anzunähern, und da es ja schließlich Nixon gewesen ist, der nach Peking, und nicht Tschou, der nach Washington reiste, kam dies fast einem außenpolitischen Triumph gleich: die USA hatten damit das Scheitern ihrer dreißigjährigen Asienpolitik selbst dokumentiert.

Das zweite Motiv liegt wohl darin, daß die USA und die Sowjetunion in chinesischen Vorstellungen heute als die beiden hegemonialen Supermächte gelten, die die Welt unter sich aufteilen wollen: in Asien, in Afrika und schließlich auch in Europa. Um diese Einkreisung, diese Gefahren wirkungsvoll deutlich machen zu können, braucht es ein Forum, auf dem sich China als Primus inter pares der Entwicklungsländer zeigen kann: die Vereinten Nationen. Die Westöffnung, die ja die Voraussetzung dafür schuf, daß China in die UN einzog, hätte damit bewirkt, daß sich China ein neues internationales Feld schuf, auf dem seine Ziele langfristig zu realisieren wären. Ob diese Rechnung aufgeht, sei dahingestellt. In seiner Antrittsrede jedenfalls hat der damalige chinesische Chefdelegierte Tschiao Huan-hua vor der UN-Vollversammlung Ende 1971 frank und frei erklärt, sein Land werde sich zum Mentor der Unterdrückten und zum Vorkämpfer einer neuen Weltordnung machen, und da zwei Drittel der UN-Mitglieder zu diesen Entwicklungsländern zählten, könne die Durchsetzung dieses Zieles nicht in allzu weiter Ferne liegen. Denn: »Die Länder wollen Unabhängigkeit, die Nationen verlangen nach Befreiung, die Völker wollen Revolution machen – das ist bereits zu einer unwiderstehlichen historischen Strömung geworden.«

Man muß sich diese Auffassung von den Wünschen der Welt nicht zu eigen machen, aber es ist unbestreitbar, daß in dem Moment, als die Chinesen in der internationalen Politik auftauchten, neue Positionen, neue Ängste und alte Hoffnungen aufgekommen sind. China als Herausforderung, als Land mit einer neuen Methode, das artikulierte sich durch Tschiao auch so (und es könnte gut von Mao selbst stammen): »Die Haupttendenz in der heutigen Welt ist Revolution. Im Kampf der Völker gibt es Zickzackwindungen wie Wendungen, doch eine volks- und fortschrittsfeindliche Gegenströmung kann letzten Endes der Hauptströmung in der Weiterentwicklung der menschlichen Gesellschaft nicht Einhalt gebieten. Die Welt wird unbedingt zum Fortschritt, zum Licht vordrängen und keinesfalls zur Reaktion, zur Finsternis...«

Niemand weiß heute schon, ob der Gang der Welt so sein wird, wie die Chinesen glauben oder hoffen. Es bleibt auch dahingestellt, ob sie mit ihrer Welt- und Europapolitik sehr weit kommen werden. Zweifellos sind die Chinesen schon oft über ihre große Methode, also ihre eigene Ideologie gestolpert oder haben sich durchaus ins internationale Abseits katapultiert – so etwa, wenn sie die Bemühungen um Erfolge der KSZE-Konferenzen, also um den weltweiten Sieg einer neuen Moral als »Hegemonialen Schwindel« bezeichnen.

Aber auch solche Reaktionen sind verständlich, vor allem, wenn wir zurückblicken auf die Geschichte des großen Reiches der Mitte, das seinen Langen Marsch ja nicht erst 1927 angetreten hat, sondern seit mindestens dreitausend Jahren auf ihm begriffen ist. Die Bauern, mit denen es anfing, die Bauern, die sich durch harte Jahrhunderte gegen die Flüsse wehren und um ihr Stückchen Land kämpfen mußten, haben in unserem Jahrhundert einen ersten großen Sieg errungen, sind zum erstenmal aus der Anonymität herausgetreten. Der erste chinesische Bauer, den die Welt kennt, ist eben jener Mao, der den Kommunismus durch einen Bauernkrieg zum Sieg führte, so wie der Visionär Hung sich des Christentums bediente: das, worum es dabei wirklich ging, war stets China selbst, war das chinesische Volk.

So wie vor zweitausend Jahren die Große Mauer China gegen die Westländer schützen sollte, so steht heute Maos Große Methode zwischen den Chinesen und uns. Je intensiver wir uns mit dem alten Riesenreich beschäftigen, desto deutlicher wird uns bewußt, daß alle Erkenntnissuche europäischer Forscher uralten Begrenzungen unterworfen ist. Wir glauben, dem Land und seinen Menschen näherzukommen, und müssen im nächsten Augenblick dann doch feststellen, daß es sich mit lächelnder Rätselhaftigket entzieht, wie seit Jahrtausenden.

Anhang

Literaturbericht
Zeittafel
Register

Literaturbericht

Es gibt kaum ein zweites Thema, bei dem der Autor die Beschränkung auf ein paar hundert Seiten so drückend empfinden muß wie bei der Beschäftigung mit dem chinesischen Volk und seiner Geschichte. Die Ursache dafür sind die Chinesen selbst in ihrer emsigen Beschäftigung mit der eigenen Vergangenheit, in ihrer Schreibfreude, aber auch dank einer sehr frühen Vertrautheit mit Schrift, Druck und Bibliotheken. Auf drei Monarchen, die zu gelegentlichen Bücherverbrennungen ansetzten, kommen dreißig, die mit großen Mitteln die Literatur förderten, Bibliotheken stifteten, Hunderte von Gelehrten mit der Sicherung überkommener Texte und alter Schriften beschäftigten. Diese Überfülle an chinesischer Literatur und an Dokumenten zur chinesischen Geschichte hat sich seit dem achtzehnten Jahrhundert noch durch die vielen Bücher vermehrt, in denen sich der Westen mit dem rätselhaften Kaiserreich im Fernen Osten beschäftigte. In unserem Jahrhundert explodierte diese Papierflut gleichsam, als sich der neue Faktor der Propaganda einstellte: Denn heute versorgt uns auch das sich sonst so eifersüchtig abschließende China mit zahllosen Broschüren, Büchern, Bildbänden und Zeitschriften, die in Peking in allen Sprachen gedruckt und auf den merkwürdigsten Kanälen in die ganze Welt geschleust werden. Vor allen Hochschulen, die des Ostblocks ausgenommen, stehen Tische, auf denen diese merkwürdigen, in blassen Farben gedruckten Propagandaschriften zu Niedrigpreisen den Kommilitonen angeboten werden, und auf der vom Terrorismus verschüchterten Frankfurter Buchmesse vom Oktober 1977 waren die langen China-Tische von allen roten Offerten die einzigen, die Zustrom hatten.

China ist damit allen Möglichkeiten einer Gesamt- und Zusammenschau entwachsen. Die Zeiten, da sich ein einziger noch ein zutreffendes China-Bild zurechtzimmern konnte, liegen mehr als hundert Jahre zurück, und die großen China-Kenner unserer Tage bekennen selbst in schönem Freimut, daß sie sich nur noch für das Alte *oder* das Neue China, nur für die Geographie, die Wirtschaft, die Philosophie dieses Riesenreiches zuständig fühlen. Vergleicht man die Darstellung ein und desselben Ereignisses bei verschiedenen renommierten Autoren, so klafft das Bild des Geschehens ebenso deutlich wie die Folgerungen, die daraus gezogen werden. Vergleicht man aber ältere und neuere Darstellungen bestimmter Vorgänge der chinesischen Geschichte, so zeigt sich eine deutliche Abwendung vom Detail, ein schnell zunehmender Trend zur Simplifizierung, zur Herausarbeitung größerer Linien und zur Relativierung aller Urteile. Das heißt: je mehr Gelehrte sich mit China beschäftigt haben, desto bunter ist das Chinabild geworden, wobei diese Farbenfülle auf Kosten der Konturen ging; und je moderner die Autoren sind, die sich mit China beschäftigten, um so leichtherziger verzichten sie auf ganze Gruppen jener Details, wie sie die ameisenfleißigen chinesischen Gelehrten aus allen Jahrhunderten seit der Shang-Dynastie zusammengetragen haben. Es gibt heute über einzelne Friedensschlüsse in China, die tausend Jahre zurückliegen, Bücher, die so dick sind, als beschäftigten sie sich mit dem Westfälischen Frieden; und es gibt über so spezielle Fragen wie über die Rolle der Eunuchen im Alten China oder den Einfluß chinesischer Töpferkunst auf Melanesien geradezu opulente gelehrte Studien.

Ein Sachbuch, das erschwinglich bleiben soll, kann zu dieser Fülle nur einen populären Leitfaden liefern, kann ein wenig neugierig machen und andeuten, wo besonders interessante und lohnende Seitenpfade eingeschlagen werden könnten. Eine China-Bibliographie würde Bände füllen, ein aufreihendes Literaturverzeichnis unseren Lesern überhaupt nichts helfen. Aber ich kann mir vorstellen, daß man nach der Lektüre des vorliegenden Buches ganz gern zu einigen belletristischen Werken aus dem alten China greifen wird, zu den erwähnten, in den hervorragenden Übertragungen von Franz Kuhn vorliegenden großen chinesischen Romanen (die sich unter dem Übersetzernamen in den Katalogen finden) oder zu einer der zahlreichen Anthologien chinesischer Novellistik, die alle besser sind als ihre allzublumigen Titel (»Die schöne Konkubine«, »Neuer chinesischer Liebesgarten«, beide Erdmann, Tübingen. »Der Ölhändler und die Kurtisane«, Herbig, Berlin, u. a.)

Den nächsten Schritt könnten die China-Bücher aus erster Hand bilden, das unverwelkliche und in seiner mediävalen Schau-Freude immer wieder anregende Werk des Marco Polo, oder aber, für den Fortgeschrittenen, das unsterbliche Wunderwerk *Ruins of desert Cathay*, in dem Sir Aurel Stein seine Begegnungen mit den Ruinen an den alten Seidenstraßen, mit buddhistischen Klöstern und der hinabgegangenen Idee des alten China berichtet (Reprint bei Benjamin Blom, New York u. London). Auch die Chrestomathien kämen nun an die Reihe, wenn es wirklich gute gäbe (sie dürften sich dann ruhig hochmodern China-Reader nennen). Wir besitzen jedoch nichts als den zwanzig Jahre alten, spröden Band »Chinesische Geisteswelt« von Debon/Speiser (Bertelsmann) und den lesbaren, aber im historischen Teil dürftigen Arena-Band »China aus erster Hand« von Jünam Kwok. Viele Proben und eine ernsthafte, wenn auch spezielle Darstellung vereint Lo Duca in dem großen Band »Die Erotik in China«, der leider viel Raum auf langweilige Illustrationen verschwendet. Vergleichsweise ertragreicher sind da die China gewidmeten Hachette-Bände der Reihe *La vie quotidienne* (nur französisch, da die DVA Stuttgart die deutsche Ausgabe leider viel zu früh wieder einstellte).

Auch der beste Gesamtüberblick über den ganzen ostasiatischen Raum ist, obwohl seit Jahren vorliegend, noch immer nicht in unsere Sprache übersetzt: Fairbank/Reischauer/Craig *East Asia – The Great Tradition* (Boston 1958) und *East Asia: The Modern Transformation*, Boston 1965. Obwohl das Werk komplementären Charakter hat, gehört es zu den Glanzleistungen der China-Geschichtsschreibung, das sowohl durch den souveränen Umgang mit den Quellen als auch durch das abgewogene Urteil besticht.

Eine ähnlich souveräne Leistung ist das Werk von Otto Franke, *Geschichte des chinesischen Reiches*, 5 Bände, Berlin 1930–1952, dem auch die modernste Geschichtsschreibung nichts entgegenzusetzen hat. Was bei Franke wegen seiner Wissenschaftlichkeit möglicherweise zu Lasten der Publizität geht, wird in dem Sammelband von Arnold Toynbee, *Der Ferne Osten*, Braunschweig 1974, durch die leichtverständlichen Texte verschiedener Wissenschaftler zu ostasiatischen Themen sowie durch die prachtvolle Ausstattung mit Sicherheit wettgemacht. Zwar verzichten die Autoren auf Originalität in der Darstellung, aber sie haben es durch eine bemerkenswerte Verbindung von Text und Bild meisterhaft verstanden, den ostasiatischen Raum als gemeinsamen Kulturraum zu präsentieren. Die Arbeit von Wolfram Eberhard, (*Geschichte Chinas*, Stuttgart 1971) nimmt sich hingegen vergleichsweise bescheiden aus. Vor allem zeigt sie die Schwierigkeit, einen Zeitraum von 4000 Jahren wechselvoller Geschichte auf wenigen hundert Seiten anschaulich zu verarbeiten. So bleibt das Buch allenfalls eine erste Orientierung, nach der ein intensiver Einstieg notwendig wird.

Man mag darüber streiten, ob das Werk von Herbert Franke und Rolf Trauzettel, *Das chinesische Kaiserreich*, Frankfurt 1968, oder das des Amerikaners C.P. Fitzgerald, *China. Von der Vorgeschichte bis zum 19. Jahrhundert*, Essen 1975, dafür besser geeignet sind. Wirklich gut und komplett in der Darstellung sind beide nicht. Die deutschen Autoren berücksichtigen die geistig-kulturelle Entwicklung zuwenig, der Amerikaner unterschlägt die politische weitgehend, so daß man wohl am besten tut, *beide* Werke heranzuziehen. Immerhin findet sich bei Fitzgerald eine recht brauchbare Bibliographie zur Kultur- und Geistesgeschichte, die jedoch vornehmlich englische und amerikanische Titel enthält.

Zum allgemeinen China-Interesse hat seit je das spezielle an der chinesischen Philosophie gehört. Die Quellen, die bedeutenden Philosophen, finden sich heute in jeder besseren Taschenbuchreihe, aber eine Darstellung der philosophischen Entwicklung ist überraschenderweise gar nicht so leicht ausfindig zu machen. Hier hilft Fung Yu-lan mit seiner *History of Chinese Philosophy,* Peiping 1937. Entsprechend dem nationalchinesischen Standpunkt verzichtet er jedoch weitgehend auf die – seit der Jahrhundertwende sehr intensivierte – Konfuzius-Kritik. Allerdings springt der um China sehr bemühte Joachim Schickel in diese Lücke, der 1976 im Insel-Verlag eine Materialien-Sammlung unter dem Titel *Konfuzius. Materialien zu einer Jahrhundert-Debatte,* Frankfurt, vorlegte.

Es ist überraschend und im Grunde unerklärlich, daß sich nur wenige Forscher mit dem Verhältnis des chinesischen zum europäischen Kulturkreis beschäftigt haben. Von einzelnen Spezialstudien einmal abgesehen, deren eine sich beispielsweise mit dem China-Bild Hermann Hesses beschäftigt, fällt nur die Arbeit von Wolfgang Franke, *China und das Abendland,* Göttingen 1962, aus dem Rahmen. Franke, der sich in den vergangenen Jahren wieder intensiver in die China-Forschung eingeschaltet hat, zeigt in seinem schmalen Band die Grundstrukturen der wechselvollen Beziehungen und Nicht-Beziehungen auf; er zeigt aber auch, daß es außerordentlich lohnend wäre, dem Problem einmal intensiv nachzugehen; aber wer wagt sich schon einem so vielschichtigen Komplex zu nähern?

Dabei gibt es immer wieder Versuche, die durch ihre gründliche Quellenarbeit wie auch durch ihre Fragestellung bestehen. Einer davon ist die Untersuchung des jetzt in München lehrenden Sprach- und Kulturwissenschaftlers Wolfgang Bauer, *China und die Hoffnung auf Glück. Paradiese, Utopien, Idealvorstellungen in der Geistesgeschichte Chinas,* München 1970. Hinter dem vielleicht zunächst etwas merkwürdig klingenden Titel verbirgt sich eine großangelegte (und großartige) Geschichte der Philosophie und Literatur Chinas unter dem besonderen Aspekt der chinesischen Glücksvorstellungen. Bauer zeigt, daß die Chinesen bei aller Bereitschaft zur Utopie stets zur Nüchternheit tendiert haben, und diese Ambivalenz hat auch ihre Glücksvorstellungen geprägt – von Konfuzius, Menzius, Mo Ti bis Mao Tse-tung. Die Besonderheit der Bauerschen Untersuchung liegt aber wohl auch darin, daß er Quellen aufgetan hat, die zum großen Teil bislang überhaupt nicht auf deutsch vorgelegen haben. Und schließlich wäre dem Buch zugute zu halten, daß es bei aller wissenschaftlichen Gründlichkeit ein Lesevergnügen erster Ordnung ist; eine Untersuchung, die auch formal ihrem Stoff voll gerecht wird.

Die politische Entwicklung Chinas im 20. Jahrhundert sollte stets auch auf dem Hintergrund der Umstrukturierung des Fernen Ostens im neunzehnten Jahrhundert gesehen werden. Hier erweist sich die Arbeit des Österreichers Gottfried-Karl Kindermann, *Der Ferne Osten*, München 1970, als guter Einstieg. Kindermann zeigt die Einbeziehung des Fernen Ostens in die Weltpolitik des neunzehnten Jahrhunderts ebenso wie Japans Aufstieg zur Weltmacht und dehnt seine Darstellung bis zum Eintritt Chinas ins Atomzeitalter aus.

Knapper, weil ausschließlich auf China beschränkt, sind die Arbeiten von Georg Franz-Willing, *Neueste Geschichte Chinas*, Paderborn 1975, und Wolfgang Franke, *Das Jahrhundert der chinesischen Revolution*, München 1958. Franke ist es auch gewesen, der kürzlich ein *China-Handbuch*, Düsseldorf 1975, herausgegeben hat, das lexikonartig die politische, gesellschaftliche und wirtschaftliche Entwicklung des Landes während der letzten einhundert Jahre festhält und mit bibliographischen Hinweisen abstützt.

Die Ausdehnung des Kommunismus ist in einer Dokumentar-Geschichte der drei amerikanischen Forscher Brandt/Schwartz/Fairbank, *Der Kommunismus in China*, München

1958, festgehalten; die Entstehung und Entfaltung der Volksrepublik stellt am besten Jürgen Domes, *Die Ära Mao Tse-tung,* Stuttgart 1971, dar. Domes gehört zu den wenigen wirklich kompetenten China-Forschern der BRD, die sich der Mühe unterziehen, ihre Analysen fast ausschließlich auf original chinesischem Material aufzubauen. Gemeinsam mit Marie-Luise Näth hat er einen ersten Versuch der Darstellung der *Außenpolitik der Volksrepublik China,* Düsseldorf 1972, gewagt, und Domes war auch der erste, der eine Bestandsaufnahme nach der Kulturrevolution vorlegte: *China nach der Kulturrevolution,* München 1975.

Wer immer sich mit dem modernen China beschäftigt, für den ist die Lektüre der Werke Mao Tse-tungs unausweichlich. 1968 begann der in Peking ansässige Verlag für fremdsprachige Literatur eine vierbändige Werksausgabe, *Ausgewählte Werke,* Peking 1968 f., die auch in einer ausgezeichneten deutschen Übersetzung vorliegt. Wem vier Bände zuviel sind, der kann getrost zu einem Führer in Gestalt von Stuart R. Schram greifen, der *Das Mao-System,* München 1972, vorgelegt hat, eine Einführung in das politische Denken des Großen Steuermanns, ergänzt durch ausgewählte Schriften zu den wichtigsten Aspekten des Maoismus. Der besondere Reiz des Buches von Schram liegt darin, daß er sich bei seiner Dokumentation nicht auf die offizielle Pekinger Ausgabe beschränkt, sondern auch jene Textteile vorlegt, die man in Peking mittlerweile gestrichen hat.

Es könnte sein, daß die ältere Generation gelegentlich noch einem China-Bild à la Pearl S. Buck nachtrauert. Heute indes muß man froh sein, einen Kronzeugen wie den amerikanischen Journalisten Edgar Snow heranziehen zu können. In drei Büchern hat er wie kaum ein anderer ein authentisches Bild des revolutionären China und seiner Führer zu entwerfen vermocht. Entgegen einem landläufigen Irrtum hat er zwar nicht am Langen Marsch teilgenommen (der einzige Europäer, der mitgezogen ist, war der deutsche Komintern-Funktionär Otto Braun), aber von ihm stammt doch die beste Reportage, die ihren besonderen Wert dadurch erhält, daß sie Maos einzige Autobiographie birgt: in den Höhlen von Yenan hat Mao Snow sein Leben erzählt: *Roter Stern über China,* Frankfurt 1974. Weniger bekannt, aber ebenso wichtig ist das zweite Buch von Snow, *Gast am anderen Ufer,* Stuttgart 1963. Und schließlich sein letztes Werk, *Die lange Revolution,* Stuttgart 1973, das wiederum Interviews mit Mao und Tschou En-lai enthält.

Als der deutsche »Berufs-Chinese« hat sich Klaus Mehnert erwiesen, da er durch zahlreiche Aufsätze und Bücher über China von sich reden machte. Er war der erste Deutsche, der einen Reisebericht über *China nach dem Sturm,* Stuttgart 1972, vorgelegt hat, eine geschwind und geschickt geschriebene Schilderung einer einmonatigen Chinareise im Frühjahr 1971. Ebenfalls als Ergebnis von China-Reisen legte der Schwede Jan Myrdal zwei Bücher vor, in denen er die Entwicklung eines kleinen chinesischen Dorfes zur sozialistischen Produktionsgemeinschaft sowie den Einfluß der Kulturrevolution auf dieses kleine Dorf nachzeichnet: *Bericht aus einem chinesischen Dorf,* München 1966, und *Die Revolution geht weiter,* München 1974. Der besondere Reiz von Myrdals Berichten liegt wohl darin, daß er die Akteure in seinem Dorf selbst zu Wort kommen läßt, wodurch der Leser zumindest punktuell in die Lage versetzt wird, offizielle und private chinesische Äußerungen miteinander zu vergleichen...

»Jede Generation hat ›ihre Reise‹. In den zwanziger und dreißiger Jahren fuhr man nach Rußland, in den fünfziger Jahren nach Amerika, in den siebziger Jahren müssen wir China entdecken, das erst jetzt, von inneren Kämpfen befreit, seine Originalität und Kraft entfaltet.« So schreibt Peyrefitte, der an der Spitze einer französischen Delegation von Parlamentariern, Sinologen, Journalisten und Fotografen 6000 Kilometer durch China reiste, mit hohen und niederen chinesischen Politikern, Wissenschaftlern und Mitgliedern von Volkskommunen sprach, sich vor und nach der Reise in eine lange, intensive Auseinandersetzung mit China stürzte und seine Erfahrungen in ein Buch einschloß, das halb Reportage, halb wissenschaftliche Studie ist, *Wenn sich China erhebt... erzittert die Welt,* Wien–Hamburg,

1974. Was hier vorliegt, ist ein ausgezeichnetes Buch, dem kaum etwas Vergleichbares an die Seite zu stellen ist. Peyrefitte bemüht sich, China von innen zu sehen und zu begreifen, und er erlebt das Land ständig als Herausforderung, der er sich durchaus stellt. Bei aller Sympathie, die er für die chinesischen Leistungen hegt, unterschlägt er nicht den Preis der gewaltigen Erfolge und bleibt auch dort kritisch, wo andere China-Beobachter und vor allem China-Reisende schon längst die Distanz aufgegeben haben. Vielleicht mußte erst ein Franzose kommen, sehen und schreiben und uns zeigen, daß man sich sehr tief in einen Gegenstand hineinbewegen kann, ohne sich selbst darin zu verlieren...

Um nicht allzu hymnisch zu schließen, beende ich diese Übersicht mit einem Dankeswort, und zwar an das unzählige Male hilfreiche, nie versagende Nachschlagewerk *A Chinese Biographical Dictionary,* das Herbert A. Giles, britischer Konsul in der Hafenstadt Ningpo, 1898 veröffentlichte. Es ist bis heute unübertroffen (Reprint 1971 in Taipeh/Formosa).

Zeittafel

um 500 000 v. Chr.	Langsames Verschwinden des sogenannten Peking-Menschen aus Ostasien. Nachfolger vermutlich Gruppen vom Neandertaler-Typus.
40 000–30 000 v. Chr.	Drei Rassen in Nordchina: Eine eskimoische, eine mongoloide, eine negroid-melanesische.
30 000–10 000 v. Chr.	Mongoloide und ozeanische (negroide) Rassen in Mittel- und Südchina.
5000–4000 v. Chr.	Steinzeitkultur ozeanisch-mongoloiden Charakters (Ackerbau, Schweinehaltung) am Weiho und am Hwangho. Hirse, Hunde, Rinder, Ziegen und Hühner sind bekannt.
3000–1800 v. Chr.	Übernahme des Weizenbaus aus Mittelasien.
vor 3000–1500 v. Chr.	Vorgeschichtliche Kulturen in den Flußtälern (Keramikfunde).
um 2000 v. Chr.	Einwanderungen aus dem iranischen Raum mit starken kulturellen Einflüssen. Mythischer Kaiser Yü (Kulturheros) begründet die historisch nicht völlig gesicherte Hsia-Dynastie (bis 1520).
1520–1030 v. Chr.	Shang-Dynastie.
um 1100 v. Chr.	Erste Lieder des Shi-King entstehen im Gebiet des mittleren Hwangho. Archäologische Funde von Anyang.

1030–722 v. Chr.	Westliche Chou-Dynastie. Ausweitung des Herrschaftsbereichs nach Osten (in die Ebenen).
722–481	Östliche Chou, so benannt wegen der Verlegung der Hauptstadt nach Osten.
551–479	Konfuzius.
481–221	Die Zeit der Streitenden Reiche.
221–207	Der 259 v. Chr. geborene Shi-Huang-ti einigt die chinesischen Reiche und wird erster Kaiser.
206 v. Chr. – 8 n. Chr.	Frühere Han-Dynastie.
141 v. Chr. - 86 v. Chr.	Unter Kaiser Wu offensive Politik gegen die räuberischen Nomaden im Westen. Freier Handel auf den Seidenstraßen. Kontakte mit Persien. Tschang-Kien bereist Turkestan und die Aralsteppe.
9 n. Chr. – 23 n. Chr.	Revolution der Roten Augenbrauen. Herrschaft des Wang Mang.
25–220	Spätere Han-Dynastie. General Pan-Chao (gest. 101 oder 102) erobert Turkestan für China.
221–280	Die ritterliche Zeit der Drei Reiche Shu, Wei und Wu.
280–304	Weiterer Zerfall Chinas.
304–439	Sechzehn Staaten auf dem Boden Chinas.
420–589	Vorbereitung der Einigung durch einzelne Zusammenschlüsse.
540–605	Yang Chien, Nachkomme des Philosophen Yang Chen, einigt China und begründet die kurzlebige Sui-Dynastie (bis 618).
618–906	Tang-Dynastie. Das mittlere und südliche China gewinnt wirtschaftlich und kulturell an Bedeutung.
627–649	Kaiser Tai-tsung. Höhepunkt der chinesischen Macht, Blüte des Reiches.
685–762	Kaiser Ming Huang-ti. Wirtschaftliche und kulturelle Blüte (regierte seit 712).
705–762	Der Dichter Li-tai-po, er gilt als Chinas größter Lyriker. Bedeutender Zeitgenosse: sein Freund Thu fu.
757	Tod des Tatarengenerals An-Lu-schan, dessen Revolte den Niedergang der Tang-Dynastie einleitet.
907–960	Periode der Fünf Dynastien.
937–1234	Erstarken konsolidierter Nomaden-Staaten in Nord-China und im nördlichen Vorfeld.
960–1126	Nördliche Sung-Dynastie.

1206–1227	Temudschin, Dshingis-Khan der Mongolen: 1211 besiegt er den Kitan-Herrscher Nordchinas, 1215 erobert er Peking, 1218–21 Mittelasien, 1223 Vorstoß bis Kiew.
1127–1279	Die Sung-Kaiser weichen an den Jangtse aus (Südliche Sung-Dynastie).
1259–1294	Kub(i)lai Khan, Großkhan des mongolischen Weltreichs von Birma bis zur Weichsel. Seit 1280 Kaiser von China mit Residenz in Peking (Kambalu), Begründung der mongolischen Yüan-Dynastie (bis 1368).
1271–1292	Ostasienreise des Venezianers Marco Polo mit langem China-Aufenthalt, über den er in seinem Buch berichtet.
1368–1644	Die Ming-Dynastie. Entstehung des chinesischen Romans aus Anfängen in der Mongolenzeit. (Die Geschichte der drei Reiche, Ching-Ping-meh u.a.)
seit 1517	Beginn des Handels mit westlichen Seefahrer-Nationen, zuerst den Portugiesen, danach Holländern (Formosa), Franzosen, Briten und Amerikanern.
seit 1580	Die Jesuitenmission (Italiener, Deutsche, danach vor allem Franzosen) gewinnt in China besondere Bedeutung.
Ende d. 16. Jhdts:	Erstarken der Mandschu-Tataren im Nordosten Chinas, die 1644, nach Wirren, von einem chinesischen General ins Land gerufen werden und die letzte Dynastie chinesischer Kaiser begründen (Mandschu, seltener Tsing genannt, bis 1911).
1683	Die große Insel Formosa, 1625-62 in den Händen der Holländer, wird danach Aktionsbasis des Piraten Koxinga und gelangt schließlich in chinesischen Besitz.
1693	Der China-Handel der Briten wird auf die Stadt Kanton beschränkt.
1710–1799	Chien Lung, Kaiser von 1735–95. Unerbittlich gerecht, aber auch grausam. Höhepunkt der Mandschu-Macht, Sicherung des historischen und literarischen Erbes, Christenverfolgungen. Strenge literarische Zensur (Index).
seit 1800	Französisch-britische Rivalitäten in China.
1815	Katholiken werden aus China verbannt. Beginn der Opiumeinfuhren aus Britisch-Indien.
1840–1842	Der sogenannte Opiumkrieg zwischen England

	und China. Die Einfuhrverbote für die Droge müssen aufgehoben werden.
1851	Eroberung von Nanking durch die Taiping-Rebellen, die bald den ganzen Süden Chinas beherrschen.
1856–1860	Gemeinsame britisch-französische Militäraktion gegen Handelsbeschränkungen und Ausländerverfolgungen in China.
1861–1864	Europäische Truppen unter Gordon beteiligen sich erfolgreich an der Niederschlagung des Taiping-Aufstands. Blutgericht über die Rebellen mit 70000 Enthauptungen allein in Kanton.
1881–1885	Verlustreiche französische Kämpfe mit dem schließlichen Erfolg, daß ihnen China im Frieden von Tientsin die Oberhoheit über Indochina zugesteht.
1897–1899	Rußland, Japan, Deutschland, Frankreich und England erzwingen pachtweise Überlassung wichtiger Stützpunkte in China. Dadurch wachsende Fremdenfeindschaft im chinesischen Volk.
1899–1901	Boxeraufstand reißt die Regierung mit; Krieg Chinas gegen England, Frankreich, Japan, Rußland, Deutschland u. a. Mächte.
1911–1912	Sturz der Mandschu-Dynastie, Ausrufung der Republik.
1924	»Theorie von den drei Volksprinzipien« von Sun-Yat-sen.
1929	Tschiang Kai-shek stellt die Reichseinheit wieder her.
1931–1937	Konflikt mit Japan (schließlich offener Krieg).
1947–1949	Bürgerkrieg (Kommunisten gegen Tschiang Kai-shek), endet mit der Ausrufung der Volksrepublik China in Peking, 1.10.1949.
1950	Freundschaftspakt zwischen der Volksrepublik China und der Sowjetunion.
1950 (1. März)	Ausrufung der Nationalen Republik China auf der Insel Taiwan (Formosa).
1950 (Oktober)	Eingreifen rotchinesischer Truppen in den Koreakrieg.
1950/53	Landreform mit schließlicher Sozialisierung von Grund und Boden.
1958	Kampagne »Großer Sprung vorwärts«.
1963	Die Afrikareise Tschou-en-lais; sie muß als Auftakt

	eines rotchinesischen Imperialismus verstanden werden und schafft vom ersten Augenblick an Spannungen mit Moskau.
1964 (Oktober)	Chinesischer Atombombenversuch.
1966	Große Proletarische Kulturrevolution. Erste Entmachtung des Wirtschaftsfachmanns Teng-hsiao-ping.
1975	Tschiang Kai-shek stirbt auf Taiwan.
1976	Tod Mao Tse-tungs. Seine Witwe tritt zum Machtkampf an. Teng-hsiao-ping verliert alle Ämter zum zweitenmal.
1977 (Juli)	Maos Witwe mit der ganzen sogenannten Viererbande entmachtet, wird mit ihren Genossen aus der KPCH ausgeschlossen. Zweite Rehabilitierung Teng-hsiao-pings. Seine Rückkehr in seine Ämter wirkt sich positiv auf Produktion und Wirtschaftsleben aus.
1977 (Oktober)	Vizepremier Teng-hsiao-ping fordert Auslandschinesen mit techn.-wissenschaftlichen Kenntnissen zur Rückkehr in die VR China auf.

Personenregister

Orts- und Sachregister

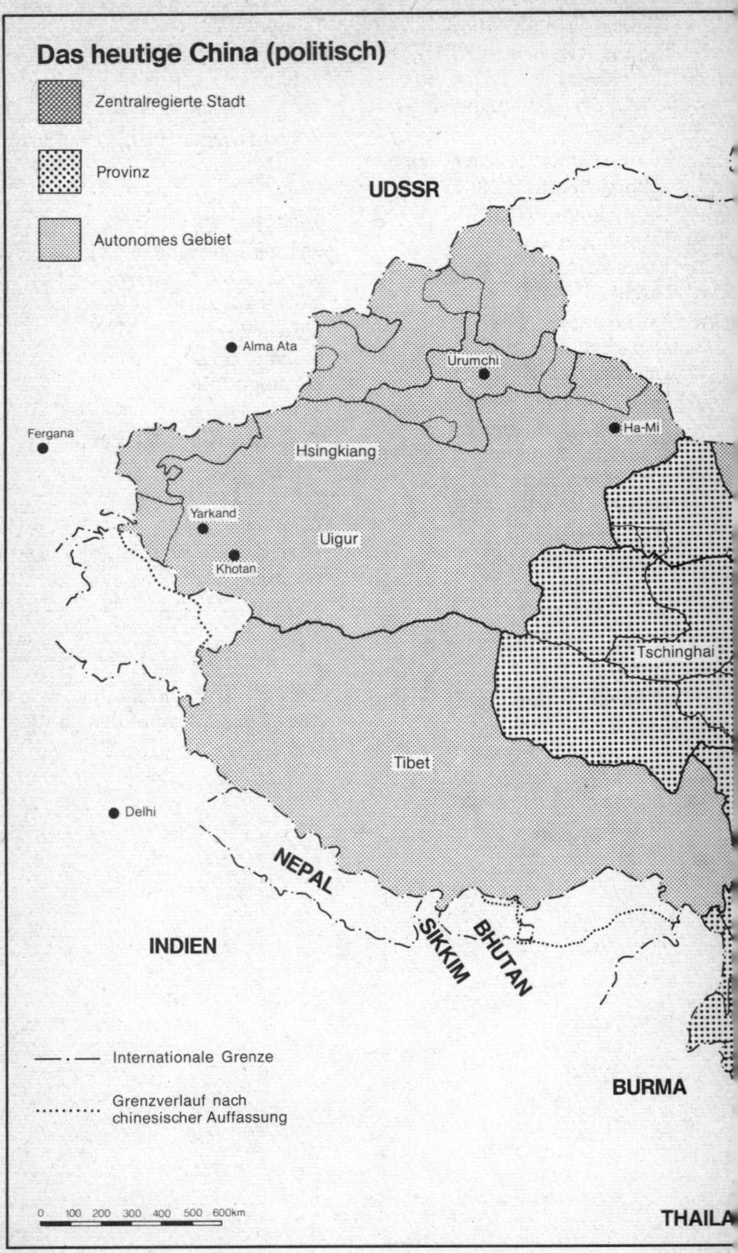
Das heutige China (politisch)
Zentralregierte Stadt
Provinz
Autonomes Gebiet
UDSSR
Alma Ata
Urumchi
Fergana
Ha-Mi
Hsingkiang
Yarkand
Uigur
Khotan
Tschinghai
Tibet
Delhi
NEPAL
SIKKIM
BHUTAN
INDIEN
Internationale Grenze
Grenzverlauf nach
chinesischer Auffassung
BURMA
0 100 200 300 400 500 600km
THAILA

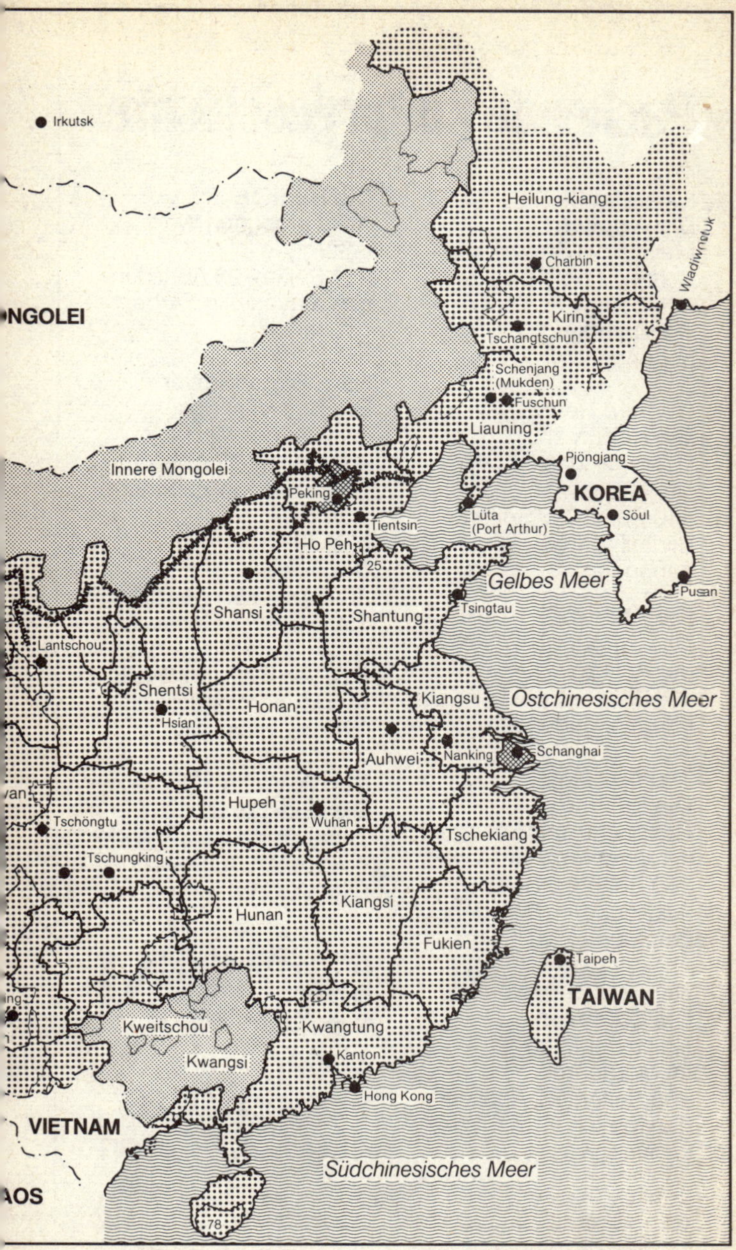

Irkutsk
NGOLEI
Heilung-kiang
Charbin
Wladiwostok
Kirin
Tschangtschun
Schenjang
(Mukden)
Fuschun
Liauning
Innere Mongolei
Peking
Tientsin
Pjöngjang
KOREA
Söul
Lüta
(Port Arthur)
Ho Peh
25
Gelbes Meer
Pusan
Shansi
Shantung
Tsingtau
Lantschou
Shentsi
Hsian
Honan
Kiangsu
Ostchinesisches Meer
Auhwei
Nanking
Schanghai
Hupeh
Wuhan
Tschöngtu
Tschekiang
Tschungking
Hunan
Kiangsi
Fukien
Taipeh
TAIWAN
Kweitschou
Kwangtung
Kanton
Kwangsi
Hong Kong
VIETNAM
Südchinesisches Meer
AOS
78